써니 행정법총론
오답노트

싣는순서 CONTENTS

01 ☐☐☐   기본서 p. 17
국회사무총장의 소속 직원 임명은 형식적인 의미와 실질적인 의미에서 각각 무엇입니까?

형식적 의미의 입법, 실질적 의미의 행정

02 ☐☐☐   기본서 p. 19~20
국회의원에 대한 징계처분에 대하여는 헌법 제64조 제4항이 법원에 제소할 수 없다고 규정하고 있으므로 행정소송의 대상이 되지 않는데, 그러한 특별한 규정이 없는 지방의회의원에 대한 징계의결은 항고소송의 대상이 됩니까?

지방의회의 의원징계의결은 그로 인해 의원의 권리에 직접 법률효과를 미치는 행정처분의 일종으로서 행정소송의 대상이 된다(대판 1993. 11. 26, 93누7341).
헌법 제64조 ③ 의원을 제명하려면 국회 재적의원 3분의 2 이상의 찬성이 있어야 한다.
④ 제2항과 제3항의 처분에 대하여는 법원에 제소할 수 없다.

예

03 ☐☐☐   기본서 p. 19
대통령의 특별사면은 통치행위에 해당합니까?

대통령의 특별사면은 통치행위에 해당한다.
사면은 형의 선고의 효력 또는 공소권을 상실시키거나, 형의 집행을 면제시키는 국가원수의 고유한 권한을 의미하며, 사법부의 판단을 변경하는 제도로서 권력분립의 원리에 대한 예외가 된다(헌재 2000. 6. 1, 97헌바74).

예

04 ☐☐☐   기본서 p. 20
대통령의 서훈취소는 통치행위에 해당합니까?

대통령의 서훈취소는 통치행위에 해당하지 않는다.
서훈취소는 대통령이 국가원수로서 행하는 행위라고 하더라도 법원이 사법심사를 자제하여야 할 고도의 정치성을 띤 행위라고 볼 수는 없다(대판 2015. 4. 23, 2012두26920).

아니요

05 ☐☐☐   기본서 p. 20
남북정상회담 개최와 남북정상회담 개최과정에서 북한 측에 송금한 행위는 모두 사법심사의 대상이 될 수 있습니까?

남북정상회담 개최는 사법심사의 대상이 되기 어렵지만, 대북송금 행위는 사법심사의 대상이 된다.
남북정상회담의 개최과정에서 북한 측에 사업권의 대가 명목으로 송금(대북송금)한 행위는 사법심사의 대상이 된다(대판 2004. 3. 26, 2003도7878).

아니요

06 ☐☐☐   기본서 p. 21
대통령의 비상계엄의 선포나 확대행위가 국헌문란의 목적을 달성하기 위하여 행하여진 경우, 법원은 그 자체가 범죄행위에 해당하는지 여부에 관하여 심사할 수 있습니까?

비상계엄의 선포나 확대가 국헌문란의 목적을 달성하기 위해 행해진 경우에는 법원은 그 자체가 범죄행위에 해당하는지 여부에 대해 심사할 수 있다(대판 1997. 4. 17, 96도3376 전합).

예

07 ☐☐☐   기본서 p. 21
헌법재판소는 고도의 정치적 성격을 가지는 행위에 대해 어떤 경우 사법심사의 대상이 된다고 봅니까?

고도의 정치적 성격을 가지는 통치행위라고 하더라도 국민의 기본권 침해와 직접 관련되는 경우 사법심사의 대상이 된다.
대통령의 금융실명제에 관한 긴급재정·경제명령은 통치행위에 속하나 비록 통치행위라 하더라도 국민의 기본권 침해와 직접 관련되는 경우에는 헌법재판소의 심판대상이 될 수 있다(헌재 1996. 2. 29, 93헌마186).

국민의 기본권 침해와 직접 관련되는 경우

08 ☐☐☐   기본서 p. 21
대통령의 긴급재정·경제명령은 통치행위에 속합니까?

대통령의 긴급재정·경제명령은 국가긴급권의 일종으로서 고도의 정치적 결단에 의하여 발동되는 행위이고 그 결단을 존중하여야 할 필요성이 있는 행위라는 의미에서 이른바 통치행위에 속한다고 할 수 있다(헌재 1996. 2. 29, 93헌마186).

예

09 ☐☐☐   기본서 p. 22

개성공단 전면중단조치로 기본권 제한이 발생한 경우, 헌법소원심판의 대상이 될 수 있습니까?

개성공단 전면중단조치가 <u>고도의 정치적 결단을 요하는 문제이기는 하나</u>, 조치 결과 개성공단 투자기업인 <u>청구인들에게 기본권 제한이 발생하였다면 그 한도에서 헌법소원심판의 대상이 될 수 있다</u>(헌재 2022. 1. 27, 2016헌마364).

예

10 ☐☐☐   기본서 p. 22

국회와 사법부는 모두 통치행위의 주체가 될 수 있습니까?

국회는 통치행위의 주체가 될 수 있다. 하지만 사법부가 정치적 행위를 한다는 것은 생각하기 어렵다는 점에서, 사법부의 행위는 통치행위로 인정되지 않는다.

아니요

11 ☐☐☐   기본서 p. 22

통치행위 여부의 판단은 누구에 의해 이루어집니까?

통치행위의 개념을 인정한다고 하더라도 과도한 사법심사의 자제가 기본권을 보장하고 법치주의 이념을 구현하여야 할 법원의 책무를 태만히 하거나 포기하는 것이 되지 않도록 그 인정을 지극히 신중하게 하여야 하며, 그 판단은 오로지 <u>사법부만에 의하여</u> 이루어져야 한다(대판 2004. 3. 26, 2003도7878).

사법부

01 ☐☐☐

기본서 p. 28~29

국가가 국민의 생명 · 신체의 안전에 대한 보호의무를 다하였는지는 이른바 '과소보호금지원칙'의 위반 여부를 기준으로 판단합니까?

국가가 국민의 생명 · 신체의 안전에 대한 보호의무를 다하지 않았는지 여부를 헌법재판소가 심사할 때에는 국가가 이를 보호하기 위하여 적어도 적절하고 효율적인 최소한의 보호조치를 취하였는가 하는 이른바 '과소보호금지원칙'의 위반 여부를 기준으로 삼아, 국민의 생명 · 신체의 안전을 보호하기 위한 조치가 필요한 상황인데도 국가가 아무런 보호조치를 취하지 않았든지 아니면 취한 조치가 법익을 보호하기에 전적으로 부적합하거나 매우 불충분한 것임이 명백한 경우에 한하여 국가의 보호의무의 위반을 확인하여야 하는 것이다(헌재 2009. 2. 26, 2005헌마764).

예

02 ☐☐☐

기본서 p. 29

실질적 법치국가에서 법치주의의 형식적 요소 외에 강조하고 있는 것은 무엇입니까?

실질적 법치국가는 법치주의의 형식적 요소 외에 국민의 기본적 인권의 보호라는 실질적 요소(내용적 측면)까지 강조하는 입장을 의미한다.

법의 내용적 측면, 특히 국민의 기본권 보호

03 ☐☐☐

기본서 p. 29

행정기본법에 따르면 행정은 무엇을 위하여 적극적으로 추진되어야 합니까?

행정은 공공의 이익을 위하여 적극적으로 추진되어야 한다(행정기본법 제4조 제1항).

공공의 이익

04 ☐☐☐

기본서 p. 31

법률우위의 원칙은 헌법 제107조 제2항 외에 행정기본법에서도 명시적으로 규정하고 있습니까?

명령 · 규칙 또는 처분이 헌법이나 법률에 위반되는 여부가 재판의 전제가 된 경우에는 대법원은 이를 최종적으로 심사할 권한을 가진다(헌법 제107조 제2항).
행정작용은 법률에 위반되어서는 아니 되며, 국민의 권리를 제한하거나 의무를 부과하는 경우와 그 밖에 국민생활에 중요한 영향을 미치는 경우에는 법률에 근거하여야 한다(행정기본법 제8조).

예

05 ☐☐☐

기본서 p. 31

법률우위의 원칙은 행정의 모든 영역에 적용됩니까?

법률우위의 원칙은 행정의 모든 영역에 제한 없이 적용되므로 수익적 행정인지 침익적 행정인지를 불문한다. 또한 법률우위의 원칙은 공법형식의 국가작용뿐만 아니라 사법(私法)형식의 국가작용에도 적용된다.

예

06 ☐☐☐

기본서 p. 32

구 「국가를 당사자로 하는 계약에 관한 법률」상의 요건과 절차를 거치지 않고 체결한 국가와 사인 간의 사법(私法)상 계약은 취소사유가 있는 경우에 해당합니까?

구 「국가를 당사자로 하는 계약에 관한 법률」 규정내용과 취지 등에 비추어 보면, 국가가 사인과 계약을 체결할 때에는 국가계약법령에 따른 계약서를 따로 작성하는 등 요건과 절차를 이행하여야 할 것이고, 설령 국가와 사인 사이에 계약이 체결되었더라도 이러한 법령상 요건과 절차를 거치지 아니한 계약은 효력이 없다(대판 2015. 1. 15, 2013다215133).

아니요

07 ☐☐☐

기본서 p. 32

법률우위의 원칙을 위반한 경우, 그 행정작용의 효과는 어떠합니까?

행정작용이 법률우위의 원칙을 위반하면 위법한 행정작용이 되는데, 위법한 행정작용의 효력은 행정의 행위형식에 따라 다르게 나타난다. 즉, 행정행위는 중대 · 명백설에 따라 무효 또는 취소의 대상이 되고 행정입법, 공법상 계약은 특별한 사정이 없는 한 무효가 될 것이다.

위법한 행정작용이 된다.

08 ☐☐☐
기본서 p. 32

법률유보의 논의대상은 조직규범입니까, 작용규범입니까?

행정권의 발동에는 조직법적 근거가 반드시 필요하므로 법률유보의 논의대상은 조직규범 이외에 작용규범(권한규범, 근거규범)을 의미한다.

작용규범(근거규범)

09 ☐☐☐
기본서 p. 33

법률유보의 원칙에서 말하는 법률에는 국회의 의결을 거치지 않은 명령이나 관습법도 포함됩니까?

법률의 유보에 있어서 법률은 원칙적으로 국회에서 법률제정의 절차에 따라 만들어진 형식적 의미의 법률을 의미한다. 따라서 국회의 의결을 거치지 않은 명령이나 불문법원으로서의 관습법은 법률유보에서 말하는 법률에 포함되지 않는다.

아니요

10 ☐☐☐
기본서 p. 33

헌법재판소는 국회의 의결을 거쳐 확정되는 예산도 일종의 법규범이므로 법률과 마찬가지로 국가기관뿐만 아니라 국민도 구속한다고 보고 있습니까?

예산은 일종의 법규범이고 법률과 마찬가지로 국회의 의결을 거쳐 제정되지만 법률과 달리 국가기관만을 구속할 뿐 일반국민을 구속하지 않는다(헌재 2006. 4. 25, 2006헌마409).

아니요

11-1 ☐☐☐
기본서 p. 33

법률유보의 원칙은 '법률에 의한 규율'만을 뜻합니까?

법률유보의 원칙은 '법률에 의한 규율'만을 뜻하는 것이 아니라 '법률에 근거한 규율'을 요청하는 것이다(헌재 2005. 2. 24, 2003헌마289).

아니요

11-2 ☐☐☐
기본서 p. 33

헌법재판소는 법률에 근거를 두면서 헌법 제75조가 요구하는 위임의 구체성과 명확성을 구비한 경우에 위임입법에 의하여도 기본권을 제한할 수 있다고 봅니까?

기본권 제한의 형식이 반드시 법률의 형식일 필요는 없고 법률에 근거를 두면서 헌법 제75조가 요구하는 위임의 구체성과 명확성을 구비하기만 하면 위임입법에 의하여도 기본권 제한을 할 수 있다 할 것이다(헌재 2005. 2. 24, 2003헌마289).

예

12-1 ☐☐☐
기본서 p. 35

법률유보의 원칙은 단순히 행정작용이 법률에 근거를 두기만 하면 충분한 것이 아니라, 국민의 기본권 실현과 관련된 영역에 있어서는 국민의 대표자인 입법자가 그 본질적 사항에 대해서 스스로 결정하여야 한다는 요구까지 내포합니까?

오늘날 '법률유보원칙'은 단순히 행정작용이 법률에 근거를 두기만 하면 충분한 것이 아니라, 국민의 기본권 실현과 관련된 영역에 있어서는 행정에 맡길 것이 아니라 국민의 대표자인 입법자가 그 본질적 사항에 대해 스스로 결정하여야 한다는 요구, 즉 의회유보원칙까지 내포하는 것으로 이해되고 있다(헌재 1999. 5. 27, 98헌바70).

예

12-2 ☐☐☐
기본서 p. 35

판례에 따르면 텔레비전수신료금액의 결정은 납부의무자의 범위와는 달리 수신료에 관한 본질적인 중요한 사항이 아닙니까?

수신료금액의 결정은 납부의무자의 범위 등과 함께 수신료에 관한 본질적인 중요한 사항이므로 국회가 스스로 행하여야 하는 사항이다(헌재 1999. 5. 27, 98헌바70).

아니요

13 ☐☐☐
기본서 p. 36

지방의회의원에 대하여 유급보좌인력을 두는 것은 지방의회의 조례로써 규정할 사항이 아니라 국회의 법률로써 규정하여야 할 입법사항입니까?

지방의회의원에 대하여 유급보좌인력을 두는 것은 지방의회의원의 신분·지위 및 그 처우에 관한 현행 법령상의 제도에 중대한 변경을 초래하는 것으로서, 이는 개별지방의회의 조례로써 규정할 사항이 아니라 국회의 법률로써 규정하여야 할 입법사항이다(대판 2013. 1. 16, 2012추84).

예

14 ☐☐☐ 기본서 p. 36

신고납부조세의 경우, 신고의무 불이행시 납세자가 입게 될 불이익은 국회가 법률로 정하여야 할 사항입니까?

법인세, 종합소득세와 같이 <u>납세의무자에게 조세의 납부의무뿐만 아니라 스스로 과세표준과 세액을 계산하여 신고하여야 하는 의무까지 부과하는 경우에는 신고의무 이행에 필요한 기본적인 사항과 신고의무 불이행시 납세의무자가 입게 될 불이익 등은 납세의무를 구성하는 기본적, 본질적 내용으로서 법률로 정하여야 한다</u>(대판 2015. 8. 20, 2012두23808 전합).

예

15 ☐☐☐ 기본서 p. 36

토지 등 소유자가 도시환경정비사업을 시행하는 경우, 사업시행인가 신청시 필요한 토지 등 소유자의 동의요건을 정하는 것은 국민의 권리와 의무의 형성에 관한 기본적이고 본질적인 사항이 아니므로 국회의 법률로써 규정하여야 할 사항이 아니라고 봅니까?

토지 등 소유자가 도시환경정비사업을 시행하는 경우, 사업시행인가 신청시 요구되는 토지 등 소유자의 동의정족수를 정하는 것은 국민의 권리와 의무의 형성에 관한 기본적이고 본질적인 사항으로 법률유보 내지 의회유보의 원칙이 지켜져야 할 영역이다(헌재 2011. 8. 30, 2009헌바128).

아니요

16 ☐☐☐ 기본서 p. 36

수신료 징수업무를 한국방송공사가 직접 수행할지 제3자에게 위탁할지 여부는 국민의 기본권 제한에 관한 본질적인 사항입니까?

<u>수신료 징수업무를 한국방송공사가 직접 수행할 것인지 제3자에게 위탁할 것인지</u>, 위탁한다면 누구에게 위탁하도록 할 것인지, 위탁받은 자가 자신의 고유업무와 결합하여 징수업무를 할 수 있는지는 징수업무 처리의 효율성 등을 감안하여 결정할 수 있는 사항으로서 <u>국민의 기본권 제한에 관한 본질적인 사항이 아니다</u>(헌재 2008. 2. 28, 2006헌바70).

아니요

17 ☐☐☐ 핵심집약 p. 22

초등교원 임용시 지역가산점의 배점비율, 최종합격자 결정방식은 법률에서 반드시 직접 규정하여야 할 본질적 사항에 해당합니까?

초등교원 임용시 지역가산점의 배점비율, 최종합격자 결정방식은 법률에서 반드시 직접 규정하여야 할 본질적 사항으로 보기 어렵다는 것이 헌법재판소의 입장이다(헌재 2014. 4. 24, 2010헌마747).

아니요

18 ☐☐☐ 미기출 기본서 p. 36~37

국가공무원인 교원의 보수에 관한 구체적인 내용은 '기본적인 사항'으로서 반드시 법률의 형식으로만 정하여야 합니까?

국가공무원인 교원의 보수는 본질적으로 급부적 성격이 강한 국가행정의 영역에 속하는 것으로서 …… 이에 관한 모든 사항을 법률에 규정하는 것은 입법기술상 매우 어렵다. 따라서 <u>국가공무원인 교원의 보수에 관한 구체적인 내용까지 반드시 법률의 형식으로만 정해야 하는 '기본적인 사항'으로 보기는 어렵고</u>, 이를 행정부의 하위법령에 위임하는 것은 불가피하다(대판 2023. 10. 26, 2020두50966).

아니요

01 ☐☐☐   기본서 p. 42

「남북 사이의 화해와 불가침 및 교류협력에 관한 합의서」는 조약에 해당합니까?

「남북 사이의 화해와 불가침 및 교류협력에 관한 합의서」는 국가 간의 조약이 아니므로 국내법과 동일한 효력이 없다(대판 1999. 7. 23, 98두14525).

아니요

02 ☐☐☐   기본서 p. 42

일반적으로 승인된 국제법규는 국내법으로 수용되는 데 별도의 입법조치가 필요합니까?

일반적으로 승인된 국제법규는 별도의 입법조치 없이 국내법으로 수용되어 행정법의 법원이 된다는 것이 통설과 판례이다.

아니요

03 ☐☐☐   기본서 p. 43

지방자치단체가 제정한 조례가 「1994년 관세 및 무역에 관한 일반협정(GATT)」이나 「정부조달에 관한 협정(AGP)」에 위반되는 경우, 그 조례의 효력은 어떻게 됩니까?

지방자치단체가 제정한 조례가 「1994년 관세 및 무역에 관한 일반협정(General Agreement on Tariffs and Trade 1994)」이나 「정부조달에 관한 협정(Agreement on Government Procurement)」에 위반되는 경우, 그 조례는 무효이다(대판 2005. 9. 9, 2004추10).

무효

04 ☐☐☐   기본서 p. 43

회원국 정부의 반덤핑부과처분이 WTO 협정 위반이라는 이유로 사인이 직접 국내법원에 그 처분의 취소를 구하는 소를 제기할 수 있습니까?

회원국 정부의 반덤핑부과처분이 WTO 협정 위반이라는 이유만으로 사인(私人)이 직접 국내법원에 그 처분의 취소를 구하는 소를 제기할 수 없으며, 협정 위반을 처분의 독립된 취소사유로 주장할 수는 없다(대판 2009. 1. 30, 2008두17936).

아니요

05 ☐☐☐   기본서 p. 44

비과세의 사실상태도 행정청의 묵시적 의사표시로 볼 수 있는 경우라면 국세행정의 관행이 될 수 있습니까?

비과세의 사실상태가 장기간에 걸쳐 계속된 경우에 그것이 그 사항에 대하여 과세의 대상으로 삼지 아니한다는 뜻의 과세관청의 묵시적인 의사표시로 볼 수 있는 경우에는 이를 국세행정의 관행이라고 인정할 수 있다(대판 1987. 2. 24, 86누571 ; 대판 2009. 12. 24, 2008두15350).

예

06 ☐☐☐   기본서 p. 45

통설은 원칙적으로 관습법이 성문법을 개정 또는 폐지하는 효력이 있다고 봅니까?

법률에서 관습법에 개폐적 효력을 인정하고 있는 특별한 경우를 제외하고는(국세기본법 제18조 제3항), 원칙적으로 관습법은 성문법 결여시 성문법을 보충하는 한도에서 적용될 뿐 성문법을 개정 또는 폐지하는 효력은 없다는 보충적 효력설이 통설의 입장이다.

아니요

07 ☐☐☐   기본서 p. 46

상급법원 재판에서의 판단은 해당 사건에 관하여 하급심을 기속합니까?

상급법원 재판에서의 판단은 해당 사건에 관하여 하급심을 기속한다(법원조직법 제8조).

예

08 ☐☐☐   기본서 p. 46

대법원의 판례는 사안이 다른 유사사건을 재판하는 하급심법원을 직접 기속하는 효력이 있습니까?

대법원의 판례가 법률해석의 일반적인 기준을 제시한 경우에 유사한 사건을 재판하는 하급심법원의 법관은 판례의 견해를 존중하여 재판하여야 하는 것이나, 대법원의 판례가 사안이 다른 유사사건을 재판하는 하급심법원을 직접 기속하는 효력이 있는 것은 아니다(대판 1996. 10. 25, 96다31307).

아니요

09 ☐☐☐　　　　　　　　　　기본서 p. 46
헌법재판소에 의한 법률의 위헌결정은 법원과 그 밖의 국가기관 및 지방자치단체를 구속합니까?

법률의 위헌결정은 법원과 그 밖의 국가기관 및 지방자치단체를 기속한다(헌법재판소법 제47조 제1항).

예

10 ☐☐☐　　　　　　　　　　기본서 p. 46
대법원이나 각급 법원은 헌법재판소가 법률의 위헌 여부를 판단하기 위하여 한 법률해석에 구속됩니까?

헌법재판소가 법률의 위헌 여부를 판단하기 위하여 한 법률해석에 법원이 구속되는 것은 아니다(대판 2009. 2. 12, 2004두10289).

아니요

11 ☐☐☐　　　　　　　　　　기본서 p. 47
대통령령, 총리령, 부령은 특별한 규정이 없으면 공포한 날로부터 며칠이 지나야 효력을 발생하게 됩니까?

법률은 특별한 규정이 없는 한 공포한 날로부터 <u>20일</u>을 경과함으로써 효력을 발생한다(헌법 제53조 제7항).
<u>대통령령, 총리령 및 부령은 특별한 규정이 없으면 공포한 날부터 20일</u>이 경과함으로써 효력을 발생한다(「법령 등 공포에 관한 법률」 제13조).

20일

12-1 ☐☐☐　　　　　　　　　　기본서 p. 47
행정기본법에 따르면 법령 등(훈령·예규·고시·지침 등을 포함)을 공포한 날(훈령·예규·고시·지침 등은 고시·공고 등의 방법으로 발령한 날)부터 시행하는 경우에는 공포한 다음날을 시행일로 합니까?

법령 등을 공포한 날(훈령·예규·고시·지침 등은 고시·공고 등의 방법으로 발령한 날을 말한다)부터 시행하는 경우에는 <u>공포한 날</u>을 시행일로 한다(행정기본법 제7조 제1호).

아니요

12-2 ☐☐☐　　　　　　　　　　기본서 p. 47
행정기본법에 따르면 법령 등을 공포한 날부터 일정 기간이 경과한 날부터 시행하는 경우, 법령 등을 공포한 날을 첫날에 산입합니까?

법령 등을 공포한 날부터 일정 기간이 경과한 날부터 시행하는 경우 법령 등을 공포한 날을 <u>첫날에 산입하지 아니한다</u>(행정기본법 제7조 제2호).

아니요

12-3 ☐☐☐　　　　　　　　　　기본서 p. 47
행정기본법에 따르면 법령 등을 공포한 날부터 일정 기간이 경과한 날부터 시행하는 경우, 그 기간의 말일이 토요일 또는 공휴일인 때에는 그 다음 날로 기간이 만료합니까?

법령 등을 공포한 날부터 일정 기간이 경과한 날부터 시행하는 경우 그 기간의 말일이 토요일 또는 공휴일인 때에는 <u>그 말일</u>로 기간이 만료한다(행정기본법 제7조 제3호).

아니요

13 ☐☐☐　　　　　　　　　　기본서 p. 48
국회법에 따라 하는 국회의장의 법률 공포는 관보(官報)에 게재함으로써 합니까?

일반적인 공포의 경우에는 관보에 게재함으로써 하나, 국회법에 따라 국회의장이 법률을 공포하는 경우에는 서울특별시에서 발행되는 둘 이상의 일간신문에 게재함으로써 한다(「법령 등 공포에 관한 법률」 제11조 제1·2항).

아니요

14 ☐☐☐　　　　　　　　　　기본서 p. 48
조례와 규칙의 공포는 일반적으로 해당 지방자치단체의 공보에 게재하는 방법으로 하고, 지방의회의 의장이 조례를 공포하는 경우에는 공보나 일간신문에 게재하거나 게시판에 게시하는 방법으로 합니까?

조례와 규칙의 공포는 해당 지방자치단체의 공보에 게재하는 방법으로 한다. 다만, 지방자치법 제32조 제6항 후단에 따라 지방의회의 의장이 조례를 공포하는 경우에는 공보나 일간신문에 게재하거나 게시판에 게시한다(지방자치법 제33조 제1항).

예

15 ☐☐☐   기본서 p. 48

「법령 등 공포에 관한 법률」상 관보의 내용 해석 및 적용 시기 등에 대하여 전자관보가 종이관보보다 우선적인 효력을 가집니까?

관보의 내용 해석 및 적용 시기 등에 대하여 종이관보와 전자관보는 <u>동일한 효력을 가진다</u>(「법령 등 공포에 관한 법률」 제11조 제4항).

아니요

16 ☐☐☐   기본서 p. 48

진정소급적용이란 법규의 효력발생일 이전에 이미 완성 또는 종결된 사실관계 또는 법률관계를 규율하는 것을 의미합니까?

<u>이미 완성 또는 종결된 사실에 대해 새로운 법을 적용하는 것을 진정소급적용</u>이라고 하는데, 이를 인정하면 기존 사실에 대한 법적 안정성 또는 신뢰보호에 중대한 장애를 가져오므로 진정소급적용을 인정하지 않는 것이 원칙이다.

예

17 ☐☐☐   기본서 p. 49

소급적용금지의 원칙은 부진정소급적용에도 인정됩니까?

부진정소급적용은 엄밀한 의미에서의 소급적용이 아니어서 소급적용금지의 원칙이 적용되지 않으므로, 법규효력발생일 이전에 발생하여 법령의 시행일에도 종결되지 않고 계속되는 사실관계 또는 법률관계에는 새로운 법령을 적용하는 것이 원칙이다.

아니요

18 ☐☐☐   기본서 p. 49

법률불소급의 원칙에 따라 그 법률의 효력발생 전에 완성된 요건사실뿐만 아니라 계속 중인 사실이나 그 후에 발생한 요건사실에 대해서도 그 법률을 소급적용할 수 없습니까?

법령불소급의 원칙은 법령의 효력발생 전에 완성된 요건사실에 대하여 당해 법령을 적용할 수 없다는 의미일 뿐, 계속 중인 사실이나 그 이후에 발생한 요건사실에 대한 법령적용까지를 제한하는 것은 아니다(대판 2014. 4. 24, 2013두26552).

아니요

19 ☐☐☐   기본서 p. 48~49

행정기본법에 따르면 부진정소급효는 인정되나, 진정소급적용은 원칙적으로 금지됩니까?

행정기본법 제14조 제1항은 "새로운 법령 등은 법령 등에 특별한 규정이 있는 경우를 제외하고는 그 법령 등의 효력발생 전에 완성되거나 종결된 사실관계 또는 법률관계에 대해서는 적용되지 아니한다."고 하여 <u>부진정소급효를 인정하나, 진정소급적용은 원칙적으로 금지하고</u> 특단의 사정이 있는 예외적인 경우에 한하여 인정하고 있다.

예

20 ☐☐☐   기본서 p. 49

과세연도 진행 중에 세율 등을 인상하는 세법을 제정하여 당해 연도에 적용하는 경우는 원칙적으로 허용될 수 있습니까?

<u>과세연도 진행 중에 세율 등을 인상하는 세법을 제정하여 당해 연도에 적용하는 경우 부진정소급으로서 원칙적으로 허용된다</u>(대판 1983. 4. 26, 81누423).

예

21 ☐☐☐   기본서 p. 50

개인의 신뢰보호 요청에 우선하는 심히 중대한 공익상의 사유가 소급입법을 정당화하는 경우에도 진정소급입법은 허용되지 않습니까?

<u>진정소급입법은</u> 법적 안정성에 비추어 볼 때 <u>원칙적으로 금지된다.</u> 다만, 헌법재판소는 국민이 소급입법을 예상할 수 있었거나, 보호할 만한 신뢰이익이 적은 경우, 소급입법에 의한 당사자의 손실이 없거나 아주 경미한 경우 그리고 기존 사실에 대한 <u>신뢰보호의 요청에 우선하는 심히 중대한 공익상의 사유가 있는 경우에는 진정소급입법이 예외적으로 허용</u>된다고 한다.

아니요

22 ☐☐☐   기본서 p. 50~51

부진정소급입법은 원칙적으로 허용됩니까?

부진정소급입법은 엄밀한 의미에서 소급입법이 아니므로 원칙적으로 허용된다. <u>부진정소급입법은 원칙적으로 허용되나</u> 국민의 신뢰보호의 관점이 입법자의 입법형성권에 제한을 가하게 된다(신뢰보호이익이 우월한 경우 부진정소급입법이 제한된다는 취지)(헌재 1999. 7. 22, 97헌바76).

예

23 ☐☐☐   기본서 p. 51

"친일재산은 그 취득·증여 등 원인행위시에 이를 국가의 소유로 한다."고 정한 「친일반민족행위자 재산의 국가귀속에 관한 특별법」 제3조 제1항의 규정은 부진정소급입법에 해당하여 원칙적으로 허용되는 것입니까?

"친일재산은 취득·증여 등 원인행위시에 국가의 소유로 한다."고 정한 「친일반민족행위자 재산의 국가귀속에 관한 특별법」 제3조 제1항 본문은 진정소급입법에 해당하지만, 친일재산의 소급적 박탈은 일반적으로 소급입법을 예상할 수 있었던 예외적인 사안이고, 진정소급입법을 통해 침해되는 법적 신뢰는 심각하다고 볼 수 없는 데 반해 이를 통해 달성되는 공익적 중대성은 압도적이라고 할 수 있으므로 진정소급입법이 허용되는 경우에 해당한다(대판 2011. 5. 13, 2009다26831·26848·26855·26862).

아니요

24 ☐☐☐   기본서 p. 51

개정법령이 기존의 사실 또는 법률관계를 적용대상으로 하면서 종전보다 불리한 법률효과를 규정하고 있는 경우라면 그러한 사실 또는 법률관계가 개정법령이 시행되기 이전에 이미 종결된 것이 아니라고 해도 헌법상 금지되는 소급입법이라고 할 수 있습니까?

개정법령이 그 시행 전에 완성 또는 종결되지 않은 기존의 사실 또는 법률관계를 적용대상으로 하면서 국민의 재산권과 관련하여 종전보다 불리한 법률효과를 규정하고 있는 경우, 개정법령의 적용은 원칙적으로 소급입법에 의한 재산권 침해가 아니다(대판 2014. 4. 24, 2013두26552).

아니요

25 ☐☐☐   기본서 p. 53

행정법규는 원칙적으로 속지주의에 의해 그 영토 또는 관할 구역 내에 있는 모든 자연인·법인, 내국인·외국인에게 효력을 미치는 것이 원칙입니까?

누구에게 법의 효력이 미치는지에 대한 것으로 국내의 영토 등을 기준으로 효력이 미치는 범위를 결정하는 것을 속지주의(屬地主義)라고 한다. 속지주의에 따르면 영토 안에 있으면 국적을 불문하고 법의 효력이 미치게 된다.

예

01-1 ☐☐☐ 기본서 p. 57

비례의 원칙은 침해행정인가 급부행정인가를 가리지 않고 행정의 모든 영역에 적용됩니까?

비례의 원칙은 처음에 경찰권의 한계를 설정해 주는 법원칙으로 출발하였으나, 현재는 행정의 모든 영역에 적용되는 법원칙이다. 즉, 비례의 원칙은 침해행정뿐 아니라 급부행정의 영역 등 행정의 모든 영역에서 적용된다.

예

01-2 ☐☐☐ 기본서 p. 57

비례의 원칙은 입법작용에서 적용될 여지가 없습니까?

비례의 원칙은 행정에만 적용되는 원칙이 아니라 입법·사법 등 모든 국가작용에 적용되는 헌법상의 기본원리이다.

아니요

02 ☐☐☐ 기본서 p. 58

위험한 건물에 대하여 개수명령으로써 목적을 달성할 수 있음에도 불구하고 철거명령을 발령하는 것은 비례원칙의 내용 중 어떤 원칙에 반합니까?

필요성의 원칙이란 행정기관이 행정조치를 취할 때 여러 적합한 수단 중에서도 당사자의 권리나 자유에 대한 침해가 가장 적은 수단을 선택해야 함을 의미한다. 위험한 건물에 대하여 개수명령으로써 목적을 달성할 수 있음에도, 철거명령을 발령하는 것은 필요성의 원칙에 위배된다.

필요성의 원칙

03 ☐☐☐ 기본서 p. 58

대법원에 따르면 수입 녹용 중 일정 성분이 기준치를 0.5% 초과하였다는 이유로 수입 녹용 전부에 대하여 전량 폐기 또는 반송 처리를 지시한 처분은 재량권을 일탈·남용한 경우에 해당합니까?

수입 녹용 중 일정 성분이 기준치를 초과하였다는 이유로 수입 녹용 전부에 대하여 전량 폐기 또는 반송 처리를 지시한 처분은, 녹용 수입업자가 입게 될 불이익이 국민보건의 향상 등의 공익상 필요보다 크다고는 할 수 없으므로 재량권을 일탈·남용한 경우에 해당하지 않는다(비례의 원칙을 위반하지 않는다)(대판 2006. 4. 14, 2004두3854).

아니요

04 ☐☐☐ 기본서 p. 58~59

음주운전으로 인한 운전면허취소처분의 재량권 일탈·남용 여부를 판단할 때, 운전면허의 취소로 입게 될 당사자의 불이익보다 음주운전으로 인한 교통사고를 방지하여야 하는 일반예방적 측면이 더 강조되어야 합니까?

자동차가 대중적인 교통수단이고 그에 따라 자동차운전면허가 대량으로 발급되어 교통상황이 날로 혼잡해짐에 따라 교통법규를 엄격히 지켜야 할 필요성은 더욱 커지는 점, 음주운전으로 인한 교통사고 역시 빈번하고 그 결과가 참혹한 경우가 많아 대다수의 선량한 운전자 및 보행자를 보호하기 위하여 음주운전을 엄격하게 단속하여야 할 필요가 절실한 점 등에 비추어 보면, 음주운전으로 인한 교통사고를 방지할 공익상의 필요는 더욱 중시되어야 하고 운전면허의 취소는 일반의 수익적 행정행위의 취소와는 달리 그 취소로 인하여 입게 될 당사자의 불이익보다는 이를 방지하여야 하는 일반예방적 측면이 더욱 강조되어야 한다(대판 2019. 1. 17, 2017두59949).

예

05 ☐☐☐ 기본서 p. 59

대법원에 따르면 사법시험 제2차 시험에 과락제도를 적용하고 있는 구 사법시험령 제15조 제2항은 비례의 원칙, 과잉금지의 원칙, 평등의 원칙에 위반되지 않습니까?

사법시험 제2차 시험에 과락제도를 적용하고 있는 구 사법시험령 제15조 제2항은 비례의 원칙, 과잉금지의 원칙 및 평등의 원칙 등을 위반하였다고 볼 수 없다(대판 2007. 1. 11, 2004두10432).

예

06 ☐☐☐ 핵심집약 p. 36

헌법재판소에 따르면 옥외집회의 사전신고의무를 규정한 구 「집회 및 시위에 관한 법률」 제6조 제1항 중 '옥외집회'에 관한 부분은 과잉금지원칙에 위배하여 집회의 자유를 침해하는 것으로 볼 수 있습니까?

구 「집회 및 시위에 관한 법률」 제6조 제1항이 정하는 사전신고의무로 인하여 집회개최자가 겪어야 하는 불편함이나 번거로움 등 제한되는 사익과 신고로 인해 보호되는 공익은 법익균형성 요건도 충족하므로 위 조항 중 '옥외집회'에 관한 부분이 과잉금지원칙에 위배하여 집회의 자유를 침해한다고 볼 수 없다(헌재 2009. 5. 28, 2007헌바22).

아니요

07 ☐☐☐　　　　　　　　　기본서 p. 60

신뢰보호원칙의 이론적 근거는 무엇입니까?

헌법상 원칙인 법치주의의 원리는 법률적합성의 원리와 법적 안정성의 원리로 구성되어 있다. 통설과 판례는 신뢰보호원칙의 이론적 근거를 '법치주의의 원리'인 법적 안정성에서 찾는다.

법치주의의 원리 중 법적 안정성

08 ☐☐☐　　　　　　　　　기본서 p. 60

행정기본법은 신뢰보호의 원칙을 규정하고 있습니다. 이에 따르면 행정청은 공익 또는 제3자의 이익을 현저히 해칠 우려가 있는 경우에도 행정에 대한 국민의 정당하고 합리적인 신뢰를 보호하여야 합니까?

행정기본법은 "행정청은 공익 또는 제3자의 이익을 현저히 해칠 우려가 있는 경우를 제외하고는 행정에 대한 국민의 정당하고 합리적인 신뢰를 보호하여야 한다."고 하여 학설과 판례에 의해 정립된 신뢰보호의 원칙을 행정의 법원칙으로 명문화하고 있다(행정기본법 제12조 제1항).

아니요

09 ☐☐☐　　　　　　　　　기본서 p. 61

신뢰보호의 원칙이 적용되려면 행정청이 개인에 대하여 신뢰의 대상이 되는 공적인 견해표명을 하여야 하는데, 그 외에 신뢰보호의 적용요건으로 또 무엇이 있습니까?

일반적으로 행정상의 법률관계에 있어서 행정청의 행위에 대하여 신뢰보호의 원칙이 적용되기 위해서는, ① 행정청이 개인에 대하여 신뢰의 대상이 되는 공적인 견해표명을 하여야 하고, ② 행정청의 견해표명이 정당하다고 신뢰한 데에 대하여 그 개인에게 귀책사유가 없어야 하며, ③ 그 개인이 그 견해표명을 신뢰하고 이에 상응하는 어떠한 행위를 하였어야 하고, ④ 행정청이 위 견해표명에 반하는 처분을 함으로써 그 견해표명을 신뢰한 개인의 이익이 침해되는 결과가 초래되어야 하며, ⑤ 위 견해표명에 따른 행정처분을 할 경우 이로 인하여 공익 또는 제3자의 정당한 이익을 현저히 해할 우려가 있는 경우가 아니어야 한다(대판 2006. 2. 24, 2004두13592).

해설 참조

10 ☐☐☐　　　　　　　　　기본서 p. 61

신뢰보호의 원칙상 법령이나 비권력적 사실행위인 행정지도 등은 신뢰의 대상이 되는 선행조치에 포함되지 않습니까?

신뢰보호의 원칙이 적용되려면 상대방인 국민에게 신뢰를 주는 행정청의 선행조치가 있어야 하는데, 이러한 선행조치에는 법령, 행정행위, 확약, 행정지도 등 사실행위, 기타 국민이 신뢰를 가지게 될 일체의 조치가 포함되며 명시적·묵시적 표시, 적극적·소극적 조치를 불문한다.

아니요

11 ☐☐☐　　　　　　　　　기본서 p. 61

선행조치가 위법한 경우에도 신뢰보호의 원칙이 적용될 수 있습니까?

위법한 행정행위도 선행조치가 될 수 있다. 다만, 무효인 행정행위에는 신뢰보호의 원칙이 적용되기 어렵다.

예

12 ☐☐☐　　　　　　　　　기본서 p. 61, 63

추상적 질의에 대한 일반론적인 견해표명은 행정청의 선행조치로 볼 수 있습니까?

상대방의 추상적 질의에 대한 일반론적인 견해표명은 신뢰보호원칙이 적용되는 행정청의 선행조치라고 볼 수 없다(대판 1993. 7. 27, 90누10384).

아니요

13 ☐☐☐　　　　　　　　　기본서 p. 62

4년 동안 면허세를 부과할 수 있다는 사정을 알면서도 한 건도 부과한 일이 없었다면 과세관청이 비과세라는 선행조치를 한 것으로 볼 수 있습니까?

4년 동안 면허세를 부과할 수 있다는 사정을 알면서도 수출확대라는 공익상 필요에서 한 건도 부과한 일이 없었다면 과세관청이 비과세라는 선행조치를 한 것으로 볼 수 있다(대판 1980. 6. 10, 80누6).

예

14 ☐☐☐   기본서 p. 62

행정청이 공신력 있는 주민등록번호와 주민등록증을 부여한 행위는 공적인 견해표명으로 볼 수 있습니까?

주민등록번호와 주민등록증은 외부에 공시되어 대내외적으로 행정행위의 적법한 존재를 추단하는 중요한 근거가 되는 점에 비추어, 행정청이 공신력 있는 주민등록번호와 이에 따른 주민등록증을 부여한 행위는 대한민국 국적을 취득하였다는 공적인 견해를 표명한 것이라고 볼 수 있다(대판 2024. 3. 12, 2022두60011).

예

15 ☐☐☐   기본서 p. 63

「개발이익환수에 관한 법률」에 정한 개발사업을 시행하기 전에, 행정청이 민원예비심사에 대하여 관련 부서 의견으로 '저촉사항 없음'이라고 기재한 것은 공적인 견해표명에 해당합니까?

「개발이익환수에 관한 법률」에 정한 개발사업을 시행하기 전에, 행정청이 민원예비심사에 대하여 관련 부서 의견으로 '저촉사항 없음'이라고 기재하였다고 하더라도, 이후의 개발부담금 부과처분에 관하여 신뢰보호의 원칙을 적용하기 위한 요건인, 신뢰의 대상이 되는 공적인 견해표명을 한 것이라고는 보기 어렵다(대판 2006. 6. 9, 2004두46).

아니요

16-1 ☐☐☐   기본서 p. 63

특정 사항에 관하여 신뢰보호의 원칙상 행정청이 그와 배치되는 조치를 할 수 없다고 할 수 있을 정도의 행정관행이 성립되었다고 하려면 상당한 기간에 걸쳐 그 사항에 관하여 동일한 처분을 하였다는 객관적 사실이 존재하는 것으로 족합니까?

행정상 법률관계에 있어서 특정의 사항에 대해 신뢰보호의 원칙상 처분청이 그와 배치되는 조치를 할 수 없다고 할 수 있을 정도의 행정관행이 성립되었다고 하려면 상당한 기간에 걸쳐 그 사항에 대해 동일한 처분을 하였다는 객관적 사실이 존재할 뿐만 아니라, 처분청이 그 사항에 관해 다른 내용의 처분을 할 수 있음을 알면서도 어떤 특별한 사정 때문에 그러한 처분을 하지 않는다는 의사가 있고 이와 같은 의사가 명시적 또는 묵시적으로 표시되어야 한다 할 것이다(대판 1993. 6. 11, 92누14021).

아니요

16-2 ☐☐☐   기본서 p. 63

단순히 착오로 어떠한 처분을 계속한 경우에도 행정관행이 성립하므로 처분청이 추후 오류를 발견하여 변경하는 것은 신뢰보호의 원칙에 위배됩니까?

단순히 착오로 어떠한 처분을 계속한 경우는 행정관행이 성립한 경우에 해당되지 않는다 할 것이고, 따라서 처분청이 추후 오류를 발견하여 합리적인 방법으로 변경하는 것은 신뢰보호의 원칙에 위배되지 않는다(대판 1993. 6. 11, 92누14021).

아니요

17 ☐☐☐   기본서 p. 63

국회에서 법률안을 심의하거나 의결한 사정이 있다면 국민 개인의 신뢰이익을 인정할 수 있습니까?

국회에서 일정한 법률안을 심의하거나 의결한 적이 있다고 하더라도, 그것이 법률로 확정되지 아니한 이상 국가가 이해관계자들에게 위 법률안에 관련된 사항을 약속하였다고 볼 수 없으며, 이러한 사정만으로 어떠한 신뢰를 부여하였다고 볼 수도 없다.

아니요

18 ☐☐☐   기본서 p. 63

병무청 담당부서의 담당공무원에게 공적 견해의 표명을 구하는 정식의 서면질의 등을 하지 아니한 채 총무과 민원팀장에 불과한 공무원이 민원봉사차원에서 상담에 응하여 안내한 것을 신뢰한 경우, 신뢰보호의 원칙이 적용됩니까?

서울지방병무청 총무과 민원팀장이 국외영주권을 취득한 사람의 상담에 응하여 법령의 내용을 숙지하지 못한 채 민원봉사차원에서 현역입영대상자가 아니라고 답변한 경우 그것이 서울지방병무청장의 공적인 견해표명이라 할 수 없다(대판 2003. 12. 26, 2003두1875).

아니요

19 ☐☐☐   기본서 p. 64

과세관청이 납세의무자에게 부가가치세 면세사업자용 사업자등록증을 교부한 행위를 부가가치세를 과세하지 아니함을 시사하는 언동이나 공적인 견해를 표명한 것으로 볼 수 있습니까?

사업자등록증의 교부는 이와 같은 등록사실을 증명하는 증서의 교부행위에 불과한 것으로 과세관청이 납세의무자에게 부가가치세 면세사업자용 사업자등록증을 교부하였다고 하더라도 그가 영위하는 사업에 관하여 부가가치세를 과세하지 아니함을 시사하는 언동이나 공적인 견해를 표명한 것으로 볼 수 없다(대판 2008. 6. 12, 2007두23255).

아니요

20 ☐☐☐   기본서 p. 64

문화관광부장관의 지방자치단체장에 대한 회신은 사인의 신뢰이익을 보호하기 위한 공적 견해표명에 해당합니까?

문화관광부장관(현 문화체육관광부장관)의 지방자치단체장에 대한 회신은 사인의 신뢰이익을 보호하기 위한 공적 견해표명에 해당되지 않는다(대판 2006. 4. 28, 2005두6539).

아니요

21 ☐☐☐   기본서 p. 64

재량준칙이 공표된 것만으로 보호가치 있는 신뢰를 갖게 된 것이라고 볼 수 있습니까?

행정규칙인 재량준칙의 공표만으로는 신청인이 보호가치 있는 신뢰를 갖게 되었다고 볼 수 없다(대판 2009. 12. 24, 2009두7967).

아니요

22 ☐☐☐   기본서 p. 64

행정청이 지구단위계획을 수립하면서 그 권장용도를 판매·위락·숙박시설로 결정하여 고시하였다면 당해 지구 내에서 공익과 무관하게 언제든지 숙박시설에 대한 건축허가가 가능하다는 취지의 공적 견해를 표명한 것으로 볼 수 있습니까?

행정청이 지구단위계획을 수립하면서 그 권장용도를 판매·위락·숙박시설로 결정하여 고시로서 표명한 공적 견해는 숙박시설의 건축허가를 불허하여야 할 중대한 공익상의 필요가 없음을 전제로 숙박시설 건축허가도 가능하다는 것이지, 이를 당해 지구 내에서는 공익과 무관하게 언제든지 숙박시설에 대한 건축허가가 가능하리라는 취지의 공적 견해를 표명한 것이라고 평가할 수는 없다(대판 2005. 11. 25, 2004두6822·6839·6846).

아니요

23 ☐☐☐   기본서 p. 65

헌법재판소의 위헌결정은 행정청이 개인에 대하여 신뢰의 대상이 되는 공적인 견해를 표명한 것이라고 할 수 없으므로 그 결정에 관련한 개인의 행위에 대하여는 신뢰보호의 원칙이 적용되지 않습니까?

헌법재판소의 위헌결정은 행정청이 개인에 대하여 신뢰의 대상이 되는 공적인 견해를 표명한 것이라고 할 수 없으므로 그 결정에 관련한 개인의 행위에 대하여는 신뢰보호의 원칙이 적용되지 아니한다(대판 2003. 6. 27, 2002두6965).

예

24 ☐☐☐   기본서 p. 65

행정청의 공적 견해표명이 있었는지의 여부는 행정조직상의 형식적인 권한분장에 따라 판단하여야 합니까?

과세관청의 공적 견해표명이 있었는지의 여부를 판단하는 데 있어 반드시 행정조직상의 형식적인 권한분장에 구애될 것은 아니고 담당자의 조직상의 지위와 임무, 당해 언동을 하게 된 구체적인 경위 및 그에 대한 납세자의 신뢰가능성에 비추어 실질에 의하여 판단하여야 한다(대판 1996. 1. 23, 95누13746).

아니요

25 ☐☐☐   기본서 p. 66

형질변경불허가처분 취소청구소송에서 농지를 대지로 형질변경하여 종교시설을 건립할 것을 명시한 토지거래허가신청허가처분은 행정청의 선행조치로 인정되어 신뢰보호의 원칙이 적용됩니까?

도시계획구역 내 생산녹지로 답(畓)인 토지에 대하여 종교회관 건립을 이용목적으로 하는 토지거래계약의 허가를 받으면서 담당공무원이 관련 법규상 허용된다 하여 이를 신뢰하고 건축준비를 하였으나, 그 후 토지형질변경허가신청을 불허가한 것은 신뢰보호의 원칙에 반한다(대판 1997. 9. 12, 96누18380).

예

26 ☐☐☐   기본서 p. 66

폐기물처리업 사업계획에 대하여 적정통보를 한 것만으로 국토이용계획변경신청을 승인하여 주겠다는 취지의 공적인 견해표명을 한 것이라고 볼 수 있습니까?

폐기물처리업 사업계획에 대하여 적정통보를 한 것만으로 그 사업부지 토지에 대한 국토이용계획변경신청을 승인하여 주겠다는 취지의 공적인 견해표명을 한 것으로 볼 수 없다(대판 2005. 4. 28, 2004두8828).

아니요

27 ☐☐☐   기본서 p. 68

귀책사유에는 행정청의 견해표명에 하자가 있음을 알았거나 중대한 과실로 알지 못한 경우까지 포함됩니까?

귀책사유란 사기 등 부정행위에 의한 것뿐만 아니라 행정청의 견해표명에 하자가 있음을 알았거나 중대한 과실로 알지 못한 경우까지 포함한다(대판 2002. 11. 8, 2001두1512).

예

28 ☐☐☐   기본서 p. 68

수익적 처분이 상대방의 허위 기타 부정한 방법으로 인하여 행하여진 경우까지 상대방의 신뢰를 보호하여야 합니까?

수익적 행정처분의 하자가 당사자의 사실은폐나 기타 사위의 방법에 의한 신청행위에 기인한 것이라면 당사자는 처분에 의한 이익이 위법하게 취득되었음을 알아 취소가능성도 예상하고 있었다 할 것이므로, 그 자신이 처분에 관한 신뢰이익을 원용할 수 없음은 물론 행정청이 이를 고려하지 아니하였더라도 재량권의 남용이 되지 아니한다(대판 2014. 11. 27, 2013두16111).

아니요

29 ☐☐☐   기본서 p. 68

귀책사유의 유무는 처분의 상대방만을 기준으로 판단하여야 합니까?

귀책사유의 유무는 상대방뿐만 아니라 상대방과 그로부터 신청행위를 위임받은 수임인 등 관계자 모두를 기준으로 판단하여야 한다(대판 2002. 11. 8, 2001두1512).

아니요

30 ☐☐☐   기본서 p. 68~69

법령개정에 대한 신뢰와 관련하여, 법령에 따른 개인의 행위가 국가에 의하여 일정한 방향으로 유인된 경우에 특별히 보호가치가 있는 신뢰이익이 인정될 수 있습니까?

개인의 신뢰이익에 대한 보호가치는 ① 법령에 따른 개인의 행위가 국가에 의하여 일정 방향으로 유인된 신뢰의 행사인지, ② 아니면 단지 법률이 부여한 기회를 활용한 것으로서 원칙적으로 사적 위험부담의 범위에 속하는 것인지 여부에 따라 달라진다. 만일 법률에 따른 개인의 행위가 단지 법률이 반사적으로 부여하는 기회의 활용을 넘어서 국가에 의하여 일정 방향으로 유인된 것이라면 특별히 보호가치가 있는 신뢰이익이 인정될 수 있고, 원칙적으로 개인의 신뢰보호가 국가의 법률개정이익에 우선된다고 볼 여지가 있다(헌재 2002. 11. 28, 2002헌바45).

예

31 ☐☐☐   기본서 p. 70

신뢰보호의 이익과 공익 또는 제3자의 이익이 상호 충돌하는 경우 신뢰보호의 이익이 우선시됩니까?

신뢰보호의 이익과 공익 또는 제3자의 이익이 충돌하는 경우 이익을 비교·형량하여야 한다(대판 1997. 9. 12, 96누18380).

아니요

32 ☐☐☐   기본서 p. 70

신뢰보호원칙과 법률적합성원칙이 충돌하면 어떻게 하여야 합니까?

통설과 판례에 따르면 신뢰보호의 원칙과 행정의 법률적합성원칙은 다 같이 법치주의의 구성요소로서 대등한 효력을 가지므로, 구체적인 경우 적법상태의 실현에 의해 달성되는 공익과 행정작용의 존속에 관한 개인의 신뢰보호라는 사익을 비교·형량(저울질해서 비교한다는 의미)하여 결정해야 한다.

이익을 비교·형량하여야 한다.

33 ☐☐☐   기본서 p. 70

신뢰보호의 원칙은 공적인 견해를 표명할 당시의 사정이 변경된 경우에도 적용됩니까?

신뢰보호의 원칙은 행정청이 공적인 견해를 표명할 당시의 사정이 그대로 유지됨을 전제로 적용되는 것이 원칙이므로, 사후에 그와 같은 사정이 변경된 경우에는 그 공적 견해가 더 이상 개인에게 신뢰의 대상이 된다고 보기 어려운 만큼, 특별한 사정이 없는 한 행정청이 그 견해표명에 반하는 처분을 하더라도 신뢰보호의 원칙에 위반된다고 할 수 없다(대판 2020. 6. 25, 2018두34732).

아니요

34 ☐☐☐   기본서 p. 71

국가가 공무원임용결격사유가 있는 자에 대하여 결격사유가 있는 것을 알지 못하고 공무원으로 임용하였다가 사후에 결격사유가 있는 자임을 발견하고 공무원임용행위를 취소하는 경우, 신의칙 내지 신뢰의 원칙을 적용할 수 있습니까?

국가가 공무원임용결격사유가 있는 자에 대하여 결격사유가 있는 것을 알지 못하고 공무원으로 임용하였다가 사후에 결격사유가 있는 자임을 발견하고 공무원임용행위를 취소하는 것은 당사자에게 원래의 임용행위가 당초부터 당연무효이었음을 통지하여 확인시켜주는 행위에 지나지 아니하는 것이므로, 신의칙 내지 신뢰의 원칙을 적용할 수 없고 또 그러한 의미의 취소권은 시효로 소멸하는 것도 아니다(대판 1987. 4. 14, 86누459).

아니요

35 ☐☐☐　　　　　　　　　　　　　　　　　　　　　　　기본서 p. 72

교통사고가 일어난 지 1년 10개월이 지난 뒤 그 교통사고를 일으킨 택시에 대하여 운송사업면허를 취소한 경우, 택시운송사업자로서는 자동차운수사업법의 내용을 잘 알고 있어 교통사고를 낸 택시에 대하여 운송사업면허가 취소될 가능성을 예상할 수 있었으므로 별다른 행정조치가 없을 것으로 자신이 믿고 있었다 하여도 신뢰의 이익을 주장할 수는 없습니까?

교통사고가 일어난 지 1년 10개월이 지난 뒤 그 교통사고를 일으킨 택시에 대하여 운송사업면허를 취소하였더라도 …… 택시운송사업자로서는 자동차운수사업법의 내용을 잘 알고 있어 교통사고를 낸 택시에 대하여 운송사업면허가 취소될 가능성을 예상할 수도 있었을 터이니, 자신이 별다른 행정조치가 없을 것으로 믿고 있었다 하여 바로 신뢰의 이익을 주장할 수는 없으므로 그 교통사고가 자동차운수사업법 제31조 제1항 제5호 소정의 '중대한 교통사고로 인하여 많은 사상자를 발생하게 한 때'에 해당한다면 그 운송사업면허의 취소가 행정에 대한 국민의 신뢰를 저버리고 국민의 법생활의 안정을 해치는 것이어서 재량권의 범위를 일탈한 것이라고 보기는 어렵다(대판 1989. 6. 27, 88누6283).

예

36 ☐☐☐　　　　　　　　　　기본서 p. 73

어떤 행정처분이 실효의 법리를 위반하여 위법한 것이라면 이는 당연무효사유에 해당합니까?

어떤 행정처분이 실효의 법리를 위반하여 위법한 것이라고 하더라도, 이러한 하자의 존부는 개별·구체적인 사정을 심리한 후에야 판단할 수 있는 사항이어서 객관적으로 명백한 것이라고 할 수 없으므로, 이는 행정처분의 취소사유에 해당할 뿐 당연무효사유는 아니다(대판 2021. 12. 30, 2018다241458).

아니요

37 ☐☐☐　　　　　　　　　　기본서 p. 73

정구장시설 설치의 도시계획결정을 청소년수련시설 설치의 도시계획으로 변경한 경우, 사업시행자로 지정받을 것을 예상하고 정구장 설계비용 등을 지출한 자의 신뢰이익을 침해한 것으로 볼 수 있습니까?

정구장시설을 설치한다는 도시계획결정을 하였다가 정구장 대신 청소년수련시설을 설치한다는 도시계획변경결정 및 지적승인을 한 경우, 정구장시설의 도시계획사업 시행자로 지정받을 것을 예상하고 정구장 설계비용 등을 지출한 자의 신뢰이익을 침해한 것으로 볼 수 없다(대판 2000. 11. 10, 2000두727).

아니요

38 ☐☐☐　　　　　　　　　　기본서 p. 75

폐기물처리업에 대하여 관할 관청의 사전적정통보를 받고 막대한 비용을 들여 허가요건을 갖춘 다음 허가신청을 하였음에도 청소업자의 난립으로 효율적인 청소업무의 수행에 지장이 있다는 이유로 한 불허가처분은 신뢰보호의 원칙에 반한 위법한 처분입니까?

폐기물처리업에 대하여 관할 관청의 사전적정통보를 받고 막대한 비용을 들여 허가요건을 갖춘 다음 허가신청을 하였음에도 청소업자의 난립으로 효율적인 청소업무의 수행에 지장이 있다는 이유로 한 불허가처분은 신뢰보호의 원칙을 위반한 위법한 처분이다(대판 1998. 5. 8, 98두4061).

예

39 ☐☐☐　　　　　　　　　　기본서 p. 75

동일한 사유에 관하여 보다 무거운 면허취소처분을 하기 위하여 이미 행하여진 가벼운 면허정지처분을 취소하는 것은 허용될 수 없습니까?

동일한 사유에 관하여 보다 무거운 면허취소처분을 하기 위하여 이미 행하여진 가벼운 면허정지처분을 취소하는 것은 선행처분에 대한 당사자의 신뢰 및 법적 안정성을 크게 저해하는 것이 되어 허용될 수 없다 할 것이다(대판 2000. 2. 25, 99두10520).

예

40-1 ☐☐☐　　　　　　　　　　기본서 p. 75

행정청이 착오로 인하여 국적이탈을 이유로 주민등록을 말소한 행위를 법령에 따라 국적이탈이 처리되었다는 견해를 표명한 것으로 볼 수 있습니까?

행정청이 대외적으로 공신력 있는 주민등록표상 국적이탈을 이유로 원고의 주민등록을 말소한 행위는 원고에게 간접적으로 국적이탈이 법령에 따라 이미 처리되었다는 견해를 표명한 것이라고 보아야 한다(대판 2008. 1. 17, 2006두10931).

예

40-2 ☐☐☐　　　　　　　　　　기본서 p. 75

상대방이 착오로 인한 주민등록말소를 통하여 자신의 국적이탈이 적법하게 처리된 것으로 신뢰하였다면 이는 보호할 가치 있는 신뢰에 해당합니까?

원고가 주민등록말소를 통하여 자신의 국적이탈이 적법하게 처리된 것으로 신뢰한 것에 대하여 귀책사유가 있다고 할 수 없는바, 원고는 위와 같은 신뢰를 바탕으로 만 18세가 되기까지 별도로 국적이탈신고절차를 취하지 아니하였던 것이므로, 피고가 원고의 이러한 신뢰에 반하여 원고의 국적이탈신고를 반려한 처분은, 신뢰보호의 원칙에 반하여 원고가 만 18세 이전에 국적이탈신고를 할 수 있었던 기회를 박탈한 것으로 위법하다(대판 2008. 1. 17, 2006두10931).

예

41 ☐☐☐   핵심집약 p. 52

법원이 하는 과태료재판에도 원칙적으로 행정소송에서와 같은 신뢰보호의 원칙이 적용됩니까?

법원이 비송사건절차법에 따라서 하는 과태료재판은 관할 관청이 부과한 과태료처분에 대한 당부를 심판하는 행정소송절차가 아니라 법원이 직권으로 개시·결정하는 것이므로, 원칙적으로 과태료재판에서는 행정소송에서와 같은 신뢰보호의 원칙 위반 여부가 문제로 되지 아니한다(대결 2006. 4. 28, 2003마715).

아니요

42 ☐☐☐   기본서 p. 76

헌법과 달리 행정기본법에는 평등의 원칙에 대한 규정이 없습니까?

행정기본법은 "행정청은 합리적 이유 없이 국민을 차별하여서는 아니 된다."고 하여 헌법상 평등의 원칙을 규정하고 있다(행정기본법 제9조).

아니요

43 ☐☐☐   기본서 p. 77

지방의회의 감사 또는 조사를 위하여 출석요구를 받은 증인이 출석하지 않을 경우, 증인의 사회적 지위에 따라 과태료의 액수에 차등을 두는 것을 내용으로 하는 조례안은 헌법에 규정된 평등의 원칙에 위배된다고 볼 수 있습니까?

조례안이 지방의회의 감사 또는 조사를 위하여 출석요구를 받은 증인이 5급 이상 공무원인지 여부, 기관(법인)의 대표나 임원인지 여부 등 증인의 사회적 신분에 따라 미리부터 과태료의 액수에 차등을 두고 있는 경우, 그와 같은 차별은 증인의 불출석이나 증언거부에 대하여 과태료를 부과하는 목적에 비추어 볼 때 헌법에 규정된 평등의 원칙에 위배되어 무효이다(대판 1997. 2. 25, 96추213).

예

44 ☐☐☐   기본서 p. 78

입학전형이의신청을 거부하는 경우, 국립대학교 총장은 공권력을 행사하는 주체이자 기본권 수범자로서의 지위를 가집니까?

국립대학교 총장은 공권력을 행사하는 주체이자 기본권 수범자로서의 지위를 갖는다. 그 결과 …… 국립대학교 총장은 헌법상 평등원칙의 직접적인 구속을 받고, 국민의 기본권을 보호 내지 실현할 책임과 의무를 부담하므로, 그 차별처우의 위법성이 보다 폭넓게 인정된다(대판 2024. 4. 4, 2022두56661).

예

45 ☐☐☐   기본서 p. 79

같은 정도의 비위를 저지른 자들 사이에 있어서 그 직무의 특성 등에 비추어, 개전의 정이 있는지 여부에 따라 징계의 종류의 선택과 양정에 있어서 차별적으로 취급하는 것은, 자의적 취급이라고 할 수 있어서 평등의 원칙 내지 형평에 반합니까?

같은 정도의 비위를 저지른 자들 사이에 있어서도 그 직무의 특성 등에 비추어, 개전의 정이 있는지 여부에 따라 징계의 종류의 선택과 양정에 있어서 차별적으로 취급하는 것은, 사안의 성질에 따른 합리적 차별로서 이를 자의적 취급이라고 할 수 없는 것이어서 평등원칙 내지 형평에 반하지 아니한다(대판 1999. 8. 20, 99두2611).

아니요

46 ☐☐☐   기본서 p. 79

의료법 등 관련 법령이 정신병원 등의 개설에 관하여는 허가제로, 정신과의원 개설에 관하여는 신고제로 각 규정하고 있는 것은 합리적 차별로서 평등의 원칙에 반하지 않습니까?

관련 법령이 정신병원 등의 개설에 관하여는 허가제로, 정신과의원 개설에 관하여는 신고제로 각 규정하고 있는 것은 각 의료기관의 개설목적 및 규모 등 차이를 반영한 합리적 차별로서 평등의 원칙에 반한다고 볼 수 없다(대판 2018. 10. 25, 2018두44302).

예

47 ☐☐☐   기본서 p. 81

헌법재판소와 대법원은 자기구속의 원칙을 어떤 근거로 인정하고 있습니까?

행정규칙인 재량준칙이 정한 바에 따라 행정관행이 이룩되게 되면 평등의 원칙이나 신뢰보호의 원칙에 따라 행정기관은 그 규칙에 따라야 할 자기구속을 당하게 되고 그러한 경우 행정규칙은 대외적 구속력을 가지게 된다(헌재 1990. 9. 3, 90헌마13).

평등의 원칙 또는 신뢰보호의 원칙

48 ☐☐☐   기본서 p. 81

재량권 행사의 준칙인 행정규칙이 그 정한 바에 따라 되풀이 시행되어 행정관행이 이루어지게 되면 그를 위반한 처분은 위법한 처분이 됩니까?

재량권 행사의 준칙인 행정규칙이 그 정한 바에 따라 되풀이 시행되어 행정관행이 이루어지게 되면 평등의 원칙이나 신뢰보호의 원칙에 따라 행정기관은 그 상대방에 대한 관계에서 그 규칙에 따라야 할 자기구속을 받게 되므로, 이러한 경우에는 특별한 사정이 없는 한 그를 위반하는 처분은 평등의 원칙이나 신뢰보호의 원칙에 위배되어 재량권을 일탈·남용한 위법한 처분이 된다(대판 2009. 12. 24, 2009두7967).

예

49 ☐☐☐   기본서 p. 82

행정청 내부의 사무처리준칙이 제정·공표되었다면 이 자체만으로도 행정청은 자기구속을 받게 되므로 이 준칙에 위배되는 처분은 위법하게 됩니까?

재량준칙은 그 자체가 직접적으로 법규성이 있는 것은 아니나 재량준칙이 되풀이 시행되어 행정관행이 성립한 경우, 평등의 원칙과 자기구속의 원칙을 매개로 하여 간접적으로 대외적인 구속력을 갖는다는 것이 일반적 견해이다.

아니요

50 ☐☐☐   기본서 p. 83

위법한 행정처분이 반복해서 행하여졌다면 행정청에 대하여 자기구속력을 가질 수 있습니까?

위법한 행정처분이 수차례에 걸쳐 반복적으로 행하여졌다 하더라도 그러한 처분이 위법한 것인 때에는 행정청에 대하여 자기구속력을 갖게 된다고 할 수 없다(대판 2009. 6. 25, 2008두13132).

아니요

51-1 ☐☐☐   기본서 p. 83~84

주택사업계획승인을 하면서 주택사업과는 아무런 관련이 없는 토지를 기부채납하도록 하는 부관을 붙인 경우, 어떠한 원칙에 위반됩니까?

주택사업계획승인을 하면서 주택사업과는 아무런 관련이 없는 토지를 기부채납하도록 하는 부관을 붙인 경우 그 부관은 부당결부금지의 원칙에 위반되어 위법하다(대판 1997. 3. 11, 96다49650).

부당결부금지의 원칙

51-2 ☐☐☐   기본서 p. 83~84

주택사업계획승인을 하면서 주택사업과는 아무런 관련이 없는 토지를 기부채납하도록 하는 부관을 붙인 경우, 부당결부금지의 원칙에 위반된다면 그 부관을 당연무효로 볼 수 있습니까?

부당결부금지의 원칙에 위반한 위법한 부관이라도 그 하자가 중대하고 명백하지 않은 경우 당연무효사유라고는 볼 수 없다(대판 1997. 3. 11, 96다49650).

아니요

52-1 ☐☐☐   기본서 p. 85

한 사람이 여러 종류의 자동차운전면허를 취득한 경우, 이를 취소 또는 정지할 때 서로 별개의 것으로 취급하는 것이 원칙입니까?

한 사람이 여러 종류의 자동차운전면허를 취득한 경우 이를 취소 또는 정지할 때 서로 별개의 것으로 취급하는 것이 원칙이다(대판 2012. 5. 24, 2012두1891).

예

52-2 ☐☐☐   기본서 p. 85

이 경우 취소사유가 다른 면허와 공통된 것이거나 운전면허를 받은 사람에 관한 것일 경우, 여러 면허를 전부 취소할 수 있습니까?

취소사유가 특정 면허에 관한 것이 아니고 다른 면허와 공통된 것이거나 운전면허를 받은 사람에 관한 경우, 여러 면허를 전부 취소할 수 있다(대판 2012. 5. 24, 2012두1891).

예

53 ☐☐☐   기본서 p. 85

이륜자동차로서 제2종 소형면허를 가진 사람만이 운전할 수 있는 오토바이를 음주운전한 사유만 가지고서 제1종 대형면허나 보통면허를 취소·정지할 수 있습니까?

(이륜자동차로서 제2종 소형면허를 가진 사람만이 운전할 수 있는 오토바이는 제1종 대형면허나 보통면허를 가지고서도 이를 운전할 수 없는 것이어서 이와 같은 이륜자동차의 운전은 제1종 대형면허나 보통면허와는 아무런 관련이 없는 것이므로) 이륜자동차를 음주운전한 사유만으로 제1종 대형면허나 보통면허의 취소·정지를 할 수 없다(대판 1992. 9. 22, 91누8289).

아니요

54 ☐☐☐   기본서 p. 85

제1종 보통면허로 운전할 수 있는 차량을 음주운전한 경우, 제1종 보통면허의 취소 외에 동일인이 소지하고 있는 제1종 대형면허와 원동기장치자전거면허는 취소할 수 없습니까?

제1종 보통면허로 운전할 수 있는 차량을 음주운전한 경우에 이와 관련된 면허인 제1종 대형면허와 원동기장치자전거면허까지 취소할 수 있다(제1종 보통면허의 취소에는 원동기장치자전거의 운전까지 금지하는 취지가 포함되어 있다고 본다)(대판 1994. 11. 25, 94누9672).

아니요

55 ☐☐☐   기본서 p. 86

행정기본법에는 행정청의 성실의무의 원칙에 관한 규정이 없습니까?

행정기본법은 "행정청은 법령 등에 따른 의무를 성실히 수행하여야 한다."고 하여 사법상 신의성실의 원칙을 행정청의 성실의무의 원칙으로 수정하여 규정하고 있다(행정기본법 제11조 제1항).

아니요

56 ☐☐☐   기본서 p. 87

지방공무원 임용신청 당시 잘못 기재된 생년월일에 근거하여 36년 동안 공무원으로 근무하다 정년을 1년 3개월 앞두고 생년월일을 정정한 후 그에 기초하여 정년연장을 요구하는 것은 신의성실의 원칙에 반합니까?

지방공무원 임용신청 당시 잘못 기재된 호적상 출생년월일을 생년월일로 기재하고, 이에 근거한 공무원인사기록카드의 생년월일 기재에 대하여 처음 임용된 때부터 약 36년 동안 전혀 이의를 제기하지 않다가, 정년을 1년 3개월 앞두고 호적상 출생년월일을 정정한 후 그 출생년월일을 기준으로 정년의 연장을 요구하는 것은 신의성실의 원칙에 반하지 않는다(대판 2009. 3. 26, 2008두21300).

아니요

57 ☐☐☐   기본서 p. 87

행정법상 신청을 할 수 없게 한 장애사유를 행정청이 만든 경우에 행정청이 원인이 된 장애사유를 근거로 그러한 신청을 인정하지 않는 것은 신의성실의 원칙에 반하여 허용될 수 없습니까?

관할 관청이 위법한 직업능력개발훈련과정 인정제한처분을 하여 사업주로 하여금 제때 훈련과정 인정신청을 할 수 없도록 하였음에도, 인정제한처분에 대한 취소판결 확정 후 사업주가 인정제한기간 내에 실제로 실시하였던 훈련에 관하여 비용지원신청을 한 경우에, 관할 관청은 단지 해당 훈련과정에 관하여 사전에 훈련과정 인정을 받지 않았다는 이유만을 들어 훈련비용 지원을 거부하는 것은 위법한 직업능력개발훈련과정 인정제한처분을 함으로써 사업주로 하여금 제때 훈련과정 인정신청을 할 수 없게 한 장애사유를 만든 행정청이 사업주에 대하여 사전에 훈련과정 인정신청을 하지 않았음을 탓하는 것과 다름없으므로 신의성실의 원칙에 반하여 허용될 수 없다(대판 2019. 1. 31, 2016두52019).

예

01 ☐☐☐　　　　　　　　　　　　　　　기본서 p. 90

행정상 법률관계를 공법관계와 사법관계로 구분하는 것은 각각의 소송절차와도 관련됩니까?

행정상 법률관계를 공법관계와 사법관계로 구분하는 것은 각각의 분쟁해결절차와 관련이 있다. 즉, 공법관계는 행정소송, 사법관계는 민사소송에 의해 분쟁을 해결한다.

예

02 ☐☐☐　　　　　　　　　　　　　　　기본서 p. 90

국유일반재산의 대부료 등의 징수에 관하여, 특별한 사정이 없는 한 민사소송의 방법으로 대부료 등의 지급을 구하는 것이 허용됩니까?

<u>국유일반재산의 대부료 등의 징수에 관하여는 국세징수법 규정을 준용한 간이하고 경제적인 특별구제절차가 마련되어 있으므로, 특별한 사정이 없는 한 민사소송의 방법으로 대부료 등의 지급을 구하는 것은 허용되지 아니한다</u>(대판 2014. 9. 4, 2014다203588).

아니요

03 ☐☐☐　　　　　　　　　　　　　　　기본서 p. 91

국유재산 '무단점유자에 대한 변상금 부과처분'은 관리청이 우월적 지위에서 행한 것으로서 행정처분입니까?

<u>국유재산의 관리청이 그 무단점유자에 대하여 하는 변상금 부과처분은 순전히 사경제주체로서 행하는 사법상의 법률행위라 할 수 없고 이는 관리청이 공권력을 가진 우월적 지위에서 행한 것으로서 행정소송의 대상이 되는 행정처분</u>이라고 보아야 한다(대판 1988. 2. 23, 87누1046 · 1047).

예

04 ☐☐☐　　　　　　　　　　　　　　　기본서 p. 92

농지개량조합과 그 직원의 관계는 공법상 특별권력관계라고 볼 수 있습니까?

<u>농지개량조합과 그 직원의 관계는 사법상의 근로계약관계가 아닌 공법상의 특별권력관계이고, 그 조합의 직원에 대한 징계처분의 취소를 구하는 소송은 행정소송사항에 속한다</u>(대판 1995. 6. 9, 94누10870).

예

05 ☐☐☐　　　　　　　　　　　　　　　기본서 p. 92

국유재산의 관리청이 행정재산의 사용 · 수익을 허가하는 행위는 강학상 특허에 해당하나, 그 후 사용 · 수익하는 자에 대한 사용료 부과는 사경제주체로서 행하는 사법상의 이행청구에 해당합니까?

국유재산의 관리청이 행정재산의 사용 · 수익을 허가한 다음, 그 자에 대하여 한 <u>사용료 부과</u>는 우월적 지위에서 행한 것으로서 <u>행정처분</u>에 해당한다(대판 1996. 2. 13, 95누11023).

아니요

06 ☐☐☐　　　　　　　　　　　　　　　기본서 p. 92

한국공항공단이 무상사용허가를 받은 행정재산에 대하여 하는 전대(轉貸)행위는 공법관계입니까?

한국공항공단의 전대행위는 사법관계이다.
한국공항공단이 그 행정재산의 관리청으로부터 국유재산관리사무의 위임을 받거나 국유재산관리의 위탁을 받지 않은 이상, <u>한국공항공단이 무상사용허가를 받은 행정재산에 대하여 하는 전대행위는 통상의 사인 간의 임대차와 다를 바가 없다</u>(대판 2004. 1. 15, 2001다12638).

아니요

07 ☐☐☐　　　　　　　　　　　　　　　기본서 p. 92

국립의료원 부설주차장에 관한 위탁관리용역운영계약은 공법관계로서 공법상 계약에 해당합니까?

공법관계에는 해당한다. 다만, <u>국립의료원 부설주차장에 관한 위탁관리용역운영계약은 계약이라는 용어에도 불구하고 행정재산의 사용허가로서 강학상 특허</u>에 해당한다는 것이 판례의 입장이다(대판 2006. 3. 9, 2004다31074).

아니요

08 ☐☐☐　　　　　　　　　　　　　　　기본서 p. 93

중학교 의무교육의 위탁관계는 사법관계에 해당합니까?

<u>중학교 의무교육의 위탁관계</u>는 초 · 중등교육법 제12조 제3 · 4항 등 관련 법령에 의하여 정해지는 <u>공법적 관계</u>이다(대판 2015. 1. 29, 2012두7387).

아니요

09 ☐☐☐   기본서 p. 93

지방자치단체가 학교법인이 설립한 사립중학교에 의무교육대상자에 대한 교육을 위탁한 때에 그 학교법인과 해당 사립중학교에 재학 중인 학생의 재학관계는 사법상 계약에 따른 법률관계입니까?

사법인(私法人)인 학교법인과 학생의 재학관계는 사법상 계약에 따른 법률관계에 해당한다. 지방자치단체가 학교법인이 설립한 사립중학교에 의무교육대상자에 대한 교육을 위탁한 때에 그 학교법인과 해당 사립중학교에 재학 중인 학생의 재학관계도 기본적으로 마찬가지이다(대판 2018. 12. 28, 2016다33196).

예

10 ☐☐☐   기본서 p. 93

귀속재산처리법에 의한 귀속재산의 매각행위는 공법관계라는 것이 판례의 입장입니까?

행정관청이 국유재산을 매각하는 것은 사법상의 매매계약일 수도 있으나 귀속재산처리법에 의하여 귀속재산을 매각하는 것은 행정처분이지 사법상의 매매가 아니다(대판 1991. 6. 25, 91다10435).

예

11 ☐☐☐   기본서 p. 778

판례는 「도시 및 주거환경정비법」상의 주택재건축정비사업조합이 수립한 관리처분계획안에 대한 조합총회결의를 사법관계라고 봅니까?

「도시 및 주거환경정비법」상 행정주체인 주택재건축정비사업조합을 상대로 관리처분계획안에 대한 조합총회결의의 효력 등을 다투는 소송은 행정처분에 이르는 절차적 요건의 존부나 효력 유무에 관한 소송으로서 그 소송결과에 따라 행정처분의 위법 여부에 직접 영향을 미치는 공법상 법률관계에 관한 것이다(대판 2009. 9. 17, 2007다2428 전합).

아니요

12 ☐☐☐   기본서 p. 93

국유재산의 대부계약에 따른 대부료 부과는 처분성이 있습니까?

산림청장이나 그로부터 권한을 위임받은 행정청이 산림법 등이 정하는 바에 따라 국유임야를 대부하거나 매각하는 행위는 사경제적 주체로서 상대방과 대등한 입장에서 하는 사법상 계약이며, 이 대부계약에 의한 대부료 부과조치 역시 사법상 채무이행을 구하는 것으로 보아야지 이를 행정처분이라고 할 수 없다(대판 1993. 12. 7, 91누11612).

아니요

13 ☐☐☐   기본서 p. 93

일반재산의 대부계약은 지방자치단체가 상대방과 대등한 지위에서 행하는 공법상 계약으로 이를 다투는 소송은 당사자소송입니까, 민사소송입니까?

국유잡종재산(현 일반재산) 대부행위의 법적 성질은 사법상 계약이고 그 대부료 납부고지의 법적 성질은 사법상의 이행청구에 불과하다(대판 2000. 2. 11, 99다61675).

민사소송

14 ☐☐☐   기본서 p. 94

구 예산회계법상 입찰보증금의 국고귀속조치는 민사소송의 대상이 됩니까?

구 예산회계법(현 「국가를 당사자로 하는 계약에 관한 법률」)상 입찰보증금의 국고귀속조치는 민사소송의 대상이 된다(대판 1983. 12. 27, 81누366).

예

15 ☐☐☐   기본서 p. 94

환매권 행사로 인한 매수의 성질은 사법(私法)상의 매매입니까?

「국가보위에 관한 특별조치법 제5조 제4항에 의한 동원대상지역 내의 토지의 수용·사용에 관한 특별조치령」제39조 제1항에 규정된 환매권 행사로 인한 매수의 성질은 사법상의 매매와 같은 것이다(대판 1998. 5. 26, 96다49018).

예

16 ☐☐☐   기본서 p. 94

서울특별시지하철공사의 임원과 직원의 근무관계의 성질은 공법상 특별권력관계에 해당합니까?

서울특별시지하철공사의 임원과 직원의 근무관계의 성질은 공법상의 특별권력관계라고는 볼 수 없고 사법관계에 속할 뿐만 아니라, 서울특별시지하철공사의 사장이 소속 직원에게 한 징계처분에 대한 불복절차는 민사소송에 의하여야 한다는 것이 판례의 입장이다(대판 1989. 9. 12, 89누2103).

아니요

17-1 ☐☐☐ 기본서 p. 95

「공익사업을 위한 토지 등의 취득 및 보상에 관한 법률」에 의한 협의취득은 사법상의 법률행위입니까?

공익사업을 위한 토지 등의 취득 및 보상에 관한 법령에 의한 협의취득은 사법상의 법률행위이다(대판 2012. 2. 23, 2010다91206).

예

17-2 ☐☐☐ 기본서 p. 95

공익사업을 위한 토지 등의 취득 및 보상에 관한 법령에 의한 협의취득은 사법상의 법률행위이지만 당사자 사이의 자유로운 의사에 따라 채무불이행책임이나 매매대금 과부족금에 대한 지급의무를 약정할 수 있는 것은 아닙니까?

공익사업을 위한 토지 등의 취득 및 보상에 관한 법령에 의한 협의취득은 사법상의 법률행위이므로 당사자 사이의 자유로운 의사에 따라 채무불이행책임이나 매매대금 과부족금에 대한 지급의무를 약정할 수 있다(대판 2012. 2. 23, 2010다91206).

아니요

18 ☐☐☐ 기본서 p. 95

사립학교 교원에 대한 학교법인의 해임처분을 취소소송의 대상이 되는 행정청의 처분으로 볼 수 있으므로 학교법인을 상대로 한 불복은 행정소송에 의합니까?

사립학교 교원과 학교법인은 사법상 관계이므로 사립학교 교원에 대한 학교법인의 해임은 민사소송의 대상이다(대판 1993. 2. 12, 92누13707).

아니요

19 ☐☐☐ 기본서 p. 95

개발부담금 부과처분의 직권취소를 이유로 한 부당이득반환청구는 공법관계라는 것이 판례의 입장입니까?

개발부담금 부과처분이 취소된 이상 그 후의 부당이득으로서의 과오납금 반환에 관한 법률관계는 단순한 민사관계에 불과한 것이고, 행정소송절차에 따라야 하는 관계로 볼 수 없다(대판 1995. 12. 22, 94다51253).

아니요

20 ☐☐☐ 기본서 p. 95

지방자치단체가 체결하는 이른바 '공공계약'이 사법상 계약에 해당하는 경우, 법령에 특별한 정함이 있는 경우 외에는 사법의 원리가 그대로 적용됩니까?

지방자치단체가 일방 당사자가 되는 이른바 '공공계약'이 사경제의 주체로서 상대방과 대등한 위치에서 체결하는 사법상 계약에 해당하는 경우 그에 관한 법령에 특별한 정함이 있는 경우를 제외하고는 사적 자치와 계약자유의 원칙 등 사법의 원리가 그대로 적용된다(대판 2018. 2. 13, 2014두11328).

예

21 ☐☐☐ 핵심집약 p. 62

지방자치단체가 일반재산을 입찰이나 수의계약을 통해 매각하는 것은 사경제주체의 지위에서 하는 행위이므로 사적 자치와 계약자유의 원칙이 적용됩니까?

지방자치단체가 일반재산을 입찰이나 수의계약을 통해 매각하는 것은 기본적으로 사경제주체의 지위에서 하는 행위이므로 원칙적으로 사적 자치와 계약자유의 원칙이 적용된다(대판 2017. 11. 14, 2016다201395).

예

22 ☐☐☐ 기본서 p. 96

「국가를 당사자로 하는 계약에 관한 법률」에 따라 국가가 당사자가 되는 이른바 공공계약은 그에 관한 법령에 특별한 정함이 없는 한 사법상 계약에 해당합니까?

국가를 당사자로 하는 계약이나 공공기관 운영에 관한 법률의 적용대상인 공기업이 일방 당사자가 되는 계약(이하 '공공계약'이라 한다)은 국가 또는 공기업(이하 '국가 등'이라 한다)이 사경제주체로서 상대방과 대등한 위치에서 체결하는 사법상 계약으로서 본질적인 내용은 사인 간의 계약과 다를 바가 없으므로, 법령에 특별한 정함이 있는 경우를 제외하고는 서로 대등한 입장에서 당사자의 합의에 따라 계약을 체결하여야 하고 당사자는 계약의 내용을 신의성실의 원칙에 따라 이행하여야 하는 등(구 「국가를 당사자로 하는 계약에 관한 법률」 제5조 제1항) 사적 자치와 계약자유의 원칙을 비롯한 사법의 원리가 원칙적으로 적용된다(대판 2017. 12. 21, 2012다74076 전합).

예

23 ☐☐☐ 　　　　　　　　　　　기본서 p. 96
지방자치단체의 각급 학교에서 학교회계직원으로 근무하는 근로계약은 사법상 계약입니까?

지방자치단체의 관할 구역 내에 있는 각급 학교에서 학교회계직원으로 근무하는 것을 내용으로 하는 근로계약은 사법상 계약이다(대판 2018. 5. 11, 2015다237748).

　　　　　　　　　　　　　　　　　　　　　　　예

24 ☐☐☐ 미기출 　　　　　　　　기본서 p. 96
한국증권거래소의 상장폐지결정 및 상장폐지확정결정은 공권력의 행사에 해당합니까?

한국증권거래소의 상장폐지결정 및 상장폐지확정결정은 사법상의 계약관계를 해소하려는 일방적인 의사표시라고 봄이 상당하다고 할 것이다. 따라서 한국증권거래소의 상장폐지확정결정은 헌법소원의 대상이 되는 공권력의 행사에 해당하지 아니한다(헌재 2005. 2. 24, 2004헌마442).

　　　　　　　　　　　　　　　　　　　　　아니요

25 ☐☐☐ 　　　　　　　　　　　기본서 p. 98
협의의 국고관계란 행정주체가 사법상의 재산권의 주체로서 사인과 맺는 관계를 말합니까?

협의의 국고관계란 행정주체가 일반사인과 같은 사법상의 재산권의 주체로서 사인과 맺는 관계를 말한다. 예를 들면, 국가나 지방자치단체가 사인과 물품매매계약·건물임대차계약·공사도급계약 등을 체결하거나, 일반재산(구 잡종재산)을 매각하고, 국채·지방채를 모집하거나 수표를 발행하는 것 등이 이에 해당한다.

　　　　　　　　　　　　　　　　　　　　　　　예

26 ☐☐☐ 　　　　　　　　　　　기본서 p. 99
공무수탁사인은 행정절차법이나 행정소송법상의 행정청이 될 수 있습니까?

일반사인은 원칙적으로 행정청이 아니나, 행정청으로부터 권한을 위임받은 경우 사인도 행정청에 해당할 수 있는바, 행정기본법, 행정절차법, 행정심판법, 행정소송법 등이 이에 관해 규정하고 있다.

　　　　　　　　　　　　　　　　　　　　　　　예

27 ☐☐☐ 　　　　　　　　　　　기본서 p. 100
의결기관과 행정청의 차이점은 무엇입니까?

의사를 결정하는 권한만 있을 뿐 이를 외부에 표시할 권한은 없는 행정기관을 의결기관이라 말하며(예 징계위원회), 이 점에서 의사를 외부에 표시할 권한이 있는 행정청과 구별된다.

　　　　　　　의사를 외부에 표시할 권한이 있는지 여부

28 ☐☐☐ 　　　　　　　　　　　기본서 p. 100
「도시 및 주거환경정비법」상 주택재건축정비사업조합은 어떤 지위를 가집니까?

「도시 및 주거환경정비법」상 주택재건축정비사업조합은 공법인으로서 그 목적범위 내에서 행정주체의 지위를 갖는다(대판 2009. 10. 15, 2008다93001).

　　　　　　　공법인으로서 그 목적범위 내에서 행정주체의 지위

29 ☐☐☐ 　　　　　　　　　　　기본서 p. 102
「공익사업을 위한 토지 등의 취득 및 보상에 관한 법률」상 토지수용권을 행사하는 사인과 「민영교도소 등의 설치·운영에 관한 법률」상 교정업무를 수행하는 민영교도소는 공무수탁사인에 해당합니까?

공무수탁사인의 예로는 별정우체국장, 경찰권을 위임 받은 선장·항공기 기장, 「공익사업을 위한 토지 등의 취득 및 보상에 관한 법률」상 토지수용권을 행사하는 사인, 교정업무를 수행하는 교정법인 또는 민영교도소, 공증업무를 수행하는 공증인, 불법행위를 한 변호사에 대해 제재처분을 내리는 경우의 변호사협회 등이 있다.

　　　　　　　　　　　　　　　　　　　　　　　예

30 ☐☐☐ 　　　　　　　　　　　기본서 p. 102
아르바이트로 우편업무를 수행하는 사인이나 사고현장에서 경찰의 부탁에 의해 경찰을 돕는 자, 또는 경찰과의 사법상 용역계약에 의해 주차위반차량을 견인하는 민간사업자 등도 공무수탁사인이라 볼 수 있습니까?

아르바이트로 우편업무를 수행하는 사인, 사고현장에서 경찰의 부탁에 의해 경찰을 돕는 자 등은 행정을 자기책임하에 수행하는 것이 아니라 행정청을 위하여 비독립적으로 활동하고 공행정업무처리에서 기술적인 집행 등의 단순히 보조역할을 하는 행정보조인이고, 경찰과의 사법상 용역계약에 의해 주차위반차량을 견인하는 민간사업자 등은 사법상 계약에 의해 경영위탁을 받은 자이므로 행정주체인 공무수탁사인이라 볼 수 없다.

　　　　　　　　　　　　　　　　　　　　　아니요

31 ☐☐☐   기본서 p. 102~103

원천징수의무자의 원천징수행위를 공권력 행사로서 한 행정처분이라고 할 수 있습니까?

원천징수의무자가 비록 과세관청과 같은 행정청이더라도 그의 <u>원천징수행위는 법령에서 규정된 징수 및 납부의무를 이행하기 위한 것에 불과한 것이지, 공권력 행사로서의 행정처분을 한 경우에 해당되지 아니한다</u>(대판 1990. 3. 23, 89누4789).

아니요

32 ☐☐☐   기본서 p. 103

국가가 공무수탁사인의 공무수탁사무수행을 감독하는 경우, 수탁사무수행의 합법성뿐만 아니라 합목적성까지도 감독할 수 있습니까?

공무수탁사인과 공무를 위탁한 행정주체는 특별행정법관계의 일종인 특별감독관계에 놓이게 된다고 볼 수 있다. 국가가 공무수탁사인의 <u>공무수탁사무수행을 감독하는 경우 수탁사무수행의 합법성뿐만 아니라 합목적성(타당성)까지도 감독할 수 있다.</u>

예

33 ☐☐☐   기본서 p. 103

공무수탁사인제도는 법적 근거가 필요합니까?

공무수탁사인제도는 공권력 행사의 권한을 사인에게 이전시키는 제도이므로 법적 근거가 필요하다.

예

34 ☐☐☐   기본서 p. 103

공무수탁사인이 행한 처분의 위법을 다투기 위한 항고소송에서 피고는 누가 됩니까?

공무수탁사인이 행한 처분의 위법을 다투기 위해서 항고소송을 제기하여야 하며, 이때 피고는 공무를 위임한 행정청이 아니라 공무수탁사인으로 하여야 한다(행정소송법 제2 · 13조).

공무수탁사인

01 ☐☐☐　　　　　　　　　　기본서 p. 107

재량행위에도 일정한 공권이 성립될 수 있습니까?

과거에는 행정주체에게 재량이 인정되는 경우 공권이 성립할 수 없다고 보았으나, 오늘날에는 공권의 확대화 경향에 따라 재량행위에도 일정한 공권이 성립할 수 있다는 것이 통설의 입장이다.

예

02 ☐☐☐　　　　　　　　　　기본서 p. 108

법률상 이익과 관련하여 당해 처분의 근거법률이란 무엇입니까?

법률상 이익이란 처분의 근거법률에 의해 직접 보호되는 구체적 이익을 말한다고 본 판례도 있지만, 최근에는 직접적 근거법률 외에 관련 법률까지 고려하고 있다.
법률상 이익이란 처분의 직접적 근거법규 및 관련 법규에 의해 보호되는 개별적 · 구체적 이익을 말한다(대판 2005. 5. 12, 2004두14229).

처분의 직접적 근거법률과 관련 법률

03 ☐☐☐　　　　　　　　　　기본서 p. 109

헌법상 기본권 규정으로부터 특정 개인의 이익보호를 위한 공권을 도출할 수 있습니까?

행정법상 공권은 법적으로 주장할 수 있는 구체적 권리를 의미하는데, 구체적 권리성을 가지는 자유권적 기본권과 같은 기본권은 그 자체가 구체적 내용을 가지고 있어 법률에 의해 구체화되지 않아도 이를 도출할 수 있다.

예

04 ☐☐☐　　　　　　　　　　기본서 p. 109

사회적 기본권은 헌법규정만으로도 실현할 수 있습니까?

사회적 기본권의 성격을 가지는 의료보험수급권은 국가에 대하여 적극적으로 급부를 요구하는 것이므로 헌법규정만으로는 이를 실현할 수 없고 법률에 의한 형성을 필요로 한다. 의료보험수급권의 구체적 내용, 즉 수급요건 · 수급권자의 범위 · 급여금액 등은 법률에 의하여 비로소 확정된다(헌재 2003. 12. 18, 2002헌바1).

아니요

05 ☐☐☐　　　　　　　　　　기본서 p. 109

근로자가 퇴직급여를 청구할 수 있는 권리와 같은 이른바 사회적 기본권은 헌법규정에 의하여 바로 도출되는 개인적 공권입니까?

근로자가 퇴직급여를 청구할 수 있는 권리도 헌법상 바로 도출되는 것이 아니라 법률이 구체적으로 정하는 바에 따라 비로소 인정될 수 있는 것이다(헌재 2011. 7. 28, 2009헌마408).

아니요

06 ☐☐☐　　　　　　　　　　기본서 p. 109

공무원연금수급권과 같은 사회보장수급권은 헌법규정만으로는 이를 실현할 수 없어 법률에 의한 형성이 필요하고, 그 구체적인 내용, 즉 수급요건 등은 법률에 의하여 비로소 확정되는 것입니까?

공무원연금수급권은 헌법 제34조 제1 · 2항으로부터 도출되는 사회적 기본권 중의 하나로서, 이는 국가에 대하여 적극적으로 급부를 요구하는 것이므로 헌법규정만으로는 이를 실현할 수 없어 법률에 의한 형성이 필요하고, 그 구체적인 내용은 법률에 의하여 비로소 확정된다(헌재 2013. 9. 26, 2011헌바272).

예

07 ☐☐☐　　　　　　　　　　기본서 p. 110

구속된 피고인 등의 타인접견권은 헌법상 기본권인 인간의 존엄과 가치 및 행복추구권으로부터 도출될 수 있는 것이 아니라 법률에 의하여 비로소 인정되는 권리입니까?

만나고 싶은 사람을 만날 수 있다는 것은 인간이 가지는 가장 기본적인 자유 중 하나로서, 이는 헌법 제10조가 보장하고 있는 인간의 존엄과 가치 및 행복추구권 가운데 포함되는 헌법상의 기본권이라고 할 것인바, …… 구속된 피고인 또는 피의자의 타인접견권은 위와 같은 헌법상의 기본권을 확인하는 것일 뿐 형사소송법의 규정에 의하여 비로소 피고인 또는 피의자의 접견권이 창설되는 것으로는 볼 수 없다(대판 1992. 5. 8, 91부8).

아니요

08 ☐☐☐　　　　　　　　　　기본서 p. 110

개인적 공권은 명확한 법규의 존재를 전제로 하는 것이므로 성문법에 근거하지 않으면 성립할 수 없습니까?

개인적 공권은 관습법, 조리 등 불문법에 의해서도 성립될 수 있다.

아니요

09 ☐☐☐   기본서 p. 110

검사임용신청의 경우, 법령상 명문규정이 없다 해도 조리상 응답을 받을 권리가 있다고 할 수 있습니까?

법령상 검사임용신청 및 그 처리의 제도에 관한 명문규정이 없다고 하여도 조리상 임용권자는 임용신청자들에게 전형의 결과에 대한 응답, 즉 임용 여부의 응답을 해줄 의무가 있다고 보아야 하고 원고로서는 그 임용신청에 대하여 임용 여부의 응답을 받을 권리가 있다(대판 1991. 2. 12, 90누5825).

예

10 ☐☐☐   기본서 p. 110

개인적 공권은 공법상 계약이나 불문법인 관습법에 의해서도 성립할 수 있습니까?

개인적 공권은 공법상 계약, 법규명령, 관습법에 의해서도 성립할 수 있다.

예

11 ☐☐☐   기본서 p. 112

경원관계에서 경원자에 대해 이루어진 허가 등의 경우, 처분의 상대방이 아닌 자도 원칙적으로 그 처분의 취소를 구할 원고적격이 있습니까?

경원관계에서 경원자에 대하여 이루어진 허가 등 처분의 상대방이 아닌 자도 원칙적으로 그 처분의 취소를 구할 원고적격이 있다(대판 2009. 12. 10, 2009두8359).

예

12 ☐☐☐   기본서 p. 113

선박운항사업면허처분에 대하여 기존업자는 처분의 취소를 구할 법률상 이익이 있습니까?

경업관계에서 기존업자가 특허업자인 경우에는 원칙적으로 기존업자의 원고적격을 인정한다.
선박운항사업면허처분에 대하여 기존업자는 행정처분의 취소를 구할 법률상 이익이 있다(대판 1969. 12. 30, 69누106).

예

13 ☐☐☐   기본서 p. 114

환경영향평가에 관한 자연공원법령 및 환경영향평가법령들의 취지는 환경영향평가대상지역 안의 주민들이 수인한도를 넘는 환경침해를 받지 아니하고 쾌적한 환경에서 생활할 수 있는 개별적 이익까지 보호하는 데 있습니까?

환경영향평가에 관한 자연공원법령 및 환경영향평가법령의 규정들의 취지는 집단시설지구개발사업이 환경을 해치지 아니하는 방법으로 시행되도록 함으로써 집단시설지구개발사업과 관련된 환경공익을 보호하려는 데에 그치는 것이 아니라 그 사업으로 인하여 직접적이고 중대한 환경피해를 입으리라고 예상되는 환경영향평가대상지역 안의 주민들이 개발 전과 비교하여 수인한도를 넘는 환경침해를 받지 아니하고 쾌적한 환경에서 생활할 수 있는 개별적 이익까지도 이를 보호하려는 데에 있다 할 것이다(대판 1998. 4. 24, 97누3286).

예

14-1 ☐☐☐   기본서 p. 114

일반시민생활에 있어 도로를 이용만 하는 사람은 도로용도폐지를 다툴 법률상 이익이 있습니까?

일반적인 시민생활에 있어 도로를 이용만 하는 사람은 도로용도폐지를 다툴 법률상 이익이 없다(대판 1992. 9. 22, 91누13212).

아니요

14-2 ☐☐☐   기본서 p. 114

도로의 사용자가 도로의 용도폐지처분에 관하여 직접적이고 구체적인 이해관계를 가지고 있고 그러한 이익을 현실적으로 침해당했다면, 그 취소를 구할 법률상의 이익이 있습니까?

도로의 용도폐지처분에 관하여 직접적인 이해관계를 가지는 사람이 개별적이고 구체적인 이익을 현실적으로 침해당한 경우에는 그 취소를 구할 법률상의 이익이 있다(대판 1992. 9. 22, 91누13212).

예

15 ☐☐☐   기본서 p. 115

소권은 포기가 가능합니까?

공권은 공익적 견지에서 부여된 것이므로 이를 포기할 수 없는 경우가 많은데, 이러한 경우에는 포기의사를 표시하더라도 무효라고 볼 수 있다. 소권(재판청구권)은 포기가 제한되는 대표적 권리이다. 행정소송에 있어서 소권은 개인의 국가에 대한 공권이므로 <u>당사자의 합의로써 이를 포기할 수 없다</u>(대판 1995. 9. 15, 94누4455).

아니요

16 ☐☐☐   기본서 p. 115

당사자 사이에 석탄산업법 시행령 제41조 제4항 제5호 소정의 재해위로금에 대한 지급청구권에 관한 부제소합의가 있는 경우, 그러한 합의는 효력이 인정됩니까?

<u>당사자 사이에 석탄산업법 시행령 제41조 제4항 제5호 소정의 재해위로금에 대한 지급청구권에 관한 부제소합의가 있었다고 하더라도 그러한 합의는 무효라고 할 것이다</u>(대판 1999. 1. 26, 98두12598).

아니요

17 ☐☐☐   기본서 p. 116

산림을 무단형질변경한 자가 사망한 경우, 원상회복명령에 따른 복구의무는 상속인이 부담하게 됩니까?

<u>산림을 무단형질변경한 자가 사망한 경우, 원상회복명령에 따른 복구의무는</u> 타인이 대신하여 행할 수 있는 의무로서 <u>일신전속적 성질을 갖는 것이 아니므로 당해 토지의 소유권 또는 점유권을 승계한 상속인이 그 복구의무를 부담</u>한다(대판 2005. 8. 19, 2003두9817 · 9824).

예

18 ☐☐☐   기본서 p. 117

양도인에게 발생한 제재사유가 양수인에게 승계되는 것으로 보아 양수인에게 제재처분을 할 수 있습니까?

<u>석유판매업자의 지위를 승계한 자(양수인)</u>에 대하여 종전의 석유판매업자(양도인)가 유사석유제품을 판매하는 위법행위를 하였다는 이유로 <u>사업정지 등 제재처분을 취할 수 있다</u>(대판 2003. 10. 23, 2003두8005).

예

19 ☐☐☐   기본서 p. 121

재량권이 영(0)으로 수축하기 위해서는 사람의 생명, 신체 및 재산 등 중요한 법익에 급박하고 현저한 위험이 존재해야 합니까?

① 사람의 생명, 신체 및 재산 등 중요한 법익에 급박하고 현저한 위험이 존재하고, ② 그러한 위험이 시정명령 등 행정권의 발동에 의해 제거될 수 있는 것이며, ③ 피해자의 개인적인 노력만으로는 권익침해의 방지를 막기 어려운 경우라면 재량권이 영(0)으로 수축된다.

예

20 ☐☐☐   기본서 p. 121

재량권이 영(0)으로 수축하는 경우, 무하자재량행사청구권은 행정개입청구권으로 전환됩니까?

재량권이 영(0)으로 수축하는 경우 행정청은 특정한 내용의 처분을 하여야 할 의무를 진다. 재량권이 영(0)으로 수축하는 경우에는 무하자재량행사청구권은 특정한 내용의 처분을 하여 줄 것을 청구할 수 있는 실체적 권리인 행정행위발급청구권 또는 행정개입청구권으로 전환된다.

예

21 ☐☐☐   기본서 p. 122

직무수행에 재량이 인정되는 경우라면, 재량을 부여한 법령의 취지 등을 고려할 때 그 권한을 행사하지 않은 것이 현저하게 불합리하다고 인정되는 때에도 권한 불행사는 위법하다고 볼 수 없습니까?

관련 법조문이 형식상 경찰관에게 재량에 의한 직무수행권한을 부여한 것처럼 되어 있으나, 경찰관에게 그러한 권한을 부여한 취지와 목적에 비추어 볼 때 구체적인 사정에 따라 경찰관이 그 권한을 행사하여 필요한 조치를 취하지 아니하는 것이 현저하게 불합리하다고 인정되는 경우에는 그러한 권한의 불행사는 직무상의 의무를 위반한 것이 되어 위법하게 된다(대판 1998. 8. 25, 98다16890).

아니요

01 ☐☐☐   기본서 p. 128
특별권력관계 자체의 성립 · 변경 · 종료 등 구성원의 법적 지위의
본질적 사항에 해당하는 관계는 기본관계입니까, 경영관계입니까?

기본관계란 특별권력관계 자체의 성립 · 변경 · 종료 등 구성원의
법적 지위의 본질적 사항에 해당하는 관계를 의미한다(**예** 공무원의
임명 · 파면 · 전직, 군인의 입대 · 제대, 학생의 입학허가 · 퇴학 ·
정학 등).

기본관계

02 ☐☐☐   기본서 p. 128
공무원에 대한 직무명령은 기본관계입니까, 경영관계입니까?

경영관계란 특별권력관계의 목표를 실현하는 데 필요한 관계로서
내부질서를 유지하기 위한 관계를 의미한다(**예** 공무원에 대한 직무
명령, 군인의 훈련, 학생에 대한 강의, 수형자의 교도소 내의 일상활
동 등).

경영관계

03 ☐☐☐   기본서 p. 129
특별행정법관계의 성립은 법률규정에 의해서만 가능합니까?

법률규정에 의한 성립과 동의(강제적, 임의적)에 의한 성립이 가능
하다. 법률규정에 의한 성립은 특별행정법관계(특별권력관계)의 발
생원인이 직접 법률에 규정되어 있어서 그러한 원인사실이 발생하
면 곧바로 특별행정법관계(특별권력관계)가 성립하는 경우이다. 한
편, 동의에 의한 성립은 그 동의가 자유로운 의사에 의한 것과, 법률
에 의해 강제되어 있는 것으로 나눌 수 있다.

아니요

04 ☐☐☐   기본서 p. 129
강제적 동의에 의해 특별권력관계가 성립되는 경우의 예로 어떤 것
이 있습니까?

동의가 법률에 의해 강제되는 것으로는 학령아동의 초등학교 취학
을 예로 들 수 있다.

학령아동의 초등학교 취학

05 ☐☐☐   기본서 p. 130
오늘날의 이론에 의하면 특별행정법관계에도 법률유보의 원칙이
적용됩니까?

오늘날 이론에 의하면 특별행정법관계(특별권력관계)에도 법률유
보의 원칙이 적용된다고 본다. 따라서 공무원이나 군인 등의 권리
를 제한함에 있어서는 원칙적으로 법률의 근거가 필요(**예** 법률에
의한 군인의 거주 · 이전의 자유 제한)하다.

예

06 ☐☐☐   기본서 p. 130
군인의 복무에 관한 사항을 규율할 권한을 대통령령에 위임하는 경
우에는 대통령령으로 규정될 내용 및 범위에 관한 기본적인 사항을
다소 광범위하게 위임하였다 하더라도 포괄위임금지원칙에 위배
된다고 볼 수 없습니까?

군인사법 제47조의2는 헌법이 대통령에게 부여한 군통수권을 실
질적으로 존중한다는 차원에서 군인의 복무에 관한 사항을 규율할
권한을 대통령에 위임한 것이라 할 수 있고, 대통령령으로 규정
될 내용 및 범위에 관한 기본적인 사항을 다소 광범위하게 위임하
였다 하더라도 포괄위임금지원칙에 위배된다고 볼 수 없다(헌재
2010. 10. 28, 2008헌마638).

예

07 ☐☐☐   기본서 p. 130
교도소장의 서신검열행위는 법률에 근거가 있어야 합니까?

특별행정법관계(특별권력관계)의 구성원에 대한 기본권 제한은 헌
법규정 또는 헌법 제37조 제2항의 기본권 제한의 원칙에 따라 법
률에 근거하여서만 가능하다.

예

08 ☐☐☐   기본서 p. 131
특별행정법관계에서의 행위가 행정소송법상 처분 개념에 해당하
는 한 사법심사의 대상에 해당합니까?

실질적 법치주의를 근거로 특별행정법관계(특별권력관계)의 행위
도 처분성이 긍정되는 한, 사법심사의 대상이 된다는 것이 통설과
판례의 입장이다.

예

09 ☐☐☐ 　　　　　　　　　　기본서 p. 131

교도소장의 서신검열과 같은 행위에 대해서도 사법심사가 가능합니까?

교도소장의 서신검열행위는 이른바 특별권력관계 내부에서의 행위이지만 그에 대한 사법심사는 가능하다. 수형자에 대한 서신검열행위가 법률에 근거 없이 행하여졌다면 위법한 행위가 된다.

수형자의 서신을 교도소장이 검열하는 행위는 이른바 권력적 사실행위로서 행정심판이나 행정소송의 대상이 되는 행정처분으로 볼 수 있다(헌재 1998. 8. 27, 96헌마398).

예

10 ☐☐☐ 　　　　　　　　　　기본서 p. 131

국립교육대학 학생에 대한 퇴학처분은 사법심사의 대상이 되는 행정처분입니까?

국립교육대학 학생에 대한 퇴학처분은 행정처분으로서 행정소송의 대상이 된다(특별권력관계인 경우)(대판 1991. 11. 22, 91누2144).

예

11 ☐☐☐ 　　　　　　　　　　기본서 p. 135

실권의 법리는 권력관계에도 적용될 수 있습니까?

실권의 법리는 법의 일반원리에 바탕을 둔 파생원칙으로 공법관계 가운데 관리관계는 물론이고 권력관계에도 적용되어야 한다(대판 1988. 4. 27, 87누915).

예

01 ☐☐☐   기본서 p. 138

행정에 관한 기간의 계산에 관하여는 행정기본법 또는 다른 법령 등에 특별한 규정이 있는 경우를 제외하고는 민법을 준용합니까?

행정에 관한 기간의 계산에 관하여는 행정기본법 또는 다른 법령 등에 특별한 규정이 있는 경우를 제외하고는 민법을 준용한다(행정 기본법 제6조 제1항).

예

02-2 ☐☐☐   기본서 p. 138

국민의 권익을 제한하거나 의무를 부과하는 경우, 기간을 일 · 주 · 월 · 연으로 정하였다면 언제부터 기산합니까?

국민의 권익을 제한하거나 의무를 부과하는 경우에는 <u>기간을 일, 주, 월 또는 연으로 정한 경우에도 기간의 첫날을 산입한다</u>(행정기 본법 제6조 제2항 제1호).

초일부터

03-2 ☐☐☐   기본서 p. 138

국민의 권익을 제한하거나 의무를 부과하는 경우, 기간의 말일이 토요일 또는 공휴일이라면 그 다음 날(익일)로 만료됩니까?

권익을 제한하거나 의무를 부과하는 경우, 기간의 말일이 토요일 또는 공휴일인 경우에도 기간은 <u>그 날로 만료한다</u>(행정기본법 제6조 제2항 제2호).

아니요

05 ☐☐☐   기본서 p. 140

국가배상법상의 손해배상청구권의 소멸시효기간은 몇 년입니까?

국가배상법상 국가배상청구권의 소멸시효는 손해 및 가해자를 안 날로부터 3년이다.

손해 및 가해자를 안 날로부터 3년

02-1 ☐☐☐   기본서 p. 138

기간을 일 · 주 · 월 · 연으로 정한 경우, 원칙적으로 언제부터 기산함이 원칙입니까?

기간을 일, 주, 월 또는 연으로 정한 때에는 기간의 초일은 산입하지 아니한다. 그러나 그 기간이 오전 영시로부터 시작하는 때에는 그러하지 아니하다(민법 제157조).

초일을 산입하지 않고 다음 날(익일)부터

03-1 ☐☐☐   기본서 p. 138

기간을 일 · 주 · 월 · 연으로 정한 때에는 그 기간의 말일이 종료함으로써 만료되지만, 기간의 말일이 토요일 또는 공휴일인 때에는 그 다음 날(익일)에 만료됩니까?

기간을 일, 주, 월 또는 연으로 정한 때에는 기간 말일의 종료로 기간이 만료하고(민법 제159조), 기간의 말일이 토요일 또는 공휴일에 해당한 때에는 기간은 그 익일로 만료한다(동법 제161조).

예

04 ☐☐☐   기본서 p. 139

국민의 국가에 대한 금전채권은 5년간 행사하지 않으면 소멸합니까?

<u>금전의 급부를 목적으로 하는 국가의 권리로서</u> 시효에 관하여 다른 법률에 규정이 없는 것은 <u>5년</u> 동안 <u>행사하지</u> 아니하면 시효로 인하여 <u>소멸한다</u>. 국가에 대한 권리로서 금전의 급부를 목적으로 하는 것도 또한 같다(국가재정법 제96조 제1 · 2항).

예

06 ☐☐☐   기본서 p. 140

국가재정법상 5년의 소멸시효가 적용되는 '금전의 급부를 목적으로 하는 국가의 권리'에는 국가의 사법(私法)상 행위에서 발생한 국가에 대한 금전채무도 포함됩니까?

<u>금전의 급부를 목적으로 하는 국가의 권리인 이상,</u> 금전급부의 발생원인에 관하여는 아무런 제한이 없으므로 국가의 공권력 발동으로 하는 행위는 물론 <u>국가의 사법상 행위에서 발생한 국가에 대한 금전채무도 포함한다고 해석함이 타당하다</u>(대판 1967. 7. 4, 67다751).

예

07 ☐☐☐   기본서 p. 141

납입고지에 의한 부과처분이 취소되면 시효중단의 효력도 상실됩니까?

구 예산회계법(현 국가재정법) 제98조에서 법령의 규정에 의한 납입고지를 시효중단사유로 규정하고 있는바, 이러한 납입고지에 의한 시효중단의 효력은 그 납입고지에 의한 부과처분이 취소되더라도 상실되지 않는다(대판 2000. 9. 8, 98두19933).

아니요

08 ☐☐☐   기본서 p. 141

세무공무원이 체납자의 재산을 압류하기 위해 수색을 하였으나 압류할 목적물이 없어 실행하지 못한 경우에도 시효중단의 효력은 발생합니까?

세무공무원이 국세징수법 제26조(현 제35조)에 의하여 체납자의 가옥·선박·창고 및 기타의 장소를 수색하였으나 압류할 목적물을 찾아내지 못하여 압류를 실행하지 못하고 수색조서를 작성하는 데 그친 경우에도 소멸시효중단의 효력이 있다(대판 2001. 8. 21, 2000다12419).

예

09 ☐☐☐   기본서 p. 141

국유재산법상 변상금 부과처분에 대한 취소소송이 진행되는 동안에는 그 부과권의 소멸시효는 진행하지 않습니까?

변상금 부과처분에 대한 취소소송이 진행 중이라도 그 부과권자로서는 위법한 처분을 스스로 취소하고 그 하자를 보완하여 다시 적법한 부과처분을 할 수도 있는 것이어서 그 권리 행사에 법률상의 장애사유가 있는 경우에 해당한다고 할 수 없으므로, 그 처분에 대한 취소소송이 진행되는 동안에도 그 부과권의 소멸시효가 진행된다(대판 2006. 2. 10, 2003두5686).

아니요

10 ☐☐☐   기본서 p. 141

제척기간은 권리관계를 조속히 확정시키기 위하여 권리의 행사에 중대한 제한을 가하는 것이므로, 모법인 법률에 의한 위임이 없는 한 시행령이 함부로 제척기간을 규정할 수는 없습니까?

일정한 권리에 관하여 법률이 규정한 존속기간을 뜻하는 제척기간은 권리관계를 조속히 확정시키기 위하여 권리의 행사에 중대한 제한을 가하는 것이어서 모법인 법률에 의한 위임이 없는 한 시행령이 함부로 제척기간을 규정할 수는 없다(대판 1990. 9. 28, 89누2493).

예

11-1 ☐☐☐   기본서 p. 141

제척기간은 관계 법령에 따라 정당한 사유가 인정되는 등 특별한 사정이 없는 한 그 기간의 경과 자체만으로 곧 권리소멸의 효과를 발생시킵니까?

제척기간은 권리자로 하여금 권리를 신속하게 행사하도록 함으로써 그 권리를 중심으로 하는 법률관계를 조속하게 확정하려는 데에 그 제도의 취지가 있는 것으로서, 특별한 사정이 없는 한 그 기간의 경과 자체만으로 곧 권리소멸의 효과를 발생시킨다(대판 2021. 3. 18, 2018두47264 전합).

예

11-2 ☐☐☐   기본서 p. 141

제척기간에 있어서는 그 성질에 비추어 소멸시효와 같은 기간의 중단이나 정지는 있을 수 없습니까?

제척기간은 권리자의 권리 행사 태만 여부를 고려하지 않으며, 당사자의 신청만으로 추상적 권리가 실현되므로 기간 진행의 중단·정지를 상정하기 어렵다(대판 2021. 3. 18, 2018두47264 전합).

예

12 ☐☐☐   기본서 p. 142

소멸시효는 권리가 발생한 때를 기산점으로 하고, 제척기간은 권리를 행사할 수 있는 때를 기산점으로 합니까?

소멸시효는 권리를 행사할 수 있는 때를 기산점으로 하고, 제척기간은 권리가 발생한 때를 기산점으로 한다.

아니요

13 ☐☐☐   기본서 p. 142

공물도 시효에 의한 취득이 가능합니까?

국유재산법과 「공유재산 및 물품 관리법」은 국유 또는 공유의 공물은 시효취득의 대상이 되지 않는다는 규정을 두고 있다. 따라서 이러한 국·공유의 공물은 공용폐지되지 않는 한 취득시효의 대상이 되지 않는다.

아니요

14 ☐☐☐   기본서 p. 143

단순히 행정재산이 본래의 용도에 사용되지 않는다는 사실만으로도 묵시적 공용폐지의 의사를 인정할 수 있습니까?

공용폐지의 의사표시는 묵시적 공용폐지의 의사표시도 가능하나 사실상 본래의 용도에 사용되지 않고 있다는 사실만으로는 공용폐지의 의사표시가 있었다고 볼 수 없다(대판 1994. 3. 22, 93다56220).

아니요

16 ☐☐☐   기본서 p. 143

공법상 자연인의 주소는 원칙적으로 몇 개입니까?

공법상 자연인의 주소는 원칙적으로 1개소에 한정된다.

원칙적으로 1개소

18 ☐☐☐   기본서 p. 145

제3자가 체납자가 납부하여야 할 체납액을 체납자 명의로 완납한 경우, 제3자는 국가에 대하여 부당이득반환을 청구할 수 없습니까?

제3자가 체납자가 납부하여야 할 체납액을 체납자의 명의로 납부한 경우에는 원칙적으로 체납자의 조세채무에 대한 유효한 이행이 되고, 이로 인하여 국가의 조세채권은 만족을 얻어 소멸하므로, 국가가 체납액을 납부받은 것에 법률상 원인이 없다고 할 수 없고, 제3자는 국가에 대하여 부당이득반환을 청구할 수 없다(대판 2015. 11. 12, 2013다215263).

예

15 ☐☐☐   기본서 p. 143

행정재산이 공용폐지되어 시효취득의 대상이 된다는 사실은 누가 입증책임을 집니까?

원래의 행정재산이 공용폐지되어 취득시효의 대상이 된다는 사실에 대한 입증책임은 시효취득을 주장하는 자에게 있다(대판 1994. 3. 22, 93다56220).

시효취득을 주장하는 자

17 ☐☐☐   기본서 p. 144

甲주식회사 소유의 유조선에서 원유가 유출되는 사고가 발생하자 乙주식회사가 피해 방지를 위해 해양경찰의 직접적인 지휘를 받아 방제작업을 보조한 사안에서, 乙회사는 사무관리에 근거하여 국가에 방제비용을 청구할 수 있습니까?

타인의 사무가 국가의 사무인 경우, 사인이 처리한 국가의 사무가 사인이 국가를 대신하여 처리할 수 있는 성질의 것으로서, 사무처리의 긴급성 등 국가의 사무에 대한 사인의 개입이 정당화되는 경우에 한하여 사무관리가 성립하고, 사인은 그 범위 내에서 국가에 대하여 국가의 사무를 처리하면서 지출된 필요비 내지 유익비의 상환을(편저자 주 : 민사소송으로) 청구할 수 있다(대판 2014. 12. 11, 2012다15602).

예

19 ☐☐☐   기본서 p. 146

공법상 부당이득반환청구권의 법적 성질은 무엇입니까?

사권설에 따르면 부당이득반환청구는 민사소송에 의하게 되고 민사법원이 관할한다.
과세처분의 당연무효를 전제로 한 세금반환청구소송은 민사상 부당이득반환청구로서 민사소송이다(대판 1995. 4. 28, 94다55019).

사권

제 9 강 | 사인의 공법행위

01 ☐☐☐　　　　　　　　　　기본서 p. 151
사인의 공법행위에도 공정력, 존속력, 집행력 등이 인정될 수 있습니까?

사인의 공법행위는 공권력 발동행위가 아니므로 행정행위에 인정되고 있는 특수한 효력(구속력)인 공정력, 존속력, 집행력 등이 인정되지 않는다.

아니요

02 ☐☐☐　　　　　　　　　　기본서 p. 152
명문의 금지규정이 있거나 일신전속적인 행위는 대리가 허용될 수 없으나, 그렇지 않은 사인의 공법행위는 대리에 관한 민법규정이 유추적용될 수 있습니까?

사인의 공법행위에 대해서는 개별법률에 명문의 금지규정이 있거나(예 병역법에 의한 징병검사(현 병역판정검사)의 대리금지) 일신전속적 행위(예 선거, 투표 등)처럼 성질상 대리가 허용되지 않는 경우가 있다. 그러나 일신전속적 성질을 가지지 않는 행위에 대해서는 대리가 허용되며(행정심판법 제18조), 그 경우 대리에 관한 민법규정이 유추적용될 수 있다.

예

03 ☐☐☐　　　　　　　　　　기본서 p. 153
사인의 공법행위에도 민법의 비진의의사표시는 무효가 된다는 규정이 적용됩니까?

전역지원의 의사표시가 진의 아닌 의사표시라 하더라도 그 무효에 관한 법리를 선언한 민법 제107조 제1항 단서의 규정은 그 성질상 사인의 공법행위에는 적용되지 않는다 할 것이므로 그 표시된 대로 유효한 것으로 보아야 한다(대판 1994. 1. 11, 93누10057).

아니요

04 ☐☐☐　　　　　　　　　　기본서 p. 153
사인의 공법행위에는 법령에 규정이 없어도 부관을 붙일 수 있습니까?

사인의 공법행위에는 행정법관계의 명확성·안정성을 도모하기 위해 원칙적으로 부관을 붙일 수 없다.

아니요

05-1 ☐☐☐　　　　　　　　　　기본서 p. 153
공무원이 한 사직 의사표시의 철회나 취소는 언제까지 할 수 있습니까?

공무원이 한 사직 의사표시의 철회나 취소는 그에 터잡은 의원면직처분이 있을 때까지 할 수 있는 것이다(대판 2001. 8. 24, 99두9971).

의원면직처분이 있을 때까지

05-2 ☐☐☐　　　　　　　　　　기본서 p. 153
공무원의 사직 의사표시는 면직처분이 있고 난 이후에도 철회나 취소할 수 있습니까?

공무원의 사직 의사표시는 면직처분이 있고 난 이후에는 철회나 취소할 여지가 없다(대판 2001. 8. 24, 99두9971).

아니요

06 ☐☐☐　　　　　　　　　　기본서 p. 154
구 「체육시설의 설치·이용에 관한 법률」에 의한 골프장이용료 변경신고서는 행정청이 수리하여야 효과가 발생합니까?

구 「체육시설의 설치·이용에 관한 법률」 제18조(현 제20조)에 의한 변경신고서는 그 신고 자체가 위법하거나 그 신고에 무효사유가 없는 한 이것이 도지사에게 제출하여 접수된 때에 신고가 있었다고 볼 것이고, 도지사의 수리행위가 있어야만 신고가 있었다고 볼 것은 아니다(대결 1993. 7. 6, 93마635).

아니요

07-1 ☐☐☐　　　　　　　　　　기본서 p. 155
구 식품위생법 제25조 제3항에 의한 영업양도에 따른 지위승계신고는 수리를 요하는 신고입니까?

식품위생법 제25조 제3항에 의한 영업양도에 따른 지위승계신고는 수리를 요하는 신고이다(대판 1995. 2. 24, 94누9146).

예

07-2 ▢▢▢   기본서 p. 155

식품위생법 제25조 제3항에 의한 영업양도에 따른 지위승계신고 경우, 법령상 신고요건을 갖춘 적법한 신고가 있었다면 관할 행정청의 수리 여부와 관계없이 영업양도는 효력을 발생합니까?

식품위생법 제25조 제3항에 의한 영업양도에 따른 <u>지위승계신고를 수리하는 허가관청의 행위는</u> 단순히 양도·양수인 사이에 이미 발생한 사법상의 사업양도의 법률효과에 의하여 양수인이 그 영업을 승계하였다는 사실의 신고를 접수하는 행위에 그치는 것이 아니라, <u>영업허가자의 변경이라는 법률효과를 발생시키는 행위라고 할 것이다</u>(대판 1995. 2. 24, 94누9146).

           아니요

08 ▢▢▢   기본서 p. 156

구 유통산업발전법상 대규모점포의 개설 등록은 이른바 '수리를 요하는 신고'로서 행정처분에 해당합니까?

구 유통산업발전법 제12조의2 제1·2·3항은 기존의 대규모점포의 등록된 유형 구분을 전제로 '대형마트로 등록된 대규모점포'를 일체로서 규제대상으로 삼고자 하는 데 취지가 있는 점 …… 등을 고려할 때 대규모점포의 개설 등록은 이른바 '수리를 요하는 신고'로서 행정처분에 해당한다(대판 2015. 11. 19, 2015두295 전합).

           예

09 ▢▢▢   기본서 p. 157

건축법에 의한 인·허가 의제 효과를 수반하는 건축신고는 특별한 사정이 없는 한 행정청이 그 실체적 요건에 관한 심사를 한 후 수리하여야 하는 '수리를 요하는 신고'에 해당합니까?

건축법 제14조 제2항에 의한 <u>인·허가 의제효과를 수반하는 건축신고는</u> 일반적인 건축신고와는 달리 행정청이 그 실체적 요건에 관한 심사를 한 후 수리하여야 하는 이른바 <u>'수리를 요하는 신고'에 해당한다</u>(대판 2011. 1. 20, 2010두14954 전합).

           예

10 ▢▢▢   기본서 p. 157

법률에 신고의 수리가 필요하다고 명시되어 있는 경우, 그 신고는 수리를 요하는 신고가 맞습니까?

법령 등으로 정하는 바에 따라 행정청에 일정한 사항을 통지하여야 하는 신고로서 <u>법률에 신고의 수리가 필요하다고 명시되어 있는 경우</u> (행정기관의 내부업무처리절차로서 수리를 규정한 경우는 제외한다) 에는 행정청이 <u>수리하여야 효력이 발생한다</u>(행정기본법 제34조).

           예

11 ▢▢▢   기본서 p. 158

일정한 사항을 통지함으로써 의무가 끝나는 신고를 규정하고 있는 경우에는 신고서를 발송하였을 때에 신고의 의무가 이행된 것으로 봅니까?

<u>행정절차법 제40조</u>는 행정청에 대하여 일정한 사항을 통지함으로써 의무가 끝나는 신고의 경우 접수기관에 도달함으로써 신고의무가 이행된 것으로 본다고 규정하여 수리를 요하는 신고가 아니라 <u>자기완결적 신고를 규정하고</u> 있다고 봄이 통설의 입장이다.

           아니요

12 ▢▢▢   기본서 p. 158

자기완결적 신고에서 신고의 요건은 무엇입니까?

자기완결적 신고의 경우 행정절차법 제40조 제2항의 신고의 요건을 갖추어야 하는데, 자기완결적 공법행위의 신고요건은 원칙적으로 형식적 요건이다. 즉, ① 신고서의 기재사항에 흠이 없고, ② 필요한 구비서류가 첨부되어 있으며, ③ 그 밖에 법령 등에 규정된 형식상의 요건에 적합하면 될 뿐 그 내용의 진실함이 증명될 필요는 없다.

           원칙적으로 형식적 요건이다.

13 ▢▢▢   기본서 p. 158

식품위생법상 일반음식점영업의 요건을 갖춘 신고라면, 그 영업신고를 한 당해 건축물이 건축법상 무허가건물이라도 그 신고는 적법한 신고라고 할 수 있습니까?

<u>식품위생법에 따른 식품접객업(일반음식점영업)의 영업신고의 요건을 갖춘 자라고 하더라도</u>, 그 영업신고를 한 당해 건축물이 건축법 소정의 허가를 받지 아니한 무허가건물이라면 적법한 신고를 할 수 없다(대판 2009. 4. 23, 2008도6829).

           아니요

14 ▢▢▢   기본서 p. 160

의료법에 따른 의원개설신고의 경우, 신고필증의 교부가 없었다면 의원개설신고의 효력을 부정할 수 있습니까?

의료법 시행규칙 제22조 제3항 소정의 신고필증 교부는 신고사실의 확인행위로서 <u>신고필증의 교부가 없다 하여 개설신고의 효력을 부정할 수 없다</u>(대판 1985. 4. 23, 84도2953).

           아니요

15 ☐☐☐ 기본서 p. 160

부가가치세법상의 사업자등록을 과세관청이 직권으로 말소하였다면 이는 처분입니까?

부가가치세법상의 사업자등록은 단순한 사업사실의 신고로서, 과세관청이 직권으로 등록을 말소한 행위는 행정처분이 아니다(대판 2000. 12. 22, 99두6903).

아니요

16 ☐☐☐ 기본서 p. 160

사실상 영업이 양도·양수되었지만 아직 수리처분이 있기 전이라면 양수인의 영업 중 발생한 위반행위에 대한 책임은 누구에게 귀속됩니까?

사실상 영업이 양도·양수되었지만 아직 승계신고 및 수리처분이 있기 이전인 경우, 양수인의 영업 중 발생한 위반행위에 대한 행정적인 책임은 영업허가자인 양도인에게 귀속된다(대판 1995. 2. 24, 94누9146).

양도인

17 ☐☐☐ 기본서 p. 160~161

수리를 요하는 신고의 경우 수리행위에 신고필증의 교부행위가 꼭 필요합니까?

수리를 요하는 신고에서 수리란 신고를 유효한 것으로 판단하고 법령에 의하여 처리할 의사로 이를 수령하는 수동적 행위이므로 수리행위에 신고필증 교부 등 행위가 꼭 필요한 것은 아니다(대판 2011. 9. 8, 2009두6766).

아니요

18 ☐☐☐ 기본서 p. 161

주민등록의 신고는 행정청에 도달하기만 하면 신고로서의 효력이 발생합니까?

주민등록신고는 수리를 요하는 신고로서 행정청에 도달하기만 하면 신고로서의 효력이 발생하는 것이 아니라 행정청이 수리한 경우에 비로소 신고의 효력이 발생한다(대판 2009. 1. 30, 2006다17850).

아니요

19 ☐☐☐ 기본서 p. 161~162

주민등록전입신고가 수리를 요하는 신고라면 수리 여부를 심사하는 단계에서 고려대상은 무엇입니까?

전입신고자가 거주의 목적 이외에 다른 이해관계에 관한 의도를 가지고 있는지 여부, 무허가건축물의 관리, 전입신고를 수리함으로써 당해 지방자치단체에 미치는 영향 등과 같은 사유는 주민등록법이 아닌 다른 법률에 의하여 규율되어야 하고, 전입신고를 받은 시장·군수가 주민등록전입신고의 수리 여부를 심사하는 단계에서는 고려대상이 될 수 없다(대판 2009. 6. 18, 2008두10997 전합).

주민등록법의 입법목적범위

20 ☐☐☐ 기본서 p. 162

자기완결적 신고의 경우, 요건을 갖추지 못한 신고서가 제출된 경우에는 지체 없이 신고서를 되돌려 보내야 합니까?

행정청은 요건을 갖추지 못한 신고서가 제출된 경우에는 지체 없이 상당한 기간을 정하여 보완을 요구하여야 한다(행정절차법 제40조 제3항).

아니요

21 ☐☐☐ 기본서 p. 162~163

수산제조업을 하고자 하는 사람이 형식적 요건을 모두 갖춘 수산제조업신고서를 제출한 경우에는 담당공무원이 관계 법령에 규정되지 아니한 사유를 들어 그 신고를 수리하지 아니하고 반려하였다면 신고의 효력발생시기는 언제입니까?

수산제조업을 하고자 하는 사람이 형식적 요건을 모두 갖춘 수산제조업신고서를 제출한 경우에는 담당공무원이 관계 법령에 규정되지 아니한 사유를 들어 그 신고를 수리하지 아니하고 반려하였다고 하더라도 그 신고서가 제출된 때에 신고가 있었다고 볼 것이다(대판 2002. 3. 12, 2000다73612).

신고서가 제출된 때

22 ☐☐☐ 기본서 p. 163

축산물위생관리법상 축산물판매업에 대한 부적법한 신고가 있었으나, 관할 행정청이 이를 수리한 경우 신고의 효과가 발생합니까?

축산물위생관리법상 축산물판매업에 대한 신고는 자기완결적 신고이다. 따라서 부적법한 신고가 있었다면 그 신고를 행정청이 수리하였더라도 신고의 효과가 발생하지 않는다(대판 2010. 4. 29, 2009다97925).

아니요

23 ☐☐☐   기본서 p. 164

장기요양기관의 폐업신고와 노인의료복지시설의 폐지신고는 '수리를 요하는 신고'로서 행정청이 수리하였더라도, 신고서 위조 등의 사유로 신고행위 자체에 효력이 없다면, 그 수리행위도 당연무효입니까?

장기요양기관의 폐업신고와 노인의료복지시설의 폐지신고는, 행정청이 관계 법령이 규정한 요건에 맞는지를 심사한 후 수리하는 이른바 '<u>수리를 필요로 하는 신고</u>'에 해당한다. 그러나 행정청이 그 신고를 수리하였다고 하더라도, 신고서 위조 등의 사유가 있어 <u>신고행위 자체가 효력이 없다면</u>, <u>그 수리행위는</u> 유효한 대상이 없는 것으로서, 수리행위 자체에 중대·명백한 하자가 있는지를 따질 것도 없이 <u>당연히 무효이다</u>(대판 2018. 6. 12, 2018두33593).

예

24 ☐☐☐   기본서 p. 164~165

건축신고 반려행위는 항고소송의 대상이 됩니까?

건축신고 반려행위가 이루어진 단계에서 당사자로 하여금 반려행위의 적법성을 다투어 그 법적 불안을 해소한 다음 건축행위에 나아가도록 함으로써 장차 있을지도 모르는 위험에서 미리 벗어날 수 있도록 길을 열어 주고, 위법한 건축물의 양산과 그 철거를 둘러싼 <u>분쟁을 조기에 근본적으로 해결할 수 있게 하는 것이 법치행정의 원리에 부합한다. 그러므로 건축신고 반려행위는 항고소송의 대상이 된다고 보는 것이 옳다</u>(대판 2010. 11. 18, 2008두167).

예

25 ☐☐☐   기본서 p. 165

행정청의 착공신고 반려행위는 항고소송의 대상이 됩니까?

행정청의 착공신고 반려행위는 항고소송의 대상이 된다(대판 2011. 6. 10, 2010두7321).

예

26 ☐☐☐   기본서 p. 165

인터넷 침·뜸학습센터를 평생교육시설로 신고한 경우, 관할 행정청은 형식적 요건을 갖추었더라도 실체적 사유를 들어 신고 수리를 거부할 수 있습니까?

통신매체를 이용하여 학습비를 받고 불특정 다수인에게 원격평생교육을 실시하기 위해 구 평생교육법 제22조 등에서 정한 형식적 요건을 모두 갖추어 신고한 경우, 행정청이 실체적 사유를 들어 신고 수리를 거부할 수 없다(대판 2011. 7. 28, 2005두11784).

아니요

27 ☐☐☐   기본서 p. 165

체육시설의 '회원모집계획서 제출'은 수리를 요하는 신고입니까?

체육시설의 회원을 모집하고자 하는 자의 '회원모집계획서 제출'은 수리를 요하는 신고이며, 이에 대한 시·도지사 등의 검토결과 통보는 수리행위로서 <u>행정처분에 해당한다</u>(대판 2009. 2. 26, 2006두16243).

예

28 ☐☐☐   기본서 p. 166

처분의 신청을 전자문서로 하는 경우, 행정청의 컴퓨터 등에 입력된 때에 신청한 것으로 봅니까?

행정청에 처분을 구하는 신청은 원칙적으로 문서로 하여야 하며(행정절차법 제17조 제1항 본문), 처분을 신청할 때 전자문서로 하는 경우에는 행정청의 컴퓨터 등에 입력된 때에 신청한 것으로 본다(동법 제17조 제2항).

예

29 ☐☐☐   기본서 p. 166~167

행정청은 신청에 구비서류의 미비 등 흠이 있는 경우 곧바로 접수를 거부하여야 합니까?

행정청은 신청에 구비서류의 미비 등 흠이 있는 경우에는 곧바로 접수를 거부해서는 안 되며, 보완에 필요한 상당한 기간을 정하여 지체 없이 신청인에게 보완을 요구하여야 한다(행정절차법 제17조 제5항).

아니요

30 ☐☐☐   기본서 p. 167

민원사항의 신청서류에 실질적인 요건에 관한 흠이 있더라도 그것이 민원인의 단순한 착오나 일시적인 사정 등에 기한 경우에는 행정청은 보완을 요구할 수 있습니까?

신청에 있어 보완의 대상이 되는 흠은 보완이 가능한 경우이어야 하고 그 내용도 형식적·절차적 요건이어야 하며, 실질적인 요건에 대하여는 원칙상 보완 또는 보정요구를 하여야 하는 것은 아니다. 그러나 실질적인 요건에 흠이 있는 경우라도 그것이 민원인의 단순한 착오나 일시적인 사정에 의한 것이라면 보완의 대상이 된다는 것이 판례의 입장이다(대판 2004. 10. 15, 2003두6573).

예

31 ☐☐☐   기본서 p. 167

행정청은 신청에 대하여 거부처분을 하기 전에 반드시 신청인에게 신청의 내용이나 처분의 실체적 발급요건에 관한 사항까지 보완할 기회를 부여하여야 할 의무가 있습니까?

행정절차법 제17조 제5항은 행정청으로 하여금 신청에 대하여 거부처분을 하기 전에 반드시 신청인에게 신청의 내용이나 처분의 실체적 발급요건에 관한 사항까지 보완할 기회를 부여하여야 할 의무를 정한 것은 아니다(대판 2020. 7. 23, 2020두36007).

아니요

32 ☐☐☐   기본서 p. 167

건축불허가처분을 하면서 그 사유의 하나로 소방서장의 건축부동의 의견을 들고 있으나 그 보완이 가능한 경우, 보완을 요구하지 않고 바로 건축허가신청을 거부한 것은 재량권의 범위를 벗어난 것이라고 할 수 있습니까?

건축불허가처분을 하면서 그 사유의 하나로 소방시설과 관련된 소방서장의 건축부동의 의견을 들고 있으나 그 보완이 가능한 경우, 보완을 요구하지 아니한 채 곧바로 건축허가신청을 거부한 것은 재량권의 범위를 벗어난 것이다(대판 2004. 10. 15, 2003두6573).

예

01 ☐☐☐   기본서 p. 175
집행명령을 제정하기 위해서 법률 또는 상위명령의 개별적 근거가 필요합니까?

집행명령은 위임명령과 달리 국민의 권리·의무에 관한 사항을 새롭게 규정하는 것은 아니므로 법률 또는 상위명령의 개별적·구체적 근거는 필요하지 않다.

아니요

02 ☐☐☐   기본서 p. 176
법률 또는 대통령령으로 정할 사항을 부령으로 정한 경우, 효력은 어떻게 됩니까?

법률 또는 대통령령으로 규정할 사항을 부령으로 정한 경우, 국민의 기본권과 관련하여 중요한 사항은 상위법령으로 정하여야 한다는 점을 고려할 때, 무효라고 보아야 할 것이며, 우리 판례 역시 동일한 태도이다(대판 1962. 1. 25, 61다9).

무효

03 ☐☐☐   기본서 p. 177
헌법이 인정하고 있는 위임입법의 형식은 예시적인 것이라고 볼 수 있습니까?

헌법이 인정하고 있는 위임입법의 형식은 예시적인 것으로 보아야 한다(헌재 2006. 12. 28, 2005헌바59).

예

04 ☐☐☐   기본서 p. 177
감사원규칙은 행정법의 법원(法源)으로서 헌법에서 직접 규정하고 있습니까?

감사원규칙은 헌법상 명문규정이 없고 감사원법이라는 법률에 근거가 있다.

아니요

05-1 ☐☐☐   기본서 p. 177
고시의 형식으로도 법규적 사항을 정할 수 있습니까?

행정규제기본법은 고시 형식의 법규명령의 가능성에 대해서 인정하고 있다. 동법 제4조에 따르면 행정규제법률주의를 규정하면서, 제2항 단서에서 일정한 한계 내에서는 고시 형식으로도 법규적 사항을 정할 수 있다고 한다.

예

05-2 ☐☐☐   기본서 p. 177
고시의 형식으로 입법위임을 하는 경우, 그 입법위임에 있어 한계가 있습니까?

고시와 같은 형식으로 입법위임을 할 때에는 적어도 ...... 법령이 전문적·기술적 사항이나 경미한 사항으로서 업무의 성질상 위임이 불가피한 사항에 한정된다 할 것이고, 그러한 사항이라 하더라도 포괄위임금지의 원칙상 법률의 위임은 반드시 구체적·개별적으로 한정된 사항에 대하여 행하여져야 한다(헌재 2006. 12. 28, 2005헌바59).

예

06 ☐☐☐   기본서 p. 178
위임명령은 원칙적으로 법률 또는 상위명령의 개별적 수권규정이 있는 경우에만 제정이 가능합니까?

위임명령은 원칙적으로 헌법 제75조와 제95조에 따라 법률 또는 상위명령의 개별적 수권규정이 있는 경우에만 제정이 가능하다. 구체적 위임 없이 국민의 권리·의무에 관한 사항을 새롭게 규정한 법규명령은 무효이다.

예

07 ☐☐☐   기본서 p. 178
법령의 위임이 없음에도 법령에 규정된 처분요건에 해당하는 사항을 부령에서 변경하여 규정한 경우에는 그 부령은 대외적 구속력을 가집니까?

법령의 위임이 없음에도 법령에 규정된 처분요건에 해당하는 사항을 부령에서 변경하여 규정한 경우에는 그 부령의 규정은 행정청 내부의 사무처리기준 등을 정한 것으로서 행정조직 내에서 적용되는 행정명령의 성격을 지닐 뿐 국민에 대한 대외적 구속력은 없다(대판 2013. 9. 12, 2011두10584).

아니요

08 ☐☐☐   기본서 p. 178

법률의 시행령이나 시행규칙의 내용이 모법의 입법취지와 관련 조항 전체를 유기적·체계적으로 살펴보아 모법의 해석상 가능한 것을 명시하거나 모법 조항의 취지에 근거하여 이를 구체화하기 위한 것인 경우, 모법에 직접 위임하는 규정을 두지 않았다면 무효라고 볼 수 있습니까?

> 법률의 시행령이나 시행규칙의 내용이 <u>모법의 입법취지와 관련 조항 전체를 유기적·체계적으로 살펴보아 모법의 해석상 가능한 것을 명시한 것에 지나지 않거나 모법 조항의 취지에 근거하여 이를 구체화하기 위한 것인 경우, 모법에 직접 위임하는 규정을 두지 않았다고 하여 무효라고 볼 수는 없다</u>(대판 2014. 8. 20, 2012두19526).

아니요

09-1 ☐☐☐   기본서 p. 178

구법에 위임의 근거가 없어 법규명령이 무효였다면 사후에 법개정으로 위임의 근거가 부여되었다 할지라도 무효입니까?

> 일반적으로 법률의 위임에 의하여 효력을 갖는 법규명령의 경우, <u>구법에 위임의 근거가 없어 무효였더라도 사후에 법개정으로 위임의 근거가 부여되면 그때부터는 유효한 법규명령이 된다</u>(대판 1995. 6. 30, 93추83).

아니요

09-2 ☐☐☐   기본서 p. 178

구법의 위임에 의한 유효한 법규명령이 법개정으로 위임의 근거가 없어지게 되면 제정시로 소급하여 무효인 법규명령이 됩니까?

> <u>구법의 위임에 의한 유효한 법규명령이 법개정으로 위임의 근거가 없어지게 되면 그때부터 무효인 법규명령이 된다</u>(대판 1995. 6. 30, 93추83).

아니요

09-3 ☐☐☐   기본서 p. 179

어떤 법령의 위임근거 유무에 따른 유효 여부를 심사하려면 법개정의 전후에 걸쳐 모두 심사하여야 합니까?

> 어떤 법령의 위임근거 유무에 따른 유효 여부를 심사하려면 <u>법개정의 전후에 걸쳐 모두 심사하여야만 그 법규명령의 시기에 따른 유효·무효를 판단할 수 있다</u>(대판 1995. 6. 30, 93추83).

예

10 ☐☐☐   기본서 p. 180

처벌법규나 조세법규는 다른 법규보다 구체성과 명확성의 요구가 강화됩니까?

> 처벌법규나 조세법규와 같이 <u>국민의 기본권을 직접적으로 제한하거나 침해할 소지가 있는 영역에서는 일반적인 급부행정의 영역에서보다 위임의 구체성·명확성의 요구가 강화된다</u>(헌재 2002. 8. 29, 2000헌바50 등).

예

11 ☐☐☐   기본서 p. 180

다양한 사실관계를 규율하거나 사실관계가 수시로 변화할 수 있는 사안에 대해서는 그 성격상 명확성의 요구가 좀더 완화될 수 있습니까?

> 다양한 사실관계를 규율하거나 사실관계가 수시로 변화될 것이 예상될 때에는 위임의 명확성 요건이 완화되어야 한다. 따라서 <u>중학교는 의무교육의 구체적인 실시시기와 절차 등을 하위법령에 위임하여 정하도록 함에 있어서는 막대한 재정지출을 수반하는 무상교육의 수익적 성격과 규율대상의 복잡다양성을 고려하여 위임의 명확성의 요구 정도를 완화하여 해석할 수 있다</u>(헌재 1991. 2. 11, 90헌가27).

예

12 ☐☐☐   기본서 p. 181

조례에 대한 법률의 위임은 법규명령에 대한 법률의 위임과 같이 반드시 구체적으로 범위를 정하여야 할 필요가 없으며 포괄적인 것으로 족합니까?

> 조례의 제정권자인 지방의회는 선거를 통해서 그 지역적인 민주적 정당성을 지니고 있는 주민의 대표기관이고, 헌법이 지방자치단체에 대해 포괄적인 자치권을 보장하고 있는 취지로 볼 때 조례제정권에 대한 지나친 제약은 바람직하지 않으므로 <u>조례에 대한 법률의 위임은 법규명령에 대한 법률의 위임과 같이 반드시 구체적으로 범위를 정하여야 할 필요가 없으며 포괄적인 것으로 족하다고 할 것이다</u>(헌재 1995. 4. 20, 92헌마264 등).

예

13-1 ☐☐☐   기본서 p. 181

법률이 공법적 단체 등의 정관에 자치법적 사항을 위임한 경우, 포괄위임입법금지의 원칙이 원칙적으로 적용됩니까?

> <u>법률이 공법적 단체 등의 정관에 자치법적 사항을 위임한 경우 포괄위임입법금지의 원칙이 적용되지 않는다</u>(대판 2007. 10. 12, 2006두14476). 즉, 포괄적 위임이 가능하다.

아니요

13-2 ☐☐☐   기본서 p. 181

법률이 공법적 단체 등의 정관에 자치법적 사항을 위임한 경우에도 그 사항이 국민의 권리 · 의무에 관련되는 것인 경우에는 국민의 권리 · 의무에 관한 기본적이고 본질적인 사항은 국회가 정하여야 합니까?

법률이 공법적 단체 등의 정관에 자치법적 사항을 위임한 경우 국민의 권리 · 의무에 관한 기본적이고 본질적인 사항까지 정관에 위임할 수는 없으며, 국회가 정해야 한다(편저자 주 : 의회유보)(대판 2007. 10. 12, 2006두14476).

예

13-3 ☐☐☐   기본서 p. 181

구 「도시 및 주거환경정비법」에서 주택재개발사업시행인가 신청시 토지 등 소유자의 동의요건을 재개발조합의 정관에 포괄적으로 위임하고 있는 것은 헌법 제75조에서 정하고 있는 포괄위임입법금지의 원칙에 위배됩니까?

「도시 및 주거환경정비법」 제28조 제4항 본문이 사업시행인가 신청시의 동의요건을 조합의 정관에 포괄적으로 위임하고 있다고 하더라도 헌법 제75조가 정하는 포괄위임입법금지의 원칙이 적용되지 아니하므로 이에 위배된다고 할 수 없다(대판 2007. 10. 12, 2006두14476).

아니요

14 ☐☐☐   기본서 p. 182

특히 긴급한 필요가 있거나 미리 법률로 자세히 정할 수 없는 부득이한 사정이 있어 법률에 형벌의 종류 · 상한 · 폭을 명확히 규정하더라도, 행정형벌에 대한 위임입법은 허용되지 않습니까?

형벌법규에 대하여도 특히 긴급한 필요가 있거나 미리 법률로써 자세히 정할 수 없는 부득이한 사정이 있는 경우에 한하여 수권법률(위임법률)이 구성요건의 점에서는 처벌대상인 행위가 어떠한 것일 거라고 이를 예측할 수 있을 정도로 구체적으로 정하고, 형벌의 점에서는 형벌의 종류 및 그 상한과 폭을 명확히 규정하는 것을 조건으로 위임입법이 허용되며, 이러한 위임입법은 죄형법정주의에 반하지 않는다(헌재 1996. 2. 27, 94헌마213).

아니요

15 ☐☐☐   기본서 p. 182

위임받은 사항에 관하여 대강을 정하고 그중의 특정 사항에 대하여 범위를 정하여 다시 하위법령에 위임하는 것은 허용됩니까?

법률에서 위임받은 사항을 전혀 규정하지 아니하고 그대로 재위임하는 것은 허용되지 않으며 위임받은 사항에 관하여 대강을 정하고 그중의 특정 사항을 범위를 정하여 하위법령에 다시 위임하는 경우에만 재위임이 허용된다(헌재 2008. 4. 24, 2007헌마1456).

예

16 ☐☐☐   기본서 p. 183

위임명령이 위임내용을 구체화하는 단계를 벗어나 새로운 입법을 한 것으로 평가할 수 있다면, 이는 위임의 한계를 일탈한 것으로서 허용되지 않습니까?

법률의 위임규정 자체가 그 의미내용을 정확하게 알 수 있는 용어를 사용하여 위임의 한계를 분명히 하고 있는데도 시행령이 그 문언적 의미의 한계를 벗어났다든지, 위임규정에서 사용하고 있는 용어의 의미를 넘어 그 범위를 확장하거나 축소함으로써 위임내용을 구체화하는 단계를 벗어나 새로운 입법을 한 것으로 평가할 수 있다면, 이는 위임의 한계를 일탈한 것으로서 허용되지 않는다(대판 2012. 12. 20, 2011두30878 전합).

예

17 ☐☐☐   기본서 p. 183

법률조항의 위임에 따라 대통령령으로 규정한 내용이 헌법에 위반되는 경우, 그로 인하여 모법인 해당 수권법률조항도 헌법에 위반됩니까?

대통령령으로 규정한 내용이 헌법에 위반될 경우라도 그 대통령령의 규정이 위헌으로 되는 것은 별론으로 하고 그로 인하여 정당하고 적법하게 입법권을 위임한 수권법률조항까지 위헌으로 되는 것은 아니다(헌재 1997. 9. 25, 96헌바18).

아니요

18 ☐☐☐   기본서 p. 184

총리령 · 부령의 제정절차는 대통령령의 경우와는 달리 국무회의 심의는 거치지 않아도 됩니까?

대통령령은 법제처 심사와 국무회의 심의를 거쳐야 하며, 총리령과 부령은 법제처의 심사를 거치면 된다.

예

19 ☐☐☐   기본서 p. 185

하자 있는 법규명령의 효력은 어떻게 됩니까?

하자 있는 법규명령은 하자의 정도와 상관없이 무효가 된다는 것이 통설의 입장이다.

무효

20 ☐☐☐   기본서 p. 185

위헌·위법한 시행령의 무효를 선언한 대법원 판결이 없는 상태에서 그러한 시행령에 근거하여 이루어진 처분은 원칙적으로 당연무효입니까?

일반적으로 시행령이 헌법이나 법률에 위반된다는 사정은 그 시행령의 규정을 위헌 또는 위법하여 무효라고 선언한 대법원의 판결이 선고되지 아니한 상태에서는 그 시행령 규정의 위헌 내지 위법 여부가 해석상 다툼의 여지가 없을 정도로 명백하였다고 인정되지 아니하는 이상, 객관적으로 명백한 것이라 할 수 없으므로, 이러한 시행령에 근거한 행정처분의 하자는 취소사유에 해당할 뿐 무효사유가 되지 아니한다(대판 2007. 6. 14, 2004두619).

아니요

21 ☐☐☐   기본서 p. 185

어느 시행령의 규정이 모법에 저촉되는지가 명백하지 않은 경우, 모법과 시행령의 다른 규정들과 그 입법취지, 연혁 등을 종합적으로 살펴 모법에 합치된다는 해석도 가능한 경우라면 그 규정을 모법 위반으로 무효라고 선언하여서는 안 됩니까?

어느 시행령의 규정이 모법에 저촉되는지의 여부가 명백하지 아니하는 경우에는 모법과 시행령의 다른 규정들과 그 입법취지, 연혁 등을 종합적으로 살펴 모법에 합치된다는 해석도 가능한 경우라면 그 규정을 모법 위반으로 무효라고 선언하여서는 안 된다(대판 2001. 8. 24, 2000두2716).

예

22 ☐☐☐   기본서 p. 186

법률에 대한 위헌결정이 선고되면 법률의 위임에 근거한 법규명령도 원칙적으로 효력을 상실합니까?

법규명령의 위임근거가 되는 법률에 대하여 위헌결정이 선고되면 그 위임에 근거하여 제정된 법규명령도 원칙적으로 효력을 상실한다(대판 2001. 6. 12, 2000다18547).

예

23 ☐☐☐   기본서 p. 186~187

근거법령이 개정된 경우 집행명령의 효력은 어떻게 됩니까?

상위법령의 시행에 필요한 세부적 사항을 정한, 이른바 집행명령은 근거법령인 상위법령이 폐지되면 특별한 규정이 없는 한 실효된다. 그러나 상위법령이 개정됨에 그친 경우에는 성질상 이와 모순·저촉되지 아니하는 한 개정된 상위법령의 시행을 위한 집행명령이 새로 제정·발효될 때까지는 여전히 그 효력을 유지한다(대판 1989. 9. 12, 88누6962).

특별한 사정이 없는 한 새로운 집행명령이 제정·발효될 때까지는 여전히 그 효력을 유지한다.

24-1 ☐☐☐   기본서 p. 188

법원이 법규명령이 위헌·위법인지를 심사하려면 '재판의 전제'를 요소로 하는데, 문제된 조항이 위헌·위법인지에 따라 그 사건을 담당하는 법원이 다른 판단을 하게 될 것까지는 요하지 않습니까?

'재판의 전제'란 구체적 사건이 법원에 계속 중이어야 하고, 위헌·위법인지가 문제된 경우에는 규정의 특정 조항이 해당 소송사건의 재판에 적용되는 것이어야 하며, 그 조항이 위헌·위법인지에 따라 그 사건을 담당하는 법원이 다른 판단을 하게 되는 경우를 말한다(대판 2019. 6. 13, 2017두33985).

아니요

24-2 ☐☐☐   기본서 p. 188

법원이 구체적 규범통제를 통해 위헌·위법으로 선언할 심판대상은 원칙적으로 해당 규정 중 재판의 전제성이 인정되는 조항에 한정됩니까?

법원이 구체적 규범통제를 통해 위헌·위법으로 선언할 심판대상은, 해당 규정의 전부가 불가분적으로 결합되어 있어 일부를 무효로 하는 경우 나머지 부분이 유지될 수 없는 결과를 가져오는 특별한 사정이 없는 한, 원칙적으로 해당 규정 중 재판의 전제성이 인정되는 조항에 한정된다(대판 2019. 6. 13, 2017두33985).

예

25 ☐☐☐   기본서 p. 188

법령보충적 행정규칙과 법규성이 없는 행정규칙은 모두 헌법 제107조의 구체적 규범통제의 대상이 됩니까?

헌법 제107조 제2항에서 말하는 명령이란 행정입법으로서의 법규명령을 의미하므로, 법규성이 없는 행정규칙은 외부적 효력이 없으므로 포함되지 않는다는 것이 일반적 견해이다. 다만, 행정규칙 중 법규적 성질을 갖는 것(예 법령보충적 행정규칙)은 그 행정규칙의 위법 여부가 그에 근거한 처분의 위법 여부를 판단함에 있어서 전제문제가 되므로 헌법 제107조의 구체적 규범통제의 대상이 된다.

아니요

26 ☐☐☐   기본서 p. 189

헌법 제107조에 따른 구체적 규범통제의 결과로, 처분의 근거가 된 명령이 위법하다는 대법원의 판결이 난 경우에 그 명령은 당해 사건에 한하여 적용되지 않는 것이 아니라 일반적으로 효력이 상실됩니까?

명령 등이 위법하다고 대법원이 판단한 경우 일반적으로 당해 행정입법은 일반적으로 그 효력을 상실하는 것은 아니고, 당해 사건에 한하여 그 법규명령이 적용되지 않는 것으로 본다. 왜냐하면 법원은 구체적 사건의 심사를 목적으로 하는 것이지 법령의 심사를 목적으로 하는 것이 아니기 때문이다.

아니요

27 ☐☐☐   기본서 p. 189

대법원이 명령·규칙이 위헌·위법이라고 확정한 때에는 이를 누구에게 통보하여야 합니까?

행정소송법은 대법원이 명령·규칙이 위헌·위법인 것으로 확정한 때에는 지체 없이 이를 행정안전부장관에게 통보하도록 하고, 이 경우 행정안전부장관은 지체 없이 이를 관보에 게재하도록 하고 있다(행정소송법 제6조 제1·2항).

행정안전부장관

28 ☐☐☐   기본서 p. 189

조례가 집행행위의 개입 없이 그 자체로 직접 국민의 구체적인 권리·의무에 영향을 미치는 등의 법률상 효과를 발생하는 경우라면 항고소송의 대상이 될 수 있습니까?

(두밀분교폐지조례 사건에서) 조례가 집행행위의 개입 없이도 그 자체로서 직접 국민의 구체적인 권리·의무나 법적 이익에 영향을 미치는 등의 법률상 효과를 발생하는 경우 그 조례는 항고소송의 대상이 되는 행정처분에 해당한다(대판 1996. 9. 20, 95누8003).

예

29 ☐☐☐   기본서 p. 190

집행행위의 매개 없이 명령·규칙 그 자체에 의하여 직접 기본권이 침해되었을 경우에는 그것을 대상으로 하여 헌법소원심판을 청구할 수 있습니까?

헌법재판소는 법무사법 시행규칙에 관한 사건에서 법규명령 등이 별도의 집행행위를 기다리지 않고 직접 기본권을 침해하는 경우에는 모두 헌법소원심판의 대상이 될 수 있다고 판시한 바 있다(헌재 1990. 1. 15, 89헌마178).

예

30 ☐☐☐   기본서 p. 191

삼권분립의 원칙, 법치행정의 원칙을 당연한 전제로 하고 있는 우리 헌법하에서 행정권의 행정입법 등 법집행의무는 헌법적 의무라고 보아야 합니까?

삼권분립의 원칙, 법치행정의 원칙을 당연한 전제로 하고 있는 우리 헌법하에서 행정권의 행정입법 등 법집행의무는 헌법적 의무라고 보아야 한다(헌재 1998. 7. 16, 96헌마246).

예

31 ☐☐☐   기본서 p. 192

행정입법부작위는 부작위위법확인소송의 대상이 됩니까?

부작위위법확인소송의 대상은 행정소송법의 조문을 고려할 때 '처분'의 부작위이지 '입법'의 부작위는 아니다. 따라서 행정입법부작위의 경우 부작위위법확인소송의 대상이 되지 않는다는 것이 판례의 입장이다(대판 1992. 5. 8, 91누11261).

아니요

32 ☐☐☐   기본서 p. 192~193

행정입법부작위도 헌법소원의 대상이 됩니까?

행정입법부작위도 헌법소원의 대상이 될 수 있다(헌재 1998. 7. 16, 96헌마246). 헌법소원의 대상은 공권력의 행사 또는 불행사인데 시행령 등 행정입법을 제정할 법적 의무가 있는 경우에 행정입법부작위는 공권력의 불행사에 해당하므로 헌법소원의 대상이 된다.

예

33 ☐☐☐   기본서 p. 192~193

부진정입법부작위의 경우 입법부작위 그 자체를 헌법소원의 대상으로 할 수 있습니까?

부진정입법부작위는 진정한 입법부작위가 아니므로 입법부작위 그 자체를 헌법소원의 대상으로 할 수는 없고, 불완전한 법령에 대해 헌법소원을 제기하여야 한다(헌재 1998. 7. 16, 96헌마246).

아니요

34 ☐☐☐   기본서 p. 193

행정입법부작위로 인하여 손해가 발생한 경우에 국가배상청구가 인정될 수 있습니까?

법률에서 군법무관의 보수의 구체적 내용을 시행령에 위임하였음에도 불구하고 행정부가 정당한 이유 없이 시행령을 제정하지 않은 것은 불법행위에 해당하여 국가배상청구가 가능하다(대판 2007. 11. 29, 2006다3561).

예

01 ☐☐☐　　　　　　　　　기본서 p. 196

행정규칙에는 법률유보의 원칙이 적용됩니까?

법률유보의 원칙이 적용되지 않는다. 행정규칙은 법규가 아니므로
그 제정에는 법적 근거가 필요하지 않다. 행정규칙의 제정권은 상
급기관의 감독권한에 포함되어 있다고 할 수 있다.

아니요

02 ☐☐☐　　　　　　　　　기본서 p. 197

행정규칙을 위반하면 곧바로 위법한 행정작용이 되는 것입니까?

행정규칙을 위반한 행정작용이 곧바로 위법한 행정작용이 되는 것
은 아니다. 다만, 공무원은 복종의무가 있으므로 행정규칙을 위반하
면 징계사유는 될 수 있다.

아니요

03 ☐☐☐　　　　　　　　　기본서 p. 197

행정기관 내부의 사무처리준칙에 불과한 행정규칙은 공포되어야
하는 것은 아니므로 특별한 규정이 없는 한, 수명기관에 도달된 때
부터 효력이 발생합니까?

행정규칙은 법규명령과 같은 형식을 필요로 하는 것은 아니며 공포
가 필요한 것도 아니다. 따라서 특별한 규정이 없는 한 수명기관에
도달된 때부터 효력이 발생한다.

예

04 ☐☐☐　　　　　　　　　기본서 p. 197

행정관청 내부의 사무처리규정에 불과한 전결규정을 위반하여 보
조기관 등이 처분권자인 행정관청의 이름으로 처분을 한 경우, 그
처분은 무효입니까?

행정관청 내부의 사무처리규정에 불과한 전결규정에 위반하여 원
래의 전결권자 아닌 보조기관 등이 처분권자인 행정관청의 이름으
로 행정처분을 한 경우, 그 처분은 무효가 아니다(대판 1998. 2.
27, 97누1105).

아니요

05-1 ☐☐☐　　　　　　　　　기본서 p. 199

어떠한 고시가 일반적 · 추상적 성격을 가질 때에는 법규명령(또는
행정규칙)에 해당합니까?

고시가 일반적 · 추상적 성격을 가질 때에는 법규명령 또는 행정규
칙에 해당한다(헌재 1998. 4. 30, 97헌마141).

예

05-2 ☐☐☐　　　　　　　　　기본서 p. 199

어떠한 고시가 다른 집행행위의 매개 없이 그 자체로서 직접 국민
의 구체적인 권리 · 의무나 법률관계를 규율하는 성격을 가질 때에
는 항고소송의 대상이 되는 행정처분에 해당합니까?

고시가 구체적인 규율의 성격을 가질 때에는 행정처분에 해당한다
(헌재 1998. 4. 30, 97헌마141).

예

06 ☐☐☐　　　　　　　　　기본서 p. 199

고시가 법령의 수권에 의해 법령을 보충하는 사항을 규정하는 경우
에는 근거법령의 규정과 결합하여 대외적으로 구속력을 가질 수 있
습니까?

행정규칙인 고시가 법령의 수권에 의해 법령을 보충하는 사항을 규
정하는 경우에는 근거법령의 규정과 결합하여 대외적으로 구속력
있는 법규명령으로서의 효력을 갖는다.

예

07 ☐☐☐　　　　　　　　　기본서 p. 200

부령 형식으로 정해진 제재적 처분기준의 경우 대외적으로 국민이
나 법원을 기속합니까?

부령 형식으로 정해진 제재적 처분기준(영업허가의 취소, 정지, 과
징금 부과기준)은 그 성질과 내용이 행정내부의 사무처리기준을 규
정한 것에 불과하므로 행정규칙의 성질을 가지며 대외적으로 국민
이나 법원을 구속하는 것은 아니다(대판 1990. 1. 25, 89누3564).

아니요

08 ☐☐☐　　　　　　　　　　기본서 p. 201

운전면허에 관한 제재적 행정처분의 기준이 도로교통법 시행규칙 [별표]에 규정되어 있는 경우, 대외적 구속력을 인정할 수 있습니까?

도로교통법 시행규칙 제53조 제1항이 정한 [별표 16]의 운전면허 행정처분기준은 부령의 형식으로 되어 있으나, 그 규정의 성질과 내용이 운전면허의 취소처분 등에 관한 사무처리기준과 처분절차 등 행정청 내부의 사무처리준칙을 규정한 것에 지나지 아니하므로 대외적으로 국민이나 법원을 기속하는 효력이 없다(대판 1997. 5. 30, 96누5773).

아니요

09 ☐☐☐　　　　　　　　　　기본서 p. 201

구 「여객자동차 운수사업법」 제11조 제4항의 위임에 따라 시외버스운송사업의 사업계획변경에 관한 절차, 인가기준 등을 구체적으로 규정한 구 「여객자동차 운수사업법 시행규칙」 제31조 제2항은 대외적인 구속력이 있는 법규명령이라고 할 수 있습니까?

구 「여객자동차 운수사업법」 제11조 제4항의 위임에 따라 시외버스운송사업의 사업계획변경에 관한 절차, 인가기준 등을 구체적으로 규정한 구 「여객자동차 운수사업법 시행규칙」 제31조 제2항 제1·2·6호는 대외적인 구속력이 있는 법규명령이라고 할 것이다(대판 2006. 6. 27, 2003두4355).

예

10 ☐☐☐　　　　　　　　　　기본서 p. 202

제재적 처분기준이 대통령령의 형식으로 정해진 경우, 법규명령의 성질을 가집니까?

제재적 처분기준이 대통령령의 형식으로 정해진 경우, 당해 처분기준은 법규명령이라는 것이 판례의 입장이다.

예

11 ☐☐☐　　　　　　　　　　기본서 p. 202

「국토의 계획 및 이용에 관한 법률」 및 같은 법 시행령이 정한 이행강제금의 부과기준은 단지 상한을 정한 것에 불과하므로 행정청은 그 범위 내에서 이행강제금액을 결정할 재량권이 있습니까?

「국토의 계획 및 이용에 관한 법률」 및 동법 시행령이 정한 이행강제금의 부과기준은 단지 상한을 정한 것에 불과한 것이 아니라, 위반행위 유형별로 계산된 특정 금액을 규정한 것이므로 행정청에 이와 다른 이행강제금액을 결정할 재량권이 없다고 보아야 한다(대판 2014. 11. 27, 2013두8653).

아니요

12 ☐☐☐　　　　　　　　　　기본서 p. 202

구 「청소년 보호법 시행령」에 규정된 과징금처분기준은 정액입니까, 최고한도액입니까?

구 「청소년 보호법」 제49조 제1·2항의 위임에 따른 같은 법 시행령 제40조 [별표 6]의 위반행위의 종별에 따른 과징금처분기준은 법규명령이나, 처분기준에 규정된 금액은 정액이 아닌 최고한도액이라고 할 것이다(대판 2001. 3. 9, 99두5207).

최고한도액

13 ☐☐☐　　　　　　　　　　기본서 p. 203

법령의 규정이 특정 행정기관에게 법령내용의 구체적 사항을 정할 수 있는 권한을 부여하면서 권한 행사의 절차나 방법을 특정하지 아니하였다면, 수임행정기관은 행정규칙이나 규정형식으로 법령내용이 될 사항을 구체적으로 정할 수 없습니까?

법령의 규정이 특정 행정기관에게 법령내용의 구체적 사항을 정할 수 있는 권한을 부여하면서 권한 행사의 절차나 방법을 특정하지 아니한 경우에는 수임행정기관은 행정규칙이나 규정형식으로 법령내용이 될 사항을 구체적으로 정할 수 있다(대판 2012. 7. 5, 2010다72076).

아니요

14 ☐☐☐　　　　　　　　　　기본서 p. 203

형식은 행정규칙이지만 내용적으로는 법률을 보충하는 법규명령의 성질을 띤 행정규칙은 독자적으로 대외적인 구속력을 가집니까?

법령의 규정이 특정 행정기관에 그 법령내용의 구체적 사항을 정할 수 있는 권한을 부여하면서 권한 행사의 절차나 방법을 특정하고 있지 않은 관계로 수임행정기관이 행정규칙의 형식으로 법령의 내용이 될 사항을 구체적으로 정한 경우, 그러한 행정규칙의 규정은 상위법의 내용과 결합하여 대외적 구속력이 있는 법규명령으로서 효력을 가진다(대판 1998. 6. 9, 97누19915).

아니요

15 ☐☐☐　　　　　　　　　　기본서 p. 205

「국토의 계획 및 이용에 관한 법률 시행령」 제56조 제4항에 따라 국토교통부장관이 국토교통부 훈령으로 정한 '개발행위허가운영지침'은 세부적인 검토기준으로 이 지침의 법적 성격은 행정규칙에 불과하여 대외적 구속력이 없습니까?

「국토의 계획 및 이용에 관한 법률 시행령」 제56조 제4항에 따라 국토교통부장관이 국토교통부 훈령으로 정한 '개발행위허가운영지침'은 세부적인 검토기준으로 이 지침의 법적 성격은 행정규칙에 불과하여 대외적 구속력이 없다(대판 2023. 2. 2, 2020두43722).

예

16 ☐☐☐   기본서 p. 205

산업재해보상보험법 시행령 [별표 3] '업무상 질병에 대한 구체적인 인정기준'은 예시적 규정에 불과하더라도, 그 위임에 따른 고용노동부 고시가 대외적으로 국민과 법원을 구속하는 효력이 있는 규범이라고 볼 수 있습니까?

> 산업재해보상보험법 시행령 [별표 3] '업무상 질병에 대한 구체적인 인정기준'은 '뇌혈관 질병 또는 심장 질병', '근골격계 질병'의 업무상 질병 인정 여부 결정에 필요한 사항은 고용노동부장관이 정하여 고시하도록 위임하고 있다(제1호 (다)목, 제2호 (마)목). 위임근거인 산업재해보상보험법 시행령 [별표 3] '업무상 질병에 대한 구체적인 인정기준'이 예시적 규정에 불과한 이상, 그 위임에 따른 고용노동부 고시가 대외적으로 국민과 법원을 구속하는 효력이 있는 규범이라고 볼 수는 없고, 상급행정기관이자 감독기관인 고용노동부장관이 그 지도 · 감독 아래 있는 근로복지공단에 대하여 행정내부적으로 업무처리지침이나 법령의 해석 · 적용기준을 정해주는 '행정규칙'이라고 보아야 한다(대판 2020. 12. 24, 2020두39297).
>
> 아니요

---

17 ☐☐☐   기본서 p. 205

상위법령에서 세부사항 등을 시행규칙으로 정하도록 위임하였음에도 이를 고시 등 행정규칙으로 정한 경우, 대외적 구속력을 가지게 됩니까?

> 상위법령에서 세부사항 등을 시행규칙으로 정하도록 위임하였음에도 이를 고시 등 행정규칙으로 정한 경우, 대외적 구속력을 가지는 법규명령으로서 효력을 인정할 수는 없다(대판 2012. 7. 5, 2010다72076).
>
> 아니요

18 ☐☐☐   기본서 p. 205

법령보충적 행정규칙의 경우에도 포괄위임금지 등 위임의 한계를 준수하여야 합니까?

> 법령보충적 행정규칙의 경우에도 법령의 수권에 근거하여야 하고, 그 수권은 포괄위임금지의 원칙상 구체적 · 개별적으로 한정된 사항에 대하여 행하여져야 한다.
>
> 예

---

19 ☐☐☐   기본서 p. 206

고시가 법령에 근거를 둔 것이라면 그 위임범위를 벗어난 경우에도 대외적 구속력을 인정할 수 있습니까?

> 행정각부의 장이 정하는 고시가 비록 법령에 근거를 둔 것이라고 하더라도 그 규정내용이 법령의 위임범위를 벗어난 것일 경우에는 법규명령으로서의 대외적 구속력을 인정할 여지는 없다(대결 2006. 4. 28, 2003마715).
>
> 아니요

20 ☐☐☐   기본서 p. 207

고시가 법령의 규정을 보충하는 기능을 가지면서 그와 결합하여 대외적인 구속력이 있는 법규명령으로서의 효력을 가지는 경우에도 그 자체가 법령은 아니고 행정규칙에 지나지 않으므로 적당한 방법으로 이를 일반인 또는 관계인에게 표시 또는 통보함으로써 그 효력이 발생합니까?

> 수입선다변화품목의 지정 및 그 수입절차 등에 관한 상공부(현 산업통상자원부) 고시 제91-21호는 그 근거가 되는 대외무역법 시행령 제35조의 규정을 보충하는 기능을 가지면서 그와 결합하여 대외적인 구속력이 있는 법규명령의 효력을 가지는 것으로서 그 자체가 법령은 아니고 행정규칙에 지나지 않으므로 적당한 방법으로 이를 일반인 또는 관계인에게 표시 또는 통보함으로써 그 효력이 발생한다(대판 1993. 11. 23, 93도662).
>
> 예

---

21 ☐☐☐   기본서 p. 208

행정규칙의 내용이 상위법령에 반하는 것이라도 그 행정규칙의 행정내부적 효력은 인정할 수 있습니까?

> 행정규칙이 이를 정한 행정기관의 재량에 속하는 사항에 관한 것인 때에는 그 규정내용이 객관적 합리성을 결여하였다는 등의 특별한 사정이 없는 한 법원은 이를 존중하는 것이 바람직하다. 그러나 행정규칙의 내용이 상위법령에 반하는 것이라면, 법치국가원리에서 파생되는 법질서의 통일성과 모순금지원칙에 따라 그것은 법질서상 당연무효이고 행정내부적 효력도 인정될 수 없다(대판 2019. 10. 31, 2013두20011).
>
> 아니요

22 ☐☐☐   기본서 p. 209

행정기관 내부의 업무처리지침이나 법령의 해석 · 적용기준을 정한 행정규칙은 특별한 사정이 없는 한 대외적으로 국민이나 법원을 구속하는 효력이 없습니까?

> 행정규칙은 특별한 사정이 없는 한 대외적으로 국민이나 법원을 구속하는 효력이 없다. …… 처분이 적법한지는 행정규칙에 적합한지 여부가 아니라 상위법령의 규정과 입법목적 등에 적합한지 여부에 따라 판단해야 한다(대판 2019. 7. 11, 2017두38874 ; 대판 2021. 10. 14, 2021두39362).
>
> 예

23-1 ☐☐☐   기본서 p. 209

행정처분이 법규성이 없는 내부지침 등의 규정에 위배된다면 그 이유만으로 처분이 위법하게 됩니까?

<u>행정처분이 법규성이 없는 내부지침 등의 규정에 위배된다고 하더라도 그 이유만으로 처분이 위법하게 되는 것은 아니고, 또 내부지침 등에서 정한 요건에 부합한다고 하여 반드시 그 처분이 적법한 것이라고 할 수도 없다</u>(대판 2018. 6. 15, 2015두40248).

아니요

23-2 ☐☐☐   기본서 p. 209

내부지침 등에서 정한 요건에 부합한다고 하여 반드시 그 처분이 적법한 것이라고 할 수도 없습니까?

처분의 적법 여부는 그러한 내부지침 등에서 정한 요건에 합치하는지 여부가 아니라 일반국민에 대하여 구속력을 가지는 법률 등 법규성이 있는 관계 법령의 규정을 기준으로 판단하여야 한다(대판 2018. 6. 15, 2015두40248).

예

24-1 ☐☐☐   기본서 p. 209

재량준칙은 어떤 경우에 대외적인 구속력을 가집니까?

<u>재량준칙은 그 자체가 직접적으로 법규성이 있는 것은 아니나 재량준칙이 되풀이 시행되어 행정관행이 성립한 경우, 평등의 원칙과 자기구속의 원칙을 매개로 하여 간접적으로 대외적인 구속력을 갖는다는 것이 일반적 견해이다</u>(준법규성설).

행정관행이 성립한 경우, 평등의 원칙과 자기구속의 원칙을 매개로 하여 간접적으로 대외적인 구속력을 갖는다.

24-2 ☐☐☐   기본서 p. 209

재량준칙에 반하는 처분은 법규범인 해당 재량준칙을 직접 위반한 것으로서 위법한 처분이 됩니까?

재량준칙에 따른 관행이 성립되어 행정이 자기구속을 받는 경우에 행정청이 합리적 이유 없이 재량준칙에 의해 성립된 관행에 위반된 행위를 하였다면 상대방은 행정규칙 위반이 아니라 <u>자기구속의 원칙 등의 위반을 이유로 위법성을 주장할 수 있다</u>. 즉, 재량준칙은 자기구속의 원칙을 매개로 간접적으로 대외적 구속력을 가지는 것이지 재량준칙이 법규는 아니다.

아니요

25 ☐☐☐   기본서 p. 210

법령보충적 행정규칙은 헌법소원의 대상이 될 수 있습니까?

국민에게 영향을 미치는 법령보충적 행정규칙이 직접 국민의 권익을 침해한다면 헌법소원의 대상이 될 수 있다.

예

26 ☐☐☐   기본서 p. 212

재량준칙인 행정규칙이 자기구속원칙을 매개로 대외적인 구속력을 갖게 되는 경우, 헌법소원의 대상이 될 수 있습니까?

재량권 행사의 준칙인 규칙이 그 정한 바에 따라 되풀이 시행되어 행정관행이 이룩되게 되면, 평등의 원칙이나 신뢰보호의 원칙에 따라 행정기관은 그 상대방에 대한 관계에서 그 규칙에 따라야 할 자기구속을 당하게 되는 경우에는 대외적인 구속력을 가지게 되는바, 이러한 경우에는 헌법소원의 대상이 될 수도 있다(헌재 2001. 5. 31, 99헌마413).

예

01 ☐☐☐　　　　　　　　　　기본서 p. 216

소송법상 처분과 학문상 행정행위 중 무엇이 더 넓은 개념입니까?

처분에는 행정행위뿐만 아니라 권력적 사실행위도 포함된다.

소송법상 처분

02 ☐☐☐　　　　　　　　　　기본서 p. 217

공공단체와 일반사인도 행정청이 될 수 있는 경우가 있습니까?

한국토지주택공사, 한국자산관리공사(구 성업공사) 등의 공공단체뿐 아니라 일반사인도 공무를 위탁받은 경우에는 행정청이 될 수 있다.

예

03 ☐☐☐　　　　　　　　　　기본서 p. 217

교통안전공단이 구 교통안전공단법에 의거하여 교통안전분담금 납부의무자에게 한 분담금 납부통지는 행정처분입니까?

교통안전공단 등 공공단체도 공무를 수탁받은 경우 행정청이며 교통안전공단이 구 교통안전공단법에 의거하여 분담금 납부의무자에 대하여 한 분담금 납부통지는 행정처분이다(대판 2000. 9. 8, 2000다12716).

예

04 ☐☐☐　　　　　　　　　　기본서 p. 217

불특정 다수인을 상대방으로 하는 처분이라면 비록 구체적 사실에 관한 것이라도 행정행위가 아닙니까?

일반처분은 구체적 사실과 관련하여 불특정 다수인을 대상으로 발하여지는 행정청의 권력적·단독적 규율행위로서, 규율의 수범자가 불특정 다수인이라는 점에서는 일반적이나, 그 규율대상이 시간·공간 등의 관점에서 특정된다는 점에서는 구체성을 가진다. 이러한 일반처분도 행정행위의 한 유형으로 보는 것이 통설과 판례의 입장이다.

아니요

05 ☐☐☐　　　　　　　　　　기본서 p. 217~218

지방경찰청장(현 시·도경찰청장)이 횡단보도를 설치하여 보행자의 통행방법 등을 규제하는 것은 행정처분이라고 볼 수 있습니까?

지방경찰청장(현 시·도경찰청장)이 횡단보도를 설치하여 보행자의 통행방법 등을 규제하는 것은, 행정청이 특정 사항에 대하여 의무의 부담을 명하는 행위이고 이는 국민의 권리·의무에 직접 관계가 있는 행위로서 행정처분이라고 보아야 할 것이다(대판 2000. 10. 27, 98두8964).

예

06-1 ☐☐☐　　　　　　　　　　기본서 p. 218

상급행정기관의 지시는 대외적으로 국민이나 법원을 구속하는 효력이 있습니까?

상급행정기관의 지시는 일반적으로 행정조직 내부에서만 효력을 가질 뿐 대외적으로 국민이나 법원을 구속하는 효력이 없다. …… 상급행정기관이 소속 공무원이나 하급행정기관에 하는 개별·구체적인 지시도 마찬가지이다(대판 2019. 7. 11, 2017두38874).

아니요

06-2 ☐☐☐　　　　　　　　　　기본서 p. 218

대외적으로 처분권한이 있는 처분청이 상급행정기관의 지시를 위반하는 처분은 곧바로 위법하게 됩니까?

대외적으로 처분권한이 있는 처분청이 상급행정기관의 지시를 위반하는 처분을 하였다고 해서 그러한 사정만으로 처분이 곧바로 위법하게 되는 것은 아니고, 처분이 상급행정기관의 지시를 따른 것이라고 해서 적법성이 보장되는 것도 아니다(대판 2019. 7. 11, 2017두38874).

아니요

07 ☐☐☐　　　　　　　　　　기본서 p. 218

도로 보수 등의 사실행위는 행정행위입니까?

행정행위는 외부에 대하여 직접적인 법적 효과가 발생하는 행위이어야 한다. 따라서 그 자체로는 아무런 법적 효과를 발생시키지 않는 단순한 조사, 도로 청소나 도로 보수 등의 행위는 사실행위일 뿐이며 행정행위가 아니다.

아니요

08 ☐☐☐ 기본서 p. 218~219
국립공원지정처분에 따라 공원관리청이 행한 경계측량 및 표지의 설치 등은 행정처분입니까?

건설부장관(현 국토교통부장관)이 행한 국립공원지정처분에 따라 공원관리청이 행한 경계측량 및 표지의 설치 등은 공원구역의 효율적인 보호·관리를 위하여 이미 확정된 경계를 인식·파악하는 사실상의 행위로 행정처분이 아니다(대판 1992. 10. 13, 92누2325).

아니요

09 ☐☐☐ 기본서 p. 219
거부가 처분이 되려면 어떤 조건을 갖추어야 합니까?

거부행위가 항고소송의 대상이 되는 처분이 되기 위해서는 상대방에게 법규상 또는 조리상 신청권이 있어야 한다는 것이 통설과 판례의 입장이다.

법규상 또는 조리상 신청권이 있어야 한다.

10 ☐☐☐ 기본서 p. 220
법률행위적 행정행위와 준법률행위적 행정행위의 차이는 무엇입니까?

법률행위적 행정행위란 행정청의 의사표시(효과의사)를 구성요소로 하고 그 표시된 효과의사의 내용에 따라 법적 효과가 발생하는 행위를 말한다. 이에 반해 준법률행위적 행정행위란 행정청의 의사표시(효과의사) 이외의 정신작용(판단, 인식 등)을 구성요소로 하고 행위자의 의사와는 무관하게 법규가 정한 바에 따라 법적 효과가 발생하는 행위를 의미한다.

행정청의 의사표시(효과의사)를 구성요소로 하는지 여부와 그 표시된 효과의사의 내용대로 일정한 법적 효과가 발생하는지 여부

11 ☐☐☐ 기본서 p. 221
대물적 행정행위의 효과는 명문규정이 없어도 제3자에게 이전될 수 있습니까?

대물적 행정행위의 효과는 명문규정이 없어도 제3자에게 이전될 수 있다는 것이 통설과 판례의 입장이며, 이 점에서 대인적 행정행위와는 구별된다.

예

12 ☐☐☐ 기본서 p. 221
건축허가는 대물적 허가에 해당하므로, 허가의 효과는 허가대상 건축물에 대한 별도의 승인처분 없이 권리변동에 수반하여 이전되는 것입니까?

건축허가는 대물적 허가의 성질을 가지는 것으로, 그 허가의 효과는 허가대상 건축물에 대한 권리변동에 수반하여 이전되고 별도의 승인처분에 의하여 이전되는 것이 아니다(대판 1979. 10. 30, 79누190).

예

13-1 ☐☐☐ 기본서 p. 221
요양기관이 속임수나 그 밖의 부당한 방법으로 보험자에게 요양급여비용을 부담하게 한 것을 이유로 국민건강보험법에 따라 받게 되는 요양기관 업무정지처분은 대물적 처분의 성격을 가집니까?

구 국민건강보험법 제85조 제1항 제1호에 따른 요양기관 업무정지처분은 요양기관의 업무 자체에 대한 것으로, 대물적 처분이다(대판 2022. 1. 27, 2020두39365).

예

13-2 ☐☐☐ (미기출) 기본서 p. 221
속임수나 그 밖의 부당한 방법으로 보험자에게 요양급여비용을 부담하게 한 요양기관이 폐업한 경우, 그 요양기관 및 폐업 후 그 요양기관의 개설자가 새로 개설한 요양기관에 대하여 업무정지처분을 할 수 있습니까?

속임수나 그 밖의 부당한 방법으로 보험자에게 요양급여비용을 부담하게 한 요양기관이 폐업한 경우, 그 요양기관 및 폐업 후 그 요양기관의 개설자가 새로 개설한 요양기관에 대하여 업무정지처분을 할 수는 없다(대판 2022. 1. 27, 2020두39365).

아니요

14 ☐☐☐   기본서 p. 225

재량행위와 기속행위의 구분기준에 관한 효과재량설에 따르면 수익적 행정행위는 법규상 또는 해석상 특별한 기속이 없는 한 재량행위입니까?

효과재량설에 따르면 법이 특별한 규정을 두고 있는 경우를 제외하고는 문제된 행위의 성질을 기준으로 국민의 권리·이익을 제한하거나 새로운 의무를 부과하는 <u>침익적 행정행위는 기속행위</u>이고, 국민에게 권리나 이익을 제공하는 <u>수익적 행정행위</u> 또는 국민의 권리·의무와 관련이 없는 행위는 <u>재량행위</u>라고 본다.

예

15 ☐☐☐   기본서 p. 226

어느 행정행위가 기속행위인지 재량행위인지 여부는 당해 처분의 근거가 된 규정의 형식이나 체재 또는 문언에 따라 개별적으로 판단하여야 합니까?

어느 행정행위가 기속행위인지 재량행위인지 나아가 재량행위라고 할지라도 기속재량행위인지 또는 자유재량에 속하는 것인지의 여부는 이를 일률적으로 규정지을 수는 없는 것이고, 당해 처분의 근거가 된 규정의 형식이나 체재 또는 문언에 따라 개별적으로 판단하여야 한다(대판 1997. 12. 26, 97누15418).

예

16 ☐☐☐   기본서 p. 227

「여객자동차 운수사업법」에 의한 개인택시운송사업면허는 법령에 특별한 규정이 없는 한 재량행위입니까?

「여객자동차 운수사업법」에 의한 개인택시운송사업면허는 재량행위이며, 그 면허기준 설정행위도 행정청의 재량에 속한다(대판 2009. 11. 26, 2008두16087).

예

17 ☐☐☐   기본서 p. 228

재외동포에 대한 사증발급은 행정청의 재량행위에 해당합니까?

재외동포에 대한 사증발급은 행정청의 재량행위에 속한다(대판 2019. 7. 11, 2017두38874).

예

18 ☐☐☐   기본서 p. 228

육아휴직 중 국가공무원법 제73조 제2항에 따른 복직명령은 기속행위입니까?

육아휴직 중 국가공무원법 제73조 제2항에 따른 복직명령의 법적 성질은 기속행위이다(대판 2014. 6. 12, 2012두4852).

예

19 ☐☐☐   기본서 p. 231~232

재량행위의 경우 법원은 독자적 결론을 도출하여 심사할 수 있습니까?

<u>재량행위의 경우</u>에는 공익과 관련하여 행정청에 결정의 융통성이 있으므로 법원이 <u>독자적 결론을 도출함이 없이</u> 행정청의 행위에 재량권의 일탈·남용이 있는지를 심사하는 방식으로 <u>위법성을 판단</u>하게 된다.

아니요

20 ☐☐☐   기본서 p. 232

부당한 재량행위도 사법심사의 대상이 됩니까?

부당한 재량행위란 굳이 위법이라고는 볼 수 없으나 최선의 행위라고는 보기 어려운 것을 의미한다. <u>부당한 행위</u>는 쟁송제도와 관련하여 법원의 심사대상, 즉 행정소송의 통제대상은 아니나 행정청의 통제대상, 즉 <u>행정심판의 통제대상은 된다</u>.

아니요

21 ☐☐☐   기본서 p. 233

재량행위의 요건이 충족된 경우, 반드시 법에 정해진 효과를 부여하여야 합니까?

재량행위에 있어서는 요건이 충족되어도 공익과의 이익형량을 통하여 법에 정해진 효과를 부여하지 않을 수도 있다.

아니요

22 ☐☐☐   기본서 p. 235

사실을 오인하여 재량권을 행사한 처분은 위법합니까?

사실의 존부에 대한 판단에는 재량권이 인정될 수 없으므로 사실을 오인하여 재량권을 행사한 경우에 그 처분은 위법하다. 예컨대, 공무원에게 비리가 있다고 하여 징계처분을 하였으나 당해 행위를 비리사실로 볼 수 없는 경우와 같이 재량처분의 전제가 되는 요건사실의 인정이 잘못되었다면 그 처분은 위법하다.

예

23 ☐☐☐   기본서 p. 236

당해 공무원의 동의 없는 지방공무원법 제29조의3의 규정에 의한 전출명령이 적법함을 전제로 징계처분을 내린 경우, 그 징계처분은 징계양정에 있어 재량권을 일탈하여 위법합니까?

당해 공무원의 동의 없는 지방공무원법 제29조의3의 규정에 의한 전출명령은 위법하여 취소되어야 하므로, 그 전출명령이 적법함을 전제로 내린 징계처분은 징계양정에 있어 재량권을 일탈하여 위법하다(대판 2001. 12. 11, 99두1823).

예

24 ☐☐☐   기본서 p. 235

법령에서 정한 임의적 감경사유가 있는 경우에 행정청이 감경사유를 전혀 고려하지 않았거나 감경사유에 해당하지 않는다고 오인하여 개별처분기준에서 정한 상한으로 처분을 하였다면 재량권을 일탈·남용한 것입니까?

처분상대방에게 법령에서 정한 임의적 감경사유가 있는 경우, …… 행정청이 감경사유를 전혀 고려하지 않았거나 감경사유에 해당하지 않는다고 오인하여 개별처분기준에서 정한 상한으로 처분을 한 경우에는 …… 재량권을 일탈·남용한 것이라고 보아야 한다(대판 2020. 6. 25, 2019두52980).

예

25 ☐☐☐   기본서 p. 236

판례는 민원사무를 처리하는 행정기관이 민원1회방문처리제를 시행하는 절차의 일환으로 민원사항의 심의·조정 등을 위한 민원조정위원회를 개최하면서 민원인에게 회의일정 등을 사전에 통지하지 아니하였다면 거부처분에 취소사유가 존재한다고 봅니까?

민원사무를 처리하는 행정기관이 민원1회방문처리제를 시행하는 절차의 일환으로 민원사항의 심의·조정 등을 위한 민원조정위원회를 개최하면서 민원인에게 회의일정 등을 사전에 통지하지 아니하였다 하더라도, 이러한 사정만으로 곧바로 민원사항에 대한 행정기관의 장의 거부처분에 취소사유에 이를 정도의 흠이 존재한다고 보기는 어렵다(대판 2015. 8. 27, 2013두1560).

아니요

26 ☐☐☐   기본서 p. 240

판단여지를 긍정하는 학설은, 판단여지는 법률효과 선택의 문제이고 재량은 법률요건에 대한 인식의 문제라는 점, 양자는 그 인정근거와 내용 등을 달리하는 점에서 구별하는 것이 타당하다고 봅니까?

판단여지는 법률요건의 포섭단계에서 관련되는 문제이며 재량은 법률효과의 결정 내지 선택과 관련되는 문제가 된다는 점에서 양자는 구별된다고 한다.

아니요

27 ☐☐☐   기본서 p. 240

판례는 재량권과 판단여지를 구분하지 않고, 판단여지가 인정되는 경우에도 재량권이 인정되는 것으로 봅니까?

판단여지긍정설이 판단여지의 문제로 보는 각종의 시험평가와 독립된 위원회의 결정과 관련하여 판단여지를 재량과 구별되는 별도의 개념으로 인정하지 않으며, 판단여지가 인정될 수 있는 경우에도 재량권이 인정되는 것으로 보는 것이 판례의 입장이다.

예

28 ☐☐☐   기본서 p. 240

판례는 공무원 임용을 위한 면접전형에서 임용신청자의 능력이나 적격성 등에 관한 판단이 면접위원의 자유재량에 속한다고 봅니까?

공무원 임용을 위한 면접전형에서 임용신청자의 능력이나 적격성 등에 관한 판단은 면접위원의 자유재량에 속한다(대판 1997. 11. 28, 97누11911).

예

29 ☐☐☐   기본서 p. 241

행정청의 전문적인 정성적 평가결과는 특별한 사정이 없는 한 법원이 당부를 심사하기에 적절하지 않으므로 가급적 존중되어야 합니까?

행정청의 전문적인 정성적 평가결과는 그 판단의 기초가 된 사실인정에 중대한 오류가 있거나 그 판단이 사회통념상 현저하게 타당성을 잃어 객관적으로 불합리하다는 등의 특별한 사정이 없는 한 법원이 그 당부를 심사하기에 적절하지 않으므로 가급적 존중되어야 한다(대판 2020. 7. 9, 2017두39785).

예

01 ☐☐☐ 미기출   기본서 p. 248

공사중지명령에 대하여 그 명령의 상대방이 해제를 구하기 위해서는 명령의 내용 자체로 또는 성질상으로 명령 이후에 원인사유가 해소되었음이 인정되어야 합니까?

공사중지명령에 대하여 그 명령의 상대방이 해제를 구하기 위해서는 명령의 내용 자체로 또는 성질상으로 명령 이후에 원인사유가 해소되었음이 인정되어야 한다(대판 2014. 11. 27, 2014두37665).

예

02 ☐☐☐   기본서 p. 248

한의사면허는 경찰금지를 해제하는 명령적 행위(강학상 허가)에 해당합니까?

'한의사면허'는 학문상 허가에 해당한다. 따라서 진료행위를 할 수 있는 능력을 설정하는 설권행위, 즉 특허가 아니라 일반적 금지를 해제하여 자연적 자유를 회복시켜 주는 행위에 해당한다.
한의사면허는 경찰금지를 해제하는 명령적 행위(강학상 허가)에 해당한다(대판 1998. 3. 10, 97누4289).

예

03 ☐☐☐   기본서 p. 249

산림형질변경허가의 경우, 법규에 근거 없이 중대한 공익상의 필요를 들어 거부처분을 할 수 있습니까?

산림훼손(산림형질변경) 금지 또는 제한지역에 해당하지 않더라도 중대한 공익상 필요가 있다고 인정될 때에는 산림훼손허가(산림형질변경허가)를 거부할 수 있고, 그 경우 법규에 명문의 근거가 없더라도 거부처분을 할 수 있다(대판 1997. 9. 12, 97누1228).

예

04 ☐☐☐   기본서 p. 250

건축허가권자는 중대한 공익상의 필요가 없음에도 관계 법령에서 정하는 제한사유 이외의 사유를 들어 건축허가요건을 갖춘 자에 대한 허가를 거부할 수 있습니까?

건축허가권자는 건축허가신청이 건축법 등 관계 법규에서 정하는 어떠한 제한에 배치되지 않는 이상 당연히 같은 법조에서 정하는 건축허가를 하여야 하고, 중대한 공익상의 필요가 없음에도 불구하고, 요건을 갖춘 자에 대한 허가를 관계 법령에서 정하는 제한사유 이외의 사유를 들어 거부할 수는 없다(대판 2006. 11. 9, 2006두1227 ; 대판 2009. 9. 24, 2009두8946).

아니요

05 ☐☐☐   기본서 p. 250

토지의 형질변경행위를 수반하는 건축허가는 기속행위입니까?

도시지역 안에서 토지의 형질변경행위를 수반하는 건축허가는 재량행위이다(대판 2005. 7. 14, 2004두6181).

아니요

06 ☐☐☐   기본서 p. 251

개축허가신청에 대해 착오로 행한 용도변경허가는 무효입니까?

개축허가신청에 대하여 행정청이 착오로 대수선 및 용도변경허가를 하였다 하더라도 취소 등 적법한 조치 없이 그 효력을 부인할 수 없음은 물론, 더구나 이를 다른 처분으로 볼 근거도 없다(대판 1985. 11. 26, 85누382).

아니요

07 ☐☐☐   기본서 p. 251

허가로 인한 영업상 이익은 일반적으로 법률상 이익입니까?

허가로 인한 이익은 원칙적으로 반사적 이익에 불과하다. 다만, 법률규정이 허가에 있어서도 기존업자의 이익을 법률상 이익으로 규정하고 있는 경우에는 당연히 법률상 이익이 된다.

아니요

08 ☐☐☐   기본서 p. 252

담배 일반소매인으로 지정되어 영업을 하고 있는 기존업자의 신규 일반소매인에 대한 이익은 법률상 보호되는 이익입니까?

담배 일반소매인의 지정기준으로서 일반소매인의 영업소 간에 일정한 거리제한을 두고 있는 것은 …… 일반소매인의 경영상 이익을 보호하는 데에도 그 목적이 있다고 보이므로, 담배 일반소매인으로 지정되어 영업을 하고 있는 기존업자의 신규 일반소매인에 대한 이익은 단순한 사실상의 반사적 이익이 아니라 법률상 보호되는 이익이라고 해석함이 상당하다(대판 2008. 3. 27, 2007두23811).

예

09 ☐☐☐   기본서 p. 252

담배 일반소매인으로 지정되어 있는 기존업자가 신규 구내소매인 지정처분을 다투는 경우에는 원고적격이 있습니까?

일반소매인으로 지정되어 영업을 하고 있는 기존업자의 <u>신규 구내소매인에 대한 이익</u>은 법률상 보호되는 이익이 아니라 단순한 사실상의 반사적 이익이라고 해석함이 상당하므로, 기존 일반소매인은 <u>신규 구내소매인 지정처분의 취소를 구할 원고적격이 없다</u>(대판 2008. 4. 10, 2008두402).

아니요

10 ☐☐☐   기본서 p. 253

접도구역 안에서 건축을 하기 위해서는 건축허가청으로부터 건축법상 건축허가를 받는 것으로 충분합니까?

도로법과 건축법에서 각 규정하고 있는 건축허가는 그 허가권자의 허가를 받도록 한 목적, 허가의 기준, 허가 후의 감독에 있어서 같지 아니하므로 도로법 제50조 제1항에 의하여 접도구역으로 지정된 지역 안에 있는 건물에 관하여 같은 법조 제4·5항에 의하여 도로관리청인 <u>도지사로부터 개축허가를 받았다고 하더라도</u> 건축법 제5조 제1항에 의하여 <u>시장 또는 군수의 허가를 다시 받아야 한다</u>(대판 1991. 4. 12, 91도218).

아니요

11 ☐☐☐   기본서 p. 253

건축법에서 인·허가 의제제도를 둔 취지는, 인·허가 의제사항 관련 법률에 따른 각각의 인·허가 요건에 관한 일체의 심사를 배제하려는 것입니까?

건축법에서 <u>인·허가 의제제도를 둔 취지</u>는, 인·허가 의제사항과 관련하여 건축허가 또는 건축신고의 관할 행정청으로 그 <u>창구를 단일화하고 절차를 간소화하며 비용과 시간을 절감함으로써 국민의 권익을 보호하려는 것이</u>지, 인·허가 의제사항 관련 법률에 따른 <u>각각의 인·허가 요건에 관한 일체의 심사를 배제하려는 것이 아니다</u>(대판 2011. 1. 20, 2010두14954 전합).

아니요

12 ☐☐☐   기본서 p. 253~254

인·허가 의제는 법률의 근거가 없어도 가능합니까?

<u>인·허가 의제제도</u>는 주된 허가를 담당하는 기관이 의제되는 인·허가에 관한 심사도 담당한다는 점에서 행정기관의 권한에 변경을 가져오므로 법률에 명시적 근거가 있어야 하며, 의제되는 인·허가의 범위도 법령에 명시되어 있어야 한다.

아니요

13-1 ☐☐☐   기본서 p. 254

인·허가 의제를 받으려면 주된 인·허가를 신청할 때 관련 인·허가에 필요한 서류를 함께 제출하여야 합니까?

인·허가 의제를 받으려면 주된 인·허가를 신청할 때 관련 인·허가에 필요한 서류를 함께 주된 인·허가 행정청에만 제출하여야 한다(행정기본법 제24조 제2항 본문 - 동시제출주의).

예

13-2 ☐☐☐   기본서 p. 254

주된 인·허가를 신청할 때 관련 인·허가에 필요한 서류를 불가피한 사유로 함께 제출할 수 없는 경우 주된 인·허가 행정청이 별도로 정하는 기한까지 제출할 수 있습니까?

다만, 불가피한 사유로 함께 제출할 수 없는 경우에는 주된 인·허가 행정청이 별도로 정하는 기한까지 제출할 수 있다(행정기본법 제24조 제2항 단서 - 동시제출주의의 예외).

예

14 ☐☐☐   기본서 p. 254

인·허가 의제규정이 있는 경우에 주된 인·허가의 신청인은 반드시 관련 인·허가 의제 처리를 신청할 의무가 있습니까?

어떤 인·허가의 근거법령에서 절차간소화를 위하여 관련 인·허가를 의제 처리할 수 있는 근거규정을 둔 경우에는, 사업시행자가 인·허가를 신청하면서 하나의 절차 내에서 관련 인·허가를 의제 처리해 줄 것을 신청할 수 있다. 관련 인·허가 의제제도는 사업시행자의 이익을 위하여 만들어진 것이므로, <u>사업시행자가 반드시 관련 인·허가 의제 처리를 신청할 의무가 있는 것은 아니다</u>(대판 2020. 7. 23, 2019두31839).

아니요

15 ☐☐☐   기본서 p. 254

주된 인·허가 행정청은 주된 인·허가를 하기 전에 관련 인·허가에 관하여 미리 관련 인·허가 행정청과 협의하여야 합니까?

주된 인·허가 행정청은 주된 인·허가를 하기 전에 관련 인·허가에 관하여 미리 관련 인·허가 행정청과 협의하여야 한다(행정기본법 제24조 제3항). 이러한 사전협의는 반드시 거쳐야 하는 필요적 절차로서 관련 인·허가 행정청은 협의에 응할 의무를 부담한다. 다만, 해당 법령을 위반하여 협의에 응해서는 아니 된다(동법 제24조 제5항).

예

16 ☐☐☐ 기본서 p. 255

주된 인·허가처분이 관계 기관의 장과 협의를 거쳐 발령된 경우, 의제되는 인·허가에 법령상 요구되는 주민의 의견청취 등의 절차도 거쳐야 합니까?

의제되는 인·허가에 규정된 주민의 의견청취 등과 같은 절차를 거칠 필요가 없고 신청된 주된 허가에 관해 규정된 절차만 거치면 족하다는 것이 판례의 입장이다(대판 1992. 11. 10, 92누1162, 절차집중효설).

행정기본법도 이러한 전제하에, 개별법률에서 인·허가 의제시 관련 인·허가에 필요한 심의, 의견청취 등 절차를 거친다는 명시적인 규정을 둔 경우에만 이를 거치도록 하고 있다(행정기본법 제24조 제5항 단서).

아니요

17 ☐☐☐ 기본서 p. 257

주된 인·허가에 의해 의제되는 인·허가는 원칙적으로 주된 인·허가로 인한 사업을 시행하는 데 필요한 범위 내에서만 그 효력이 유지되는 것은 아니므로, 주된 인·허가로 인한 사업이 완료된 이후에도 효력이 있습니까?

구 택지개발촉진법 제11조 제1항 제9호에서는 사업시행자가 택지개발사업 실시계획승인을 받은 때 도로법에 의한 도로공사시행허가 및 도로점용허가를 받은 것으로 본다고 규정하고 있는바, 이러한 인·허가 의제제도는 목적사업의 원활한 수행을 위해 행정절차를 간소화하고자 하는 데 그 취지가 있는 것이므로 위와 같은 실시계획승인에 의해 의제되는 도로공사시행허가 및 도로점용허가는 원칙적으로 당해 택지개발사업을 시행하는 데 필요한 범위 내에서만 그 효력이 유지된다고 보아야 한다. 따라서 원고가 이 사건 택지개발사업과 관련하여 그 사업시행의 일환으로 이 사건 도로예정지 또는 도로에 전력관을 매설하였다고 하더라도 사업시행 완료 후 이를 계속 유지·관리하기 위해 도로를 점용하는 것에 대한 도로점용허가까지 그 실시계획승인에 의해 의제된다고 볼 수는 없다(대판 2010. 4. 29, 2009두18547).

아니요

18 ☐☐☐ 기본서 p. 257

A허가에 대해 B허가가 의제되는 것으로 규정된 경우, A불허가처분을 하면서 B불허가사유를 들고 있으면 A불허가처분과 별개로 B불허가처분도 존재합니까?

건축불허가처분을 하면서 그 처분사유로 건축불허가사유뿐만 아니라 형질변경불허가사유나 농지전용불허가사유를 들고 있다고 하여 그 건축불허가처분 외에 별개로 형질변경불허가처분이나 농지전용불허가처분이 존재하는 것이 아니다(대판 2001. 1. 16, 99두10988).

아니요

19-1 ☐☐☐ 기본서 p. 257~258

판례에 따르면 주된 인·허가(창업사업계획승인)로 의제된 인·허가(산지전용허가)는 통상적인 인·허가와 동일한 효력을 가지므로, 의제된 인·허가의 취소나 철회가 허용됩니까?

사업계획승인으로 의제된 인·허가는 통상적인 인·허가와 동일한 효력을 가지므로, 그 효력을 제거하기 위한 법적 수단으로 의제된 인·허가의 취소나 철회가 허용될 필요가 있다(대판 2018. 7. 12, 2017두48734).

예

19-2 ☐☐☐ 기본서 p. 257~258

판례에 따르면 의제된 인·허가의 직권취소나 철회는 항고소송의 대상이 되는 처분에 해당합니까?

의제된 산지전용허가를 주된 인·허가인 사업계획승인처분과 별도로 취소할 수 있으며, 의제된 인·허가의 취소는 항고소송의 대상이 되는 처분에 해당한다(대판 2018. 7. 12, 2017두48734).

예

20 ☐☐☐ 기본서 p. 258

의제되는 인·허가와 관련된 사유로 거부처분을 받은 경우, 소송의 대상은 무엇입니까?

인·허가 의제의 경우 주된 허가신청에 대해 거부처분을 하면서 의제되는 인·허가와 관련된 사유를 그 근거로 제시한 경우에도, 거부처분의 상대방은 의제되는 인·허가가 아닌 주된 허가거부처분을 대상으로 소송을 제기하여야 한다(대판 2001. 1. 16, 99두10988).

주된 인·허가거부처분

21-1 ☐☐☐　　　　　　　　기본서 p. 259

허가에 타법상의 인·허가가 의제되는 경우, 의제된 인·허가는 통상적인 인·허가와 동일한 효력을 가질 수 없으므로 '부분 인·허가 의제'가 허용되는 경우라도 그에 대한 쟁송취소는 허용될 수 없습니까?

의제된 인·허가는 통상적인 인·허가와 동일한 효력을 가지므로, 적어도 '부분 인·허가 의제'가 허용되는 경우에는 그 효력을 제거하기 위한 법적 수단으로 의제된 인·허가의 취소나 철회가 허용될 수 있고, 이러한 직권취소·철회가 가능한 이상 그 의제된 인·허가에 대한 쟁송취소 역시 허용된다(대판 2018. 11. 29, 2016두38792).

아니요

21-2 ☐☐☐　　　　　　　　기본서 p. 259

주택건설사업계획승인처분에 따라 의제된 지구단위계획결정에 하자가 있음을 이해관계인이 다투고자 하는 경우, 주된 처분(주택건설사업계획승인처분)이 아니라 의제된 인·허가(지구단위계획결정)를 항고소송의 대상으로 삼아야 합니까?

주택건설사업계획승인처분에 따라 의제된 인·허가가 위법함을 다투고자 하는 이해관계인은, 주택건설사업계획승인처분의 취소를 구할 것이 아니라 의제된 인·허가의 취소를 구하여야 하며, 의제된 인·허가는 주택건설사업계획승인처분과 별도로 항고소송의 대상이 되는 처분에 해당한다(대판 2018. 11. 29, 2016두38792).

예

22 ☐☐☐　　　　　　　　기본서 p. 260

인·허가 의제의 경우, 관련 인·허가 행정청은 관련 인·허가를 직접 한 것으로 보아 관계 법령에 따른 관리·감독 등 필요한 조치를 하여야 합니까?

인·허가 의제의 경우 관련 인·허가 행정청은 관련 인·허가를 직접 한 것으로 보아 관계 법령에 따른 관리·감독 등 필요한 조치를 하여야 한다(행정기본법 제26조 제1항). 사후관리란 관계 법령에 따른 관리·감독 등 필요한 조치를 하는 것을 말하고, 관계 법령이란 기본적으로 관련 인·허가에 관련된 법령을 말한다.

예

23 ☐☐☐　　　　　　　기본서 p. 260~261

건축허가 명의자와 실제로 건물을 건축한 자가 다른 경우, 누가 건물의 소유권을 취득합니까?

건축허가 명의자가 아닌 실제로 건물을 건축한 자가 건물의 소유권을 취득한다(대판 2002. 4. 26, 2000다16350).

실제로 건물을 건축한 자

24 ☐☐☐　　　　　　　기본서 p. 261~262

석유판매업이 양도된 경우, 양도인의 귀책사유로 양수인에게 제재를 가할 수 있습니까?

석유판매업허가는 대물적 허가로서 양도가 가능하므로 석유판매업이 양도된 경우, 양도인의 귀책사유로 양수인에게 제재를 가할 수 있다(대판 1986. 7. 22, 86누203).

예

25-1 ☐☐☐　　　　　　　기본서 p. 262

회사분할시 분할 전 회사에 대한 제재사유는 신설회사에 대하여 승계됩니까?

회사분할시 신설회사 또는 존속회사가 승계하는 것은 분할하는 회사의 권리와 의무이고, 분할하는 회사의 분할 전 법 위반행위를 이유로 과징금이 부과되기 전까지는 단순한 사실행위만 존재할 뿐 과징금과 관련하여 분할하는 회사에 승계대상이 되는 어떠한 의무가 있다고 할 수 없다(대판 2011. 5. 26, 2008두18335).

아니요

25-2 ☐☐☐　　　　　　　기본서 p. 262

회사분할시 회사의 분할 전 법 위반행위를 이유로 신설회사에 대하여 과징금을 부과하는 것은 허용됩니까?

특별한 규정이 없는 한 신설회사에 대하여 분할하는 회사의 분할 전 법 위반행위를 이유로 과징금을 부과하는 것은 허용되지 않는다(대판 2011. 5. 26, 2008두18335).

아니요

26 ☐☐☐　　　　　　　기본서 p. 263

신청시와 처분시의 법령이 다른 경우, 어느 법령을 기준으로 처분을 합니까?

신청 후 허가를 결정하기 전에 법령의 변경이 있는 경우에는 원칙적으로 신청시가 아닌 처분시의 법령을 기준으로 허가 여부를 결정하여야 한다는 것이 통설과 판례의 입장이다(대판 1996. 8. 20, 95누10877).
행정기본법도 당사자의 신청에 따른 처분은 처분 당시의 법령 등을 적용하는 것을 원칙으로 정하고 있다(행정기본법 제14조 제2항).

원칙적으로 처분시의 법령

27 ☐☐☐ 기본서 p. 262~263

불법증차를 실행한 운송사업의 양수인에 대하여는 양수인의 지위승계 전에 불법증차에 관하여 발생한 유가보조금 부정수급액에 대해서까지 양수인을 상대로 반환명령을 할 수 있습니까?

❶ 불법증차를 실행한 운송사업자로부터 운송사업을 양수하고 「화물자동차 운수사업법」 제16조 제1항에 따른 신고를 하여 「화물자동차 운수사업법」 제16조 제4항에 따라 운송사업자의 지위를 승계한 경우 관할 행정청은 양수인의 선의·악의를 불문하고 양수인에 대하여 불법증차 차량에 관하여 지급된 유가보조금의 반환을 명할 수 있다.

❷ 다만, 그에 따른 양수인의 책임범위는 지위승계 후 발생한 유가보조금 부정수급액에 한정되고, 지위승계 전에 발생한 유가보조금 부정수급액에 대해서까지 양수인을 상대로 반환명령을 할 수는 없다(대판 2021. 7. 29, 2018두55968).

아니요

28 ☐☐☐ 기본서 p. 264

허가의 갱신이 있은 후에도 갱신 전의 법 위반사실을 근거로 허가를 취소할 수 있습니까?

허가의 갱신은 허가취득자에게 종전의 지위를 계속 유지시키는 효과를 갖는 것에 불과하고 갱신 후에는 갱신 전의 법 위반사항을 불문에 부치는 효과를 발생시키는 것이 아니므로 일단 갱신이 있은 후에도 갱신 전의 법 위반사실을 근거로 허가를 취소할 수 있다(대판 1982. 7. 27, 81누174).

예

29-1 ☐☐☐ 기본서 p. 265

허가에 붙은 기한이 그 허가된 사업의 성질상 부당하게 짧은 경우, 그 기한을 어떻게 보아야 합니까?

허가에 붙은 기한이 그 허가된 사업의 성질상 부당하게 짧은 경우 그 기한을 허가 자체의 존속기간이 아닌 허가조건의 존속기간으로 볼 수 있다. 다만, 이 경우라도 허가기간이 연장되기 위해서는 종기가 도래하기 전에 기간의 연장에 관한 신청이 있어야 한다(대판 2007. 10. 11, 2005두12404).

허가'조건'의 존속기간으로 보아야 한다.

29-2 ☐☐☐ 기본서 p. 265

허가에 붙은 당초의 기한이 상당 기간 연장되어 부당하게 짧은 경우에 해당하지 않게 된 때에는, 재량권의 행사로서 더 이상의 기간 연장을 불허가하여 허가의 효력을 상실시킬 수 있습니까?

허가에 붙은 당초의 기한이 상당 기간 연장되어 더 이상 사업의 성질상 부당하게 짧은 경우에 해당하지 않은 경우, 관계 법령의 규정에 따라 허가 여부의 재량권을 가진 행정청은 기간연장을 불허할 수도 있으며, 이 경우 허가의 효력은 상실된다(대판 2004. 3. 25, 2003두12837).

예

30-1 ☐☐☐ 기본서 p. 266

보통의 허가와 예외적 허가의 차이는 무엇입니까?

보통의 허가는 법령으로 법질서유지에 장애가 될 우려가 있는 행위를 잠정적으로 금지한 다음, 행정청의 예방적 심사를 통해 법질서유지에 장애가 안 될 경우 원칙적으로 허가하는 것을 전제하고 있다. 이에 반해 예외적 허가는 사회적으로 유해한 행위를 금지하는 것을 예정하면서 극히 예외적인 경우에만 금지를 해제하는, 즉 억제적 금지를 해제하는 행위이다.

**보통의 허가는 예방적 금지의 해제이나,
예외적 허가는 억제적 금지의 해제이다.**

30-2 ☐☐☐ 기본서 p. 266

예외적 허가의 예로 무엇이 있습니까?

예외적 허가의 예로는, 학교환경위생정화구역(현 교육환경보호구역) 내의 유흥음식점허가, 개발제한구역 내의 건축허가, 카지노업허가, 마약류취급자의 허가 등이 있다.

카지노업허가 등

30-3 ☐☐☐ 기본서 p. 266

예외적 허가의 성질은 기속행위입니까?

예외적 허가는 보통의 허가와는 달리 재량행위라는 것이 일반적 견해이다.

아니요

31-1 ☐☐☐   기본서 p. 266~267

특별한 규정이 없다면 개발제한구역 내의 예외적인 건축허가는 기속행위입니까?

개발제한구역 내에서 예외적인 개발행위의 허가는 상대방에게 수익적인 것이 틀림이 없으므로 그 법률적 성질은 재량행위 내지 자유재량행위에 속하는 것이다(대판 2003. 3. 28, 2002두11905).

아니요

31-2 ☐☐☐   기본서 p. 300

특별한 규정이 없다면 관할 행정청은 개발제한구역 내의 예외적인 건축허가를 하면서 기부채납조건을 붙인 것은 위법합니까?

재량행위에 있어서는 관계 법령에 명시적인 금지규정이 없는 한 행정목적을 달성하기 위하여 조건이나 기한, 부담 등의 부관을 붙일 수 있고, 그 부관의 내용이 이행 가능하고 비례의 원칙 및 평등의 원칙에 적합하여 행정처분의 본질적 효력을 저해하지 아니하는 이상 위법하다고 할 수 없다(대판 2004. 3. 25, 2003두12837).

아니요

32-1 ☐☐☐   기본서 p. 267

「도시 및 주거환경정비법」상 재개발조합설립 인가신청에 대한 행정청의 조합설립인가처분은 보충적 행위에 불과합니까?

「도시 및 주거환경정비법」 등 관련 법령에 근거하여 행하는 조합설립인가처분은 단순히 사인들의 조합설립행위에 대한 보충행위로서의 성질을 갖는 것에 그치는 것이 아니라 법령상 요건을 갖출 경우 「도시 및 주거환경정비법」상 주택재건축사업을 시행할 수 있는 권한을 갖는 행정주체(공법인)로서의 지위를 부여하는 일종의 설권적 처분의 성격을 갖는다(대판 2009. 9. 24, 2008다60568).

아니요

32-2 ☐☐☐   기본서 p. 267

조합설립결의에 하자가 있었으나 조합설립인가처분이 이루어진 경우에는 조합설립결의의 하자를 당사자소송으로 다툴 것이고 조합설립인가처분에 대해 항고소송을 제기할 수는 없습니까?

행정청의 조합설립인가처분이 있은 후에 조합설립결의에 하자가 있음을 이유로 소송을 제기하는 경우라면 조합설립인가처분에 대한 항고소송을 제기하여야 한다(대판 2009. 9. 24, 2008다60568).

아니요

33 ☐☐☐   기본서 p. 268

공증인 인가처분은 특허입니까?

공증사무는 국가사무로서 공증인 인가·임명행위는 국가가 사인에게 특별한 권한을 수여하는 행위(= 특허)이다(대판 2019. 12. 13, 2018두41907).

예

34 ☐☐☐   기본서 p. 269

개인택시운송사업면허는 성질상 일반적 금지에 대한 해제에 불과합니까?

개인택시운송사업면허는 특정인에 대하여 새로운 권리, 능력 또는 포괄적 법률관계를 설정하는 행위인 특허로서 특별한 규정이 없는 한 재량행위이다(대판 1995. 7. 14, 94누14841 ; 대판 1995. 11. 10, 95누8461 ; 대판 1996. 10. 11, 96누6172).

아니요

35 ☐☐☐   기본서 p. 269

처분청이 구 수도권대기환경특별법 제14조 제1항에서 정한 대기오염물질 총량관리사업장 설치의 허가 또는 변경허가를 할 것인지 여부의 결정 및 그 내용에 대한 결정은 행정청의 재량에 속합니까?

구 수도권대기환경특별법 제14조 제1항에서 정한 대기오염물질 총량관리사업장 설치의 허가 또는 변경허가는 특정인에게 인구가 밀집되고 대기오염이 심각하다고 인정되는 수도권 대기관리권역에서 총량관리대상 오염물질을 일정량을 초과하여 배출할 수 있는 특정한 권리를 설정하여 주는 행위로서 그 처분의 여부 및 내용의 결정은 행정청의 재량에 속한다(대판 2013. 5. 9, 2012두22799).

예

36-1 ☐☐☐   기본서 p. 269

대기환경보전법상 배출시설설치허가는 기속행위입니까?

대기환경보전법상 배출시설설치허가는 기속행위이다(대판 2013. 5. 9, 2012두22799).

예

36-2 ☐☐☐   기본서 p. 269~270

배출시설설치허가의 신청이 구 대기환경보전법에서 정한 허가기준에 부합하고 동 법령상 허가제한사유에 해당하지 아니하는 한 환경부장관은 원칙적으로 허가를 하여야 합니까?

환경부장관은 배출시설치허가신청이 구 대기환경보전법령에서 정한 허가제한사유에 해당하지 아니하는 한 원칙적으로 허가를 하여야 한다. 다만, …… 중대한 공익상의 필요가 있을 때에는 허가를 거부할 수 있다고 보는 것이 타당하다(대판 2013. 5. 9, 2012두22799).

예

37 ☐☐☐   기본서 p. 271

강학상 허가와 특허 모두 의사표시를 요소로 하고, 반드시 신청을 전제로 합니까?

강학상 허가와 특허는 의사표시를 요소로 한다는 점에서는 공통점을 갖지만, 강학상 허가는 원칙적으로 신청이 필요하고 예외적으로 신청이 없는 경우도 가능(예 통행금지해제)한 반면, 특허는 반드시 신청이 필요하다.

아니요

38 ☐☐☐   기본서 p. 272~273

토지거래허가, 임원에 대한 관할 관청의 임원취임승인행위, 재단법인정관변경허가의 성격은 무엇입니까?

비영리법인설립인가, 재단법인의 정관변경허가, 토지거래허가구역 내의 토지거래허가, 학교법인의 임원에 대한 감독청의 취임승인, 협동조합 임원선출에 관한 인가, 주택재건축정비사업조합의 사업시행인가 등은 강학상 인가에 해당하는 것으로 본다.

인가

39 ☐☐☐   기본서 p. 273

도시환경정비사업조합이 수립한 사업시행계획을 인가하는 행정청의 행위는 조합설립인가와 달리 설권적 처분이 아니라 보충행위로서의 성격을 갖습니까?

도시환경정비사업조합이 수립한 <u>사업시행계획을 인가하는 행정청의 행위는</u> 도시환경정비사업조합의 사업시행계획에 대한 <u>법률상의 효력을 완성시키는 보충행위에 해당한다</u>(대판 2010. 12. 9, 2010두1248).

예

40 ☐☐☐   기본서 p. 273

조합설립추진위원회 구성승인처분은 조합의 설립을 위한 주체인 추진위원회의 구성행위를 보충하여 그 효력을 부여하는 처분입니까?

<u>'조합설립추진위원회' 구성승인처분은 조합의 설립을 위한 주체인 추진위원회의 구성행위를 보충하여 그 효력을 부여하는 처분</u>이다(대판 2013. 1. 31, 2011두11112).

예

41 ☐☐☐   기본서 p. 274

사실행위도 인가의 대상이 될 수 있습니까?

인가는 법률행위를 대상으로 하고, 사실행위에 대한 인가란 있을 수 없다.

아니요

42 ☐☐☐   기본서 p. 274

인가는 신청이 없이도 가능합니까?

인가는 보충적 행위이므로 항상 상대방의 신청을 요건으로 하는 행위이다.

아니요

43 ☐☐☐   기본서 p. 274

법령에 규정이 없어도 수정인가가 가능합니까?

신청의 내용과 다른 인가가 가능한가에 대해 <u>법령의 명시적 근거가 없는 한</u> 행정청은 인가 여부만 결정할 수 있을 뿐 <u>수정인가는 할 수 없다</u>는 것이 통설의 입장이다.

아니요

44 ☐☐☐   기본서 p. 275

기본행위가 무효인 경우라도 적법한 인가가 있었다면 기본행위의 하자가 치유됩니까?

기본행위가 성립하지 않거나 무효인 경우에 인가를 받더라도 기본행위가 유효로 되는 것은 아니며, 인가 역시 무효로 된다. 즉, 인가는 기본행위의 하자를 치유하지 않는다.

아니요

45 ☐☐☐   기본서 p. 275

학교법인의 임원에 대한 감독청의 취임승인은 학교법인의 임원선임행위를 보충하여 그 법률상의 효력을 완성하게 하는 보충적 행정행위로서 성질상 기본행위를 떠나 승인처분 그 자체만으로는 법률상 아무런 효과도 발생할 수 없습니까?

사립학교법 제20조 제2항에 의한 학교법인의 임원에 대한 감독청의 취임승인은 학교법인의 임원선임행위를 보충하여 그 법률상의 효력을 완성하게 하는 보충적 행정행위로서 성질상 기본행위를 떠나 승인처분 그 자체만으로는 법률상 아무런 효과도 발생할 수 없다(대판 1987. 8. 18, 86누152).

예

46 ☐☐☐   기본서 p. 275

사업시행계획이 무효인 경우, 그에 대한 인가처분이 있다고 하더라도 사업시행계획은 유효한 것으로 될 수 없습니까?

기본행위인 사업시행계획이 무효인 경우 그에 대한 인가처분이 있다고 하더라도 그 기본행위인 사업시행계획이 유효한 것으로 될 수 없다(대판 2014. 2. 27, 2011두25173).

예

47 ☐☐☐   기본서 p. 276

기본행위의 하자를 이유로 인가처분의 취소소송을 제기할 수 있습니까?

기본행위에 하자가 있는 경우 기본행위를 다투어야 하며, 기본행위의 하자를 이유로 인가처분의 취소 또는 무효를 소송으로 다툴 이익은 없다.

아니요

48 ☐☐☐   기본서 p. 276

기본행위는 적법하고 인가 자체에만 하자가 있다면 그 인가의 무효나 취소를 주장할 수 있습니까?

인가의 보충성에 비추어 기본행위에 하자가 있는 경우, 기본행위를 다투어야 하며 기본행위의 하자를 이유로 인가처분을 다툴 수는 없다는 것이 통설과 판례의 입장이다. 한편, 기본행위가 적법하고 인가에만 문제가 있는 경우에는 인가를 다툴 수 있다.

예

49 ☐☐☐   기본서 p. 276

주택재개발정비사업조합이 수립한 사업시행계획에 하자가 있음에도 불구하고 관할 행정청이 해당 계획에 대한 인가처분을 하였다면, 그 처분에는 고유한 하자가 없더라도 계획의 무효를 주장하면서 곧바로 그에 대한 인가처분의 무효확인이나 취소를 구하여야 합니까?

기본행위인 주택재개발정비사업조합이 수립한 사업시행계획에 하자가 있는데 보충행위인 관할 행정청의 사업시행계획 인가처분에는 고유한 하자가 없는 경우, 사업시행계획의 무효를 주장하면서 곧바로 그에 대한 인가처분의 무효확인이나 취소를 구하여서는 아니 된다(대판 2021. 2. 10, 2020두48031).

아니요

50 ☐☐☐   기본서 p. 278

행정심판의 재결은 공증입니까?

행정심판의 재결은 확인에 해당한다.

아니요

51 ☐☐☐   기본서 p. 278

친일재산 국가귀속결정과 발명특허는 확인과 공증 중 무엇에 해당합니까?

확인의 예로는 도로구역 결정, 행정심판의 재결, 발명의 특허, 국가유공자등록 결정, 장애등급 결정, 민주화운동관련자 결정, 국가시험 합격자 결정 등을 들 수 있다.
「친일반민족행위자 재산의 국가귀속에 관한 특별법」에 따른 친일반민족행위자재산조사위원회의 친일재산 국가귀속결정은 당해 재산이 친일재산에 해당한다는 사실을 확인하는 <u>준법률행위적 행정행위</u>에 해당한다(대판 2008. 11. 13, 2008두13491).

확인

52 ☐☐☐   기본서 p. 279

건축허가관청은 특단의 사정이 없는 한 건축허가내용대로 완공된 건축물의 준공을 거부할 수 없습니까?

준공검사처분은 건축허가를 받아 건축한 건물이 건축허가사항대로 건축행정목적에 적합한가의 여부를 확인하고, 준공검사필증을 교부하여 줌으로써 허가받은 자로 하여금 건축한 건물을 사용·수익할 수 있게 하는 법률효과를 발생시키는 것이므로 허가관청은 특단의 사정이 없는 한 건축허가내용대로 완공된 건축물의 준공을 거부할 수 없다(대판 1992. 4. 10, 91누5358).

예

53 ☐☐☐   기본서 p. 280

의료유사업자 자격증 갱신발급행위는 유사의료업자의 자격을 부여 내지 확인하는 행위에 해당합니까?

의료유사업자 자격증 갱신발급행위는 유사의료업자의 자격을 부여 내지 확인하는 것이 아니라 특정한 사실 또는 법률관계의 존부를 공적으로 증명하는 소위 공증행위에 속하는 행정행위라 할 것이다(대판 1977. 5. 24, 76누295).

아니요

54 ☐☐☐   기본서 p. 280

확인과 공증의 차이점은 무엇입니까?

① 확인은 특정한 법률사실이나 법률관계에 관한 의문 또는 분쟁이 있음을 전제로 하는 데 반해, 공증은 의문이나 분쟁이 없는 것을 전제로 한다.
② 확인은 판단을 표시하는 행위인 데 반해, 공증은 어떠한 사실 또는 법률관계가 진실이라고 인식하여 그것을 공적으로 증명하는 인식행위라고 할 수 있다.

해설 참조

55 ☐☐☐   기본서 p. 281

무허가건물등재대장 삭제행위는 처분입니까?

무허가건물등재대장 삭제행위는 행정처분이 아니다(대판 2009. 3. 12, 2008두11525).

아니요

56 ☐☐☐   기본서 p. 281

지적공부 소관청의 지목변경신청 반려행위는 처분입니까?

지적공부 소관청의 지목변경신청 반려행위는 항고소송의 대상이 되는 행정처분이다(대판 2004. 4. 22, 2003두9015).

예

57 ☐☐☐   기본서 p. 282

건축물대장상의 용도변경신청을 거부한 행위는 처분입니까?

건축물대장의 용도는 건축물의 소유권을 제대로 행사하기 위한 전제요건으로서 건축물소유자의 실체적 권리관계에 밀접하게 관련되어 있으므로, 건축물대장 소관청의 용도변경신청 거부행위는 국민의 권리관계에 영향을 미치는 것으로서 항고소송의 대상이 되는 행정처분에 해당한다(대판 2009. 1. 30, 2007두7277).

예

58 ☐☐☐   기본서 p. 283

당연퇴직의 인사발령은 처분입니까?

당연퇴직의 인사발령은 행정소송의 대상인 행정처분이 아니다(대판 1995. 11. 14, 95누2036).

아니요

59 ☐☐☐   기본서 p. 283

국민건강보험공단이 한 '직장가입자 자격상실 및 자격변동 안내' 통보는 항고소송의 대상이 되는 처분입니까?

국민건강보험 직장가입자 또는 지역가입자 자격변동은 법령이 정하는 사유가 생기면 별도 처분 등의 개입 없이 사유가 발생한 날부터 변동의 효력이 당연히 발생하므로, 국민건강보험공단이 한 '직장가입자 자격상실 및 자격변동 안내' 통보는 처분성이 인정되지 않는다(대판 2019. 2. 14, 2016두41729).

아니요

60 ☐☐☐　　　　　　　　　　　기본서 p. 284

의료법에 따라 정신과의원을 개설하려는 자가 법령에 규정되어 있는 요건을 갖추어 개설신고를 한 경우에 관할 시장·군수·구청장은 법령에서 정한 요건 이외의 사유를 들어 의원급 의료기관 개설신고의 수리를 거부할 수 있습니까?

의료법에 따라 정신과의원을 개설하려는 자가 법령에 규정되어 있는 요건을 갖추어 개설신고를 한 때에, 행정청은 원칙적으로 이를 수리하여 신고필증을 교부하여야 하고, 법령에서 정한 요건 이외의 사유를 들어 의원급 의료기관 개설신고의 수리를 거부할 수는 없다(대판 2018. 10. 25, 2018두44302).

　　　　　　　　　　　　　　　　　　　　아니요

61-1 ☐☐☐　　　　　　　　　　기본서 p. 284

건축주명의변경신고는 형식적 요건을 갖추어 시장, 군수에게 적법하게 건축주의 명의변경을 신고한 때에는 시장, 군수는 그 신고를 수리하여야지 실체적인 이유를 내세워 그 신고의 수리를 거부할 수는 없습니까?

허가대상 건축물의 양수인이 구 건축법 시행규칙에 규정되어 있는 형식적 요건을 갖추어 시장·군수에게 적법하게 건축주의 명의변경을 신고한 때에는 시장·군수는 그 신고를 수리하여야지 실체적인 이유를 내세워 신고의 수리를 거부할 수 없다(대판 1993. 10. 12, 93누883).

　　　　　　　　　　　　　　　　　　　　예

61-2 ☐☐☐　　　　　　　　　　기본서 p. 284

건축물의 소유권을 둘러싸고 소송이 계속 중인 경우, 판결로 소유권의 귀속이 확정될 때까지 건축주명의변경신고의 수리를 거부할 수 있습니까?

다만, 건축물의 소유권을 둘러싸고 소송이 계속 중이어서 판결로 소유권의 귀속이 확정될 때까지 건축주명의변경신고의 수리를 거부함은 상당하다(대판 1993. 10. 12, 93누883).

　　　　　　　　　　　　　　　　　　　　예

62 ☐☐☐　　　　　　　　　　　기본서 p. 284

기본행위가 존재하지 않거나 무효인 경우 수리를 하였다면 그 효과는 어떻게 됩니까?

사업의 양도·양수에 따른 지위승계신고와 같은 행위요건적 신고는 유효한 기본행위의 존재를 전제로 하는 수동적인 행위로서 수리대상인 기본행위가 존재하지 않거나 무효인 때에는 수리를 하였더라도 그 수리도 당연무효가 된다는 것이 통설과 판례의 입장이다(대판 2005. 12. 23, 2005두3554).

　　　　　　　　　　　　　　　　　　　　무효

01-1 ☐☐☐   기본서 p. 288

임시이사를 선임하면서 그 임기를 '후임 정식이사가 선임될 때까지'로 기재한 것은 본래 의미의 행정처분의 부관으로서 기한을 정한 것입니까?

구 사회복지사업법상 임시이사를 선임하면서 그 임기를 '후임 정식이사가 선임될 때까지'로 기재한 것은 근거법률의 해석상 당연히 도출되는 사항을 주의적·확인적으로 기재한 이른바 '법정부관'일 뿐, 행정청의 의사에 따라 붙이는 본래 의미의 행정처분 부관이라고 볼 수 없다(대판 1994. 3. 8, 92누1728 참조). 후임 정식이사가 선임되었다는 사유만으로 임시이사의 임기가 자동적으로 만료되어 임시이사의 지위가 상실되는 효과가 발생하지 않고, 관할 행정청이 후임 정식이사가 선임되었음을 이유로 임시이사를 해임하는 행정처분을 해야만 비로소 임시이사의 지위가 상실되는 효과가 발생한다(대판 2020. 10. 29, 2017다269152).

아니요(법정부관 ○, 부관 ×)

01-2 ☐☐☐   기본서 p. 288

행정청이 행정처분을 하면서 논리적으로 당연히 수반되어야 하는 의사표시를 명시적으로 하지 않았으면, 그것이 행정청의 추단적 의사에 부합하고 상대방이 이를 알 수 있는 경우에도, 행정처분에 이와 같은 의사표시가 묵시적으로 포함되어 있다고 볼 수 없습니까?

행정청이 행정처분을 하면서 논리적으로 당연히 수반되어야 하는 의사표시를 명시적으로 하지 않았다고 하더라도, 그것이 행정청의 추단적 의사에도 부합하고 상대방도 이를 알 수 있는 경우에는 행정처분에 위와 같은 의사표시가 묵시적으로 포함되어 있다고 볼 수 있다(대판 2020. 10. 29, 2017다269152).

아니요

02-1 ☐☐☐   기본서 p. 289

법령보충규칙인 고시에 정한 허가기준에 따라 보존음료수 제조업의 허가에 붙여진 전량수출 또는 주한외국인에 대한 판매에 한한다는 내용의 조건은 이른바 법정부관입니까?

법령보충규칙인 고시에 정한 허가기준에 따라 보존음료수 제조업의 허가에 붙여진 전량수출 또는 주한외국인에 대한 판매에 한한다는 내용의 조건은 이른바 법정부관이다(대판 1994. 3. 8, 92누1728).

예

02-2 ☐☐☐   기본서 p. 289

법정부관은 본래의 의미에서의 행정행위의 부관입니까?

법정부관은 행정청의 의사에 기하여 붙여지는 본래의 의미에서의 행정행위의 부관은 아니다(대판 1994. 3. 8, 92누1728).

아니요

02-3 ☐☐☐   기본서 p. 289

법정부관에도 부관의 한계에 관한 일반원칙이 적용될 수 있습니까?

법정부관은 본래 의미에서 행정행위의 부관은 아니므로, 법정부관에 대하여는 행정행위에 부관을 붙일 수 있는 한계에 관한 일반적 원칙이 적용되지는 않는다(대판 1994. 3. 8, 92누1728).

아니요

03 ☐☐☐   기본서 p. 290

정지조건의 경우, 행정행위의 효력은 처음부터 발생합니까?

정지조건이 부가된 행정행위는 일정한 조건이 성취되어야 비로소 주된 행정행위의 효력이 발생한다.

아니요

04 ☐☐☐   기본서 p. 290

해제조건이 부과된 행정행위는 조건이 성취되면 그 효력이 어떻게 됩니까?

해제조건이 부가된 행정행위는 일단 처음부터 행정행위의 효력이 발생하되 조건이 성취되면 그 행정행위가 효력을 상실하게 된다.

실효

05-1 ☐☐☐   기본서 p. 292

부담을 불이행할 경우, 부담부 행정행위는 당연히 효력을 상실합니까?

상대방이 부담을 통해 부과된 의무를 불이행하는 경우, 주된 행정행위의 효력이 당연히 소멸하는 것이 아니다.

아니요

05-2 ☐☐☐   기본서 p. 292

부담을 불이행할 경우, 행정청은 주된 행위를 철회할 수 있습니까?

상대방이 부담을 통해 부과된 의무를 이행하지 않을 때 행정청은 주된 행정행위를 철회할 수 있다. 예컨대, 도로점용허가를 하면서 매월 점용료 납부를 명한 경우 점용료를 계속해서 납부하지 않으면 행정청은 주된 행정행위인 도로점용허가를 철회할 수 있다고 할 것이다.

예

06 ☐☐☐   기본서 p. 292

부담의 이행 없이 영업을 한 경우, 그 영업은 당연히 무허가영업이 됩니까?

부관부 영업허가의 경우, 당해 부관이 부담이라면 영업허가의 효력은 처음부터 발생하므로 부담의 이행 없이 영업을 하여도 무허가영업이 아니다. 다만, 당해 부관이 정지조건이라면 조건의 성취 없이 영업을 할 경우 무허가영업이 된다.

아니요

07 ☐☐☐   기본서 p. 293

조건과 부담의 구별이 명확하지 않은 경우는 무엇으로 봅니까?

행정청의 의사가 불분명한 경우, 최소침해의 원칙에 따라 상대방에게 유리한 '부담'으로 보아야 한다.

부담

08-1 ☐☐☐   기본서 p. 294

행정청은 상대방과 협의하여 부담의 내용을 협약의 형식으로 미리 정한 다음 행정처분을 하면서 이를 부가할 수도 있습니까?

부담은 행정청이 행정처분을 하면서 일방적으로 부가할 수도 있지만 부담을 부가하기 이전에 상대방과 협의하여 부담의 내용을 협약의 형식으로 미리 정한 다음 행정처분을 하면서 이를 부가할 수도 있다(대판 2009. 2. 12, 2005다65500).

예

08-2 ☐☐☐   기본서 p. 294

부담이 처분 당시 법령을 기준으로는 적법하였지만, 처분 후 주된 행정처분의 근거법령이 개정됨으로써 행정청이 더 이상 부관을 붙일 수 없게 되었다면 그 부담은 위법합니까?

부담의 적법 여부는 처분 당시 법령을 기준으로 판단하여야 하고, 부담이 처분 당시 법령을 기준으로 적법하다면 처분 후 부담의 전제가 된 주된 행정처분의 근거법령이 개정됨으로써 행정청이 더 이상 부관을 붙일 수 없게 되었다 하더라도 부담이 곧바로 위법하게 되는 것은 아니다(대판 2009. 2. 12, 2005다65500).

아니요

08-3 ☐☐☐   기본서 p. 294

부담이 처분 당시 법령을 기준으로는 적법하였지만, 처분 후 주된 행정처분의 근거법령이 개정됨으로써 행정청이 더 이상 부관을 붙일 수 없게 되었다면 그 부담의 효력은 곧바로 소멸됩니까?

행정청이 수익적 행정처분을 하면서 사전에 상대방과 체결한 협약상의 의무를 부담으로 부가하였는데 부담의 전제가 된 주된 행정처분의 근거법령이 개정되어 부관을 붙일 수 없게 된 경우라도 협약의 효력이 소멸하는 것은 아니다(대판 2009. 2. 12, 2005다65500).

아니요

09 ☐☐☐   기본서 p. 294

행정청이 종교단체에 대하여 기본재산전환인가를 함에 있어 인가조건을 부가하고 그 불이행시 인가를 취소할 수 있도록 하였다면 그 인가조건은 부관으로서 철회권의 유보에 해당합니까?

행정청이 종교단체에 대하여 기본재산전환인가를 함에 있어 인가조건을 부가하고 그 불이행시 인가를 취소할 수 있도록 한 경우, 인가조건의 의미는 철회권을 유보한 것이다(대판 2003. 5. 30, 2003다6422).

예

10 ☐☐☐　　　　　　　　　　기본서 p. 294

철회권이 유보된 경우, 유보된 사유에 상대방은 신뢰보호의 원칙을 주장할 수 있습니까?

철회권이 유보된 행정행위의 상대방은 장래 당해 행위가 철회될 수 있음을 예기할 수 있으므로 원칙적으로 신뢰보호의 원칙에 기한 철회의 제한을 주장하거나 철회로 인한 손실보상을 요구할 수 없다.

아니요

11 ☐☐☐　　　　　　　　　기본서 p. 294~295

행정행위의 부관으로 철회권의 유보가 되어 있는 경우라 하더라도 그 철회권의 행사에 대해서는 행정행위의 철회의 제한에 관한 일반원리가 적용됩니까?

철회권을 유보하였다고 하여 항상 행정청이 무제한으로 철회권을 행사할 수 있는 것이 아니고, 철회의 일반적 요건이 충족되어야 한다는 것이 통설과 판례의 입장이다. 즉, 철회권이 유보된 경우라도 철회권의 행사는 그 자체만으로는 정당화되지 않고 이익형량을 해야 하는 등의 행정행위의 철회의 제한에 관한 일반원리가 적용된다.

예

12-1 ☐☐☐　　　　　　　　기본서 p. 295

공유수면매립준공인가를 함에 있어 매립지의 일부에 대해 국가에 소유권을 귀속시킨 행위는 부담입니까?

공유수면매립준공인가 중 매립지 일부에 대하여 한 국가귀속처분은 매립준공인가를 함에 있어서 매립의 면허를 받은 자의 매립지에 대한 소유권 취득을 규정한 공유수면매립법 제14조의 효과 일부를 배제하는 부관을 붙인 것이다(대판 1991. 12. 13, 90누8503).

아니요(법률효과의 일부배제)

12-2 ☐☐☐　　　　　　　　기본서 p. 295

공유수면매립준공인가를 함에 있어 매립지 일부에 대한 귀속처분은 독립하여 행정소송의 대상이 될 수 있습니까?

공유수면매립준공인가 중 매립지 일부에 대하여 한 국가귀속처분에 대하여는 독립하여 행정소송의 대상으로 삼을 수 없다(대판 1991. 12. 13, 90누8503).

아니요

13 ☐☐☐　　　　　　　　　기본서 p. 296

학설의 다수견해는 수정부담의 성격을 부관으로 이해합니까?

수정부담이란 상대방이 신청한 행정행위를 발령한 후 그 행정행위에 부가하여 새로운 의무를 부과하는 것이 아니라, 상대방이 신청한 것과는 다르게 행정행위의 내용을 정하는 것을 말한다. 따라서 수정부담을 부관이 아니라 수정된 행정행위 내지 수정허가로 보는 것이 다수설의 입장이다.

아니요

14-1 ☐☐☐　　　　　　　　기본서 p. 296

재량행위에는 법령상의 근거가 없어도 부관을 붙일 수 있습니까?

재량행위는 법령에 명시적 근거가 없더라도 부관을 붙일 수 있다(대판 1982. 12. 28, 80다731 · 732). 또한 행정기본법도 "행정청은 처분에 재량이 있는 경우에는 부관을 붙일 수 있다."고 하여 재량행위에 대하여 법률에 근거 없는 부관을 원칙적으로 허용하고 있다(행정기본법 제17조 제1항).

예

14-2 ☐☐☐　　　　　　　　기본서 p. 296~297

기속행위의 경우에는 법률의 근거가 있는 경우라도 부관이 허용되지 않습니까?

행정기본법은 "행정청은 처분에 재량이 없는 경우에는 법률에 근거가 있는 경우에 부관을 붙일 수 있다."고 하여 기속행위의 경우 원칙적으로 부관을 금지하고 법률의 근거가 있는 경우에만 허용하고 있다(행정기본법 제17조 제2항).

아니요

15 ☐☐☐　　　　　　　　　기본서 p. 297

건축허가를 하면서 일정 토지를 기부채납하도록 한 허가조건은 기속행위에 부관을 붙인 것으로 무효입니까?

건축허가를 하면서 일정 토지를 기부채납하도록 한 허가조건은 기속행위 내지 기속적 재량행위인 건축허가에 붙인 부담이거나 또는 법령상 아무런 근거가 없는 부관이어서 무효이다(대판 1995. 6. 13, 94다56883).

예

16 ▢▢▢   기본서 p. 297

귀화허가 또는 공무원의 임명행위와 같은 신분설정행위에도 부관을 붙일 수 있습니까?

법률행위적 행정행위 중 <u>귀화허가 또는 공무원의 임명행위와 같은 신분설정행위는 부관을 붙일 수 없는 행정행위이다.</u> 왜냐하면 이러한 행위에 부관을 붙일 수 있다고 한다면 당사자의 법적 지위가 지나치게 불안정하게 되기 때문이다.

아니요

17 ▢▢▢   기본서 p. 297

인가에 부관을 붙일 수 있습니까?

인가는 기속행위인 경우도 있지만 재량행위인 경우도 존재한다. 이 경우 인가가 재량행위라면 부관을 붙일 수 있음은 당연하다.

예

18 ▢▢▢   기본서 p. 298

판례는 수익적 행정행위에 부관을 부가하려면 법률의 근거가 있어야 된다고 봅니까?

수익적 행정행위에 있어서는 법령에 특별한 근거규정이 없다고 하더라도 그 부관으로서 부담을 붙일 수 있다(대판 1997. 3. 11, 96다49650).

아니요

19 ▢▢▢   기본서 p. 299

행정청이 특정 개발사업의 시행자를 지정하는 처분을 하면서 상대방에게 지정처분의 취소에 대한 소권을 포기하도록 하는 내용의 부관을 붙이는 것은 허용됩니까?

소권은 포기할 수 없으므로 소권을 포기하도록 하는 내용의 부관은 허용되지 않는다.
도매시장법인 지정의 조건으로 소송이나 보상에 관한 부제소특약을 붙인 경우 부제소특약에 관한 부분은 개인적 공권인 소권을 당사자의 합의로 포기하는 것으로서 허용될 수 없다(대판 1998. 8. 21, 98두8919).

아니요

20 ▢▢▢   기본서 p. 299

기선선망어업의 허가를 하면서 운반선, 등선 등 부속선을 사용할 수 없도록 제한한 부관은 그 어업허가의 목적 달성을 사실상 어렵게 하여 그 본질적 효력을 해하는 것입니까?

기선선망어업의 허가를 하면서 운반선, 등선 등 부속선을 사용할 수 없도록 제한한 부관은 그 어업허가의 목적 달성을 사실상 어렵게 하여 그 본질적 효력을 해하는 것이다(대판 1990. 4. 27, 89누6808).

예

21 ▢▢▢   기본서 p. 299

관할 행정청은 토지분할이 관계 법령상 제한에 해당되어 명백히 불가능하다고 판단되는 경우에는 토지분할 조건부 건축허가를 거부하여야 합니까?

하나 이상의 필지의 일부를 하나의 대지로 삼으려는 건축허가신청에서 토지분할이 관계 법령상 제한에 해당되어 명백히 불가능하다고 판단되는 경우, 건축행정청은 토지분할 조건부 건축허가를 거부하여야 한다(대판 2018. 6. 28, 2015두47737).

예

22 ▢▢▢   기본서 p. 300

재량행위에 있어서는 관계 법령에 명시적인 금지규정이 없는 한 행정목적을 달성하기 위하여 조건이나 기한, 부담 등의 부관을 붙일 수 있습니까?

<u>재량행위에 있어서는 관계 법령에 명시적인 금지규정이 없는 한 행정목적을 달성하기 위하여 조건이나 기한, 부담 등의 부관을 붙일 수 있고,</u> 그 부관의 내용이 이행 가능하고 비례의 원칙 및 평등의 원칙에 적합하며 행정처분의 본질적 효력을 저해하지 아니하는 이상 위법하다고 할 수 없다(대판 2004. 3. 25, 2003두12837).

예

23-1 ▢▢▢   기본서 p. 300

행정처분과 실제적 관련성이 없어 부관으로 붙일 수 없는 부담을 사법상 계약의 형식으로 행정처분의 상대방에게 부과할 수 있습니까?

행정처분과 실제적 관련성이 없어 부관으로 붙일 수 없는 부담을 사법상 계약의 형식으로 행정처분의 상대방에게 부과할 수 없다(대판 2009. 12. 10, 2007다63966).

아니요

23-2 ☐☐☐　　　　　　　　　기본서 p. 300

공무원이 공법상의 제한을 회피할 목적으로 행정처분의 상대방과 사이에 사법상 계약을 체결하는 형식을 취하였다면 법치행정의 원리에 반합니까?

공무원이 공법상의 제한을 회피할 목적으로 행정처분의 상대방과 사이에 <u>사법상 계약을 체결하는 형식을 취하였다면 이는 법치행정의 원리에 반하는 것으로서 위법</u>하다(대판 2009. 12. 10, 2007다 63966).

예

24 ☐☐☐　　　　　　　　　기본서 p. 300

행정기본법상 부관의 사후변경이 가능한 3가지 경우는 무엇입니까?

① 법률에 근거가 있는 경우, ② 당사자가 동의하는 경우, ③ 사정이 변경되어 부관을 새로 붙이거나 종전의 부관을 변경하지 않으면 해당 처분의 목적을 달성할 수 없다고 인정되는 경우

해설 참조

25 ☐☐☐　　　　　　　　　기본서 p. 301

기부채납받은 공원시설의 사용 · 수익허가에서, 부관인 허가기간에 위법사유가 있다면 이로써 공원시설의 사용 · 수익허가 전부가 위법하게 됩니까?

기부채납받은 공원시설의 사용 · 수익허가에서 그 허가기간은 행정행위의 본질적 요소에 해당한다고 볼 것이어서, 부관인 허가기간에 위법사유가 있다면 이로써 이 사건 허가 전부가 위법하게 된다(대판 2001. 6. 15, 99두509).

예

26 ☐☐☐　　　　　　　　　기본서 p. 302

하자 있는 부관은 모두 독립하여 소송대상이 됩니까?

부담만이 독립하여 항고소송의 대상이 될 수 있으며, 기타 부관의 경우에는 독립하여 항고소송의 대상이 될 수 없다(대판 1992. 1. 21, 91누1264).

아니요

27 ☐☐☐　　　　　　　　　기본서 p. 303

부담을 제외한 부관 그 자체에 대해 취소소송이 제기된 경우, 법원은 어떤 판결을 내립니까?

부담을 제외한 부관만의 취소를 구하는 소송에 대하여는 각하판결을 하여야 한다는 것이 판례의 입장이다.

각하판결

28 ☐☐☐　　　　　　　　　기본서 p. 303

부담 이외의 부관으로 인하여 권리를 침해당한 자는 부관부 행정행위 전체에 대해 취소소송을 제기하거나, 행정청에 부관이 없는 행정행위로 변경해 줄 것을 청구한 다음 그것이 거부된 경우, 거부처분 취소소송을 제기할 수 있습니까?

위법한 부담 이외의 부관으로 인하여 권리를 침해당한 자는 부관부 행정행위 전체에 대해 취소소송을 제기하든지, 아니면 신청권이 있는 경우 행정청에 부관이 없는 행정행위로 변경해 줄 것을 청구한 다음 그것이 거부된 경우에 거부처분 취소소송을 제기할 수 있다는 것이 판례의 입장이다.

예

29 ☐☐☐　　　　　　　　　기본서 p. 304

판례는 부담의 이행으로 행한 기부채납의 법적 성질을 어떻게 보고 있습니까?

부담의 이행으로 행한 기부채납의 법적 성질은 사법(私法)상의 증여계약에 해당한다(대판 1996. 11. 8, 96다20581).

사법상의 증여계약

30 ☐☐☐　　　　　　　　　기본서 p. 305

부관이 무효가 될 경우, 그 이행으로 한 사법상 법률행위의 효력도 무효가 됩니까?

행정처분에 붙인 부담인 부관이 무효가 되더라도, 그 부담의 이행으로 한 사법(私法)상 법률행위는 부담과는 별개의 행위로서 당연히 무효가 되는 것은 아니라는 것이 판례의 입장이다.

아니요

31 ☐☐☐ 기본서 p. 305

토지소유자가 토지형질변경행위허가에 붙은 기부채납의 부관에 따라 토지를 국가나 지방자치단체에 기부채납한 경우, 기부채납의 부관이 당연무효이거나 취소되지 아니한 이상 토지소유자는 그 부관으로 인하여 기부채납계약의 중요 부분에 착오가 있음을 이유로 기부채납계약을 취소할 수 없습니까?

토지소유자가 토지형질변경행위허가에 붙은 기부채납의 부관에 따라 토지를 기부채납(증여)한 경우, 기부채납의 부관이 당연무효이거나 취소되지 않은 상태에서 그 부관으로 인하여 증여계약의 중요 부분에 착오가 있음을 이유로 증여계약을 취소할 수 없다(대판 1999. 5. 25, 98다53134).

예

32 ☐☐☐ 기본서 p. 305

행정처분에 붙인 부담인 부관에 불가쟁력이 생긴 경우에도 그 부담의 이행으로 한 사법상 법률행위의 효력을 다툴 수 있습니까?

행정처분에 붙인 부담인 부관에 제소기간 도과로 불가쟁력이 생긴 경우에도 그 부담의 이행으로 한 사법상 법률행위의 효력을 다툴 수 있다(대판 2009. 6. 25, 2006다18174).

예

01-1 ☐☐☐
기본서 p. 308

행정청이 처분을 할 때에는 다른 법령 등에 특별한 규정이 있는 경우를 제외하고는 문서로 하여야 하고, 당사자 등의 동의가 있는 경우 또는 당사자가 전자문서로 처분을 신청한 경우에는 전자문서로 할 수 있습니까?

행정청이 처분을 할 때에는 다른 법령 등에 특별한 규정이 있는 경우를 제외하고는 문서로 하여야 하며, ① 당사자 등의 동의가 있는 경우, ② 당사자가 전자문서로 처분을 신청한 경우 중 어느 하나에 해당하는 경우에는 전자문서로 할 수 있다(행정절차법 제24조 제1항).

예

01-2 ☐☐☐
기본서 p. 308

공공의 안전 또는 복리를 위하여 긴급히 처분을 할 필요가 있거나 사안이 경미한 경우에도 말, 전화, 휴대전화를 이용한 문자전송, 팩스 또는 전자우편 등 문서가 아닌 방법으로 처분을 할 수는 없습니까?

행정절차법 제24조 제1항에도 불구하고, 공공의 안전 또는 복리를 위하여 긴급히 처분을 할 필요가 있거나 사안이 경미한 경우에는 말, 전화, 휴대전화를 이용한 문자전송, 팩스 또는 전자우편 등 문서가 아닌 방법으로 처분을 할 수 있다. 이 경우 당사자가 요청하면 지체 없이 처분에 관한 문서를 주어야 한다(행정절차법 제24조 제2항).

아니요

02-1 ☐☐☐
기본서 p. 309

행정청이 문서에 의하여 처분을 한 경우, 원칙적으로 그 처분서의 문언에 따라 어떤 처분을 하였는지를 확정하여야 합니까?

행정청이 문서에 의하여 처분을 한 경우 원칙적으로 그 처분서의 문언에 따라 어떤 처분을 하였는지를 확정하여야 한다(대판 2020. 6. 11, 2019두49359).

예

02-2 ☐☐☐
기본서 p. 309

행정청이 문서에 의하여 처분을 한 경우, 그 처분서의 문언만으로는 행정청이 어떤 처분을 하였는지 불분명하다는 등 특별한 사정이 있는 때에는 다른 사정을 고려하여 처분서의 문언과 달리 그 처분의 내용을 해석할 수도 있습니까?

행정청이 문서에 의하여 처분을 한 경우 그 처분서의 문언만으로는 행정청이 어떤 처분을 하였는지 불분명하다는 등 특별한 사정이 있는 때에는 처분경위, 처분청의 진정한 의사, 처분을 전후한 상대방의 태도 등 다른 사정을 고려하여 처분서의 문언과 달리 그 처분의 내용을 해석할 수도 있다(대판 2020. 6. 11, 2019두49359).

예

03 ☐☐☐
기본서 p. 309

어떠한 처분의 외부적 성립 여부는 행정청에 의해 행정의사가 공식적인 방법으로 외부에 표시되었는지를 기준으로 판단해야 합니까?

일반적으로 처분이 주체·내용·절차와 형식의 요건을 모두 갖추고 외부에 표시된 경우에는 처분의 존재가 인정된다. 행정의사가 외부에 표시되어 행정청이 자유롭게 취소·철회할 수 없는 구속을 받게 되는 시점에 처분이 성립하고, 그 성립 여부는 행정청이 행정의사를 공식적인 방법으로 외부에 표시하였는지를 기준으로 판단해야 한다(대판 2019. 7. 11, 2017두38874).

예

04 ☐☐☐
기본서 p. 310

다른 법령 등에 특별한 규정이 있는 경우를 제외하고는 해당 문서가 송달받을 자에게 발신됨으로써 송달의 효력이 발생합니까?

송달은 다른 법령 등에 특별한 규정이 있는 경우를 제외하고는 해당 문서가 송달받을 자에게 도달됨으로써 그 효력이 발생한다(행정절차법 제15조 제1항).

아니요

05 ☐☐☐
기본서 p. 309~310

법무부장관이 甲의 입국을 금지하는 결정을 하고, 그 정보를 내부전산망인 '출입국관리정보시스템'에 입력하였으나, 甲에게 통보하지 않은 경우에도 위 입국금지결정은 항고소송의 대상이 되는 '처분'에 해당합니까?

행정청이 행정의사를 외부에 표시하여 행정청이 자유롭게 취소·철회할 수 없는 구속을 받기 전에는 '처분'이 성립하지 않으므로 법무부장관이 출입국관리법령에 따라 입국금지결정을 했다고 해서 '처분'이 성립한다고 볼 수는 없고, 위 입국금지결정은 법무부장관의 의사가 공식적인 방법으로 외부에 표시된 것이 아니라 단지 그 정보를 내부전산망인 '출입국관리정보시스템'에 입력하여 관리한 것에 지나지 않으므로, 위 입국금지결정은 항고소송의 대상이 될 수 있는 '처분'에 해당하지 않는다(대판 2019. 7. 11, 2017두38874).

아니요

06 ☐☐☐   기본서 p. 310

대형마트 영업시간 제한 등 처분시, 그 처분의 상대방은 대규모점
포개설자입니까?

영업시간 제한 등 처분의 대상인 대규모점포 중 개설자의 직영매장
이외에 개설자로부터 임차하여 운영하는 임대매장이 병존하는 경
우에도, 전체 매장에 대하여 법령상 대규모점포 등의 유지 · 관리
책임을 지는 개설자만이 처분상대방이 되고, 임대매장의 임차인이
이와 별도로 처분상대방이 되는 것은 아니라고 할 것이다(대판
2015. 11. 19, 2015두295 전합).

예

07-2 ☐☐☐   기본서 p. 310

상대방이 부당하게 등기취급 우편물의 수취를 거부함으로써 우편
물의 내용을 알 수 있는 객관적 상태의 형성을 방해한 경우, 행정청
의 의사표시의 효력은 언제 생깁니까?

상대방이 부당하게 등기취급 우편물의 수취를 거부함으로써 우편
물의 내용을 알 수 있는 객관적 상태의 형성을 방해한 경우에는 부
당한 수취거부가 없었더라면 상대방이 우편물의 내용을 알 수 있는
객관적 상태에 놓일 수 있었던 때, 즉 <u>수취거부시에 의사표시의 효
력이 생긴 것으로 보아야 한다</u>(대판 2020. 8. 20, 2019두34630).

수취거부시

09 ☐☐☐   기본서 p. 311

상대방 있는 행정처분이 상대방에게 고지되지 아니한 경우에 상대
방이 다른 경로를 통해 행정처분의 내용을 알게 되었다면 행정처분
의 효력이 발생한다고 볼 수 있습니까?

상대방 있는 행정처분은 특별한 규정이 없는 한 의사표시에 관한
일반법리에 따라 상대방에게 고지되어야 효력이 발생하고, 상대방
있는 행정처분이 상대방에게 고지되지 아니한 경우에는 상대방이
<u>다른 경로를 통해 행정처분의 내용을 알게 되었다고 하더라도 행정
처분의 효력이 발생한다고 볼 수 없다</u>(대판 2019. 8. 9, 2019두
38656).

아니요

11 ☐☐☐   기본서 p. 312

보통우편의 경우, 상당기간 내에 수취인에게 도달되었다고 추정할
수 있습니까?

내용증명우편이나 등기우편과는 달리, <u>보통우편의 방법으로 발송
되었다는 사실만으로는 그 우편물이 상당기간 내에 도달하였다고
추정할 수 없고</u>, 송달의 효력을 주장하는 측에서 증거에 의하여 도
달사실을 입증하여야 한다(대판 2002. 7. 26, 2000다25002).

아니요

07-1 ☐☐☐   기본서 p. 310

상대방이 부당하게 등기취급 우편물의 수취를 거부함으로써 우편
물의 내용을 알 수 있는 객관적 상태의 형성을 방해한 경우, 그러한
상태가 형성되지 아니하였다는 사정만으로 발송인의 의사표시의
효력을 부정할 수 있습니까?

<u>상대방이 부당하게 등기취급 우편물의 수취를 거부함으로써 우편
물의 내용을 알 수 있는 객관적 상태의 형성을 방해한 경우 그러한
상태가 형성되지 아니하였다는 사정만으로 발송인의 의사표시의
효력을 부정하는 것은 신의성실의 원칙에 반하므로 허용되지 아니
한다</u>(대판 2020. 8. 20, 2019두34630).

아니요

08 ☐☐☐   기본서 p. 311

상대방이 처분의 내용을 이미 알고 있는 경우에도 송달은 필요합니까?

교부송달 및 우편송달은 상대방이 처분의 내용을 이미 알고 있는
경우에도 그 송달이 필요하다는 것이 판례의 입장이다(대판 2004.
4. 9, 2003두13908).

예

10 ☐☐☐   기본서 p. 312

등기에 의한 우편송달의 경우라도 수취인이 주민등록지에 실제로
거주하지 않는 경우에는 우편물의 도달사실을 행정청이 입증해야
합니까?

등기우편의 경우 특별한 사정이 없는 한 도달을 추정한다. 다만, 수
<u>취인이 주민등록지에 실제로 거주하지 아니하는 등 특별한 사정이
있는 경우 도달이 추정되지 않으므로 행정청이 도달사실을 입증하
여야 한다</u>(대판 1998. 2. 13, 97누8977).

예

12-1 ☐☐☐   기본서 p. 312

교부에 의한 송달은 수령확인서를 받고 문서를 교부함으로써 합니까?

교부에 의한 송달은 수령확인서를 받고 문서를 교부함으로써 한다
(행정절차법 제14조 제2항 본문).

예

12-2 ☐☐☐　　　　　　　　기본서 p. 312

송달하는 장소에서 송달받을 자를 만나지 못한 경우에는 그 사무원 피용자 또는 동거인으로서 사리를 분별할 지능이 있는 사람에게 문서를 교부할 수 있습니까?

송달하는 장소에서 송달받을 자를 만나지 못한 경우에는 사무원·피용자 또는 동거인으로서 사리를 분별할 지능이 있는 사람에게 문서를 교부할 수 있다(행정절차법 제14조 제2항 본문).

예

13 ☐☐☐　　　　　　　　기본서 p. 313

교부송달의 경우 문서를 송달받을 자 또는 그 사무원 등이 정당한 사유 없이 송달받기를 거부하는 때에는 그 사실을 수령확인서에 적고, 문서를 송달할 장소에 놓아둘 수 있습니까?

문서를 송달받을 자 또는 그 사무원 등이 정당한 사유 없이 송달받기를 거부하는 때에는 그 사실을 수령확인서에 적고, 문서를 송달할 장소에 놓아둘 수 있다(행정절차법 제14조 제2항 단서).

예

14 ☐☐☐　　　　　　　　기본서 p. 313

정보통신망 등 전자적 방식에 의한 송달의 경우, 상대방의 동의가 없어도 가능합니까?

정보통신망을 이용한 송달은 송달받을 자가 동의하는 경우에만 한다. 이 경우 송달받을 자는 송달받을 전자우편주소 등을 지정하여야 한다(행정절차법 제14조 제3항).

아니요

15 ☐☐☐　　　　　　　　기본서 p. 313

정보통신망 등 전자적 방식에 의한 송달의 경우, 언제 도달된 것으로 봅니까?

정보통신망을 이용하여 전자문서로 송달을 하는 경우에는 송달받을 자가 지정한 컴퓨터에 입력된 때에 도달된 것으로 본다(행정절차법 제15조 제2항).

송달받을 자가 지정한 컴퓨터에 입력된 때

16 ☐☐☐　　　　　　　　기본서 p. 313

행정절차법상의 공고는 어디에 하여야 합니까?

① 송달받을 자의 주소 등을 통상적인 방법으로 확인할 수 없는 경우 또는 ② 송달이 불가능한 경우에는 송달받을 자가 알기 쉽도록 관보, 공보, 게시판, 일간신문 중 하나 이상에 공고하고 인터넷에도 공고하여야 한다(행정절차법 제14조 제4항).

관보, 공보, 게시판, 일간신문 중 하나 이상과 인터넷

17 ☐☐☐　　　　　　　　기본서 p. 313

행정절차법상의 공고는 다른 법령 등에 특별한 규정이 있는 경우를 제외하고 공고일로부터 며칠이 지나야 효력이 발생됩니까?

행정절차법상의 공고는 다른 법령 등에 특별한 규정이 있는 경우를 제외하고는 공고일부터 14일이 지난 때에 그 효력이 발생한다(동법 제15조 제3항 본문).

14일

18-1 ☐☐☐　　　　　　　　기본서 p. 315

망인(亡人)에게 수여된 서훈을 취소하는 경우, 그 유족은 서훈취소 처분의 상대방이 됩니까?

서훈의 일신전속적 성격은 서훈취소의 경우에도 마찬가지이므로, 망인에게 수여된 서훈의 취소에서도 유족은 그 처분의 상대방이 되는 것이 아니다(대판 2014. 9. 26, 2013두2518).

아니요

18-2 ☐☐☐　　　　　　　　기본서 p. 315

망인에 대한 서훈취소는 유족에 대한 것이 아니므로 유족에 대한 통지에 의해서만 성립하여 효력이 발생한다고 볼 수 없고, 그 결정이 처분권자의 의사에 따라 상당한 방법으로 대외적으로 표시됨으로써 행정행위로서 성립하여 효력이 발생한다고 봄이 타당합니까?

망인에 대한 서훈취소는 유족에 대한 것이 아니므로 유족에 대한 통지에 의해서만 성립하여 효력이 발생한다고 볼 수 없고, 그 결정이 처분권자의 의사에 따라 상당한 방법으로 대외적으로 표시됨으로써 행정행위로서 성립하여 효력이 발생한다고 봄이 타당하다(대판 2014. 9. 26, 2013두2518).

예

19 ☐☐☐　　　　　　　　기본서 p. 318

장해급여지급을 위한 장해등급결정과 같이 행정청이 확정된 법률관계를 확인하는 처분을 하는 경우에는 처분시 법령을 적용하여야 합니까?

개정된 산업재해보상보험법 시행령의 시행 전에 장해급여지급청구권을 취득한 근로자의 장해등급을 결정함에 있어 그 지급사유 발생 당시의 법령에 따르는 것이 원칙이다(대판 2007. 2. 22, 2004두12957).

아니요

20 ☐☐☐　　　　　　　　기본서 p. 318

행정기본법에 따르면 제재처분은 위반행위 당시의 법령이 적용되지만, 제재처분기준이 가벼워진 경우에는 변경된 법령이 적용됩니까?

법령 등을 위반한 행위의 성립과 이에 대한 제재처분은 법령 등에 특별한 규정이 있는 경우를 제외하고는 법령 등을 위반한 행위 당시의 법령 등에 따른다. 다만, 법령 등을 위반한 행위 후 법령 등의 변경에 의하여 그 행위가 법령 등을 위반한 행위에 해당하지 아니하거나 제재처분기준이 가벼워진 경우로서 해당 법령 등에 특별한 규정이 없는 경우에는 변경된 법령 등을 적용한다(행정기본법 제14조 제3항).

예

21 ☐☐☐　　　　　　　　기본서 p. 49

법령을 소급적용하더라도 일반국민의 이해에 직접 관계가 없는 경우, 불이익이나 고통을 제거하는 경우에는 법령의 소급적용이 허용됩니까?

법령을 소급적용하더라도 일반국민의 이해에 직접 관계가 없는 경우, 오히려 그 이익을 증진하는 경우, 불이익이나 고통을 제거하는 경우 등의 특별한 사정이 있는 경우에 한하여 예외적으로 법령의 소급적용이 허용된다.

예

22 ☐☐☐　　　　　　　　기본서 p. 321

행정행위의 공정력은 학설과 판례에 의해 정립되었을 뿐 현행법상 이를 직접적으로 인정하는 규정은 없습니까?

행정기본법은 "처분은 권한이 있는 기관이 취소 또는 철회하거나 기간의 경과 등으로 소멸되기 전까지는 유효한 것으로 통용된다. 다만, 무효인 처분은 처음부터 그 효력이 발생하지 아니한다."고 하여 학설과 판례에 의해 정립된 공정력을 규정하고 있다(행정기본법 제15조).

아니요

23 ☐☐☐　　　　　　　　기본서 p. 321

민사법원은 처분의 위법성을 스스로 심사할 수 있습니까?

민사법원도 처분의 위법성은 심사할 수 있다. 다만, 그 사유가 취소사유에 불과한 때에는 공정력으로 인해 그 효력을 부인할 수는 없다.

예

24 ☐☐☐　　　　　　　　기본서 p. 322

행정처분의 취소판결이 있어야만 그 행정처분이 위법임을 이유로 손해배상청구를 할 수 있습니까?

행정처분의 취소판결이 있어야만 그 행정처분이 위법임을 이유로 손해배상청구를 할 수 있는 것은 아니다(대판 1972. 4. 28, 72다337).

아니요

25 ☐☐☐　　　　　　　기본서 p. 322~323

취소사유 있는 과세처분에 의하여 세금을 납부한 자는 과세처분취소소송을 제기하지 않은 채 곧바로 부당이득반환청구소송을 제기하더라도 납부한 금액을 반환받을 수 있습니까?

과세처분의 하자가 단지 취소할 수 있는 정도에 불과할 때에는 과세관청이 이를 스스로 취소하거나 항고소송절차에 의하여 취소되지 않는 한 그로 인한 조세의 납부가 부당이득이 된다고 할 수 없다(대판 1994. 11. 11, 94다28000).

아니요

26 ☐☐☐　　　　　　　　기본서 p. 323

조세의 과오납으로 인한 부당이득반환청구소송에서 행정행위가 당연무효가 아닌 경우, 민사법원은 그 처분의 효력을 부인할 수 없습니까?

과세처분이 당연무효라고 볼 수 없는 한 과세처분에 취소할 수 있는 위법사유가 있다 하더라도 그 과세처분은 행정행위의 공정력 또는 집행력에 의하여 그것이 적법하게 취소되기 전까지는 유효하다 할 것이므로, 민사소송절차에서 그 과세처분의 효력을 부인할 수 없다(대판 1999. 8. 20, 99다20179).

예

27 ☐☐☐　　　　　　　　　　기본서 p. 324

민사소송에 있어서 어느 행정처분의 당연무효 여부가 선결문제로 되는 때에는 이를 판단하여 당연무효임을 전제로 판결할 수 있고 반드시 행정소송 등의 절차에 의하여 그 취소나 무효확인을 받아야 하는 것은 아닙니까?

> 민사소송에 있어서 어느 행정처분의 당연무효 여부가 선결문제로 되는 때에는 이를 판단하여 당연무효임을 전제로 판결할 수 있고 반드시 행정소송 등의 절차에 의하여 그 취소나 무효확인을 받아야 하는 것은 아니다(대판 2010. 4. 8, 2009다90092).
>
> 　　　　　　　　　　　　　　　　　　　　　　　　　예

28 ☐☐☐　　　　　　　　　　기본서 p. 325

「개발제한구역의 지정 및 관리에 관한 특별조치법」에 따라 행정청으로부터 시정명령을 받은 자가 이를 이행하지 않은 경우, 당해 시정명령이 위법한 것으로 인정되는 한 죄가 성립하지 않습니까?

> 「개발제한구역의 지정 및 관리에 관한 특별조치법」(이하 '개발제한구역법'이라 한다)에 의하여 행정청으로부터 시정명령을 받은 자가 이를 위반한 경우, 그로 인하여 개발제한구역법 제32조 제2호에 정한 처벌을 하기 위하여는 시정명령이 적법한 것이라야 하고, 시정명령이 당연무효가 아니더라도 위법한 것으로 인정되는 한 개발제한구역법 제32조 제2호 위반죄가 성립될 수 없다(대판 2017. 9. 21, 2017도7321).
>
> 　　　　　　　　　　　　　　　　　　　　　　　　　예

29 ☐☐☐　　　　　　　　　　기본서 p. 325

구 주택법에 따른 시정명령이 위법하더라도 당연무효가 아닌 이상 그 시정명령을 따르지 아니한 경우에는 동법상의 시정명령 위반죄가 성립합니까?

> 주택법 제91조에 의하여 행정청으로부터 공사의 중지, 원상복구, 그 밖의 필요한 조치명령을 받은 자가 이에 위반한 경우 이로 인하여 주택법 제98조 제11호에 정한 처벌을 하기 위하여는 그 처분이나 조치명령이 적법한 것이라야 하고, 그 조치명령이 당연무효가 아니라 하더라도 그것이 위법한 것으로 인정되는 한 법 제98조 제11호 위반죄가 성립될 수 없다(대판 2007. 7. 13, 2007도3918).
>
> 　　　　　　　　　　　　　　　　　　　　　　　아니요

30 ☐☐☐　　　　　　　　　　기본서 p. 326

연령미달의 결격자가 타인의 이름으로 운전면허시험에 응시, 합격하여 교부받은 운전면허는 취소되지 않는 한 유효합니까?

> 연령미달의 결격자인 피고인이 타인의 이름으로 운전면허시험에 응시, 합격하여 교부받은 운전면허는 당연무효가 아니고 도로교통법 제65조 제3호의 사유에 해당함에 불과하여 취소되지 않는 한 유효하므로 피고인의 운전행위는 무면허운전에 해당하지 아니한다(대판 1982. 6. 8, 80도2646).
>
> 　　　　　　　　　　　　　　　　　　　　　　　　　예

31 ☐☐☐　　　　　　　　　　　　　　　　　　기본서 p. 326

자동차운전면허취소처분을 받은 사람이 자동차를 운전하였으나 운전면허취소처분의 원인이 된 교통사고 또는 법규 위반에 대하여 범죄사실의 증명이 없는 때에 해당한다는 이유로 무죄판결이 확정된 경우, 아직 운전면허취소처분이 취소되지 않았다면 도로교통법에 규정된 무면허운전의 죄로 처벌할 수 있습니까?

> 운전면허취소처분을 받은 사람이 자동차를 운전하였으나 운전면허취소처분의 원인이 된 교통사고 또는 법규 위반에 대하여 범죄사실의 증명이 없는 때에 해당한다는 이유로 무죄판결이 확정된 경우, 취소처분이 취소되지 않았더라도 도로교통법에 규정된 무면허운전의 죄로 처벌할 수는 없다(대판 2021. 9. 16, 2019도11826).
>
> 　　　　　　　　　　　　　　　　　　　　　　　아니요

32 ☐☐☐ 미기출　　　　　　　　기본서 p. 326~327

조세포탈에 관하여 유죄의 확정판결이 있은 후에 그 조세부과처분을 취소하는 행정소송판결이 확정된 경우, 형사소송법 제420조 제5호 소정의 재심사유에 해당합니까?

> 조세포탈에 관하여 원심판결이 있은 후에 그 조세부과처분을 취소하는 행정소송판결이 확정된 경우에는 형사소송법 제420조 제5호 소정의 재심사유에 해당한다(대판 1985. 10. 22, 83도2933).
>
> 　　　　　　　　　　　　　　　　　　　　　　　　　예

33 ☐☐☐　　　　　　　　　　기본서 p. 327

과세대상과 납세의무자 확정이 잘못되어 당연무효한 과세에 대하여는 체납이 문제될 여지가 없으므로 체납범이 성립하지 않습니까?

> 과세대상과 납세의무자 확정이 잘못되어 당연무효인 과세에 대하여 체납이 문제될 여지가 없으므로 체납범이 성립하지 않는다(대판 1971. 5. 31, 71도742).
>
> 　　　　　　　　　　　　　　　　　　　　　　　　　예

34 ☐☐☐   기본서 p. 327

무효인 행정행위에도 공정력이 인정됩니까?

무효인 처분은 처음부터 그 효력이 발생하지 아니한다(행정기본법 제15조 단서). 즉, 무효인 행정행위에는 공정력이 인정되지 않는다.

아니요

35 ☐☐☐   기본서 p. 327

공정력은 취소소송의 입증책임과 관련이 있습니까?

오늘날에는 공정력을 권한 있는 기관이 취소하기 전까지는 '유효'한 것으로 통용시키는 효력에 불과한 것으로 이해한다. 취소소송에서는 처분의 위법·적법 여부에 대한 입증책임이 문제되는데, 공정력은 위법 여부와는 관련이 없으므로 공정력과 입증책임은 무관하다는 것이 통설의 입장이다.

공정력과 입증책임은 무관하다(통설).

36 ☐☐☐   기본서 p. 329

불가쟁력이 발생한 행정행위에 대해 취소소송이 제기된 경우, 법원은 어떤 판결을 내립니까?

불가쟁력이 발생한 행정행위에 대한 행정심판 및 행정소송의 제기는 부적법한 것으로 각하된다.

각하판결

37 ☐☐☐   기본서 p. 329

불가쟁력이 발생하면 처분을 한 행정청도 취소 또는 철회가 불가능합니까?

불가쟁력은 상대방 또는 이해관계인이 행정행위의 효력을 더 이상 다투지 못하는 효력일 뿐이므로, 불가쟁력이 발생한 행정행위라도 처분을 한 행정청이 취소 또는 철회하는 것은 가능하다.

아니요

38 ☐☐☐   기본서 p. 329

불가쟁력이 발생한 경우, 손해배상청구도 불가능합니까?

행정상 손해배상청구소송은 처분의 효력을 다투는 것이 아니므로, 비록 불가쟁력이 발생한 행정행위라도 소멸시효가 완성되지 않는 한 상대방 등은 행정상 손해배상청구소송을 제기할 수 있다.

아니요

39 ☐☐☐   기본서 p. 330

산업재해요양보상급여취소처분이 쟁송기간의 경과로 더 이상 다툴 수 없게 된 경우에도 요양급여청구권의 부존재가 확정된 것은 아니므로 다시 요양급여청구를 할 수 있습니까?

산업재해요양보상급여취소처분이 쟁송기간의 경과로 더 이상 다툴 수 없게 된 경우에도 요양급여청구권의 부존재가 확정된 것은 아니므로 다시 요양급여청구를 할 수 있다(대판 2004. 7. 8, 2002두11288).

예

40 ☐☐☐   기본서 p. 330

불가쟁력이 발생하면 처분의 기초가 된 사실관계나 법률적 판단이 확정됩니까?

일반적으로 행정처분이나 행정심판재결이 불복기간의 경과로 인하여 확정될 경우, 그 확정력은 그 처분으로 인하여 법률상 이익을 침해받은 자가 당해 처분이나 재결의 효력을 더 이상 다툴 수 없다는 의미일 뿐, 판결에서와 같은 기판력이 인정되는 것은 아니어서 그 처분의 기초가 된 사실관계나 법률적 판단이 확정되고 당사자들이나 법원이 이에 기속되어 모순되는 주장이나 판단을 할 수 없게 되는 것은 아니다(대판 2004. 7. 8, 2002두11288).

아니요

41 ☐☐☐
기본서 p. 331

불가변력은 모든 행정행위에 공통되는 것이 아니라 행정심판의 재결 등과 같이 예외적이고 특별한 경우에 처분청 등 행정청에 대한 구속으로 인정되는 실체법적 효력을 의미합니까?

불가변력이란 일정한 행정행위의 경우 행정행위가 행해지면 성질상 행위를 한 행정청 자신도 직권으로 자유로이 취소 · 철회할 수 없는 효력을 말한다(실질적 존속력). 불가변력은 법령에 명문의 규정이 없는 경우에도 행정행위의 성질에 비추어 인정되는 실체법적 효력이다. 불가변력이 인정되는 행정행위는 모든 행정행위가 아니라 행정심판의 재결 등과 같은 준사법적 행위에 인정된다는 것이 일반적 견해이다.

예

42 ☐☐☐
기본서 p. 331

불가변력이 발생하면 상대방 등 이해관계인은 소송을 제기할 수 없게 됩니까?

불가변력이 발생한 경우 행정청은 직권으로 취소할 수 없다. 다만, 상대방 등 이해관계인은 쟁송기간이 경과하지 않은 경우 취소소송 등을 제기할 수 있다.

아니요

43 ☐☐☐
기본서 p. 331

행정행위의 불가변력은 당해 행정행위에 대해서뿐만 아니라 그 대상을 달리하는 동종의 행정행위에 대해서도 인정됩니까?

국민의 권리와 이익을 옹호하고 법적 안정을 도모하기 위하여 특정한 행위에 대하여는 행정청이라 하여도 이것을 자유로이 취소, 변경 및 철회할 수 없다는 행정행위의 불가변력은 당해 행정행위에 대하여서만 인정되는 것이고, 동종의 행정행위라 하더라도 그 대상을 달리할 때에는 이를 인정할 수 없다(대판 1974. 12. 10, 73누129).

아니요

44 ☐☐☐
기본서 p. 333

별도의 법적 근거 없이 하명의 근거만으로 자력집행을 할 수 있습니까?

하명의 근거 외에 자력집행력에 관한 별도의 법적 근거가 있어야만 자력집행을 할 수 있다.

아니요

제 16 강 | 행정행위의 하자와 하자승계

01 ☐☐☐   기본서 p. 336

처분에 오기·오산 등 명백한 잘못이 있는 경우, 행정청은 어떻게 하여야 합니까?

행정청은 처분에 오기, 오산(계산상의 잘못), 또는 그 밖에 이에 준하는 명백한 잘못이 있을 때에는 직권으로 또는 신청에 따라 지체 없이 정정하고 그 사실을 당사자에게 통지하여야 한다(행정절차법 제25조).

해설 참조

02 ☐☐☐   기본서 p. 336

행정행위에 하자가 있는지의 판단시점은 언제입니까?

행정행위에 하자가 있는지는 처분시를 기준으로 판단한다.

처분시

03 ☐☐☐   기본서 p. 336

신청에 의한 처분의 경우에 처분의 위법 여부는 신청시를 기준으로 판단합니까, 처분시를 기준으로 판단합니까?

항고소송에서 처분의 위법 여부는 특별한 사정이 없는 한 그 처분 당시를 기준으로 판단하여야 한다. 이는 신청에 따른 처분의 경우에도 마찬가지이다. 새로 개정된 법령의 경과규정에서 달리 정함이 없는 한, 처분 당시에 시행되는 개정법령과 그에서 정한 기준에 의하여 신청에 따른 처분의 발급 여부를 결정하는 것이 원칙이고, 그러한 개정법령의 적용과 관련하여서는 개정 전 법령의 존속에 대한 국민의 신뢰가 개정법령의 적용에 관한 공익상의 요구보다 더 보호가치가 있다고 인정되는 경우에 그러한 국민의 신뢰를 보호하기 위하여 그 적용이 제한될 수 있는 여지가 있을 따름이다(대판 2020. 1. 16, 2019다264700).

처분시

04 ☐☐☐   기본서 p. 340

행정처분이 당연무효가 되기 위하여서는 하자가 중대하기만 하면 됩니까?

행정처분이 당연무효가 되기 위해서는 하자가 중대하고 객관적으로 명백한 것이어야 한다(대판 1985. 7. 23, 84누419).

아니요

05 ☐☐☐   기본서 p. 340

사실관계의 자료를 정확히 조사하여야 비로소 하자 유무가 밝혀지는 경우, 이러한 하자는 명백한 하자입니까?

사실관계의 자료를 정확히 조사하여야 비로소 그 하자 유무가 밝혀질 수 있는 경우라면 이러한 하자는 명백한 하자가 아니다(대판 1992. 4. 28, 91누6863).

아니요

06 ☐☐☐   기본서 p. 341

입지선정위원회의 구성방법과 절차가 위법한 경우, 그러한 의결에 터잡아 이루어진 폐기물처리시설 입지결정처분의 하자는 무효사유가 됩니까?

입지선정위원회의 구성방법과 절차가 주민대표나 주민대표 추천에 의한 전문가의 참여 없이 이루어지는 등 위법한 경우, 입지선정위원회는 의결기관으로서 그러한 의결에 터잡아 이루어진 폐기물처리시설 입지결정처분의 하자는 중대한 것이고 객관적으로도 명백하므로 무효사유에 해당한다(대판 2007. 4. 12, 2006두20150).

예

07 ☐☐☐   기본서 p. 341

조세채권의 소멸시효기간이 완성된 후에 부과한 과세처분은 무효입니까?

조세채권의 소멸시효가 완성되어 부과권이 소멸된 후에 부과한 과세처분은 위법한 처분으로 그 하자가 중대하고도 명백하여 무효라 할 것이다(대판 1988. 3. 22, 87누1018).

예

08 ☐☐☐   기본서 p. 342

대법원은 내부위임을 받은 수임기관이 자신의 이름으로 처분을 한 경우, 당해 처분을 무권한의 행위로서 무효로 보고 있습니까?

내부위임을 받은 자는 자기의 명의로 처분을 할 권한이 없으므로 내부위임을 받은 자가 자신의 명의로 처분을 한 경우 이는 당연무효이다(대판 1993. 5. 27, 93누6621).

예

09 ☐☐☐   기본서 p. 342

적법한 권한위임 없이 세관출장소장에 의하여 행하여진 관세부과 처분은 무효입니까?

세관출장소장에게 관세부과처분을 할 권한이 있다고 객관적으로 오인할 여지가 다분하다고 인정되므로 결국 적법한 권한위임 없이 행해진 이 사건 처분은 그 하자가 중대하기는 하지만 객관적으로 명백하다고 할 수는 없어 당연무효는 아니라고 보아야 할 것이다(대판 2004. 11. 26, 2003두2403).

아니요

10 ☐☐☐   기본서 p. 342

5급 이상의 국가정보원 직원에 대해 임면권자인 대통령이 아닌 국가정보원장이 행한 의원면직처분은 당연무효에 해당합니까?

임면권자가 아닌 국가정보원장이 5급 이상의 국가정보원 직원에 대하여 한 의원면직처분은 당연무효가 아니다.
행정청의 공무원에 대한 의원면직처분은 공무원의 사직의사를 수리하는 소극적 행정행위에 불과하고, 당해 공무원의 사직의사를 확인하는 확인적 행정행위의 성격이 강하며 재량의 여지가 거의 없기 때문에 의원면직처분에서 행정청의 권한유월행위를 다른 일반적인 행정행위의 그것과 반드시 같이 보아야 할 것은 아니다(대판 2007. 7. 26, 2005두15748).

아니요

11 ☐☐☐   기본서 p. 343

행정청이 처분절차에서 처분상대방이나 관계인의 의견진술권이나 방어권 행사에 실질적으로 지장이 초래되었다고 볼 수 없는 특별한 사정이 있는 경우에는, 절차규정 위반으로 인하여 처분절차의 절차적 정당성이 상실되었다고 볼 수 없습니까?

행정청이 처분절차에서 관계 법령의 절차규정을 위반하여 절차적 정당성이 상실된 경우, 해당 처분은 위법하고 원칙적으로 취소하여야 한다. 다만, 처분상대방이나 관계인의 의견진술권이나 방어권 행사에 실질적으로 지장이 초래되었다고 볼 수 없는 특별한 사정이 있는 경우, 절차규정 위반으로 인해 처분절차의 절차적 정당성이 상실되었다고 볼 수 없어 처분을 취소할 것은 아니다(대판 2021. 2. 4, 2015추528).

예

12 ☐☐☐   기본서 p. 344

환경영향평가를 실시하여야 할 사업에 대해 환경영향평가를 거치지 않았다면 그 처분은 무효입니까?

구 환경영향평가법상 환경영향평가를 실시하여야 할 사업에 대하여 환경영향평가를 거치지 아니하였음에도 승인 등 처분을 한 경우, 그 처분은 당연무효이다(대판 2006. 6. 30, 2005두14363).

예

13 ☐☐☐   기본서 p. 344

구 학교보건법상 학교환경위생정화구역에서의 금지행위 및 시설의 해제 여부에 관한 행정처분을 함에 있어 학교환경위생정화위원회의 심의절차를 누락한 행정처분은 무효입니까?

행정청이 구 학교보건법 소정의 학교환경위생정화구역 내에서 금지행위 및 시설의 해제 여부에 관한 행정처분을 함에 있어 학교환경위생정화위원회의 심의를 거치도록 한 취지는 그에 관한 전문가 내지 이해관계인의 의견과 주민의 의사를 행정청의 의사결정에 반영함으로써 공익에 가장 부합하는 민주적 의사를 도출하고 행정처분의 공정성과 투명성을 확보하려는 데 있고 …… 행정처분을 하면서 절차상 위와 같은 심의를 누락한 흠이 있다면 그와 같은 흠을 가리켜 위 행정처분의 효력에 아무런 영향을 주지 않는다거나 경미한 정도에 불과하다고 볼 수는 없으므로, 특별한 사정이 없는 한 이는 행정처분을 위법하게 하는 취소사유가 된다(대판 2007. 3. 15, 2006두15806).

아니요

14 ☐☐☐ 기본서 p. 345
환경영향평가절차를 거쳤다면, 환경영향평가의 내용이 다소 부실하다 하더라도 그 부실의 정도가 환경영향평가를 하지 아니한 것과 다를 바 없는 정도의 것이 아니라면 당연히 당해 승인 등 처분이 위법하게 되는 것은 아닙니까?

환경영향평가법령에서 정한 환경영향평가절차를 거쳤으나 그 환경영향평가의 내용이 부실한 경우, 그 부실의 정도가 환경영향평가를 하지 아니한 것과 다를 바 없는 정도의 것이 아닌 이상, 그 부실은 당해 승인 등 처분에 재량권 일탈·남용의 위법이 있는지 여부를 판단하는 하나의 요소로 됨에 그칠 뿐, 그 부실로 인하여 당연히 당해 승인 등 처분이 위법하게 되는 것은 아니다(대판 2006. 3. 16, 2006두330 전합).

예

15 ☐☐☐ 기본서 p. 345
주민등록말소처분이 최고·공고의 절차를 거치지 않았다면 이는 무효사유입니까?

주민등록말소처분이 주민등록법 제17조의2에 규정한 최고·공고의 절차를 거치지 아니하였다 하더라도 그러한 하자는 중대하고 명백한 것이라고 할 수 없다(무효가 아니다)(대판 1994. 8. 26, 94누3223).

아니요

16 ☐☐☐ 기본서 p. 346
청문을 거쳐야 되는 처분이 청문절차를 거치지 않고 행해졌다면 그 처분은 무효입니까?

행정처분의 근거법령 등에서 청문의 실시를 규정하고 있는 경우, 청문절차를 결여한 처분은 위법하여 취소사유에 해당한다(대판 2007. 11. 16, 2005두15700).

아니요

17 ☐☐☐ 기본서 p. 346~347
예산의 편성에 절차적 하자가 있으면 그 예산을 집행하는 처분은 위법하다고 보아야 합니까?

예산은 관련 국가행정기관만을 구속할 뿐 국민에 대한 직접적인 구속력을 발생하는 것이 아니므로 예산의 편성에 절차상 하자가 있다는 사정만으로 그러한 예산을 집행하는 처분이 위법하게 되는 것은 아니라는 것이 판례의 입장이다.
국가재정법령에 규정된 예비타당성조사는 이 사건 각 처분과 형식상 전혀 별개의 행정계획인 예산의 편성을 위한 절차일 뿐 이 사건 각 처분에 앞서 거쳐야 하거나 그 근거 법규 자체에서 규정한 절차가 아니므로, 예비타당성조사를 실시하지 아니한 하자는 원칙적으로 예산 자체의 하자일 뿐, 그로써 곧바로 이 사건 각 처분의 하자가 된다고 할 수 없다(대판 2015. 12. 10, 2011두32515).

아니요

18 ☐☐☐ 기본서 p. 347
과세관청이 과세예고 통지 후 과세전적부심사청구나 그에 대한 결정이 있기 전에 국세부과처분을 한 경우, 특별한 사정이 없는 한 그 하자가 중대·명백하다고 볼 수 없어 당연무효가 아닌 취소사유에 해당합니까?

과세관청이 과세예고 통지 후 과세전적부심사청구나 그에 대한 결정이 있기 전에 과세처분을 한 경우, 원칙적으로 절차상 하자가 중대·명백하여 과세처분은 무효가 된다(대판 2016. 12. 27, 2016두49228).

아니요

19 ☐☐☐ 기본서 p. 347
납세자가 아닌 제3자의 재산을 대상으로 한 압류처분은 당연무효입니까?

체납처분으로서 압류의 요건을 규정한 국세징수법 제24조 각 항의 규정을 보면 어느 경우에나 압류의 대상을 납세자의 재산에 국한하고 있으므로, 납세자가 아닌 제3자의 재산을 대상으로 한 압류처분은 그 처분의 내용이 법률상 실현될 수 없는 것이어서 당연무효이다(대판 2012. 4. 12, 2010두4612).

예

20 ☐☐☐   기본서 p. 349

법률상 문서를 요건으로 하고 있는 행위가 문서에 의하지 않은 경우는 원칙적으로 취소사유입니까?

> 행정청의 처분의 방식을 규정한 행정절차법 제24조를 위반하여 행해진 행정청의 처분은 원칙적으로 무효이다(대판 2011. 11. 10, 2011도11109).

아니요

21-1 ☐☐☐   기본서 p. 348

법률관계나 사실관계에 대하여 그 법률규정을 적용할 수 없다는 법리가 명백히 밝혀지지 않아 해석에 다툼의 여지가 있는 경우, 행정청이 이를 잘못 해석하여 행정처분을 하였더라도 하자가 명백하다고 할 수 없습니까?

> 그 법률관계나 사실관계에 대하여 그 법률의 규정을 적용할 수 없다는 법리가 명백히 밝혀지지 아니하여 그 해석에 다툼의 여지가 있는 때에는 행정관청이 이를 잘못 해석하여 행정처분을 하였더라도 이는 그 처분 요건사실을 오인한 것에 불과하여 그 하자가 명백하다고 할 수 없다(대판 2014. 5. 16, 2011두27094).

예

21-2 ☐☐☐   기본서 p. 348

행정청이 어느 법률관계나 사실관계에 대하여 어느 법률의 규정을 적용하여 행정처분을 한 경우, 그 법률관계나 사실관계에 대하여는 그 법률의 규정을 적용할 수 없다는 법리가 명백히 밝혀져 해석에 다툼의 여지가 없음에도 행정청이 그 규정을 적용하여 처분을 한 때에는 하자가 중대하고 명백합니까?

> 행정청이 어느 법률관계나 사실관계에 대하여 어느 법률의 규정을 적용하여 행정처분을 한 경우에 그 법률관계나 사실관계에 대하여는 그 법률의 규정을 적용할 수 없다는 법리가 명백히 밝혀져 그 해석에 다툼의 여지가 없음에도 불구하고 행정청이 위 규정을 적용하여 처분을 한 때에는 그 하자가 중대하고 명백하다고 할 것이다(대판 2014. 5. 16, 2011두27094).

예

22 ☐☐☐   기본서 p. 349

헌법재판소가 법률을 위헌으로 결정하였다면 이러한 결정이 있은 후 그 법률을 근거로 한 행정처분은 무효입니까?

> 법률에 대해 위헌결정이 내려진 후 이러한 법률을 근거로 행정행위가 행해진 경우, 이러한 행정행위는 그 하자가 중대하고 명백한 것이라고 볼 수 있으므로 당연무효이다.

예

23 ☐☐☐   기본서 p. 349~350

과세처분의 근거법률규정에 대하여 위헌결정이 내려진 후라도 그 조세채권의 집행을 위한 체납처분은 여전히 유효합니까?

> 과세처분 이후 조세 부과의 근거가 되었던 법률규정에 대하여 위헌결정이 내려진 경우, 그 조세채권의 집행을 위한 체납처분은 당연무효가 된다(대판 2012. 2. 16, 2010두10907 전합).

아니요

24 ☐☐☐   기본서 p. 350

헌법재판소의 위헌결정의 효력은 원칙적으로 장래효이지만, 위헌결정이 있기 전에 이와 동종의 위헌 여부에 대하여 헌법재판소에 위헌 여부 심판제청을 한 당해 사건에 대해서는 그 효력이 미칩니까?

> 법원의 제청·헌법소원의 청구 등을 통하여 헌법재판소에 법률의 위헌결정을 위한 계기를 부여한 당해 사건(당해 사건), 위헌결정이 있기 전에 이와 동종의 위헌 여부에 관하여 헌법재판소에 위헌제청을 하였거나 법원에 위헌제청신청을 한 경우의 당해 사건(동종사건), 그리고 따로 위헌제청신청을 아니하였지만 당해 법률 또는 법률의 조항이 재판의 전제가 되어 법원에 계속 중인 사건(병행사건)에 대하여는 소급효를 인정하여야 할 것이다(헌재 1993. 5. 13, 92헌가10).

예

25 ☐☐☐   기본서 p. 350

헌법재판소에 별도로 위헌제청신청을 하지는 않았으나 당해 법률 또는 법률조항이 재판의 전제가 되어 법원에 계속 중인 사건의 경우, 위헌결정의 예외적 소급효가 인정됩니까?

헌법재판소의 위헌결정의 효력은 위헌제청을 한 당해 사건은 물론 위헌제청신청은 아니하였지만 당해 법률 또는 법률의 조항이 재판의 전제가 되어 법원에 계속 중인 사건뿐만 아니라, 위헌결정 이후에 위와 같은 이유로 제소된 일반사건에도 미친다(대판 1993. 2. 26, 92누12247).

예

26 ☐☐☐   기본서 p. 351

불가쟁력이 발생한 행정처분에도 위헌결정의 소급효가 미칩니까?

이미 취소소송의 제기기간을 경과하여 확정력(불가쟁력)이 발생한 행정처분에는 위헌결정의 소급효가 미치지 않는다(대판 2002. 11. 8, 2001두3181).

아니요

27 ☐☐☐   기본서 p. 351

법적 안정성의 유지나 당사자의 신뢰보호를 위하여 불가피한 경우에는 위헌결정의 소급효가 제한됩니까?

위헌결정의 효력은 그 미치는 범위가 무한정일 수는 없고 다른 법리에 의하여 그 소급효를 제한하는 것까지 부정되는 것은 아니라 할 것이며, 법적 안정성의 유지나 당사자의 신뢰보호를 위하여 불가피한 경우에 위헌결정의 소급효를 제한하는 것은 오히려 법치주의의 원칙상 요청되는 바라 할 것이다(대판 2005. 11. 10, 2005두5628).

예

28 ☐☐☐   기본서 p. 351

처분이 행해진 후 그 처분의 근거법률이 위헌결정된 경우, 처분은 당연무효입니까?

처분 후 처분의 근거법률에 대해 위헌결정이 내려진 경우 행정처분의 하자는 헌법재판소의 위헌결정이 있기 전에는 객관적으로 명백한 것이라고 할 수는 없으므로 취소사유에 불과할 뿐 당연무효는 아니다(대판 1994. 10. 28, 92누9463).

아니요

29 ☐☐☐   기본서 p. 352

시행령 규정의 위헌 여부가 해석상 다툼의 여지가 없을 정도로 명백하였다고 인정되지 아니하는 이상 이러한 (위헌) 시행령에 근거한 행정처분의 하자는 취소사유에 해당할 뿐 무효사유가 되지 아니합니까?

일반적으로 시행령이 헌법이나 법률에 위반된다는 사정은 그 시행령의 규정을 위헌 또는 위법하여 무효라고 선언한 대법원의 판결이 선고되지 않은 상태에서는 그 시행령 규정의 위헌 내지 위법 여부가 해석상 다툼의 여지가 없을 정도로 명백하였다고 인정되지 않는 이상, 객관적으로 명백한 것이라 할 수 없으므로, 이러한 시행령에 근거한 행정처분의 하자는 취소사유에 해당할 뿐 무효사유가 되지 않는다(대판 2007. 6. 14, 2004두619).

예

30 ☐☐☐   기본서 p. 353

위헌법률에 기한 행정처분의 집행이나 집행력을 유지하기 위한 행위는 무효입니까?

위헌법률에 기한 행정처분의 집행이나 집행력을 유지하기 위한 행위는 위헌결정의 기속력에 위반되어 허용되지 않는다(즉, 무효이다)(대판 2002. 8. 23, 2001두2959).

예

31 ☐☐☐   기본서 p. 354

하자 있는 행정행위의 치유는 원칙적으로 허용될 수 없는 것이고, 예외적으로 법적 안정성을 위해 이를 허용하는 때에도 국민의 권리나 이익을 침해하지 않는 범위에서 구체적 사정에 따라 합목적적으로 인정하여야 합니까?

하자 있는 행정행위의 치유는 행정행위의 성질이나 법치주의의 관점에서 볼 때 원칙적으로 허용될 수 없는 것이고, 예외적으로 행정행위의 무용한 반복을 피하고 당사자의 법적 안정성을 위해 허용되는 때에도 국민의 권리나 이익을 침해하지 않는 범위 내에서 구체적 사정에 따라 합목적적으로 인정해야 할 것이다(대판 1992. 5. 8, 91누13274).

예

32 ☐☐☐   기본서 p. 354

재건축조합설립인가처분 당시 동의율을 충족하지 못한 하자는 후에 추가동의서가 제출되었다는 사정만으로도 치유됩니까?

재건축조합설립인가처분 당시 토지소유자 등의 동의율을 충족하지 못한 하자는 후에 토지소유자 등의 추가동의서가 제출되었다는 사정만으로 치유될 수 없다(대판 2013. 7. 11, 2011두27544).

아니요

33 ☐☐☐　　　　　　　　　기본서 p. 354

무효인 행정행위도 하자의 치유가 가능합니까?

> 하자의 치유는 취소할 수 있는 행정행위에 대해서만 인정된다는 것이 통설과 판례의 입장이다.
>
> **아니요**

34 ☐☐☐　　　　　　　　　기본서 p. 355

내용상의 하자에 대해서도 치유를 인정합니까?

> 하자가 행정처분의 내용에 관한 것인 경우에는 치유가 인정되지 않는다(대판 1991. 5. 28, 90누1359).
>
> **아니요**

35 ☐☐☐　　　　　　　　　기본서 p. 355

행정청이 식품위생법상의 청문절차를 이행함에 있어 청문서 도달기간을 다소 어겼지만 영업자가 이의하지 아니한 채 청문일에 출석하여 의견을 진술하고 변명하는 등 방어의 기회를 충분히 가졌다면 하자는 치유됩니까?

> 행정청이 청문서 도달기간을 다소 어겼다 하더라도 영업자가 이에 대하여 이의하지 아니한 채 스스로 청문일에 출석하여 그 의견을 진술하고 변명하는 등 방어의 기회를 충분히 가졌다면 청문서 도달기간을 준수하지 아니한 하자는 치유되었다고 봄이 상당하다 할 것이다(대판 1992. 10. 23, 92누2844).
>
> **예**

36 ☐☐☐　　　　　　　　　기본서 p. 356

납세고지서에 기재사항이 누락되었더라도 과세예고통지서 등에 그러한 사항이 기재되어 있어 납세의무자에게 불이익이 없다면 하자가 치유됩니까?

> 과세관청이 과세처분에 앞서 납세의무자에게 보낸 과세예고통지서 등에 의하여 납세의무자가 그 처분에 대한 불복 여부의 결정 및 불복신청에 전혀 지장을 받지 않았음이 명백하다면, 이로써 납세고지서의 흠결이 보완되거나 하자가 치유된다고 보아야 한다(대판 1998. 6. 26, 96누12634).
>
> **예**

37 ☐☐☐　　　　　　　　　기본서 p. 356

납세의무자가 자신에게 부과된 세금을 자진납부하였다면, 비록 세액산출근거가 누락된 위법한 납세고지서에 의한 처분이라도 그 하자가 치유될 수 있습니까?

> 세액산출근거가 기재되지 아니한 납세고지서에 의한 부과처분은 강행법규에 위반하여 취소대상이 된다 할 것이므로 이와 같은 하자는 납세의무자가 전심절차에서 이를 주장하지 아니하였거나, 그 후 부과된 세금을 자진납부하였다거나, 또는 조세채권의 소멸시효기간이 만료되었다 하여 치유되는 것이라고는 할 수 없다(대판 1985. 4. 9, 84누431).
>
> **아니요**

38 ☐☐☐　　　　　　　　　기본서 p. 357

행정행위의 이유제시의 하자치유는 사실심변론종결시까지 가능합니까?

> 판례는 이유제시(부기)가 결여된 처분의 하자치유와 관련하여 늦어도 처분에 대한 불복 여부의 결정 및 불복신청에 편의를 줄 수 있는 상당한 기간 내에 하여야 한다고 보고 있는바, 쟁송제기전설을 취하고 있다(대판 1983. 7. 26, 82누420).
>
> **아니요**

39 ☐☐☐　　　　　　　　　기본서 p. 358

귀속재산을 불하받은 자가 사망한 후에 불하처분 취소처분을 수불하자의 상속인에게 송달한 때에는 그 상속인에 대하여 다시 그 불하처분을 취소한다는 새로운 행정처분을 한 것으로 봅니까?

> 귀속재산을 불하받은 자가 사망한 후에 그 수불하자에 대하여 한 그 불하처분은 사망자에 대한 행정처분이므로 무효이지만, 그 취소처분을 수불하자의 상속인에게 송달한 때에는 그 송달시에 그 상속인에 대하여 다시 그 불하처분을 취소한다는 새로운 행정처분을 한 것이라고 할 것이다(대판 1969. 1. 21, 68누190).
>
> **예**

40 ☐☐☐　　　　　　　　　기본서 p. 359

대집행에 위법이 있다는 사유로 그 선행절차인 계고처분이 부적법한 것으로 될 수 있습니까?

> 대집행에 위법이 있다는 사유로 그 선행절차인 계고처분이 부적법한 것으로 되지는 않는다(대판 1997. 2. 14, 96누15428).
>
> **아니요**

41 ☐☐☐   기본서 p. 359

자기완결적 신고에 해당하는 대문설치신고가 형식적 하자가 없는 적법한 요건을 갖춘 신고임에도 불구하고 관할 행정청이 수리를 거부한 후 당해 대문의 철거명령을 하였더라도, 후행행위인 대문철거 대집행계고처분이 당연무효가 되는 것은 아닙니까?

원고의 이 사건 대문설치신고는 형식적 하자가 없는 적법한 요건을 갖춘 신고라고 할 것이어서 피고의 신고증 교부 또는 수리처분 등 별단의 조처를 기다릴 필요가 없이 그 신고의 효력이 발생하였다고 할 것이어서 이 사건 대문은 적법한 것임에도 피고가 원고에 대하여 명한 이 사건 대문의 철거명령은 그 하자가 중대하고 명백하여 당연무효라고 할 것이고, 그 후행행위인 이 사건 계고처분 역시 당연무효라고 할 것이다(대판 1999. 4. 27, 97누6780).

아니요

42 ☐☐☐   기본서 p. 360

조세부과처분에 하자가 있더라도 그 부과처분이 취소되지 아니하는 한 그에 근거한 체납처분은 위법이라고 할 수 없으나, 그 부과처분에 중대하고도 명백한 하자가 있어 무효인 경우에는 그 부과처분의 집행을 위한 체납처분도 무효입니까?

조세부과처분과 압류 등의 체납처분은 별개의 행정처분으로서 독립성을 가지므로 부과처분에 하자가 있더라도 그 부과처분이 취소되지 아니하는 한 그 부과처분에 의한 체납처분은 위법이라고 할 수는 없지만, 체납처분은 부과처분의 집행을 위한 절차에 불과하므로 그 부과처분에 중대하고도 명백한 하자가 있어 무효인 경우에는 그 부과처분의 집행을 위한 체납처분도 무효이다(대판 1987. 9. 22, 87누383).

예

43 ☐☐☐   기본서 p. 361

선행행위와 후행행위가 서로 독립하여 각각 별개의 법률효과를 목적으로 하는 때에는 원칙적으로 선행행위의 하자를 이유로 후행행위의 효력을 다툴 수 없습니까?

통설과 판례는 선행행위와 후행행위가 서로 독립하여 별개의 법률효과의 발생을 목적으로 하는 경우에는 원칙적으로 하자의 승계를 부정하여 선행행위의 하자를 이유로 후행행위의 효력을 다툴 수 없다(다만, 예외적으로 개별공시지가결정과 과세처분, 표준지공시지가결정과 수용재결의 경우 독립하여 별개의 효과를 가져오는 것이지만 하자의 승계를 긍정한다).

예

44 ☐☐☐ 미기출   기본서 p. 362

이행강제금은 시정명령 자체의 이행을 목적으로 하므로 시정명령과 이행강제금 부과처분 사이에서는 하자가 승계됩니까?

이행강제금은 시정명령 자체의 이행을 목적으로 하므로 시정명령과 이행강제금 부과처분 사이에서는 하자가 승계된다. 그러므로 시정명령이 위법하면 이행강제금 부과처분도 위법하다고 보아야 한다(대판 2020. 12. 24, 2019두55675).

예

45 ☐☐☐   기본서 p. 362

甲의 토지는 공익사업의 대상지역으로,「공익사업을 위한 토지 등의 취득 및 보상에 관한 법률」에 따라 사업인정절차를 거쳐 수용재결이 있었던 경우, 그 사업인정에 취소사유인 위법이 있다면 그러한 사업인정의 하자는 후행처분인 수용재결에 승계됩니까?

선행처분인 사업인정과 후행처분인 수용재결 사이에서는 하자의 승계가 부정된다(대판 1992. 12. 11, 92누5584).

아니요

46 ☐☐☐   기본서 p. 362

구 경찰공무원법에 따른 직위해제처분과 면직처분은 후자가 전자의 처분을 전제로 한 것이기 때문에 선행처분의 위법사유가 후행행위에 승계된다는 것이 맞습니까?

선행 직위해제처분과 후행 면직처분 사이에서는 하자의 승계가 부정된다(대판 1984. 9. 11, 84누191 참조).

아니요

47 ☐☐☐   기본서 p. 362

이미 불가쟁력이 발생한 보충역편입처분에 하자가 있다고 하더라도 그것이 당연무효의 사유가 아닌 한 공익근무요원소집처분에 승계되는 것은 아닙니까?

보충역편입처분에 하자가 있다고 할지라도 그것이 당연무효라고 볼 만한 특단의 사정이 없는 한 그 위법을 이유로 공익근무요원소집처분의 효력을 다툴 수 없다(대판 2002. 12. 10, 2001두5422).

예

48 ☐☐☐　　　　　　　　　　기본서 p. 363

「국토의 계획 및 이용에 관한 법률」상 도시·군계획시설결정과 실시계획인가는 동일한 법률효과를 목적으로 하는 것이므로 선행처분인 도시·군계획시설결정의 하자는 실시계획인가에 승계됩니까?

도시·군계획시설결정과 실시계획인가는 도시·군계획시설사업을 위하여 이루어지는 단계적 행정절차에서 별도의 요건과 절차에 따라 별개의 법률효과를 발생시키는 독립적인 행정처분이다. 그러므로 선행처분인 도시·군계획시설결정에 하자가 있더라도 그것이 당연무효가 아닌 한 원칙적으로 후행처분인 실시계획인가에 승계되지 않는다(대판 2017. 7. 18, 2016두49938).

아니요

49 ☐☐☐　　　　　　　　　　기본서 p. 363

공인중개사업무정지처분과 업무정지기간 중의 중개업무를 사유로 한 중개사무소의 개설등록취소처분은 하자가 승계됩니까?

공인중개사업무정지처분과 업무정지기간 중의 중개업무를 사유로 한 중개사무소의 개설등록취소처분은 하자가 승계되지 않는다(대판 2019. 1. 31, 2017두40372).

아니요

50 ☐☐☐　　　　　　　　　　기본서 p. 365

「일제강점하 반민족행위 진상규명에 관한 특별법」에 따른 친일반민족행위자결정과 「독립유공자 예우에 관한 법률」에 의한 법적용 배제결정에 대해 판례는 행정행위의 하자의 승계를 인정합니까?

甲을 친일반민족행위자로 결정한 친일반민족행위진상규명위원회의 최종결정(선행처분)과 지방보훈지청장이 「독립유공자 예우에 관한 법률」 적용대상자로 보상금 등의 예우를 받던 甲의 유가족 乙 등에 대하여 「독립유공자 예우에 관한 법률」 적용배제자결정(후행처분)의 경우 선행처분과 후행처분은 비록 별개의 법률효과를 목적으로 하는 처분이나 선행처분의 위법을 이유로 후행처분의 효력을 다툴 수 있다(대판 2013. 3. 14, 2012두6964).

예

51 ☐☐☐　　　　　　　　　　기본서 p. 365

개별공시지가결정과 양도소득세 부과처분, 표준지공시지가결정과 수용재결 사이에는 어떤 근거로 하자의 승계가 인정됩니까?

판례는 개별공시지가결정과 과세처분, 표준공시지가결정과 보상금산정에 관한 수용재결의 경우에는 비록 별개의 법률효과를 목적으로 하는 경우이지만 예외적으로 예측가능성과 수인한도의 법리를 고려하여 하자의 승계를 긍정한 바 있다.

❶ 개별공시지가결정과 과세처분은 비록 별개의 효과를 목적으로 하는 것이기는 하나 관계인에게 수인한도를 넘는 불이익을 강요하는 것인 경우에는 과세처분에 대한 취소소송에서 개별공시지가결정의 위법을 주장할 수 있다(대판 1994. 1. 25, 93누8542).

❷ 수용보상금의 증액을 구하는 소송에서 선행처분으로서 그 수용대상 토지가격 산정의 기초가 된 비교표준지공시지가결정의 위법을 독립한 사유로 주장할 수 있다(표준공시지가와 수용재결(보상금결정) 간 승계 긍정)(대판 2008. 8. 21, 2007두13845).

예측가능성과 수인한도의 법리

52 ☐☐☐　　　　　　　　　　기본서 p. 365

근로복지공단이 사업주에 대하여 하는 '개별사업장의 사업종류 변경결정'은 항고소송의 대상인 처분에 해당합니까?

근로복지공단이 사업주에 대하여 하는 '개별사업장의 사업종류 변경결정'은 행정청이 행하는 구체적 사실에 관한 법집행으로서의 공권력의 행사인 '처분'에 해당한다. 근로복지공단의 사업종류 변경결정에 따라 국민건강보험공단이 사업주에 대하여 하는 각각의 산재보험료 부과처분도 항고소송의 대상인 처분에 해당한다(대판 2020. 4. 9, 2019두61137).

예

01 ☐☐☐   기본서 p. 370

행정행위의 성립 당시에 존재하였던 하자를 이유로 처분의 효력을 소멸시키는 것은 취소입니까, 철회입니까?

행정행위의 취소란 그 성립에 흠이 있음에도 불구하고 일단 유효하게 성립한 행정행위를 나중에 성립상의 하자를 이유로 권한 있는 기관이 그 효력을 소멸시키는 행위인 점에서, 하자 없이 성립하였으나 그 효력을 존속시킬 수 없는 새로운 사유의 발생을 이유로 하는 행정행위의 철회와 구별된다.

취소

02 ☐☐☐   기본서 p. 371

수익적 행정행위의 직권취소시 그 효과는 항상 소급합니까?

행정기본법은 이익형량의 관점에서 원칙적으로 행정행위의 직권취소는 소급효를 갖지만(행정기본법 제18조 제1항 본문), 당사자의 신뢰를 보호할 가치가 있는 등 정당한 사유가 있는 경우에는 장래효를 가지는 것으로 규정하고 있다(동법 제18조 제1항 단서).

아니요

03 ☐☐☐   기본서 p. 371

행정청은 당사자에게 권리나 이익을 부여하는 처분을 취소하려는 경우, 당사자가 중대한 과실로 처분의 위법성을 알지 못하였더라도 취소로 인하여 입게 될 불이익을 취소로 달성되는 공익과 비교·형량하여야 합니까?

행정기본법 제18조【위법 또는 부당한 처분의 취소】① 행정청은 위법 또는 부당한 처분의 전부나 일부를 소급하여 취소할 수 있다. 다만, 당사자의 신뢰를 보호할 가치가 있는 등 정당한 사유가 있는 경우에는 장래를 향하여 취소할 수 있다.
② 행정청은 제1항에 따라 당사자에게 권리나 이익을 부여하는 처분을 취소하려는 경우에는 취소로 인하여 당사자가 입게 될 불이익을 취소로 달성되는 공익과 비교·형량(衡量)하여야 한다. 다만, 다음 각 호의 어느 하나에 해당하는 경우에는 그러하지 아니하다.
  1. 거짓이나 그 밖의 부정한 방법으로 처분을 받은 경우
  2. 당사자가 처분의 위법성을 알고 있었거나 중대한 과실로 알지 못한 경우

아니요

04 ☐☐☐   기본서 p. 372

행정처분을 한 처분청은 그 처분의 성립에 하자가 있는 경우, 이를 취소할 별도의 법적 근거가 없다고 하더라도 직권으로 이를 취소할 수 있습니까?

원래 행정처분을 한 처분청은 그 행위에 하자가 있는 경우에는 원칙적으로 별도의 법적 근거가 없더라도 스스로 이를 직권으로 취소할 수 있는 것이다(대판 1995. 9. 15, 95누6311).

예

05 ☐☐☐   기본서 p. 372

권한 없는 행정기관이 한 당연무효인 행정처분의 취소권자는 당해 처분을 한 처분청입니까?

권한 없는 행정기관이 한 당연무효인 행정처분을 취소할 수 있는 권한은 당해 행정처분을 한 처분청에 속하고, 당해 행정처분을 할 수 있는 적법한 권한을 가지는 행정청에 그 취소권이 귀속되는 것이 아니다(대판 1984. 10. 10, 84누463).

예

06 ☐☐☐   기본서 p. 372

지방병무청장은 군의관의 신체등위판정이 금품수수에 따라 위법하게 이루어졌다고 인정하더라도, 그 신체등위판정을 기초로 자신이 한 병역처분을 직권으로 취소할 수는 없습니까?

지방병무청장은 군의관의 신체등위판정이 청탁이나 금품수수에 따라 위법 또는 부당하게 이루어졌다고 인정하는 경우에는 그 위법 또는 부당한 신체등위판정을 기초로 자신이 한 병역처분을 직권으로 취소할 수 있다(대판 2004. 2. 27, 2002두7791).

아니요

07 ☐☐☐   기본서 p. 373

행정청이 직권취소를 할 수 있다는 사정만으로 이해관계인인 제3자에게 행정청에 대한 직권취소청구권이 부여된 것으로 볼 수 있습니까?

원래 행정처분을 한 처분청은 그 처분에 하자가 있는 경우에는 원칙적으로 별도의 법적 근거가 없더라도 스스로 이를 직권으로 취소할 수 있지만, 그와 같이 직권취소를 할 수 있다는 사정만으로 이해관계인에게 처분청에 대하여 그 취소를 요구할 신청권이 부여된 것으로 볼 수는 없다(대판 2006. 6. 30, 2004두701).

아니요

08 ☐☐☐   기본서 p. 373

처분에 대한 취소소송이 진행 중이라도 부과권자는 처분을 직권취소할 수 있습니까?

변상금 부과처분에 대한 취소소송이 진행 중이라도 그 부과권자로서는 위법한 처분을 스스로 취소하고 그 하자를 보완하여 다시 적법한 부과처분을 할 수도 있다(대판 2006. 2. 10, 2003두5686).

예

09 ☐☐☐   기본서 p. 373

부담적 행정행위의 경우 취소권의 행사가 자유롭습니까?

법치행정의 원리도 확보하고 상대방에게도 이익을 주기 때문에 부담적 행정행위의 취소권 행사는 원칙적으로 자유롭다.

예

10-1 ☐☐☐   기본서 p. 374

수익적 행정처분을 취소 또는 철회하는 경우, 기득권의 침해를 정당화할 만한 중대한 공익상의 필요 또는 제3자의 이익보호의 필요가 있는 때에 한하여 상대방이 받는 불이익과 비교·교량하여 결정하여야 합니까?

수익적 행정처분을 취소 또는 철회하는 경우에는 이미 부여된 그 국민의 기득권을 침해하는 것이 되므로, 비록 취소 등의 사유가 있다고 하더라도 그 취소권 등의 행사는 기득권의 침해를 정당화할 만한 중대한 공익상의 필요 또는 제3자의 이익보호의 필요가 있는 때에 한하여 상대방이 받는 불이익과 비교·교량하여 결정하여야 한다(대판 2004. 11. 26, 2003두10251).

예

10-2 ☐☐☐   기본서 p. 374

수익적 행정처분을 취소 또는 철회하는 경우, 그 처분으로 인하여 공익상의 필요보다 상대방이 받게 되는 불이익 등이 막대한 경우에는 재량권의 한계를 일탈한 것으로서 그 자체가 위법하게 됩니까?

수익적 행정처분을 취소 또는 철회하는 경우에는 그 처분으로 인하여 공익상의 필요보다 상대방이 받게 되는 불이익 등이 막대한 경우에는 재량권의 한계를 일탈한 것으로서 그 자체가 위법하다(대판 2004. 11. 26, 2003두10251).

예

11 ☐☐☐   기본서 p. 375

도로관리청이 도로점용허가 중 특별사용의 필요가 없는 부분을 소급적으로 직권취소하였다면, 도로관리청은 이미 징수한 점용료 중 취소된 부분의 점용면적에 해당하는 점용료를 반환하여야 합니까?

도로점용허가를 한 도로관리청은 유효하게 성립한 도로점용허가 중 특별사용의 필요가 없는 부분을 직권취소할 수 있음이 원칙이다. 다만, 이 경우 행정청이 소급적 직권취소를 하려면 이를 취소하여야 할 공익상 필요와 그 취소로 인하여 당사자가 입을 기득권 및 신뢰보호와 법률생활 안정의 침해 등 불이익을 비교·교량한 후 공익상 필요가 당사자의 기득권 침해 등 불이익을 정당화할 수 있을 만큼 강한 경우여야 한다. 이에 따라 도로관리청이 도로점용허가 중 특별사용의 필요가 없는 부분을 소급적으로 직권취소하였다면, 도로관리청은 이미 징수한 점용료 중 취소된 부분의 점용면적에 해당하는 점용료를 반환하여야 한다(대판 2019. 1. 17, 2016두56721·56738).

예

12 ☐☐☐   기본서 p. 376

수익적 행정처분에 대한 취소권 등의 행사가 중대한 공익상의 필요 또는 제3자의 이익보호의 필요가 있는 때에 한하여 허용될 수 있다는 법리는, 쟁송취소의 경우에도 적용됩니까?

수익적 행정처분에 대한 취소권 등의 행사는 기득권의 침해를 정당화할 만한 중대한 공익상의 필요 또는 제3자의 이익보호의 필요가 있는 때에 한하여 허용될 수 있다는 법리는, 처분청이 수익적 행정처분을 직권으로 취소·철회하는 경우에 적용되는 법리일 뿐 쟁송취소의 경우에는 적용되지 않는다(대판 2019. 10. 17, 2018두104).

아니요

13 ☐☐☐   기본서 p. 376

직권취소는 처분의 성격을 가지므로, 이유제시절차 등의 행정절차법상 처분절차에 따라야 하며, 특히 수익적 행위의 직권취소는 상대방에게 침해적 효과를 발생시키므로 행정절차법에 따른 사전통지, 의견청취의 절차를 거쳐야 합니까?

행정행위의 직권취소는 독립적인 행정행위의 성격을 갖고 있기 때문에 행정절차법상의 처분절차에 따라 행하여져야 한다. 특히 수익적 행정행위의 직권취소의 경우는 상대방에게 부담적 효과를 발생시키기 때문에 사전통지(행정절차법 제21조), 의견청취(동법 제22조)를 거쳐야 하고 아울러 이유제시(동법 제23조)를 하여야 한다.

예

14 ☐☐☐ 기본서 p. 377

산업재해보상보험법상 각종 보험급여 등의 지급결정을 변경 또는 취소하는 처분과 처분에 터잡아 잘못 지급된 보험급여액에 해당하는 금액을 징수하는 처분이 적법한지를 판단하는 경우, 지급결정을 변경 또는 취소하는 처분이 적법하다면 그에 터잡은 징수처분도 적법하다고 판단하여야 합니까?

❶ 산업재해보상보험법상 각종 보험급여 지급결정을 변경 또는 취소하는 처분이 적법한 경우, 그에 터잡은 징수처분도 반드시 적법하다고 판단하여야 하는 것은 아니다.

❷ 근로복지공단이, 출장 중 교통사고로 사망한 甲의 아내 乙에게 요양급여 등을 지급하였다가 甲의 음주운전사실을 확인한 후 요양급여 등 지급결정을 취소하고 이미 지급된 보험급여를 부당이득금으로 징수하는 처분을 한 사안에서, 요양급여 등 지급결정은 취소하여야 할 공익상의 필요가 중대하여 乙 등 유족이 입은 불이익을 정당화할 만큼 강하지만, 이미 지급한 보험급여를 부당이득금으로 징수하는 처분은 공익상의 필요가 乙 등이 입게 된 기득권과 신뢰보호 및 법률생활 안정의 침해 등 불이익을 정당화할 만큼 강한 경우에 해당하지 않는다(대판 2014. 7. 24, 2013두27159).

아니요

15 ☐☐☐ 기본서 p. 378

영업허가취소처분이 행정쟁송절차에 의해 취소된 경우, 영업허가취소처분 이후의 영업행위를 무허가영업이라고 볼 수 있습니까?

영업의 금지를 명한 영업허가취소처분 자체가 나중에 행정쟁송절차에 의하여 취소되었다면 그 영업허가취소처분은 그 처분시에 소급하여 효력을 잃게 되며, 그 영업허가취소처분에 복종할 의무가 원래부터 없었음이 확정되었다고 봄이 타당하고, 영업허가취소처분이 장래에 향하여서만 효력을 잃게 된다고 볼 것은 아니므로 그 영업허가취소처분 이후의 영업행위를 무허가영업이라고 볼 수는 없다(대판 1993. 6. 25, 93도277).

아니요

16 ☐☐☐ 기본서 p. 379

과세관청이 부과의 취소를 다시 취소함으로써 원부과처분을 소생시킬 수 있습니까?

부과의 취소에 위법사유가 있다고 하더라도 당연무효가 아닌 한 일단 유효하게 성립하여 부과처분을 확정적으로 상실시키는 것이므로, 과세관청은 부과의 취소를 다시 취소함으로써 원부과처분을 소생시킬 수는 없고 납세의무자에게 종전의 과세대상에 대한 납부의무를 지우려면 다시 법률에서 정한 부과절차에 좇아 동일한 내용의 새로운 처분을 하는 수밖에 없다(대판 1995. 3. 10, 94누7027).

아니요

17 ☐☐☐ 기본서 p. 379

광업권 허가에 대한 취소처분을 한 후 광업권 설정의 선출원이 있는 경우에는 취소처분을 취소하여 광업권을 복구시키는 조처는 위법합니까?

광업권 허가에 대한 취소처분을 한 후에 새로운 이해관계인이 생기기 전에 취소처분을 취소하여 그 광업권의 회복을 시켰다면 모르되, 취소처분을 한 후에 제3자가 선출원을 적법하게 함으로써 이해관계인이 생긴 이후에 취소처분을 취소하여, 광업권을 복구시키는 조처는, 제3자의 선출원 권리를 침해하는 위법한 처분이라고 하지 않을 수 없다(대판 1967. 10. 23, 67누126).

예

18 ☐☐☐ 기본서 p. 380

행정행위의 철회사유는 행정행위가 성립되기 이전에 발생한 것으로서 행정행위의 효력을 존속시킬 수 없는 사유를 말합니까?

행정행위의 취소사유는 행정행위의 성립 당시에 존재하였던 하자를 말하고, 철회사유는 행정행위가 성립된 이후에 새로이 발생한 것으로서 행정행위의 효력을 존속시킬 수 없는 사유를 말한다(대판 2003. 5. 30, 2003다6422).

아니요

19 ☐☐☐ 기본서 p. 380

감독청은 법률에 근거 없이도 직접 철회가 가능합니까?

행정행위의 철회는 처분을 한 행정청만이 할 수 있으며, 감독청은 법률에 근거가 없는 한 직접 철회할 수는 없다.

아니요

20 ☐☐☐ 기본서 p. 380

행정행위를 한 처분청은 비록 그 처분 당시에 별다른 하자가 없었고, 또 그 처분 후에 이를 철회할 별도의 법적 근거가 없다 하더라도 별개의 행정행위로 이를 철회할 수 있습니까?

행정행위를 한 처분청은 그 처분 당시에 그 행정처분에 별다른 하자가 없었고 또 그 처분 후에 이를 취소할 별도의 법적 근거가 없다 하더라도 원래의 처분을 그대로 존속시킬 필요가 없게 된 사정변경이 생겼거나 또는 중대한 공익상의 필요가 발생한 경우에는 별개의 행정행위로 이를 철회하거나 변경할 수 있다(대판 1992. 1. 17, 91누3130 ; 대판 1995. 2. 28, 94누7713 ; 대판 1995. 6. 9, 95누1194).

예

21 ☐☐☐
기본서 p. 382

처분청이 철회할 수 있다는 사정만으로도 처분상대방에게 철회를 요구할 신청권이 인정됩니까?

처분청은 별도의 법적 근거가 없어도 별개의 행정행위로 이를 철회·변경할 수 있으나, 처분의 상대방 등이 그 철회·변경을 요구할 신청권은 없다(대판 1997. 9. 12, 96누6219).

아니요

22-1 ☐☐☐
기본서 p. 382

건축허가는 대물적 성질을 갖는 것이어서 행정청으로서는 허가를 할 때에 건축주 또는 토지소유자가 누구인지 등 인적 요소에 관하여는 형식적 심사만 합니까?

건축허가는 대물적 성질을 갖는 것이어서 행정청으로서는 허가를 할 때에 건축주 또는 토지소유자가 누구인지 등 인적 요소에 관하여는 형식적 심사만 한다(대판 2017. 3. 15, 2014두41190).

예

22-2 ☐☐☐
기본서 p. 382

건축주가 토지소유자로부터 토지사용승낙서를 받아 그 토지 위에 건축물을 건축하는 건축허가를 받았다가 착공에 앞서 건축주의 귀책사유로 해당 토지를 사용할 권리를 상실한 경우, 토지소유자의 건축허가 철회신청을 거부한 행위는 항고소송의 대상이 됩니까?

건축주가 토지소유자로부터 토지사용승낙서를 받아 그 토지 위에 건축물을 건축하는 대물적 성질의 건축허가를 받았다가 착공에 앞서 건축주의 귀책사유로 해당 토지를 사용할 권리를 상실한 경우, 건축허가의 존재로 토지에 대한 소유권 행사에 지장을 받을 수 있는 토지소유자로서는 건축허가의 철회를 신청할 수 있다고 보아야 한다. 따라서 토지소유자의 위와 같은 신청을 거부한 행위는 항고소송의 대상이 된다(대판 2017. 3. 15, 2014두41190).

예

23 ☐☐☐ 미기출
기본서 p. 382

체육지도자가 금고 이상의 형의 집행유예를 선고받아 구 국민체육진흥법이 정한 자격취소사유에 해당하였더라도 집행유예기간이 경과하는 등의 사유로 자격취소처분 이전에 결격사유가 해소된 경우에는 행정청은 체육지도자의 자격을 취소할 수 없습니까?

❶ 체육지도자의 자격취소에 관한 구 국민체육진흥법 제12조 제1항 제4호에서 정한 '제11조의5 각 호의 어느 하나에 해당하는 경우'는 '제11조의5 각 호 중 어느 하나의 사유가 발생한 사실이 있는 경우'를 의미한다.
❷ 체육지도자가 금고 이상의 형의 집행유예를 선고받은 후 집행유예기간이 경과하는 등의 사유로 자격취소처분 이전에 결격사유가 해소된 경우에도 행정청은 체육지도자의 자격을 취소하여야 한다(대판 2022. 7. 14, 2021두62287).

아니요

24 ☐☐☐
기본서 p. 383

수익적 행정행위의 철회도 자유롭게 할 수 있습니까?

부담적 행정행위와 달리 수익적 행정행위의 철회는 상대방의 신뢰와 법적 안정성을 해할 우려가 있으므로 철회사유가 발생한 경우에도 그것을 자유로이 철회할 수 있는 것은 아니다(대판 1990. 2. 23, 89누7061).

아니요

25 ☐☐☐　　　　　　　　　　　　　　　　　　　　　　　　기본서 p. 384

건축허가를 받은 자가 법정착수기간이 지나 공사에 착수한 경우, 허가권자는 착수기간이 지났음을 이유로 건축허가를 취소하여야 합니까?

구 건축법 제11조 제7항은 …… 건축허가의 행정목적이 신속하게 달성될 것을 추구하면서도 건축허가를 받은 자의 이익을 함께 보호하려는 취지가 포함되어 있으므로, 건축허가를 받은 자가 건축허가가 취소되기 전에 공사에 착수하였다면 허가권자는 그 착수기간이 지났다고 하더라도 건축허가를 취소하여야 할 특별한 공익상 필요가 인정되지 않는 한 건축허가를 취소할 수 없다. 이는 건축허가를 받은 자가 건축허가가 취소되기 전에 공사에 착수하려 하였으나 허가권자의 위법한 공사중단명령으로 공사에 착수하지 못한 경우에도 마찬가지이다(대판 2017. 7. 11, 2012두22973).

아니요

26 ☐☐☐　　　　　　　　　기본서 p. 385

수익적 행정행위의 철회는 특별한 다른 규정이 없는 한 행정절차법상의 절차에 따라 행해져야 합니까?

철회 역시 하나의 행정행위이므로 특별한 규정이 없는 한 일반 행정행위와 같은 절차에 따른다. 따라서 수익적 행정행위의 철회는 권리를 제한하는 처분이므로 사전통지절차(행정절차법 제21조)와 이유제시(동법 제23조) 등 행정절차법상의 절차를 거쳐야 한다.

예

27 ☐☐☐　　　　　　　　　기본서 p. 385

영유아보육법 제30조 제5항에 따라 평가인증을 철회하는 처분을 하면서, 원칙적으로 별도의 법적 근거 없이 평가인증의 효력을 과거로 소급하여 상실시킬 수 있습니까?

영유아보육법 제30조 제5항 제3호에 따른 평가인증의 취소는 평가인증 당시에 존재하였던 하자가 아니라 그 이후에 새로이 발생한 사유로 평가인증의 효력을 소멸시키는 경우에 해당하므로, 법적 성격은 평가인증의 '철회'에 해당한다. 평가인증의 효력을 과거로 소급하여 상실시키기 위해서는, 특별한 사정이 없는 한 영유아보육법 제30조 제5항과는 별도의 법적 근거가 필요하다(대판 2018. 6. 28, 2015두58195).

아니요

28 ☐☐☐　　　　　　　　　기본서 p. 385

행정청이 의료법인의 이사에 대한 이사취임승인취소처분을 직권으로 취소하면 이사의 지위가 소급하여 회복됩니까?

행정청이 의료법인의 이사에 대한 이사취임승인취소처분을 직권으로 취소한 경우, 그로 인하여 이사가 소급하여 지위를 회복하게 되고 법원에 의하여 선임된 임시이사는 법원의 해임결정이 없더라도 당연히 그 지위가 소멸된다(대판 1997. 1. 21, 96누3401).

예

29 ☐☐☐　　　　　　　　　기본서 p. 386

실효와 무효의 차이는 무엇입니까?

무효는 처음부터 아무런 효력이 발생하지 않는 데 비해, 실효는 일단 발생한 효력이 사후에 소멸된다는 점에서 차이가 있다.

해설 참조

30 ☐☐☐　　　　　　　　　기본서 p. 386

종전의 영업을 자진폐업한 후 다시 영업허가신청을 하는 것은 신규허가의 신청이라고 봅니까?

종전의 영업을 자진폐업한 이상 행정행위는 실효되었으므로 이후에 다시 영업허가신청을 하는 것은 신규허가의 신청이다(대판 1985. 7. 9, 83누412).

예

01 ☐☐☐   기본서 p. 390
행정절차법에는 확약의 절차에 대한 명문규정이 있습니까?

행정절차법은 "행정청은 다른 행정청과의 협의 등의 절차를 거쳐야 하는 처분에 대하여 확약을 하려는 경우에는 확약을 하기 전에 그 절차를 거쳐야 한다."라고 하여 확약의 절차에 대한 규정을 두고 있다(행정절차법 제40조의2 제3항).

예

02 ☐☐☐   기본서 p. 390
다수설은 확약을 허용하는 명문규정이 없더라도 본처분권한에 확약에 대한 권한이 포함되어 있다고 보아 확약을 할 수 있다고 봅니까?

본처분권한포함설이 통설인바, 본처분에 대한 근거가 있으면 본처분에 대한 확약도 허용된다.

예

03 ☐☐☐   기본서 p. 390
행정절차법에 따르면 확약은 문서로 하여야 합니까?

확약은 문서로 하여야 한다(행정절차법 제40조의2 제2항).

예

04 ☐☐☐   기본서 p. 391
판례는 어업면허에 선행하는 우선순위결정을 처분이라고 보아 공정력, 불가쟁력 등의 효력을 인정합니까?

어업권면허처분에 선행하는 우선순위결정은 확약에 불과하고 행정처분이 아니므로 공정력, 불가쟁력과 같은 효력은 인정되지 아니한다(대판 1995. 1. 20, 94누6529).

아니요

05 ☐☐☐   기본서 p. 392
확약이 있은 후에 사실적 또는 법률적 상태의 변경이 있는 경우, 행정청이 별다른 의사표시를 하지 않더라도 확약은 소멸됩니까?

행정청의 확약 또는 공적인 의사표명이 있은 후에 사실적 또는 법률적 상태가 변경되었다면 행정청의 별다른 의사표시를 기다리지 않고 확약은 실효된다(대판 1996. 8. 20, 95누10877).

예

06 ☐☐☐   기본서 p. 866~867
「민원 처리에 관한 법률」상 사전심사결과 통보는 항고소송의 대상이 되는 행정처분입니까?

민원인은 법정민원 중 신청에 경제적으로 많은 비용이 수반되는 민원 등 대통령령으로 정하는 민원에 대하여는 행정기관의 장에게 정식으로 민원을 신청하기 전에 미리 약식의 사전심사를 청구할 수 있다(「민원 처리에 관한 법률」 제30조 제1항)는 규정에 따른 사전심사결과 통보는 항고소송의 대상이 되는 행정처분이 아니다(대판 2014. 4. 24, 2013두7834).

아니요

07 ☐☐☐   기본서 p. 393
가행정행위에도 불가변력이 인정됩니까?

가행정행위는 임시적 행정행위로서 최종적 행정행위가 행해질 것을 예정하고 있는 행위이므로 불가변력이 발생하지 않는다.

아니요

08 ☐☐☐   기본서 p. 393
가행정행위에도 신뢰보호의 원칙을 주장할 수 있습니까?

가행정행위가 있더라도 상대방은 새로운 최종적 행정행위의 발령을 예상할 수 있다. 따라서 가행정행위에 대한 신뢰, 즉 신뢰보호의 원칙을 주장할 수 없다.

아니요

09 ☐☐☐   기본서 p. 394

공정거래위원회가 부당한 공동행위를 한 사업자에게 과징금 부과처분(선행처분)을 한 뒤, 다시 자진신고 등을 이유로 과징금 감면처분(후행처분)을 한 경우, 선행처분의 취소를 구하는 소는 부적법합니까?

공정거래위원회가 부당한 공동행위를 행한 사업자로서 구 「독점규제 및 공정거래에 관한 법률」 제22조의2에서 정한 자진신고자나 조사협조자에 대하여 과징금 부과처분(이하 '선행처분'이라 한다)을 한 뒤, 「독점규제 및 공정거래에 관한 법률 시행령」 제35조 제3항에 따라 다시 자진신고자 등에 대한 사건을 분리하여 자진신고 등을 이유로 한 과징금 감면처분(이하 '후행처분'이라 한다)을 하였다면, 후행처분은 자진신고 감면까지 포함하여 처분 상대방이 실제로 납부하여야 할 최종적인 과징금액을 결정하는 종국적 처분이고, 선행처분은 이러한 종국적 처분을 예정하고 있는 일종의 잠정적 처분으로서 후행처분이 있을 경우 선행처분은 후행처분에 흡수되어 소멸한다. 따라서 위와 같은 경우에 선행처분의 취소를 구하는 소는 이미 효력을 잃은 처분의 취소를 구하는 것으로 부적법하다(대판 2015. 2. 12, 2013두987).

예

10-1 ☐☐☐   기본서 p. 395~396

주택건설사업계획승인은 재량행위로서 주택건설사업계획의 사전결정이 있다 하더라도 여전히 재량행위입니까?

주택건설사업계획승인은 재량행위로서 주택건설사업계획의 사전결정이 있다 하더라도 여전히 재량행위이다(대판 1999. 5. 25, 99두1052).

예

10-2 ☐☐☐   기본서 p. 395~396

주택건설사업계획승인을 함에 있어 비록 사전결정을 하였다고 하더라도 사전결정에 기속되지 않고 사익과 공익을 비교 · 형량하여 그 승인 여부를 결정할 수 있습니까?

주택건설사업계획승인은 여전히 재량행위이므로 주택건설사업계획승인을 함에 있어 비록 사전결정을 하였다고 하더라도 사전결정에 기속되지 않고 사익과 공익을 비교 · 형량하여 그 승인 여부를 결정할 수 있다(대판 1999. 5. 25, 99두1052).

예

11 ☐☐☐   기본서 p. 396

폐기물관리법상의 사업계획에 대한 적정통보가 있는 경우, 폐기물사업의 허가단계에서는 나머지 허가요건만을 심사합니까?

폐기물관리법상의 사업계획에 대한 적정통보가 있는 경우 폐기물처리사업허가단계에서는 사업계획에 대한 적정통보분시 심사한 요건 외의 나머지 허가요건만을 심사한다고 판시하여 예비결정(사전결정)인 사업계획에 대한 적합통보결정의 구속력을 인정한 바 있다(대판 1998. 4. 28, 97누21086).

예

12 ☐☐☐   기본서 p. 396~397

원자로시설부지사전승인은 처분입니까?

판례는 원자로시설부지사전승인의 법적 성격을 사전적 부분건설허가라고 하여, 예비결정과 부분허가의 성격을 모두 가지고 있다고 판시하면서 처분성을 긍정한다(대판 1998. 9. 4, 97누19588).

예

13 ☐☐☐   기본서 p. 396~397

원자로건설허가처분이 있은 후라도 원자로부지사전승인처분에 대한 취소소송을 제기할 소의 이익이 있습니까?

부지사전승인처분 후 건설허가처분이 있게 되면 부지사전승인처분은 건설허가처분에 흡수되어 독립된 존재가치를 상실함으로써 건설허가처분만이 소송의 대상이 된다(대판 1998. 9. 4, 97누19588).

아니요

14 ☐☐☐   기본서 p. 399

구 도시계획법(현 「국토의 계획 및 이용에 관한 법률」) 제10조의2 소정의 도시기본계획은 도시계획입안의 지침이 되는 것에 불과할 뿐 일반국민에 대한 직접적인 구속력은 없습니까?

도시기본계획은 도시의 기본적인 공간구조와 장기발전방향을 제시하는 종합계획으로서 그 계획에는 토지이용계획, 환경계획, 공원녹지계획 등 장래의 도시개발의 일반적인 방향이 제시되지만, 그 계획은 도시계획입안의 지침이 되는 것에 불과하여 일반국민에 대한 직접적인 구속력은 없는 것이다(대판 2002. 10. 11, 2000두8226).

예

15 ☐☐☐　　　　　　　　　　　　기본서 p. 399

구 도시계획법(현 「국토의 계획 및 이용에 관한 법률」)상 도시계획 결정은 항고소송의 대상이 됩니까?

도시계획법 제12조 소정의 도시계획결정이 고시되면 도시계획구역 안의 토지나 건물소유자의 토지형질변경, 건축물의 신축 · 개축 또는 증축 등 권리행사가 일정한 제한을 받게 되는바, 이런 점에서 볼 때 고시된 도시계획결정은 특정 개인의 권리 내지 법률상의 이익을 개별적이고 구체적으로 규제하는 효과를 가져오게 하는 행정청의 처분으로, 행정소송의 대상이 된다(대판 1982. 3. 9, 80누105).

예

16 ☐☐☐　　　　　　　　　　　　기본서 p. 400

주택재건축정비사업조합의 사업시행계획이 인가 · 고시를 통해 확정되면 항고소송의 대상이 됩니까?

구 「도시 및 주거환경정비법」에 따른 주택재건축정비사업조합이 수립한 사업시행계획이 인가 · 고시를 통해 확정된 경우 구속적 행정계획으로서 행정처분에 해당한다(대결 2009. 11. 2, 2009마596).

예

17 ☐☐☐　　　　　　　　　　　　기본서 p. 400

구 도시재개발법(현 「도시 및 주거환경정비법」)상의 관리처분계획은 항고소송의 대상이 되는 행정처분입니까?

도시재개발법에 의한 재개발조합은 조합원에 대한 법률관계에서 적어도 특수한 존립목적을 부여받은 특수한 행정주체로서 국가의 감독하에 그 존립목적인 특정한 공공사무를 행하고 있다고 볼 수 있는 범위 내에서는 공법상의 권리 · 의무관계에 서 있는 것이므로 분양신청 후에 정하여진 관리처분계획의 내용에 관하여 다툼이 있는 경우에는 그 관리처분계획은 토지 등의 소유자에게 구체적이고 결정적인 영향을 미치는 것으로서 조합이 행한 처분에 해당하므로 항고소송의 방법으로 그 무효확인이나 취소를 구할 수 있다((대판 2002. 12. 10, 2001두6333).

예

18 ☐☐☐　　　　　　　　　기본서 p. 400~401

환지계획은 항고소송의 대상이 되는 처분에 해당합니까?

환지계획은 환지예정지 지정이나 환지처분의 근거가 될 뿐 그 자체가 직접 토지소유자 등의 법률상의 지위를 변동시키거나 또는 환지예정지 지정이나 환지처분과는 다른 고유한 법률효과를 수반하는 것이 아니어서 이를 항고소송의 대상이 되는 처분에 해당한다고 할 수가 없다(대판 1999. 8. 20, 97누6889).

아니요

19 ☐☐☐　　　　　　　　　　　　기본서 p. 401

'4대강 살리기 마스터플랜'은 행정처분에 해당합니까?

국토해양부(현 국토교통부), 환경부, 문화체육관광부, 농림수산식품부(현 농림축산식품부)가 합동으로 2009. 6. 8. 발표한 '4대강 살리기 마스터플랜' 등은 행정기관 내부에서 사업의 기본방향을 제시하는 계획일 뿐 국민의 권리 · 의무에 직접 영향을 미치는 것이 아니어서, 행정처분에 해당하지 않는다(대결 2011. 4. 21, 2010무111 전합).

아니요

20 ☐☐☐　　　　　　　　　　　　기본서 p. 401

후행 도시계획을 결정하는 행정청이 선행 도시계획의 결정 · 변경에 관한 권한을 가지고 있지 아니한 경우, 선행 도시계획과 양립할 수 없는 후행 도시계획결정은 취소사유에 해당합니까?

후행 도시계획의 결정을 하는 행정청이 선행 도시계획의 결정 · 변경 등에 관한 '권한을 가지고 있지 아니한 경우' 선행 도시계획과 양립할 수 없는 내용이 포함된 후행 도시계획결정은 무효이다(대판 2000. 9. 8, 99두11257).

아니요

21 ☐☐☐　　　　　　　　　　　　기본서 p. 402

환지계획인가 후에 수정하고자 하는 내용에 대하여 토지소유자 등 이해관계인의 공람절차를 거치지 아니한 채 수정된 내용에 따라 한 환지예정지 지정처분은 당연무효입니까?

환지계획인가 후에 당초의 환지계획에 대한 공람과정에서 토지소유자 등 이해관계인이 제시한 의견에 따라 수정하고자 하는 내용에 대하여 다시 공람절차 등을 밟지 아니한 채 수정된 내용에 따라 한 환지예정지 지정처분은 환지계획에 따르지 아니한 것이거나 환지계획을 적법하게 변경하지 아니한 채 이루어진 것이어서 당연무효라고 할 것이다(대판 1999. 8. 20, 97누6889).

예

22 ☐☐☐   기본서 p. 402

도시관리계획결정·고시와 그 도면에 특정 토지가 도시관리계획에 포함되지 않았음이 명백한데도 도시관리계획을 집행하기 위한 후속계획이나 처분에서 그 토지가 도시관리계획에 포함된 것처럼 표시되어 있는 경우, 이는 원칙적으로 취소사유에 해당합니까?

도시관리계획결정·고시와 그 도면에 특정 토지가 도시관리계획에 포함되지 않았음이 명백한데도 도시관리계획을 집행하기 위한 후속계획이나 처분에서 그 토지가 도시관리계획에 포함된 것처럼 표시되어 있는 경우가 있다. 이것은 실질적으로 도시관리계획결정을 변경하는 것에 해당하여 구 「국토의 계획 및 이용에 관한 법률」 제30조 제5항에서 정한 도시관리계획변경절차를 거치지 않는 한 당연무효이다(대판 2019. 7. 11, 2018두47783).

아니요

23 ☐☐☐   기본서 p. 402

공청회와 이주대책이 없는 도시계획결정은 무효입니까?

공청회와 이주대책이 없는 도시계획결정은 취소사유에 해당하는 위법이 있다(대판 1990. 1. 23, 87누947).

아니요

24 ☐☐☐   기본서 p. 403

구 도시계획법상 행정청이 기안·결재 등의 과정을 거쳐 도시계획결정 등의 처분을 하였다고 하더라도 이를 관보에 게재하여 고시하지 아니한 이상 대외적으로는 아무런 효력도 발생하지 않습니까?

행정청이 적법한 절차를 거쳐 도시계획결정 등의 처분을 하였다고 하더라도 이를 관보에 게재하여 고시하지 아니한 이상 대외적으로는 아무런 효력이 발생하지 아니한다(대판 1985. 12. 10, 85누186).

예

25 ☐☐☐   기본서 p. 405

형량시에 여러 이익 간의 형량을 행하기는 하였으나 그것이 객관성·비례성을 결한 경우를 형량의 해태라고 합니까?

형량을 하긴 하였으나 객관성·비례성을 결한 경우를 오형량(형량의 불비례)이라 한다. 또한 형량을 전혀 행하지 않은 경우를 형량의 해태(형량의 부존재)라 하고, 형량의 고려대상에서 마땅히 포함시켜야 할 사항을 빠뜨리고 형량을 행한 경우를 형량의 흠결(형량의 누락)이라 한다.

아니요

26 ☐☐☐   기본서 p. 405

형량의 하자에는 무엇이 있습니까?

형량의 하자에는 ① 조사의 결함 : 조사의무를 이행하지 않은 경우, ② 형량의 해태(형량의 부존재) : 형량을 전혀 행하지 않은 경우, ③ 형량의 흠결(형량의 누락) : 형량의 고려대상에서 마땅히 포함시켜야 할 사항을 빠뜨리고 형량을 행한 경우, ④ 오형량(형량의 불비례) : 형량을 하긴 하였으나 객관성·비례성을 결한 경우 등이 있다. 다만, 조사의 결함을 형량의 해태 또는 형량의 흠결에 포함시키는 견해도 유력하다.

조사의 결함, 형량의 해태(부존재), 형량의 흠결(누락), 오형량(형량의 불비례) 등

27 ☐☐☐   기본서 p. 405

이익형량을 하였다면, 이익형량의 고려사항을 일부 누락하였다거나 이익형량에 정당성이 결여된 것만으로는 위법하다고 볼 수 없습니까?

행정주체가 행정계획을 입안·결정함에 있어서 이익형량을 전혀 행하지 아니하거나 이익형량의 고려대상에 마땅히 포함시켜야 할 사항을 누락한 경우 또는 이익형량을 하였으나 정당성·객관성이 결여된 경우에는 그 행정계획결정은 재량권을 일탈·남용한 것으로서 위법하다(대판 1996. 11. 29, 96누8567).

아니요

28 ☐☐☐   기본서 p. 406

계획보장청구권은 일반적으로 인정될 수 있습니까?

계획보장청구권은 계획의 가변성으로 인해 일반적으로는 인정되기 어렵다.

아니요

29 ☐☐☐   기본서 p. 406

계획변경청구권은 원칙적으로 인정이 됩니까?

계획 관련 법규는 일반적으로 공익의 보호를 목적으로 하며 사익의 보호를 목적으로 하는 것이 아니기 때문에 원칙적으로 계획변경청구권은 인정될 수 없다.

아니요

30 ☐☐☐   기본서 p. 407

도시계획이 일단 확정된 후 어떤 사정의 변동이 있다고 하여 해당 지역의 주민에게 그 계획의 변경을 청구할 권리를 인정할 수 있습니까?

도시계획과 같이 장기성·종합성이 요구되는 행정계획에 있어서 그 계획이 일단 확정된 후 어떤 사정의 변동이 있다 하여 지역주민에게 일일이 그 계획의 변경을 청구할 권리를 인정해 줄 수도 없는 것이므로 그 변경거부행위를 항고소송의 대상이 되는 행정처분에 해당한다고 볼 수 없다(대판 1994. 1. 28, 93누22029).

아니요

31 ☐☐☐   기본서 p. 407

국토이용계획변경신청을 거부하는 것이 실질적으로 당해 행정처분 자체를 거부하는 결과가 되는 경우에 그 신청인은 국토이용계획변경을 신청할 권리가 있습니까?

일정한 행정처분을 구하는 신청을 할 수 있는 법률상 지위에 있는 자의 국토이용계획변경신청을 거부하는 것이 실질적으로 당해 행정처분 자체를 거부하는 결과가 되는 경우에는 예외적으로 그 신청인에게 국토이용계획변경을 신청할 권리가 인정된다(대판 2003. 9. 23, 2001두10936).

예

32 ☐☐☐   기본서 p. 407

문화재보호구역 내 토지소유자의 문화재보호구역 지정해제신청에 대한 행정청의 거부는 항고소송의 대상이 되는 처분입니까?

문화재보호구역 내 토지소유자의 문화재보호구역 지정해제신청에 대한 행정청의 거부행위는 항고소송의 대상이 되는 행정처분에 해당한다(대판 2004. 4. 27, 2003두8821).

예

33 ☐☐☐   기본서 p. 407

도시계획구역 내에 토지 등을 소유하고 있는 주민으로서는 도시계획시설변경 입안권자에게 도시계획입안을 요구할 수 있는 법규상 또는 조리상 신청권이 있습니까?

도시계획구역 내 토지 등을 소유하고 있는 사람과 같이 도시계획시설결정에 이해관계가 있는 주민에게는 도시계획시설입안권자에게 도시시설계획의 입안 내지 변경을 요구할 수 있는 법규상 또는 조리상의 신청권이 있다. 이러한 신청에 대한 거부행위는 항고소송의 대상이 되는 행정처분에 해당한다(대판 2015. 3. 26, 2014두42742).

예

34 ☐☐☐   기본서 p. 407~408

산업단지개발계획상 산업단지 안의 토지소유자로서 산업단지개발계획에 적합한 시설을 설치하여 입주하려는 자는 산업단지지정권자 또는 그로부터 권한을 위임받은 기관에 대하여 산업단지개발계획의 변경을 요청할 수 있는 법규상 또는 조리상 신청권이 있습니까?

산업단지개발계획상 산업단지 안의 토지소유자로서 산업단지개발계획에 적합한 시설을 설치하여 입주하려는 자에게 산업단지지정권자 또는 그로부터 권한을 위임받은 기관에 대하여 산업단지개발계획의 변경을 요청할 수 있는 법규상 또는 조리상 신청권이 있으며, 따라서 이러한 신청에 대한 거부행위는 항고소송의 대상이 되는 행정처분에 해당한다(대판 2017. 8. 29, 2016두44186).

예

35 ☐☐☐   기본서 p. 408

판례는 국립대학의 '대학입학고사 주요 요강'을 행정쟁송의 대상인 처분으로 보지 않으면서도 헌법소원의 대상이 되는 공권력 행사로는 보고 있습니까?

헌법재판소는 서울대학교 '94학년도 대학입학고사 주요 요강' 사건에서 대학입학고사 주요 요강은 항고소송의 대상인 처분은 아니지만, 그러한 비구속적 행정계획안도 국민의 기본권에 직접 영향을 끼치는 내용일 때에는 공권력행위로서 헌법소원의 대상이 된다고 판시한 바 있다(헌재 2000. 6. 1, 99헌마538 등).

예

36 ☐☐☐   기본서 p. 409

장기미집행 도시계획시설결정의 실효제도는 헌법상 재산권에서 당연히 도출되는 권리입니까?

장기미집행 도시계획시설결정의 실효제도는 도시계획시설부지로 하여금 도시계획시설결정으로 인한 사회적 제약으로부터 벗어나게 하는 것으로서 결과적으로 개인의 재산권이 더 보호되는 측면이 있는 것은 사실이나, 이와 같은 보호는 입법자가 새로운 제도를 마련함에 따라 얻게 되는 법률에 기한 권리일 뿐 헌법상 재산권으로부터 당연히 도출되는 권리는 아니다(헌재 2005. 9. 29, 2002헌바84 등).

아니요

01 ☐☐☐   기본서 p. 412
지방자치단체가 사인과 체결한 시설(자원회수시설) 위탁운영협약은 공법상 계약에 해당합니까?

甲지방자치단체가 乙주식회사 등 4개 회사로 구성된 공동수급체를 자원회수시설과 부대시설의 운영·유지관리 등을 위탁할 민간사업자로 선정하고 乙회사 등의 공동수급체와 위 시설에 관한 위·수탁운영협약을 체결하였는데, …… 협약은 甲지방자치단체가 사인인 乙회사 등에 위 시설의 운영을 위탁하고 그 위탁운영비용을 지급하는 것을 내용으로 하는 용역계약으로서 상호 대등한 입장에서 당사자의 합의에 따라 체결한 사법상 계약에 해당한다(대판 2019. 10. 17, 2018두60588).

아니요

02-1 ☐☐☐   기본서 p. 413
다수설에 따르면 공법상 계약에는 원칙적으로 법률유보의 원칙이 적용되지 않습니까?

종래 공법상 계약을 체결함에 있어 명시적인 법률의 근거가 필요한지가 문제되었는바, 다수설은 공법상 계약에는 법률유보의 원칙이 적용되지 않는다고 보았다(다만, 최근 제정된 행정기본법에서 공법상 계약에 관한 일반조항을 마련하여 이러한 논란은 입법적으로 해결되었다).

예

02-2 ☐☐☐   기본서 p. 413
다수설에 따르면 공법상 계약에는 법률우위의 원칙이 적용되지 않습니까?

법률우위원칙은 행정의 전 영역에 적용되므로 공법상 계약도 법규에 저촉되어서는 안 되는 한계를 가진다. 행정기본법에서도 '법령 등을 위반하지 아니하는 범위에서' 공법상 법률관계에 관한 계약을 체결할 수 있다고 규정함으로써 법률우위의 원칙이 공법상 계약에 적용된다는 것을 명시하고 있다(행정기본법 제27조 제1항).

아니요

03 ☐☐☐   기본서 p. 413
공법상 계약은 행정주체와 사인 간에만 체결 가능하며, 행정주체 상호 간에는 성립할 수 없습니까?

행정주체 상호 간의 공법상 계약이 성립할 수 있다. 공공단체 상호 간의 사무위탁이나 지방자치단체 상호 간의 도로 또는 하천의 경비분담협의, 공공시설의 관리에 대한 합의 등과 같은 국가와 공공단체 또는 공공단체 상호 간에 특정 행정사무의 처리를 합의하는 경우를 말한다.

아니요

04 ☐☐☐   기본서 p. 414
공법상 계약은 비권력적 행위로서 반드시 문서에 의할 필요는 없으며, 행정기본법 또한 공법상 계약은 구술로도 체결할 수 있음을 명시적으로 규정하고 있습니까?

행정청은 법령 등을 위반하지 아니하는 범위에서 행정목적을 달성하기 위하여 필요한 경우에는 공법상 법률관계에 관한 계약(공법상 계약)을 체결할 수 있다. 이 경우 계약의 목적 및 내용을 명확하게 적은 계약서를 작성하여야 한다(행정기본법 제27조 제1항).

아니요

05 ☐☐☐   기본서 p. 414
중앙행정기관인 방위사업청과 부품개발협약을 체결한 기업이 협약을 이행하는 과정에서 환율변동 및 물가상승 등 외부적 요인으로 발생한 초과비용의 지급에 대한 소송은 민사소송에 의합니까?

[국책사업인 '한국형 헬기 개발사업'(Korean Helicopter Program)에 개발주관사업자 중 하나로 참여하여 국가 산하 중앙행정기관인 방위사업청과 '한국형 헬기 민군 겸용 핵심구성품 개발협약'을 체결한 甲주식회사가 협약을 이행하는 과정에서 환율변동 및 물가상승 등 외부적 요인 때문에 협약금액을 초과하는 비용이 발생하였다고 주장하면서 국가를 상대로 초과비용의 지급을 구하는 민사소송을 제기한 사안에서] 국가연구개발사업규정에 근거하여 국가 산하 중앙행정기관의 장과 참여기업인 甲회사가 체결한 위 협약의 법률관계는 공법관계에 해당하므로 이에 관한 분쟁은 행정소송으로 제기하여야 한다(대판 2017. 11. 9, 2015다215526).

아니요

06 ☐☐☐ 기본서 p. 414

계약직 공무원에 대한 채용계약해지의 의사표시는 행정절차법에 의하여 근거와 이유를 제시하여야 합니까?

계약직 공무원에 대한 채용계약해지의 의사표시는 행정처분이 아니므로 행정처분과 같이 행정절차법에 의하여 근거와 이유를 제시하여야 하는 것은 아니다(대판 2002. 11. 26, 2002두5948).

아니요

07 ☐☐☐ 기본서 p. 415

공법상 계약에도 공정력과 자력집행력, 존속력이 인정됩니까?

공법상 계약은 권력적 행위인 행정행위와 달리 비권력적 성질을 가지므로 행정행위에 인정되는 공정력, 자력집행력, 존속력 등이 인정되지 않는다.

아니요

08 ☐☐☐ 기본서 p. 415

하자 있는 공법상 계약의 효력은 어떻게 됩니까?

다수설은 공법상 계약은 행정행위와는 달리 공정력이 인정되지 않기 때문에 하자 있는 공법상 계약은 무효라고 본다.

원칙적으로 무효(다수설)

09 ☐☐☐ 기본서 p. 416

대법원에 따르면 전문직 공무원인 공중보건의사의 채용계약해지의 의사표시는 일반공무원에 대한 징계처분과 같은 성격을 가지므로 항고소송의 대상이 됩니까?

전문직 공무원인 공중보건의사 채용계약해지의 의사표시는 행정처분이 아니므로 공법상 당사자소송의 방식으로 무효확인을 구하여야 한다(대판 1996. 5. 31, 95누10617).

아니요

10 ☐☐☐ 기본서 p. 416

공법상 계약의 한쪽 당사자가 다른 당사자를 상대로 효력을 다투거나 이행을 청구하는 소송은 분쟁의 실질이 공법상 권리·의무의 존부·범위에 관한 다툼이 아니라 손해배상액의 구체적인 산정방법·금액에 국한되는 등의 특별한 사정이 없는 한 공법상 당사자소송으로 제기하여야 합니까?

공법상 계약의 한쪽 당사자가 다른 당사자를 상대로 효력을 다투거나 이행을 청구하는 소송은 공법상의 법률관계에 관한 분쟁이므로 분쟁의 실질이 공법상 권리·의무의 존부·범위에 관한 다툼이 아니라 손해배상액의 구체적인 산정방법·금액에 국한되는 등의 특별한 사정이 없는 한 공법상 당사자소송으로 제기하여야 한다(대판 2021. 2. 4, 2019다277133).

예

11 ☐☐☐ 기본서 p. 416

지방전문직 공무원 채용계약해지의 의사표시에 대하여는 공법상 당사자소송으로 그 의사표시의 무효확인을 청구할 수 있습니까?

지방전문직 공무원 채용계약해지 의사표시에 대하여 당사자소송으로 무효확인을 청구할 수 있다(대판 1993. 9. 14, 92누4611).

예

12 ☐☐☐ 기본서 p. 416

A광역시립합창단원으로서 위촉기간이 만료되는 자들의 재위촉 신청에 대하여 A광역시문화예술회관장이 실기와 근무성적에 대한 평정을 실시하여 재위촉을 하지 아니한 것은 항고소송의 대상이 되는 불합격처분에 해당합니까?

광주광역시문화예술회관장의 단원 위촉은 관장이 행정청으로서 공권력을 행사하여 행하는 행정처분이 아니라 공법상 근로계약에 해당한다고 보아야 할 것이므로, 광주광역시립합창단원으로서 위촉기간이 만료되는 자들의 재위촉 신청에 대하여 광주광역시문화예술회관장이 실기와 근무성적에 대한 평정을 실시하여 재위촉을 하지 아니한 것을 항고소송의 대상이 되는 불합격처분이라고 할 수는 없다(대판 2001. 12. 11, 2001두7794).

아니요

13-1 ☐☐☐   기본서 p. 416

행정청이 자신과 상대방 사이의 근로관계를 일방적인 의사표시로 종료시켰다면, 곧바로 그 의사표시는 행정청으로서 공권력을 행사하여 행하는 행정처분에 해당합니까?

행정청이 자신과 상대방 사이의 법률관계를 일방적인 의사표시로 종료시켰다고 하더라도 곧바로 의사표시가 행정청으로서 공권력을 행사하여 행하는 행정처분이라고 단정할 수는 없고, 관계 법령이 상대방의 법률관계에 관하여 구체적으로 어떻게 규정하고 있는지에 따라 의사표시가 항고소송의 대상이 되는 행정처분에 해당하는지 아니면 공법상 계약관계의 일방 당사자로서 대등한 지위에서 행하는 의사표시인지를 개별적으로 판단하여야 한다(대판 2015. 8. 27, 2015두41449).

아니요

13-2 ☐☐☐   기본서 p. 416

중소기업 정보화지원사업 지원대상인 사업의 지원협약을 해지하고 지급받은 정부지원금을 반환할 것을 통보한 경우, 협약의 해지 및 그에 따른 환수통보는 행정청이 우월한 지위에서 행하는 공권력의 행사로서 행정처분에 해당합니까?

중소기업 정보화지원사업을 위한 협약의 해지 및 그에 따른 환수통보는 공법상 계약에 따라 행정청이 대등한 당사자의 지위에서 하는 의사표시로 보아야 하고, 이를 행정청이 우월한 지위에서 행하는 공권력의 행사로서 행정처분에 해당한다고 볼 수는 없다(대판 2015. 8. 27, 2015두41449).

아니요

14 ☐☐☐   기본서 p. 858

구 「산업집적활성화 및 공장설립에 관한 법률」에 따른 산업단지입주계약의 해지통보는 항고소송의 대상이 되는 행정처분에 해당합니까?

구 「산업집적활성화 및 공장설립에 관한 법률」상의 입주변경계약 취소는 행정청인 관리권자로부터 관리업무를 위탁받은 산업단지관리공단이 우월적 지위에서 입주기업체들에게 일정한 법률상 효과를 발생하게 하는 것으로서 항고소송의 대상이 되는 행정처분에 해당한다(대판 2017. 6. 15, 2014두46843).

예

15 ☐☐☐   기본서 p. 417

공법상 합동행위란 공법적 효과의 발생을 목적으로 하는 복수당사자 간의 서로 동일방향에 선 의사표시를 합치시킴으로써 이루어지는 공법행위를 말합니까?

공법상 합동행위는 공법적 효과의 발생을 목적으로 하는 복수당사자 간의 동일방향의 의사의 합치로 성립되는 공법행위이며, 지방자치단체조합을 설립하는 행위, 농지개량조합 등 공공조합을 설립하는 행위, 공공조합의 연합체를 설립하는 행위 등이 이에 해당한다.

예

16 ☐☐☐   기본서 p. 419

단수처분은 항고소송의 대상이 됩니까?

단수처분은 항고소송의 대상이 되는 행정처분에 해당한다(대판 1979. 12. 28, 79누218).

예

17 ☐☐☐   기본서 p. 419

헌법재판소는 교도소장의 서신검열행위를 행정처분으로 봅니까?

수형자의 서신을 교도소장이 검열하는 행위는 이른바 권력적 사실행위로서 행정심판이나 행정소송의 대상이 되는 행정처분으로 볼 수 있다(헌재 1998. 8. 27, 96헌마398).

예

18-1 ☐☐☐   기본서 p. 420

행정청이 우월적 지위에서 일방적으로 강제하는 권력적 사실행위는 헌법소원의 대상이 되는 공권력의 행사에 해당합니까?

공권력의 행사를 대상으로 하는 헌법소원에 있어서는 적어도 기본권 침해의 원인이 되는 행위가 공권력의 행사에 해당하여야 할 것인바, 행정상 사실행위가 헌법소원의 대상이 되는 공권력의 행사이기 위해서는 행정청이 우월적 지위에서 일방적으로 강제하는 권력적 사실행위에 해당하여야 한다(헌재 2021. 5. 18, 2021헌마468).

예

18-2 ☐☐☐   기본서 p. 420

비권력적 사실행위는 공권력의 행사에 해당합니까?

권력적 사실행위만 헌법소원의 대상이 되는 공권력의 행사에 해당하고, 비권력적 사실행위는 공권력의 행사에 해당하지 않는다(헌재 2012. 10. 25, 2011헌마429).

아니요

19 ☐☐☐   기본서 p. 420

'국립대학교의 대학입학고사 주요 요강'은 공권력의 행사로서 행정쟁송의 대상이 될 수 있는 행정처분입니까?

서울대학교의 '94학년도 대학입학고사 주요 요강'은 사실행위에 불과하여 행정처분은 아니지만, 헌법재판의 대상이 되는 공권력의 행사에 해당한다(헌재 1992. 10. 1, 92헌마68 등).

아니요

20 ☐☐☐   기본서 p. 421

행정지도에도 작용법적 근거가 필요합니까?

행정지도는 행정기관의 직무범위 내에서 이루어져야 하므로 조직법적 근거규범, 즉 자신의 권한업무의 범위 내이어야 하나, 행정지도에 따를 것인지가 상대방의 임의적 결정에 달려 있는 비권력적 사실행위이므로 작용법적 근거는 필요 없다는 것이 통설적 입장이다.

아니요

21 ☐☐☐   기본서 p. 421~422

행정절차법에는 행정지도에 관한 규정이 있습니까?

행정절차법에는 행정지도의 원칙(제48조), 행정지도의 방식(제49조), 의견제출(제50조), 다수인을 대상으로 하는 행정지도의 공표(제51조) 등의 규정을 두고 있다.

예

22 ☐☐☐   기본서 p. 422

행정지도가 말로 이루어지는 경우, 상대방이 행정지도의 취지 및 내용과 신분을 적은 서면의 교부를 요구하면 행정지도를 하는 자는 어떻게 하여야 합니까?

행정지도가 말로 이루어지는 경우 상대방이 행정지도의 취지, 내용 및 신분에 관한 사항을 적은 서면의 교부를 요구하면 그 행정지도를 하는 자는 직무수행에 특별한 지장이 없으면 이를 교부하여야 한다(행정절차법 제49조).

직무수행에 특별한 지장이 없으면 원칙적으로 교부하여야 한다.

23 ☐☐☐   기본서 p. 422

행정지도의 상대방은 행정지도의 내용에 동의하지 않는 경우, 이를 따르지 않을 수 있으므로, 행정지도의 내용이나 방식에 대해 의견제출권을 갖지 않습니까?

행정지도의 상대방은 해당 행정지도의 방식·내용 등에 관하여 행정기관에 의견제출을 할 수 있다(행정절차법 제50조).

아니요

24 ☐☐☐   기본서 p. 422

행정기관이 같은 행정목적을 실현하기 위하여 다수인을 대상으로 행정지도를 하려는 경우에는 특별한 사정이 없으면, 행정지도에 공통적인 내용이 되는 사항을 공표하여야 합니까?

행정기관이 같은 행정목적을 실현하기 위하여 많은 상대방에게 행정지도를 하려는 경우에는 특별한 사정이 없으면 행정지도에 공통적인 내용이 되는 사항을 공표하여야 한다(행정절차법 제51조).

예

25 ☐☐☐   기본서 p. 422

세무당국이 특정 회사에 대하여 원고의 주류거래를 일정 기간 중지하여 줄 것을 요청한 행위는 항고소송의 대상이 될 수 있습니까?

세무당국이 특정 회사에 대하여 원고의 주류거래를 일정 기간 중지하여 줄 것을 요청한 행위는 항고소송의 대상이 될 수 없다(대판 1980. 10. 27, 80누395).

아니요

26 ☐☐☐　　　　　　　　　　　　　기본서 p. 422~423

국가배상법이 정한 요건인 직무행위의 범위에 행정지도도 포함됩니까?

직무행위의 범위에 권력적 작용뿐만 아니라 행정지도 등 비권력적 공행정작용(관리작용)까지 포함시키나 사경제주체로서 하는 활동만은 제외한다(대판 1998. 7. 10, 96다38971).

예

27 ☐☐☐　　　　　　　　　　　　　기본서 p. 424

한계를 일탈하지 않은 행정지도로 인한 상대방의 손해에 대해서도 손해배상책임이 발생합니까?

한계를 일탈한 위법한 행정지도로 인하여 상대방이 손해를 입은 경우 행정기관에게 손해를 배상할 책임이 있으나, 한계를 일탈하지 않은 행정지도로 인하여 상대방에게 손해가 발생한 경우라면 행정기관은 손해배상책임을 지지 않는다(대판 2008. 9. 25, 2006다18228).

아니요

28 ☐☐☐　　　　　　　　　　　　　기본서 p. 424

행정지도는 비권력적 사실행위이므로 행정지도가 그 한계를 넘어 규제적 · 구속적 성격을 강하게 갖는 경우라도 헌법소원의 대상이 되는 공권력의 행사에 해당한다고 볼 수는 없습니까?

행정지도가 단순한 행정지도의 한계를 넘어 규제적 · 구속적 성격을 상당히 강하게 갖는 것이라면 헌법소원의 대상이 되는 공권력의 행사라고 볼 수 있다(헌재 2003. 6. 26, 2002헌마337 등).

아니요

29 ☐☐☐　　　　　　　　　　　　　기본서 p. 425

금융위원회 위원장이 시중은행을 상대로 투기지역 · 투기과열지구 내 초고가아파트(시가 15억원 초과)에 대한 주택구입용 주택담보대출을 금지한 조치는 헌법소원의 대상이 되는 공권력 행사에 해당하지 않습니까?

금융위원회 위원장이 시중은행을 상대로 투기지역 · 투기과열지구 내 초고가아파트(시가 15억원 초과)에 대한 주택구입용 주택담보대출을 금지한 조치(행정지도)는 규제적 · 구속적 성격을 갖는 행정지도로서 헌법소원의 대상이 되는 공권력 행사에 해당된다(헌재 2023. 3. 23, 2019헌마1399).

아니요

30 ☐☐☐　　　　　　　　　　　　　기본서 p. 425

위법한 행정지도에 따라 행한 사인의 행위는 정당화되는 것이 원칙입니까?

행정지도는 상대방의 임의적 협력을 기대하는 행위로서 행정지도에 따른 행위는 상대방의 자발적인 행위로 볼 수 있다. 따라서 이러한 경우에도 위법성이 조각(편저자 주 : 위법성이 없어진다는 의미이다)되지 않으므로 형사처벌의 대상이 된다.

아니요

31 ☐☐☐　　　　　　　　　　　　　기본서 p. 425

토지거래계약신고에 관한 행정관청의 위법한 관행에 따라 토지의 매매가격을 허위로 신고한 행위라면 위법성이 조각되어 형사처벌의 대상이 되지 않습니까?

행정관청이 토지거래계약신고에 관하여 공시된 기준지가를 기준으로 매매가격을 신고하도록 행정지도하여 왔고 그 기준가격 이상으로 매매가격을 신고한 경우에는 거래신고서를 접수하지 않고 반려하는 것이 관행화되어 있다 하더라도 이는 법에 어긋나는 관행이라 할 것이므로 그와 같은 위법한 관행에 따라 허위신고행위에 이르렀다고 하여 그 범법행위가 사회상규에 위배되지 않는 정당한 행위라고는 볼 수 없다(대판 1992. 4. 24, 91도1609).

아니요

32 ☐☐☐　　　　　　　　　　　　　기본서 p. 427

행정청은 법률로 정하는 바에 따라 처분에 재량이 있는 경우에도 완전히 자동화된 시스템으로 처분을 할 수 있습니까?

행정청은 법률로 정하는 바에 따라 완전히 자동화된 시스템(인공지능기술을 적용한 시스템을 포함한다)으로 처분을 할 수 있다. 다만, 처분에 재량이 있는 경우는 그러하지 아니하다(행정기본법 제20조).

아니요

33 ☐☐☐　　　　　　　　　　　　　기본서 p. 428

행정사법(行政私法) 영역에서는 사법이 적용되며, 공법원리는 추가로 적용될 수 없습니까?

행정사법관계란 행정주체가 공행정작용을 수행할 때 사법(私法)적 형식으로 국민과 맺는 법률관계를 의미한다. 행정사법관계도 사법관계의 일종이므로 원칙적으로 사법에 의해 규율되지만, 공행정작용이라는 실질을 가지고 있으므로 공공성을 보장하기 위해 평등의 원칙, 비례의 원칙 등 해석상 일정한 공법원리가 적용된다.

아니요

34 ☐☐☐　　　　　　　　　　기본서 p. 429

협의의 국고작용은 민사소송을 통해 해결합니까?

협의의 국고작용은 특별한 법률규정이 없는 한 민사소송을 통해 해결하여야 한다.

예

35 ☐☐☐　　　　　　　　　　기본서 p. 429

「지방자치단체를 당사자로 하는 계약에 관한 법률」에 따라, 지방자치단체가 당사자가 되는 이른바 공공계약은 본질적인 내용이 사인 간의 계약과 다를 바가 없습니까?

지방재정법에 의하여 준용되는 「국가를 당사자로 하는 계약에 관한 법률」에 따라 지방자치단체가 당사자가 되는 이른바 공공계약은 사경제의 주체로서 상대방과 대등한 위치에서 체결하는 사법상의 계약으로서 그 본질적인 내용은 사인 간의 계약과 다를 바가 없으므로, 그에 관한 법령에 특별한 정함이 있는 경우를 제외하고는 사적 자치와 계약자유의 원칙 등 사법의 원리가 그대로 적용된다 할 것이다 (대결 2006. 6. 19, 2006마117).

예

36 ☐☐☐　　　기본서 p. 429

지방자치단체를 당사자로 하는 계약에 관하여는 그 계약의 성질이 사법상 계약인지 공법상 계약인지와 상관없이 원칙적으로 「지방자치단체를 당사자로 하는 계약에 관한 법률」의 규율이 적용된다고 보아야 합니까?

2005년 8월 「지방자치단체를 당사자로 하는 계약에 관한 법률」(이하 '지방계약법'이라 한다) 제정에 따라, 지방자치단체가 당사자인 공공계약과 관련하여 종전에는 지방재정법에 의하여 「국가를 당사자로 하는 계약에 관한 법률」을 준용하였으나 현재는 지방계약법을 적용한다. 한편, 지방계약법은 지방자치단체가 당사자인 경우라면 그 계약의 성질이 사법상 계약인지 공법상 계약인지와 상관없이 적용된다(대판 2020. 12. 10, 2019다234617).

01 ☐☐☐   기본서 p. 434

헌법재판소는 행정절차의 헌법적 근거를 민주국가원리에서 찾고 있습니까?

헌법재판소는 행정절차의 헌법적 근거를 민주국가원리가 아니라 헌법 제12조의 적법절차원리에서 찾고 있다.

아니요

02 ☐☐☐   기본서 p. 434

헌법의 적법절차원리는 형사절차 외에 행정절차에도 적용됩니까?

헌법은 제12조에서 적법절차의 원칙을 규정하고 있는바, 이에 대해 통설은 이러한 헌법규정의 취지는 형사사법절차뿐만 아니라 행정 절차에도 적용될 수 있다고 한다. 헌법재판소 역시 동일한 취지로 판시한 바 있다(헌재 1992. 12. 24, 92헌마78).

예

03 ☐☐☐   기본서 p. 435

하나의 납세고지서에 의하여 본세와 가산세를 함께 부과할 때에는 납세고지서에 본세와 가산세 각각의 세액과 산출근거 등을 구분하여 기재하여야 합니까?

여러 종류의 가산세를 함께 부과하면서, 납세고지서에 산출근거는 물론 종류조차도 따로 밝히지 않고 단지 가산세의 합계액만을 기재하고는, 납세의무자가 스스로 세법 규정을 잘 살펴보면 무슨 가산세가 부과된 것이고 산출근거가 어떻게 되는지를 알아낼 수 있다고 하는 것으로 그 기재의 흠결을 정당화할 수는 없다(대판 2012. 10. 18, 2010두12347 전합).

예

04 ☐☐☐   기본서 p. 435

행정절차법에는 절차적 규정뿐만 아니라 실체적 규정도 있는데, 실체적 규정으로는 어떤 내용이 있습니까?

행정절차법은 주로 절차적 규정으로 구성되나 신뢰보호의 원칙, 신의성실의 원칙 등 일부 실체적 규정도 갖고 있다.

신뢰보호의 원칙, 신의성실의 원칙 등

05 ☐☐☐   기본서 p. 435

행정절차법에 공법상 계약, 행정조사절차에 대한 명문규정이 있습니까?

행정절차법은 처분절차만 규정하고 있는 것이 아니라 신고, 확약, 위반사실 등의 공표, 행정계획, 행정상 입법예고, 행정예고 및 행정지도 등에 관한 것도 규정하고 있으나, 공법상 계약, 행정조사절차 등에 대해서는 규정하지 않고 있으며, 행정행위의 하자치유와 절차 하자의 효과 등에 대해서도 규정하지 않고 있다.

아니요

06 ☐☐☐   기본서 p. 436

행정절차법상 당사자 등에는 행정청이 직권 또는 신청에 의하여 행정절차에 참여하게 한 이해관계인도 포함됩니까?

당사자 등이란 ① 처분의 직접 그 상대가 되는 당사자와 ② 행정청이 직권 또는 신청에 의하여 행정절차에 참여하게 한 이해관계인을 말한다.

예

07 ☐☐☐   기본서 p. 436

처분, 신고, 확약, 위반사실 등의 공표, 행정계획, 행정상 입법예고, 행정예고 및 행정지도의 절차에 관하여 다른 법률에 특별한 규정이 있는 경우를 제외하고는 행정절차법이 정하는 바에 따릅니까?

처분, 신고, 확약, 위반사실 등의 공표, 행정계획, 행정상 입법예고, 행정예고 및 행정지도의 절차에 관하여 다른 법률에 특별한 규정이 있는 경우를 제외하고는 행정절차법에서 정하는 바에 따른다(행정절차법 제3조 제1항).

예

08 ☐☐☐   기본서 p. 436

국회 또는 지방의회의 의결을 거치거나 동의 또는 승인을 받아 행하는 사항에 대해서도 행정절차법이 적용됩니까?

행정절차법은 국회 또는 지방의회의 의결을 거치거나 동의 또는 승인을 받아 행하는 사항에 대하여는 적용하지 않는다(행정절차법 제3조 제2항 제1호).

아니요

09 ☐☐☐   기본서 p. 436
대통령의 처분에도 행정절차법이 적용됩니까?

행정절차법상 대통령의 처분에 대해 행정절차법의 적용이 제외된
다는 규정이 없으므로 대통령이 직접 행하는 처분에도 행정절차법
이 적용된다.

예

10 ☐☐☐   기본서 p. 437
'공무원 인사 관계 법령에 의한 처분에 관한 사항' 전부에 대하여
행정절차법의 적용이 배제됩니까?

공무원 인사 관계 법령에 의한 처분에 관한 사항 중 성질상 행정절
차를 거치기 곤란하거나 불필요하다고 인정되는 처분이나 행정절
차에 준하는 절차를 거치도록 하고 있는 처분의 경우에만 행정절차
법의 적용이 배제된다(대판 2007. 9. 21, 2006두20631).

아니요

11 ☐☐☐   기본서 p. 437
병역법에 의한 소집에 관한 사항에는 행정절차법을 적용하지 않으나
병역법상의 산업기능요원 편입취소처분에 대해서는 행정절차법을
적용합니까?

산업기능요원 편입취소처분은 행정절차법의 적용이 배제되는 사항
인 행정절차법 제3조 제2항 제9호, 같은 법 시행령 제2조 제1호에
서 규정하는 '병역법에 의한 소집에 관한 사항'에 해당하지 않는다
(즉, 행정절차법이 적용된다)(대판 2002. 9. 6, 2002두554).

예

12 ☐☐☐   기본서 p. 437~438
국가공무원법상 직위해제처분은 처분의 사전통지 및 의견청취 등
에 관한 행정절차법 규정이 적용됩니까?

국가공무원법상 직위해제처분은, 당해 행정작용의 성질상 행정절
차를 거치기 곤란하거나 불필요하다고 인정되는 사항 또는 행정절
차에 준하는 절차를 거친 사항에 해당하므로 처분의 사전통지 및
의견청취 등에 관한 행정절차법 규정이 적용되지 않는다(대판 2014.
5. 16, 2012두26180).

아니요

13 ☐☐☐   기본서 p. 438
군인사법에 따라 당해 직무를 수행할 능력이 없다고 인정하여 장교
를 보직해임하는 경우, 처분의 근거와 이유제시 등에 관하여 행정
절차법의 규정이 적용됩니까?

구 군인사법상 보직해임처분은 구 행정절차법 제3조 제2항 제9호,
같은 법 시행령 제2조 제3호에 의하여 당해 행정작용의 성질상 행
정절차를 거치기 곤란하거나 불필요하다고 인정되는 사항 또는 행
정절차에 준하는 절차를 거친 사항에 해당하므로, 처분의 근거와
이유제시 등에 관한 구 행정절차법의 규정이 별도로 적용되지 아니
한다고 봄이 상당하다(대판 2014. 10. 15, 2012두5756).

아니요

14 ☐☐☐   기본서 p. 438
육군3사관학교의 사관생도에 대한 퇴학처분에는 행정절차법의 적
용이 배제됩니까?

행정절차법 시행령 제2조 제8호는 '학교·연수원 등에서 교육·훈
련의 목적을 달성하기 위하여 학생·연수생 등을 대상으로 하는 사
항'을 행정절차법의 적용이 제외되는 경우로 규정하고 있으나, 생도
에 대한 퇴학처분과 같이 신분을 박탈하는 징계처분은 여기에 해당
한다고 볼 수 없다(대판 2018. 3. 13, 2016두33339).

아니요

15 ☐☐☐   기본서 p. 439
외국인의 사증발급 신청에 대한 거부처분은 행정절차법 제24조에서 정한 '처분서 작성·교부'를 할 필요가 없거나 곤란하다고 일률적으로
단정하기 어렵습니까?

외국인의 사증발급 신청에 대한 거부처분은 당사자에게 의무를 부과하거나 적극적으로 권익을 제한하는 처분이 아니므로, 행정절차법 제21조 제
1항에서 정한 '처분의 사전통지'와 제22조 제3항에서 정한 '의견제출 기회 부여'의 대상은 아니다. 그러나 사증발급 신청에 대한 거부처분이 그
성질상 행정절차법 제24조에서 정한 '처분서 작성·교부'를 할 필요가 없거나 곤란하다고 일률적으로 단정하기 어렵다(대판 2019. 7. 11, 2017
두38874).

예

16 ☐☐☐   기본서 p. 440

행정청의 관할이 분명하지 않은 경우에는 어떻게 결정합니까?

행정청의 관할이 분명하지 아니한 경우(권한의 충돌)에는 해당 행정청을 공통으로 감독하는 상급행정청이 그 관할을 결정하며, 공통으로 감독하는 상급행정청이 없는 경우에는 각 상급행정청이 협의하여 그 관할을 결정한다(행정절차법 제6조 제2항).

해설 참조

17 ☐☐☐   기본서 p. 440

행정응원에 드는 비용은 누가 부담하게 됩니까?

행정응원에 드는 비용은 응원을 요청한 행정청이 부담하며, 그 부담금액 및 부담방법은 응원을 요청한 행정청과 응원을 하는 행정청이 협의하여 결정한다(행정절차법 제8조 제6항).

응원을 요청한 행정청

18 ☐☐☐   기본서 p. 440

처분에 관한 권리 또는 이익을 사실상 양수한 자는 행정청의 승인을 받아 당사자 등의 지위를 승계할 수 있습니까?

처분에 관한 권리 또는 이익을 사실상 양수한 자는 행정청의 승인을 받아 당사자 등의 지위를 승계할 수 있다(행정절차법 제10조 제4항).

예

19 ☐☐☐   기본서 p. 441

다수의 당사자 등이 공동으로 행정절차에 관한 행위를 할 때에는 대표자를 선정할 수 있는데, 다수의 대표자가 있는 경우 그중 1인에 대한 행정청의 행위는 모든 당사자 등에게 효력이 있고, 행정청의 통지는 대표자 모두에게 하여야 그 효력이 있습니까?

다수의 대표자가 있는 경우 그중 1인에 대한 행정청의 행위는 모든 당사자 등에게 효력이 있다. 다만, 행정청의 통지는 대표자 모두에게 하여야 그 효력이 있다(행정절차법 제11조 제6항).

예

20-1 ☐☐☐   기본서 p. 441

징계심의대상자가 선임한 변호사가 징계위원회에 출석하여 징계심의대상자를 위하여 필요한 의견을 진술하는 것은 방어권 행사의 본질적 내용에 해당하므로, 행정청은 특별한 사정이 없는 한 이를 거부할 수 없습니까?

행정절차법령의 규정과 취지, 헌법상 법치국가원리와 적법절차원칙에 비추어 징계와 같은 불이익처분절차에서 징계심의대상자에게 변호사를 통한 방어권의 행사를 보장하는 것이 필요하고, 징계심의대상자가 선임한 변호사가 징계위원회에 출석하여 징계심의대상자를 위하여 필요한 의견을 진술하는 것은 방어권 행사의 본질적 내용에 해당하므로, 행정청은 특별한 사정이 없는 한 이를 거부할 수 없다(대판 2018. 3. 13, 2016두33339).

예

20-2 ☐☐☐   기본서 p. 441~442

공무원에 대한 징계절차에서 징계심의대상자가 대리인으로 선임한 변호사가 징계위원회 심의에 출석하여 진술하려고 하였음에도 불구하고 징계권자나 그 소속 직원이 변호사가 심의에 출석하는 것을 막았다면 그 징계의결에 따른 징계처분은 위법하여 원칙적으로 취소되어야 합니까?

육군3사관학교의 사관생도에 대한 징계절차에서 징계심의대상자가 대리인으로 선임한 변호사가 징계위원회 심의에 출석하여 진술하려고 하였음에도, 징계권자나 그 소속 직원이 변호사가 징계위원회의 심의에 출석하는 것을 막았다면 징계위원회 심의 · 의결의 절차적 정당성이 상실되어 그 징계의결에 따른 징계처분은 위법하여 원칙적으로 취소되어야 한다. 다만, 징계심의대상자의 대리인이 관련된 행정절차나 소송절차에서 이미 실질적인 증거조사를 하고 의견을 진술하는 절차를 거쳐서 징계심의대상자의 방어권 행사에 실질적으로 지장이 초래되었다고 볼 수 없는 특별한 사정이 있는 경우에는, 징계권자가 징계심의대상자의 대리인에게 징계위원회에 출석하여 의견을 진술할 기회를 주지 아니하였더라도 그로 인하여 징계위원회 심의에 절차적 정당성이 상실되었다고 볼 수 없으므로 징계처분을 취소할 것은 아니다(대판 2018. 3. 13, 2016두33339).

예

21 ☐☐☐   기본서 p. 442

행정절차에 소요되는 비용은 원칙적으로 행정청이 부담하도록 규정되어 있습니까?

행정절차에 드는 비용은 행정청이 부담한다. 다만, 당사자 등이 자기를 위하여 스스로 지출한 비용은 그러하지 아니하다(행정절차법 제54조).

예

22 ☐☐☐   기본서 p. 443

법제처장은 입법예고를 하지 아니한 법령안의 심사요청을 받은 경우에 입법예고를 하는 것이 적당하다고 판단할 때에는 해당 행정청에 입법예고를 권고하거나 직접 예고할 수 있습니까?

법제처장은 입법예고를 하지 아니한 법령안의 심사요청을 받은 경우에 입법예고를 하는 것이 적당하다고 판단할 때에는 해당 행정청에 입법예고를 권고하거나 직접 예고할 수 있다(행정절차법 제41조 제3항).

예

23 ☐☐☐   기본서 p. 443

행정청은 입법안의 취지, 주요 내용 및 전문을 관보·공보나 인터넷·신문·방송 등의 방법으로 널리 공고하여야 합니까?

행정청은 입법안의 취지, 주요 내용 또는 전문(全文)을 다음의 구분에 따른 방법으로 공고하여야 하며, 추가로 인터넷, 신문 또는 방송 등을 통하여 공고할 수 있다(행정절차법 제42조 제1항).
① 법령의 입법안을 입법예고하는 경우 : 관보 및 법제처장이 구축·제공하는 정보시스템을 통한 공고
② 자치법규의 입법안을 입법예고하는 경우 : 공보를 통한 공고

아니요

24 ☐☐☐   기본서 p. 443

공공의 안전 또는 복리를 현저히 해하는 경우에도 입법예고를 하여야 합니까?

① 신속한 국민의 권리 보호 또는 예측 곤란한 특별한 사정의 발생 등으로 입법이 긴급을 요하는 경우, ② 상위법령 등의 단순한 집행을 위한 경우, ③ 입법내용이 국민의 권리·의무 또는 일상생활과 관련이 없는 경우, ④ 단순한 표현·자구를 변경하는 경우 등 입법내용의 성질상 예고의 필요가 없거나 곤란하다고 판단되는 경우, ⑤ 예고함이 공공의 안전 또는 공공복리를 현저히 해칠 우려가 있는 경우에는 입법예고를 하지 아니할 수 있다(행정절차법 제41조 제1항).

아니요

25 ☐☐☐   기본서 p. 443

행정청은 대통령령을 입법예고하는 경우, 국회 소관 상임위원회에 이를 제출하여야 합니까?

행정청은 대통령령을 입법예고하는 경우 국회 소관 상임위원회에 이를 제출하여야 한다(행정절차법 제42조 제2항).

예

26 ☐☐☐   기본서 p. 443

부령과 조례의 입법예고기간은 동일합니까?

입법예고기간은 예고할 때 정하되, 특별한 사정이 없으면 40일(자치법규는 20일) 이상으로 한다(행정절차법 제43조).

아니요

27 ☐☐☐   기본서 p. 444

행정청은 예고된 입법안에 대하여 의견을 제출한 자에게 제출된 의견의 처리결과를 통지하여야 합니까?

행정청은 의견을 제출한 자에게 그 제출된 의견의 처리결과를 통지하여야 한다(행정절차법 제44조 제4항).

예

28 ☐☐☐   기본서 p. 444

입법예고 후 예고내용에 국민생활과 직접 관련된 내용이 추가되는 등 대통령령으로 정하는 중요한 변경이 있다면 해당 부분에 대해 입법예고를 다시 하여야 합니까?

입법안을 마련한 행정청은 입법예고 후 예고내용에 국민생활과 직접 관련된 내용이 추가되는 등 대통령령으로 정하는 중요한 변경이 발생하는 경우에는 해당 부분에 대한 입법예고를 다시 하여야 한다(행정절차법 제41조 제4항 본문).

예

29 ☐☐☐　　　　　　　　　　　　　　　　　　　　　　　기본서 p. 444

행정청은 정책, 제도 및 계획을 수립·시행하거나 변경하려는 경우에는 원칙적으로 이를 예고하여야 합니까?

행정청은 정책, 제도 및 계획(이하 '정책 등'이라 한다)을 수립·시행하거나 변경하려는 경우에는 이를 예고하여야 한다. 다만, ① 신속하게 국민의 권리를 보호하여야 하거나 예측이 어려운 특별한 사정이 발생하는 등 긴급한 사유로 예고가 현저히 곤란한 경우, ② 법령 등의 단순한 집행을 위한 경우, ③ 정책 등의 내용이 국민의 권리·의무 또는 일상생활과 관련이 없는 경우, ④ 정책 등의 예고가 공공의 안전 또는 복리를 현저히 해칠 우려가 상당한 경우에는 행정예고를 하지 아니할 수 있다(행정절차법 제46조 제1항).

예

30 ☐☐☐　　　　　　　　기본서 p. 444

법령 등의 입법을 포함하는 행정예고를 입법예고로 갈음할 수 있습니까?

법령 등의 입법을 포함하는 행정예고는 입법예고로 갈음할 수 있다 (행정절차법 제46조 제2항).

예

31 ☐☐☐　　　　　　　　기본서 p. 445

행정예고기간은 어떻게 됩니까?

행정예고기간은 예고내용의 성격 등을 고려하여 정하되, 20일 이상으로 한다(행정절차법 제46조 제3항). 이에도 불구하고 행정목적을 달성하기 위하여 긴급한 필요가 있는 경우에는 행정예고기간을 단축할 수 있다. 이 경우 단축된 행정예고기간은 10일 이상으로 한다 (동법 제46조 제4항).

20일 이상, 단축된 경우 10일 이상

제 21 강	행정절차법(처분 등)

01 ☐☐☐
기본서 p. 448

처분기준의 설정·공표의 규정은 침익적 처분뿐만 아니라 수익적 처분의 경우에도 적용됩니까?

처분절차에 관한 행정절차법의 규정에는 침해적 처분과 수익적 처분에 공통적으로 적용되는 규정이 있고, 다른 한편으로는 침해적 처분 또는 신청에 의한 처분에만 적용되는 규정이 있다. <u>처분기준의 설정·공표, 이유제시, 처분의 방식 등은 공통절차이고, 신청절차는 신청에 의한 처분절차를 규율하는 절차이며 의견진술절차는 원칙상 침해적 처분절차를 규율하는 절차이다.</u>

예

02 ☐☐☐
기본서 p. 448

당사자 등은 공표된 처분기준이 명확하지 아니한 경우 해당 행정청에 그 해석 또는 설명을 요청할 수 있는데, 이 경우 해당 행정청은 특별한 사정이 없으면 요청에 따르지 않아도 됩니까?

당사자 등은 공표된 처분기준이 명확하지 아니한 경우 해당 행정청에 대하여 그 해석 또는 설명을 요청할 수 있다. 이 경우 해당 행정청은 특별한 사정이 없으면 그 <u>요청에 따라야 한다</u>(행정절차법 제20조 제4항).

아니요

03 ☐☐☐
기본서 p. 449

행정청이 행정절차법 제20조 제1항의 처분기준 사전공표의무를 위반하여 미리 공표하지 아니한 기준을 적용하여 처분을 하였다고 하더라도, 그러한 사정만으로 곧바로 해당 처분에 취소사유에 이를 정도의 흠이 존재한다고 볼 수 없습니까?

<u>행정청이 행정절차법 제20조 제1항의 처분기준 사전공표의무를 위반하여 미리 공표하지 아니한 기준을 적용하여 처분을 하였다는 사정만으로 곧바로 해당 처분에 취소사유에 이를 정도의 흠이 존재한다고 볼 수 없다.</u> 다만, 해당 처분에 적용한 기준이 상위법령의 규정이나 신뢰보호의 원칙 등과 같은 법의 일반원칙을 위반하였거나 객관적으로 합리성이 없다고 볼 수 있는 구체적인 사정이 있다면 해당 처분은 위법하다(대판 2020. 12. 24, 2018두45633).

예

04 ☐☐☐
기본서 p. 449

거부처분의 경우에도 이유제시를 하여야 합니까?

이유제시의무가 면제가 되는 경우가 아니라면 이유제시를 하여야 하므로 수익적 행정행위의 거부처분에도 이유제시를 하여야 한다.

예

05 ☐☐☐
기본서 p. 449

처분의 이유제시에 관한 행정절차법의 규정은 침익적 처분과 수익적 처분 모두에 적용됩니까?

침익적 처분 외에 수정허가 등의 수익적 처분에도 이유제시를 하여야 한다.

예

06-1 ☐☐☐
기본서 p. 450

단순·반복적인 처분 또는 경미한 처분으로서 당사자가 그 이유를 명백히 알 수 있는 경우와 긴급히 처분을 할 필요가 있는 경우에도 이유제시의무가 있습니까?

행정청은 처분을 할 때 ① 신청내용을 모두 그대로 인정하는 처분인 경우, ② <u>단순·반복적인 처분 또는 경미한 처분으로서 당사자가 그 이유를 명백히 알 수 있는 경우, ③ 긴급히 처분을 할 필요가 있는 경우</u>를 제외하고는 당사자에게 그 근거와 이유를 제시하여야 한다(행정절차법 제23조 제1항).

아니요

06-2 ☐☐☐
기본서 p. 450

신청내용을 모두 그대로 인정하는 처분인 경우, 처분 후 당사자가 요청하더라도 행정청은 그 근거와 이유를 제시하지 않아도 됩니까?

행정청은 <u>신청내용을 모두 그대로 인정하는 처분인 경우는 제외하고</u> 단순·반복적인 처분 또는 경미한 처분으로서 당사자가 그 이유를 명백히 알 수 있는 경우 및 긴급히 처분을 할 필요가 있는 경우에 처분 후 당사자가 요청하는 경우에는 그 근거와 이유를 제시하여야 한다(행정절차법 제23조 제2항).

예

07 ☐☐☐
기본서 p. 450

당사자가 근거규정 등을 명시하여 신청하는 인·허가 등의 거부처분에 있어서도 처분의 근거를 구체적으로 제시하여야만 합니까?

일반적으로 <u>당사자가 근거규정을 명시하여 신청하는 인·허가 등을 거부하는 처분을 함에 있어 당사자가 그 근거를 알 수 있을 정도로 상당한 이유를 제시한 경우에는 당해 처분의 근거 및 이유를 구체적으로 명시하지 않았더라도 처분이 위법하다고 할 수 없다</u>(대판 2002. 5. 17, 2000두8912).

아니요

08 ☐☐☐　　　　　　　　　　　　　　　　기본서 p. 451

처분 당시 당사자가 어떠한 근거와 이유로 처분이 이루어진 것인지를 충분히 알 수 있어서 그에 불복하여 행정구제절차로 나아가는 데에 별다른 지장이 없었던 것으로 인정되는 경우에도 처분서에 처분의 근거와 이유가 구체적으로 명시되어 있지 않으면 그러한 처분은 위법합니까?

처분서에 기재된 내용, 관계 법령과 해당 처분에 이르기까지 전체적인 과정 등을 종합적으로 고려하여, 처분 당시 당사자가 어떠한 근거와 이유로 처분이 이루어진 것인지를 충분히 알 수 있어서 그에 불복하여 행정구제절차로 나아가는 데 별다른 지장이 없었던 것으로 인정되는 경우에는 처분서에 처분의 근거와 이유가 구체적으로 명시되어 있지 않았더라도 이를 처분을 취소하여야 할 절차상 하자로 볼 수 없다(대판 2019. 12. 13, 2018두41907).

아니요

09 ☐☐☐　　　　　　　기본서 p. 451

교육부장관이 부적격사유가 없는 후보자들 사이에서 어떤 후보자를 상대적으로 더욱 적합하다고 판단하여 국립대학교의 총장으로 임용제청을 하였다면, 그러한 임용제청행위 자체로서 이유제시의무를 다한 것이라고 볼 수 있습니까?

부적격사유가 없는 후보자들 사이에서 어떤 후보자를 상대적으로 더욱 적합하다고 판단하여 임용제청하는 경우라면, 교육부장관이 어떤 후보자를 총장으로 임용제청하는 행위 자체에 그가 총장으로 더욱 적합하다는 정성적 평가 결과가 당연히 포함되어 있는 것으로, 이로써 행정절차법상 이유제시의무를 다한 것이라고 보아야 한다(대판 2018. 6. 15, 2016두57564).

예

10 ☐☐☐　　　　　　　기본서 p. 451

이유제시가 누락되었다면 그것만으로 위법하다고 봅니까?

처분의 내용에는 하자가 없더라도 처분시 이유를 제시하지 않은 경우, 그것만으로도 처분이 위법하게 된다.

예

11 ☐☐☐　　　　　　　기본서 p. 451

세액산출근거가 기재되지 아니한 납세고지서에 의한 부과처분은 무효입니까?

세액산출근거가 기재되지 아니한 납세고지서에 의한 부과처분은 강행법규에 위반하여 취소대상이 된다(대판 1985. 4. 9, 84누431).

아니요

12 ☐☐☐　　　　　　　기본서 p. 451

과세처분시 납세고지서에 법으로 규정한 과세표준 등의 기재가 누락되면 그 과세처분 자체가 위법한 처분이 되어 취소대상이 됩니까?

과세처분시 납세고지서에 과세표준, 세율, 세액의 계산명세서 등을 첨부하여 고지하도록 한 것은 …… 강행규정으로서 납세고지서에 위와 같은 기재가 누락되면 과세처분 자체가 위법하여 취소대상이 된다(대판 1983. 7. 26, 82누420).

예

13 ☐☐☐　　　　　　　　　　　　　　　　기본서 p. 452

행정절차법은 국민의 권익을 보호하기 위하여 모든 행정처분을 문서로 하도록 규정하고 있습니까?

행정청이 처분을 할 때에는 다른 법령 등에 특별한 규정이 있는 경우를 제외하고는 문서로 하여야 한다(행정절차법 제24조 제1항). 이에도 불구하고 공공의 안전 또는 복리를 위하여 긴급히 처분을 할 필요가 있거나 사안이 경미한 경우에는 말, 전화, 휴대전화를 이용한 문자전송, 팩스 또는 전자우편 등 문서가 아닌 방법으로 처분을 할 수 있다. 이 경우 당사자가 요청하면 지체 없이 처분에 관한 문서를 주어야 한다(동법 제24조 제2항).

아니요

14 ☐☐☐　　　　　　　　　　기본서 p. 452

행정청이 처분을 할 때에는 당사자에게 그 처분에 관하여 행정심판 및 행정소송을 제기할 수 있는지의 여부, 그 밖에 불복을 할 수 있는지의 여부, 청구절차 및 청구기간, 그 밖에 필요한 사항을 알려야 합니까?

행정청이 처분을 할 때에는 당사자에게 그 처분에 관하여 행정심판 및 행정소송을 제기할 수 있는지 여부, 그 밖에 불복을 할 수 있는지 여부, 청구절차 및 청구기간, 그 밖에 필요한 사항을 알려야 한다(행정절차법 제26조).

예

15 ☐☐☐　　　　　　　　　　기본서 p. 454

신청시 구비서류 등에 흠이 있는 경우라면, 행정청은 바로 접수를 거부할 수 있습니까?

행정청은 신청에 구비서류의 미비 등 흠이 있는 경우에는 보완에 필요한 상당한 기간을 정하여 지체 없이 신청인에게 보완을 요구하여야 한다(행정절차법 제17조 제5항).

아니요

16 ☐☐☐　　　　　　　　　　기본서 p. 454

신청인이 신청에 앞서 행정청의 허가업무 담당자에게 신청서의 내용에 대한 검토를 요청한 것만으로도 명시적이고 확정적인 신청의 의사표시가 있었다고 볼 수 있습니까?

행정청에 대한 신청의 의사표시의 방법에서, 신청인이 신청에 앞서 행정청의 허가업무 담당자에게 신청서의 내용에 대한 검토를 요청한 것만으로는 다른 특별한 사정이 없는 한 명시적이고 확정적인 신청의 의사표시가 있었다고 하기 어렵다(대판 2004. 9. 24, 2003두13236).

아니요

17 ☐☐☐　　　　　　　　　　기본서 p. 454

행정청은 신청인의 편의를 위하여 다른 행정청에 신청을 접수하게 할 수 있습니까?

행정청은 신청인의 편의를 위하여 다른 행정청에 신청을 접수하게 할 수 있다. 이 경우 행정청은 다른 행정청에 접수할 수 있는 신청의 종류를 미리 정하여 공시하여야 한다(행정절차법 제17조 제7항).

예

18 ☐☐☐　　　　　　　　　　기본서 p. 455

처분의 처리기간에 관한 규정은 강행규정이므로 행정청이 처리기간이 지나 처분을 하였다면 이를 처분을 취소할 절차상 하자로 볼 수 있습니까?

행정절차법이나 「민원 처리에 관한 법률」상 처분·민원의 처리기간에 관한 규정은 강행규정이 아니며, 행정청이 처리기간을 지나 처분을 한 경우 및 「민원 처리에 관한 법률 시행령」 제23조에 따른 민원처리진행상황 통지를 하지 않은 경우, 처분을 취소할 절차상 하자로 볼 수 없다(대판 2019. 12. 13, 2018두41907).

아니요

19 ☐☐☐　　　　　　　　　　기본서 p. 455

행정청은 다수의 행정청이 관여하는 처분을 구하는 신청을 접수한 경우에는 관계 행정청과의 신속한 협조를 통하여 그 처분이 지연되지 아니하도록 하여야 합니까?

행정청은 다수의 행정청이 관여하는 처분을 구하는 신청을 접수한 경우에는 관계 행정청과 신속한 협조를 통하여 그 처분이 지연되지 아니하도록 하여야 한다(행정절차법 제18조).

예

20 ☐☐☐　　　　　　　　　　기본서 p. 456

대형마트 영업시간 제한 등 처분시 전체 매장에 대하여 법령상 대규모점포 등의 유지·관리책임을 지는 개설자만이 그 처분상대방이 되므로, 임대매장의 임차인들을 상대로 별도의 사전통지 등 절차를 거칠 필요가 없습니까?

영업시간 제한 등 처분의 대상인 대규모점포 중 개설자의 직영매장 이외에 개설자로부터 임차하여 운영하는 임대매장이 병존하는 경우에도, 전체 매장에 대하여 법령상 대규모점포 등의 유지·관리책임을 지는 개설자만이 처분상대방이 되고, 임대매장의 임차인이 이와 별도로 처분상대방이 되는 것은 아니라고 할 것이다. 따라서 사전통지·의견청취 절차는 원고들(편저자 주 : 전체 매장에 대하여 법령상 대규모점포 등의 유지·관리책임을 지는 개설자)을 상대로 거치면 충분하고, 그 밖에 임차인들을 상대로 별도의 사전통지 등 절차를 거칠 필요가 없다(대판 2015. 11. 19, 2015두295 전합).

예

21-1 ☐☐☐   기본서 p. 456

당사자에게 권리를 부여하는 처분의 경우에도 사전통지를 하여야 합니까?

행정청은 당사자에게 <u>의무를 부과하거나 권익을 제한하는 처분을 하는 경우</u>에는 미리 처분의 제목, 당사자의 성명 또는 명칭과 주소, 의견제출기한 등을 당사자 등에게 통지하여야 한다(행정절차법 제21조 제1항).

아니요

21-2 ☐☐☐   기본서 p. 456

사전통지사항 중 의견제출기한은 의견제출에 필요한 기간을 며칠 이상으로 고려하여 정하여야 합니까?

사전통지사항 중 의견제출기한은 의견제출에 필요한 기간을 <u>10일</u> 이상으로 고려하여 정하여야 한다(행정절차법 제21조 제3항).

10일

22 ☐☐☐   기본서 p. 456

행정청이 청문을 실시하려면 청문이 시작되는 날부터 며칠 전까지 사전통지를 하여야 합니까?

행정청이 청문을 하려면 청문이 시작되는 날부터 <u>10일</u> 전까지 처분의 제목, 당사자의 성명 또는 명칭과 주소 등 통지사항을 당사자 등에게 통지하여야 한다(행정절차법 제21조 제2항 본문).

10일

23 ☐☐☐   기본서 p. 456

해당 처분의 성질상 의견청취가 현저히 곤란하거나 명백히 불필요하다고 인정될 만한 상당한 이유가 있는 경우에는 사전통지의무가 면제될 수 있습니까?

① 공공의 안전 또는 복리를 위하여 긴급히 처분을 할 필요가 있는 경우, ② 법령 등에서 요구된 자격이 없거나 없어지게 되면 반드시 일정한 처분을 하여야 하는 경우에 그 자격이 없거나 없어지게 된 사실이 법원의 재판 등에 의하여 객관적으로 증명된 경우, ③ <u>해당 처분의 성질상 의견청취가 현저히 곤란하거나 명백히 불필요하다고 인정될 만한 상당한 이유가 있는 경우</u>에는 처분의 사전통지를 하지 아니할 수 있다(행정절차법 제21조 제4항).

예

24 ☐☐☐   기본서 p. 456

사전통지의무가 면제될 경우에도 의견청취를 하여야 합니까?

사전통지는 의견청취의 전치절차로서 <u>사전통지의무가 면제되는 경우</u>에는 의견청취의무도 면제된다고 볼 수 있다(행정절차법 제22조 제4항).

아니요

25 ☐☐☐   기본서 p. 457

거부처분은 사전통지의 대상이 됩니까?

특별한 사정이 없는 한 <u>거부처분</u>은 직접 당사자의 권익을 제한하는 것은 아니어서 신청에 대한 거부처분은 처분의 <u>사전통지대상이 된 다고 할 수 없다</u>(대판 2003. 11. 28, 2003두674).

아니요

26 ☐☐☐   기본서 p. 457

행정청은 영업자지위승계신고를 수리하기 전에 양수인에게 사전통지를 하여야 합니까?

<u>영업자지위승계신고를 수리하는 처분</u>은 종전 영업자의 권익을 제한하는 처분으로서 <u>종전 영업자에 대해 행정절차법 제21·22조 규정의 행정절차를 실시하고 처분을 하여야 한다</u>(대판 2003. 2. 14, 2001두7015).

아니요

27 ☐☐☐   기본서 p. 458

고시의 방법으로 불특정 다수인을 상대로 의무를 부과하거나 권익을 제한하는 처분은 행정절차법 제22조 제3항의 의견제출절차의 대상이 되는 처분입니까?

'고시'의 방법으로 불특정 다수인을 상대로 의무를 부과하거나 권익을 제한하는 처분은 성질상 의견제출의 기회를 주어야 하는 상대방을 특정할 수 없으므로, 이와 같은 처분에 있어서까지 구 행정절차법 제22조 제3항에 의하여 그 상대방에게 의견제출의 기회를 주어야 한다고 해석할 것은 아니다(대판 2014. 10. 27, 2012두7745).

아니요

28 ☐☐☐　　　　　　　　　　기본서 p. 458
도로구역변경결정은 사전통지나 의견청취의 대상이 됩니까?

도로구역을 결정하거나 변경할 경우 이를 고시에 의하도록 하면서, 그 도면을 일반인이 열람할 수 있도록 한 점 등을 종합하여 보면, 도로구역을 변경한 처분은 행정절차법 제21조 제1항의 사전통지나 제22조 제3항의 의견청취의 대상이 되는 처분은 아니라고 할 것이다(대판 2008. 6. 12, 2007두1767).

아니요

29 ☐☐☐　　　　　　　　　　기본서 p. 458
행정청이 침해적 행정처분을 하면서 당사자에게 행정절차법상의 사전통지를 하지 않거나 의견제출의 기회를 주지 아니한 경우, 그 처분은 당연무효입니까?

행정청이 침해적 행정처분을 함에 있어서 당사자에게 행정절차법상의 사전통지를 하거나 의견제출의 기회를 주지 아니하였다면, 사전통지를 하지 않거나 의견제출의 기회를 주지 아니하여도 되는 예외적인 경우에 해당하지 아니하는 한 그 처분은 위법하여 취소를 면할 수 없다(대판 2004. 5. 28, 2004두1254).

아니요

30 ☐☐☐　　　　　　　　　　　　　　　　　　　　기본서 p. 459
정규임용처분을 취소하는 처분은 성질상 행정절차를 거치는 것이 불필요하여 행정절차법의 적용이 배제되는 경우에 해당합니까?

공무원 인사 관계 법령에 의한 처분에 관한 사항 중 성질상 행정절차를 거치기 곤란하거나 불필요하다고 인정되는 처분이나 행정절차에 준하는 절차를 거치도록 하고 있는 처분의 경우에만 행정절차법의 적용이 배제된다. 정규임용처분을 취소하는 처분은 성질상 행정절차를 거치는 것이 불필요하여 행정절차법의 적용이 배제되는 경우에 해당하지 않으므로, 그 처분을 하면서 행정절차법상 사전통지를 하거나 의견제출의 기회를 부여하지 않은 것은 위법하다(대판 2009. 1. 30, 2008두16155).

아니요

31 ☐☐☐ 미기출　　　　　　　　　　　　　　　　　기본서 p. 459
보조금반환명령 당시 사전통지 및 의견제출의 기회가 부여되었다면, 그러한 사정으로 인해 이 사건 평가인증취소처분이 구 행정절차법 제21조 제4항 제3호에서 정하고 있는 사전통지 등을 하지 아니하여도 되는 예외사유에 해당한다고 볼 수 있습니까?

평가인증취소처분은 이로 인하여 원고에 대한 인건비 등 보조금 지급이 중단되는 등 원고의 권익을 제한하는 처분에 해당하며, 보조금반환명령과는 전혀 별개의 절차로서 보조금반환명령이 있으면 피고 보건복지부장관이 평가인증을 취소할 수 있지만 반드시 취소하여야 하는 것은 아닌 점 등에 비추어 보면, 보조금반환명령 당시 사전통지 및 의견제출의 기회가 부여되었다 하더라도 그 사정만으로 이 사건 평가인증취소처분이 구 행정절차법 제21조 제4항 제3호에서 정하고 있는 사전통지 등을 하지 아니하여도 되는 예외사유에 해당한다고도 볼 수 없으므로, 구 행정절차법 제21조 제1항에 따른 사전통지를 거치지 않은 이 사건 평가인증취소처분은 위법하다(대판 2016. 11. 9, 2014두1260).

아니요

32 ☐☐☐　　　　　　　　　　기본서 p. 460
행정처분의 상대방이 청문일시에 상대방이 불출석하였다는 이유만으로 청문을 실시하지 아니하고 침해적 행정처분을 할 수 있습니까?

행정처분의 상대방이 통지된 청문일시에 불출석하였다는 이유만으로 행정청이 관계 법령상 그 실시가 요구되는 청문을 실시하지 아니한 채 침해적 행정처분을 할 수는 없을 것이므로, 행정처분의 상대방에 대한 청문통지서가 반송되었다거나, 행정처분의 상대방이 청문일시에 불출석하였다는 이유로 청문을 실시하지 아니하고 한 침해적 행정처분은 위법하다(대판 2001. 4. 13, 2000두3337).

아니요

33 ☐☐☐　　　　　　　　　　기본서 p. 460
처분상대방이 이미 행정청에 위반사실을 시인하였다는 사정은 사전통지의 예외가 적용되는 '의견청취가 현저히 곤란하거나 명백히 불필요하다고 인정될 만한 상당한 이유가 있는 경우'에 해당합니까?

사전통지나 의견제출 기회제공의 예외사유인 '의견청취가 현저히 곤란하거나 명백히 불필요하다고 인정될 만한 상당한 이유가 있는 경우'에 해당하는지는 해당 행정처분의 성질에 비추어 판단하여야 하며, 처분상대방이 이미 행정청에 위반사실을 시인하였다거나 처분의 사전통지 이전에 의견을 진술할 기회가 있었다는 사정을 고려하여 판단할 것은 아니다(대판 2017. 4. 7, 2016두63224).

아니요

34 ☐☐☐   기본서 p. 461

당사자 간의 사전협약으로 청문실시에 관한 규정의 적용을 배제할 수 있습니까?

행정청이 당사자와 사이에 도시계획사업의 시행과 관련한 협약을 체결하면서 관계 법령 및 행정절차법에 규정된 청문의 실시 등 <u>의견청취절차를 배제하는 조항을 둔 경우</u>, 청문의 실시에 관한 규정의 적용이 배제되거나 청문을 실시하지 않아도 되는 예외적인 경우에 해당한다고 할 수 없다(대판 2004. 7. 8, 2002두8350).

아니요

35 ☐☐☐   기본서 p. 461

퇴직연금의 환수결정과 같이 법령상 확정된 불이익처분의 경우에도 당사자에게 의견진술의 기회를 주지 않았다면 행정절차법 위반이 됩니까?

<u>퇴직연금의 환수결정은 당사자에게 의무를 부과하는 처분이기는</u> 하나, 관련 법령에 따라 당연히 환수금액이 정하여지는 것이므로, 퇴직연금의 환수결정에 앞서 당사자에게 의견진술의 기회를 주지 아니하여도 행정절차법 제22조 제3항이나 신의칙에 어긋나지 아니한다(대판 2000. 11. 28, 99두5443).

아니요

36 ☐☐☐   기본서 p. 462

사회복지시설에 대하여 특별감사를 실시한 후 행한 감사결과 지적사항에 대한 시정지시는 그 성질상 당사자의 사전 의견청취가 불필요하다고 볼 상당한 이유가 인정되는 경우에 해당합니까?

<u>사회복지시설에 대하여 특별감사를 실시한 후 행한 감사결과 지적사항에 대한 시정지시의 경우는 ······ 특별감사를 받은 원고 등은 감사과정을 거치면서 감사결과 및 그에 따른 감사기관의 의견표명이 있으리라는 점을 충분히 예상할 수 있어 별도로 사전에 통지를 한다거나 의견진술의 기회를 부여할 필요가 있다고 보기 어려운 점 등에 비추어 보면, 그 성질상 당사자의 사전 의견청취가 불필요하다고 볼 상당한 이유가 있는 것으로 명백히 인정되는 경우에 해당한다고 할 것이다</u>(대판 2009. 2. 12, 2008두14999).

예

37 ☐☐☐   기본서 p. 462

행정절차법상 청문절차를 거쳐야 하는 처분임에도 청문절차를 결여한 처분은 무효인 행정행위에 해당합니까?

행정절차법 제22조 제1항 제1호에 정한 청문제도의 취지상 행정처분의 근거법령 등에서 청문의 실시를 규정하고 있는 경우 <u>청문절차를 결여한 처분은 위법하나 당연무효인 것은 아니다</u>(대판 2007. 11. 16, 2005두15700).

아니요

38 ☐☐☐   기본서 p. 463

행정절차법에 따르면 행정청이 인 · 허가 등의 취소처분을 하는 경우에는 다른 법령 등에서 청문을 하도록 규정하고 있지 않더라도 청문을 실시하여야 합니까?

행정청이 처분을 할 때 ① 다른 법령 등에서 청문을 실시하도록 규정하고 있는 경우, ② 행정청이 필요하다고 인정하는 경우, ③ ㉠ <u>인 · 허가 등의 취소</u>, ㉡ 신분 · 자격의 박탈, ㉢ 법인이나 조합 등의 설립 허가의 취소의 <u>처분을 하는 경우에는 청문을 한다</u>(행정절차법 제22조 제1항).

예

39 ☐☐☐   기본서 p. 463

행정청은 청문을 하려면 청문이 시작되는 날부터 며칠 전까지 당사자 등에게 통지하여야 합니까?

행정청은 청문을 하려면 <u>청문이 시작되는 날부터 10일 전까지</u> 처분하려는 원인이 되는 사실과 처분의 내용 및 법적 근거 등을 <u>당사자 등에게 통지하여야 한다</u>(행정절차법 제21조 제2항).

10일

40 ☐☐☐   기본서 p. 465

청문 주재자는 당사자 등이 주장하지 않은 사실에 대해서도 조사할 수 있습니까?

청문 주재자는 직권으로 또는 당사자의 신청에 따라 필요한 조사를 할 수 있으며, 당사자 등이 주장하지 아니한 사실에 대하여도 조사할 수 있다(행정절차법 제33조 제1항).

예

41 □□□   기본서 p. 465

행정청은 청문을 마친 후 처분을 할 때까지 새로운 사정이 발견되어 청문을 재개(再開)할 필요가 있다고 인정할 때에는 청문의 재개를 명할 수도 있습니까?

행정청은 청문을 마친 후 처분을 할 때까지 새로운 사정이 발견되어 청문을 재개(再開)할 필요가 있다고 인정할 때에는 청문조서 등을 되돌려 보내고 청문의 재개를 명할 수 있다(행정절차법 제36조).

예

42 □□□   기본서 p. 465

행정청은 청문절차에서 나타난 사인의 의견에 구속됩니까?

행정청은 처분을 할 때에 청문 주재자로부터 청문을 마치고 제출받은 청문조서, 청문 주재자의 의견서, 그 밖의 관계 서류 등을 충분히 검토하고 상당한 이유가 있다고 인정하는 경우에는 청문결과를 반영하여야 한다(행정절차법 제35조의2). 다만, 청문결과를 반영하는 것은 필요하지만 청문절차에서 나타난 사인의 의견에 구속되는 것은 아니다.

아니요

43 □□□   기본서 p. 466

공청회는 다른 법령 등에서 규정하고 있는 경우에만 개최할 수 있습니까?

행정청이 처분을 할 때 ① 다른 법령 등에서 공청회를 개최하도록 규정하고 있는 경우, ② 해당 처분의 영향이 광범위하여 널리 의견을 수렴할 필요가 있다고 행정청이 인정하는 경우, 또는 ③ 국민생활에 큰 영향을 미치는 처분으로서 대통령령으로 정하는 처분에 대하여 대통령령으로 정하는 수 이상의 당사자 등이 공청회 개최를 요구하는 경우에는 공청회를 개최한다(행정절차법 제22조 제2항).

아니요

44 □□□   기본서 p. 466

묘지공원과 화장장의 후보지를 선정하는 과정에서 추모공원건립추진협의회가 후보지 주민들의 의견을 청취하기 위하여 그 명의로 개최한 공청회는 행정절차법에서 정한 절차를 준수하여야 합니까?

묘지공원과 화장장의 후보지를 선정하는 과정에서 서울특별시, 비영리법인, 일반기업 등이 공동발족한 협의체인 추모공원건립추진협의회가 후보지 주민들의 의견을 청취하기 위하여 그 명의로 개최한 공청회는 행정청이 도시계획시설결정을 하면서 개최한 공청회가 아니므로, 위 공청회의 개최에 관하여 행정절차법에서 정한 절차를 준수하여야 하는 것은 아니다(대판 2007. 4. 12, 2005두1893).

아니요

45 □□□   기본서 p. 467

행정청은 공청회 개최 며칠 전까지 당사자 등에게 통지하여야 합니까?

행정청은 공청회를 개최하고자 하는 경우에는 공청회 개최 14일 전까지 제목, 일시·장소, 주요 내용 등을 당사자 등에게 통지하고 관보, 공보, 인터넷 또는 일간신문 등에 공고하는 등의 방법으로 널리 알려야 한다(행정절차법 제38조 본문).

14일

46 □□□   기본서 p. 467

행정청은 공청회의 발표자를 관련 전문가 중에서 우선적으로 지명 또는 위촉하여야 하며, 적절한 발표자를 선정하지 못하거나 필요한 경우에만 발표를 신청한 자 중에서 지명할 수 있습니까?

공청회의 발표자는 발표를 신청한 사람 중에서 행정청이 선정한다. 다만, 발표를 신청한 사람이 없거나 공청회의 공정성을 확보하기 위하여 필요하다고 인정하는 경우에는 일정한 자격이 있는 사람 중에서 지명하거나 위촉할 수 있다(행정절차법 제38조의3 제2항).

아니요

47 □□□   기본서 p. 467

온라인공청회는 행정절차법 제38조에 따른 공청회와 병행하여서만 실시할 수 있고, 어떠한 경우에도 단독으로 개최할 수 없습니까?

행정청은 행정절차법 제38조에 따른 공청회와 병행하여서만 정보통신망을 이용한 공청회(이하 '온라인공청회'라 한다)를 실시할 수 있다(행정절차법 제38조의2 제1항). 그럼에도 불구하고 ① 국민의 생명·신체·재산의 보호 등 국민의 안전 또는 권익보호 등의 이유로 공청회를 개최하기 어려운 경우, ② 공청회가 행정청이 책임질 수 없는 사유로 개최되지 못하거나 개최는 되었으나 정상적으로 진행되지 못하고 무산된 횟수가 3회 이상인 경우, ③ 행정청이 널리 의견을 수렴하기 위하여 온라인공청회를 단독으로 개최할 필요가 있다고 인정하는 경우에는 온라인공청회를 단독으로 개최할 수 있다(동법 제38조의2 제2항).

아니요

48 ☐☐☐   기본서 p. 469

행정청은 처분을 할 때에 당사자 등이 제출한 의견이 상당한 이유가 있다고 인정하는 경우라도 이를 반영하지 않을 수 있습니까?

행정청은 처분을 할 때에 당사자 등이 제출한 의견이 상당한 이유가 있다고 인정하는 경우에는 이를 반영하여야 한다(행정절차법 제27조의2 제1항).

아니요

49 ☐☐☐   기본서 p. 472

재량행위뿐만 아니라 기속행위의 경우에도 행정처분의 절차상 하자만으로 독자적인 취소사유가 됩니까?

재량행위뿐만 아니라 조세부과처분과 같은 기속행위의 경우에도 절차하자를 독자적 위법사유로 인정하는 것이 판례의 입장이다.
❶ (기속행위인 과세처분 관련) 납세고지서에 필요한 사항의 기재가 누락된 경우 과세처분은 위법한 처분이다(대판 1984. 5. 9, 84누116).
❷ (재량행위인 영업정지처분 관련) 청문절차에 하자가 있는 경우 처분은 위법하다(대판 1991. 7. 9, 91누971).

예

50 ☐☐☐ 미기총   기본서 p. 473

수감자 징벌처분시, 교도소장이 아닌 일반교도관 등에 의하여 징벌내용이 고지됨으로써 절차상의 하자가 있는 것만으로 국가배상책임이 인정됩니까?

교도소장이 아닌 일반교도관 등에 의하여 징벌내용이 고지됨으로써 절차상의 하자가 있는 징벌처분에 대해 국가배상책임을 부정하면서 징벌처분이 위법하다는 이유로 국가배상책임을 인정하기 위하여는 징벌절차의 진행경과, 징벌의 내용 및 그 집행경과 등 제반 사정을 종합적으로 고려하여 징벌처분이 객관적 정당성을 상실하고 이로 인하여 손해의 전보책임을 국가에게 부담시켜야 할 실질적인 이유가 있다고 인정되어야 한다는 것이 판례의 입장이다(대판 2004. 12. 9, 2003다50184).

아니요

51 ☐☐☐   핵심집약 p. 352

절차상의 하자를 이유로 과세처분을 취소하는 판결이 확정되었다면, 어떤 경우에 다시 새로운 과세처분을 할 수 있습니까?

과세처분이 청문의 하자를 이유로 취소판결이 난 후 행정청이 청문의 하자를 보완하여 다시 동일한 과세처분을 한 경우, 후의 과세처분은 취소된 종전의 처분과는 별개의 처분에 해당하므로 판결의 기속력에 반하지 않는 적법한 처분이라는 것이 통설과 판례의 입장이다.

절차상의 하자를 보완한 경우

01 ☐☐☐　　　　　　　　　　　　기본서 p. 476

정보공개의 헌법적 근거는 무엇입니까?

헌법재판소는 정보공개청구권은 알권리의 한 요소를 이루며, 이러한 알권리는 헌법 제21조상의 표현의 자유에서 도출된다고 보고 있다. 따라서 정보공개청구권은 이를 인정하는 법률규정이 존재하지 않는 경우에도 알권리에 근거하여 인정된다. 한편, 대법원도 알권리를 자유권적 성질과 청구권적 성질을 공유하는 것으로 보고 있으며, 알권리를 헌법 제21조에 의하여 직접 보장되는 권리로 보고 있다.

국민의 알권리

02 ☐☐☐　　　　　　　　　　　　기본서 p. 476

정보공개청구권은 이를 인정하는 법률규정이 존재하지 않는 경우에도 인정될 수 있습니까?

국민의 '알권리', 즉 정보에의 접근·수집·처리의 자유는 자유권적 성질과 청구권적 성질을 공유하는 것으로서 헌법 제21조에 의하여 직접 보장되는 권리이다(대판 2009. 12. 10, 2009두12785).

예

03 ☐☐☐　　　　　　　　　　　　기본서 p. 479

국가나 지방자치단체로부터 보조금을 받는 사회복지법인도 「공공기관의 정보공개에 관한 법률」상의 공공기관에 해당합니까?

사회복지사업법 제42조 제1항에 따라 국가나 지방자치단체로부터 보조금을 받는 사회복지법인과 사회복지사업을 하는 비영리법인은 공공기관에 해당한다(「공공기관의 정보공개에 관한 법률 시행령」 제2조).

예

04-1 ☐☐☐　　　　　　　　　　　기본서 p. 479

사립대학교는 「공공기관의 정보공개에 관한 법률」상의 공공기관에 해당합니까?

사립대학교는 「공공기관의 정보공개에 관한 법률」상의 공공기관이다.

예

04-2 ☐☐☐　　　　　　　　　　　기본서 p. 479

사립대학교는 국비의 지원을 받는 범위 내에서만 공공기관의 성격을 가집니까?

구 「공공기관의 정보공개에 관한 법률 시행령」 제2조 제1호가 정보공개의무를 지는 공공기관의 하나로 사립대학교를 들고 있는 것이 모법의 위임범위를 벗어났다거나 사립대학교가 국비의 지원을 받는 범위 내에서만 공공기관의 성격을 가진다고 볼 수 없다(대판 2006. 8. 24, 2004두2783).

아니요

05 ☐☐☐　　　　　　　　　　　기본서 p. 479~480

판례는 '특별법에 의하여 설립된 특수법인'이라는 점만으로 정보공개의무를 인정하고 있으며, 해당 법인의 역할과 기능에서 정보공개의무를 지는 공공기관에 해당하는지 여부를 판단하지 않습니까?

어느 법인이 「공공기관의 정보공개에 관한 법률」 제2조 제3호 등에 따라 정보를 공개할 의무가 있는 '특별법에 의하여 설립된 특수법인'에 해당하는가는, …… 그 업무수행으로써 추구하는 이익이 당해 법인 내부의 이익에 그치지 않고 공동체 전체의 이익에 해당하는 공익적 성격을 갖는지 여부를 중심으로 개별적으로 판단하여야 한다(대판 2010. 4. 29, 2008두5643).

아니요

06 ☐☐☐　　　　　　　　　　　기본서 p. 480

형사소송법은 형사재판확정기록의 공개 여부 등에 대하여 「공공기관의 정보공개에 관한 법률」과 달리 규정하고 있으므로, 형사재판확정기록의 공개에 관하여는 「공공기관의 정보공개에 관한 법률」에 의한 공개청구가 허용되지 않습니까?

형사소송법 제59조의2는 형사재판확정기록의 공개 여부나 공개범위, 불복절차 등에 대하여 「공공기관의 정보공개에 관한 법률」(이하 '정보공개법'이라 한다)과 달리 규정하고 있는 것으로 정보공개법 제4조 제1항에서 정한 '정보의 공개에 관하여 다른 법률에 특별한 규정이 있는 경우'에 해당하는 바, 형사재판확정기록의 공개에 관하여는 정보공개법에 의한 공개청구가 허용되지 아니한다(대판 2016. 12. 15, 2013두20882).

예

07 ☐☐☐   기본서 p. 481
법인, 법인격 없는 사단·재단도 정보공개를 청구할 수 있습니까?

모든 국민은 정보의 공개를 청구할 권리를 가지며(「공공기관의 정보공개에 관한 법률」 제5조 제1항), 정보공개청구권을 가지는 국민에는 자연인, 법인, 법인격 없는 사단 등이 모두 포함되며 법인, 법인격 없는 사단 등의 경우에는 설립목적을 불문한다(대판 2003. 12. 12, 2003두8050).

예

08 ☐☐☐   기본서 p. 481
지방자치단체는 정보공개청구권자인 국민에 해당합니까?

지방자치단체는 정보공개의무자에 해당할 뿐 정보공개청구권자인 국민에 해당하지 않는다.

아니요

09 ☐☐☐   기본서 p. 481
외국인은 주소가 있어야만 정보공개청구를 할 수 있습니까?

① 국내에 일정한 주소를 두고 거주하거나 ② 학술·연구를 위하여 일시적으로 체류하는 사람이라면 외국인도 정보공개청구권이 인정된다(「공공기관의 정보공개에 관한 법률 시행령」 제3조 제1호).

아니요

10 ☐☐☐   기본서 p. 483
정보공개를 요구받은 공공기관은 법률 제 몇 호의 비공개사유에 해당하는지를 주장·입증하여야 하며, 개괄적 사유만을 들어 공개를 거부할 수 없습니까?

정보공개를 거부하는 경우라 할지라도 대상이 된 정보의 내용을 구체적으로 확인·검토하여 어느 부분이 어떠한 법익 또는 기본권과 충돌되어 「공공기관의 정보공개에 관한 법률」 제7조(현 제9조) 제1항 몇 호에서 정하고 있는 비공개사유에 해당하는지를 주장·입증하여야만 할 것이며, 그에 이르지 아니한 채 개괄적인 사유만을 들어 공개를 거부하는 것은 허용되지 아니한다(대판 2003. 12. 11, 2001두8827).

예

11 ☐☐☐   기본서 p. 483
법률에서 위임한 명령에 따라 비밀이나 비공개사항으로 규정된 정보는 비공개대상정보에 해당하는데, 이 경우 명령에는 대통령령과 조례뿐만 아니라 부령도 포함됩니까?

공공기관이 보유·관리하는 정보는 공개대상이 된다. 다만, 다른 법률 또는 법률에서 위임한 명령(국회규칙·대법원규칙·헌법재판소규칙·중앙선거관리위원회규칙·대통령령 및 조례로 한정한다)에 따라 비밀이나 비공개사항으로 규정된 정보는 공개하지 아니할 수 있다(「공공기관의 정보공개에 관한 법률」 제9조 제1항 제1호).

아니요

12 ☐☐☐   기본서 p. 484
교육공무원의 근무성적평정결과는 비공개정보에 해당합니까?

교육공무원의 근무성적평정의 결과를 공개하지 아니한다고 규정하고 있는 교육공무원승진규정 제26조를 근거로 정보공개청구를 거부하는 것은 위법이다(공개대상정보)(대판 2006. 10. 26, 2006두11910).

아니요

13 ☐☐☐   기본서 p. 484
'학교폭력대책자치위원회 회의록'은 「공공기관의 정보공개에 관한 법률」 제9조 제1항 제1호의 비공개대상정보에 해당합니까?

학교폭력대책자치위원회가 피해학생의 보호를 위한 조치, 가해학생에 대한 조치, 학교폭력과 관련된 분쟁의 조정 등에 관하여 심의한 결과를 기재한 회의록은 「공공기관의 정보공개에 관한 법률」 제9조 제1항 제5호의 '공개될 경우 업무의 공정한 수행에 현저한 지장을 초래한다고 인정할 만한 상당한 이유가 있는 정보'에 해당한다고 보아야 할 것이다(대판 2010. 6. 10, 2010두2913).

예

14 ☐☐☐   기본서 p. 485
보안관찰처분 관련 통계자료는 공개대상입니까?

보안관찰처분 관련 통계자료는 공개될 경우 국가의 중대한 이익을 해할 우려가 있는 정보 등에 해당한다(대판 2004. 3. 18, 2001두8254 전합 다수의견).

아니요

15 ☐☐☐   기본서 p. 485

비공개대상정보로서의 '진행 중인 재판에 관련된 정보'란 재판에 관련된 일체의 정보를 말합니까?

'진행 중인 재판에 관련된 정보'란 재판에 관련된 일체의 정보가 그에 해당하는 것은 아니고 진행 중인 재판의 심리 또는 재판결과에 구체적으로 영향을 미칠 위험이 있는 정보에 한정된다고 보는 것이 타당하다(대판 2011. 11. 24, 2009두19021).

아니요

16 ☐☐☐   기본서 p. 486

사법시험 응시자가 자신의 제2차 시험 답안지에 대한 열람청구를 한 경우, 그 답안지는 정보공개대상에 해당합니까?

사법시험 제2차 시험의 답안지 열람은 시험문항에 대한 채점위원별 채점 결과의 열람과 달리 사법시험업무의 수행에 현저한 지장을 초래한다고 볼 수 없다(대판 2003. 3. 14, 2000두6114).

예

17 ☐☐☐   기본서 p. 487

독립유공자서훈 공적심사위원회의 심의 · 의결과정 및 그 내용을 기재한 회의록은 독립유공자 등록에 관한 신청당사자의 알권리 보장과 공정한 업무수행을 위해서 공개되어야 합니까?

독립유공자서훈 공적심사위원회의 심의 · 의결과정 및 그 내용을 기재한 회의록은 「공공기관의 정보공개에 관한 법률」 제9조 제1항 제5호에서 정한 '공개될 경우 업무의 공정한 수행에 현저한 지장을 초래한다고 인정할 만한 상당한 이유가 있는 정보'에 해당한다(비공개대상)(대판 2014. 7. 24, 2013두20301).

아니요

18 ☐☐☐   기본서 p. 487

외국기관으로부터 비공개를 전제로 정보를 입수하였다는 이유만으로, 이를 공개할 경우 업무의 공정한 수행에 현저한 지장을 받을 것이라 단정할 수는 없습니까?

외국 또는 외국기관으로부터 비공개를 전제로 정보를 입수하였다는 이유만으로 이를 공개할 경우 업무의 공정한 수행에 현저한 지장을 받을 것이라고 단정할 수는 없다. 다만, 위와 같은 사정은 정보제공자와의 관계, 정보제공자의 의사, 정보의 취득경위, 정보의 내용 등과 함께 업무의 공정한 수행에 현저한 지장이 있는지를 판단할 때 고려하여야 할 형량요소이다(대판 2018. 9. 28, 2017두69892).

예

19 ☐☐☐   기본서 p. 487

도시공원위원회의 회의 관련 자료 및 회의록은 시장 등의 결정의 대외적 공표행위가 있은 후에는 공개대상이 될 수 있습니까?

도시공원위원회의 회의 관련 자료 및 회의록은 시장 등의 결정의 대외적 공표행위가 있은 후에는 이를 의사결정과정이나 내부검토 과정에 있는 사항이라고 할 수 없고, 위 위원회의 회의 관련 자료 및 회의록을 공개하더라도 업무의 공정한 수행에 지장을 초래할 염려가 없으므로 공개대상이 된다(대판 2000. 5. 30, 99추85).

예

20 ☐☐☐   기본서 p. 488

직무를 수행한 공무원의 성명과 직위는 「공공기관의 정보공개에 관한 법률」에 규정된 공개대상정보에 해당합니까?

직무를 수행한 공무원의 성명 · 직위 등 개인에 관한 정보는 공개대상이 된다(「공공기관의 정보공개에 관한 법률」 제9조 제1항 제6호 라목).

예

21 ☐☐☐   기본서 p. 488

공공기관이 보유 · 관리하고 있는 개인정보의 공개에 관하여는 구 「공공기관의 정보공개에 관한 법률」 제9조 제1항 제6호가 「개인정보 보호법」에 우선하여 적용됩니까?

공공기관이 보유 · 관리하고 있는 개인정보의 공개에 관하여는 구 「공공기관의 정보공개에 관한 법률」 제9조 제1항 제6호가 「개인정보 보호법」에 우선하여 적용된다(대판 2021. 11. 11, 2015두53770).

예

22 ☐☐☐   기본서 p. 488

공무원이 직무와 관련 없이 개인적 자격으로 금품을 수령한 정보는 공개대상이 되는 정보입니까?

공무원이 '직무와 관련 없이' 개인적인 자격으로 간담회 · 연찬회 등 행사에 참석하고 금품을 수령한 정보는 구 「공공기관의 정보공개에 관한 법률」 제7조(현 제9조) 제1항 제6호 단서 다목 소정의 '공개하는 것이 공익을 위하여 필요하다고 인정되는 정보'에 해당하지 않는다(비공개대상정보)(대판 2003. 12. 12, 2003두8050).

아니요

23 ☐☐☐   기본서 p. 488

사면대상자들의 사면실시건의서와 그와 관련된 국무회의 안건자료에 관한 정보는 구 「공공기관의 정보공개에 관한 법률」에서 정한 비공개사유에 해당합니까?

사면대상자들의 사면실시건의서와 그와 관련된 국무회의 안건자료에 관한 정보는 그 공개로 얻는 이익이 그로 인하여 침해되는 당사자들의 사생활의 비밀에 관한 이익보다 더욱 크므로 구 「공공기관의 정보공개에 관한 법률」 제7조(현 제9조) 제1항 제6호에서 정한 비공개사유에 해당하지 않는다(대판 2006. 12. 7, 2005두241).

아니요

24 ☐☐☐   기본서 p. 488~489

지방자치단체의 업무추진비 세부항목별 집행내역 및 그에 관한 증빙서류에 포함된 개인에 관한 정보는 「공공기관의 정보공개에 관한 법률」 소정의 '공개하는 것이 공익을 위하여 필요하다고 인정되는 정보'에 해당하여 공개대상이 됩니까?

지방자치단체의 업무추진비 세부항목별 집행내역 및 그에 관한 증빙서류에 포함된 개인에 관한 정보는 '공개하는 것이 공익을 위하여 필요하다고 인정되는 정보'에 해당하지 않는다(대판 2003. 3. 11, 2001두6425).

아니요

25 ☐☐☐   기본서 p. 489

「공공기관의 정보공개에 관한 법률」상 비공개대상정보에는 성명·주민등록번호 등 개인에 관한 사항으로서 공개될 경우 사생활의 비밀 또는 자유를 침해할 우려가 있다고 인정되는 정보도 포함합니까?

「공공기관의 정보공개에 관한 법률」 제9조 제1항 제6호 본문에서 정한 '당해 정보에 포함되어 있는 이름·주민등록번호 등 개인에 관한 사항으로서 공개될 경우 개인의 사생활의 비밀 또는 자유를 침해할 우려가 있다고 인정되는 정보'는 이름·주민등록번호 등 정보 형식이나 유형을 기준으로 비공개대상정보에 해당하는지를 판단하는 '개인식별정보'뿐만 아니라 그 외에 정보의 내용을 구체적으로 살펴 '개인에 관한 사항의 공개로 개인의 내밀한 내용의 비밀 등이 알려지게 되고, 그 결과 인격적·정신적 내면생활에 지장을 초래하거나 자유로운 사생활을 영위할 수 없게 될 위험성이 있는 정보'도 포함된다고 새겨야 한다(대판 2012. 6. 18, 2011두2361 전합).

예

26 ☐☐☐   기본서 p. 491

공개청구의 대상이 되는 정보는 반드시 원본이어야 합니까?

「공공기관의 정보공개에 관한 법률」상 공개청구의 대상이 되는 정보에란 공공기관이 직무상 작성 또는 취득하여 현재 보유·관리하고 있는 문서에 한정되는 것이기는 하나, 그 문서가 반드시 원본일 필요는 없다(대판 2006. 5. 25, 2006두3049).

아니요

27 ☐☐☐   기본서 p. 492

오로지 담당공무원을 괴롭힐 목적으로 행사하는 정보공개청구라고 하더라도 정보공개청구권의 행사를 허용하여야 합니까?

해당 정보를 취득 또는 활용할 의사가 전혀 없이 정보공개제도를 이용하여 사회통념상 용인될 수 없는 부당한 이득을 얻으려 하거나, 오로지 공공기관의 담당공무원을 괴롭힐 목적으로 정보공개청구를 하는 경우처럼 권리의 남용에 해당하는 것이 명백한 경우에는 정보공개청구권의 행사를 허용하지 아니하는 것이 옳다(대판 2014. 12. 24, 2014두9349).

아니요

28 ☐☐☐   기본서 p. 492

이미 다른 사람에게 공개되어 널리 알려진 정보는 정보공개청구의 대상이 되지 않습니까?

공개청구의 대상이 되는 정보가 이미 다른 사람에게 공개되어 널리 알려져 있다거나 인터넷이나 관보 등을 통하여 공개되어 인터넷 검색이나 도서관에서의 열람 등을 통하여 쉽게 알 수 있다 하여 소의 이익이 없다고 볼 수 없고 비공개결정이 정당화될 수도 없다(대판 2008. 11. 27, 2005두15694).

아니요

29 ☐☐☐   기본서 p. 493

정보의 공개를 청구하는 자는 정보공개청구서에 청구대상정보를 기재함에 있어서 사회일반인의 관점에서 청구대상정보의 내용과 범위를 확정할 수 있을 정도로 특정함을 요합니까?

「공공기관의 정보공개에 관한 법률」에 따른 정보공개청구시 청구대상정보를 기재함에 있어서는 사회일반인의 관점에서 청구대상정보의 내용과 범위를 확정할 수 있을 정도로 특정함을 요한다(대판 2007. 6. 1, 2007두2555).

예

30 ☐☐☐   기본서 p. 493

공공기관은 공개대상정보가 제3자와 관련이 있다고 인정되는 경우에는 반드시 공개청구된 사실을 제3자에게 통지하고 그에 대한 의견을 청취한 다음에 공개 여부를 결정하여야 합니까?

공공기관은 공개청구된 공개대상정보의 전부 또는 일부가 제3자와 관련이 있다고 인정할 때에는 그 사실을 제3자에게 지체 없이 통지하여야 하며, 필요한 경우에는 그의 의견을 들을 수 있다(「공공기관의 정보공개에 관한 법률」 제11조 제3항).

아니요

31-2 ☐☐☐   기본서 p. 495

공공기관은 공개대상정보의 양이 너무 많아 정상적인 업무수행에 현저한 지장을 초래할 우려가 있는 경우, 이를 기간별로 나누어 교부하여야만 합니까?

공공기관은 공개대상정보의 양이 너무 많아 정상적인 업무수행에 현저한 지장을 초래할 우려가 있는 경우에는 해당 정보를 일정 기간별로 나누어 제공하거나 사본·복제물의 교부 또는 열람과 병행하여 제공할 수 있다(「공공기관의 정보공개에 관한 법률」 제13조 제3항).

아니요

33 ☐☐☐   기본서 p. 495

비공개대상정보에 해당하는 부분과 공개가 가능한 부분이 혼합되어 있는 경우로서 두 부분을 분리할 수 있더라도 공개대상정보에 해당하는 부분만 공개할 수는 없습니까?

공개청구한 정보가 비공개대상정보에 해당하는 부분과 공개 가능한 부분이 혼합되어 있는 경우로서 공개청구의 취지에 어긋나지 아니하는 범위에서 두 부분을 분리할 수 있는 경우에는 비공개대상정보에 해당하는 부분을 제외하고 공개하여야 한다(「공공기관의 정보공개에 관한 법률」 제14조).

아니요

35 ☐☐☐   기본서 p. 496

"비공개대상정보에 해당하는 부분과 공개가 가능한 부분을 분리할 수 있다."라고 함은 물리적으로 분리가능한 경우를 의미하는 것으로, 비공개대상정보에 관련된 기술 등을 삭제하고 나머지 정보만을 공개하는 것이 가능한 경우는 이에 포함되지 않습니까?

"비공개대상정보에 해당하는 부분과 공개가 가능한 부분을 분리할 수 있다."라고 함은 물리적으로 분리가능한 경우를 의미하는 것이 아니고 비공개대상정보에 관련된 기술 등을 삭제하고 나머지 정보만을 공개하는 것이 가능한 경우까지 포함한다(대판 2004. 12. 9, 2003두12707).

아니요

31-1 ☐☐☐   기본서 p. 495

공공기관은 청구인이 사본 또는 복제물의 교부를 원하는 경우, 이를 교부하여야 합니까?

공공기관은 청구인이 사본 또는 복제물의 교부를 원하는 경우에는 이를 교부하여야 한다(「공공기관의 정보공개에 관한 법률」 제13조 제2항).

예

32 ☐☐☐   기본서 p. 495

공공기관이 정보공개청구권자가 신청한 공개방법 이외의 방법으로 정보를 공개하기로 하는 결정을 하였다면, 정보공개청구자는 이에 대하여 항고소송으로 다툴 수 있습니까?

공공기관이 공개청구의 대상이 된 정보를 공개는 하되, 청구인이 신청한 공개방법 이외의 방법으로 공개하기로 하는 결정을 하였다면, 이는 정보공개청구 중 정보공개방법에 관한 부분에 대하여 일부 거부처분을 한 것이고, 청구인은 그에 대하여 항고소송으로 다툴 수 있다(대판 2016. 11. 10, 2016두44674).

예

34 ☐☐☐   기본서 p. 496

한·일 군사정보보호협정과 한·일 상호군수지원협정 관련 각종 회의자료 및 회의록은 비공개대상정보에 해당하고, 부분공개도 가능하지 않는 것입니까?

한·일 군사정보보호협정과 한·일 상호군수지원협정 관련 각종 회의자료, 회의록은 「공공기관의 정보공개에 관한 법률」 제9조 제1항 제2호에서 정한 비공개대상정보에 해당하고, 공개가 가능한 부분과 공개가 불가능한 부분을 쉽게 분리하는 것이 불가능하여 같은 법 제14조에 따른 부분공개도 가능하지 않다(대판 2019. 1. 17, 2015두46512).

예

36 ☐☐☐   기본서 p. 496

전자적 형태로 관리하는 정보에 대해 청구인이 전자적 형태로 공개할 것을 요구하면 원칙적으로 어떻게 하여야 합니까?

공공기관은 '전자적 형태로 보유·관리하는 정보'에 대하여 청구인이 전자적 형태로 공개하여 줄 것을 요청하는 경우에는 그 정보의 성질상 현저히 곤란한 경우를 제외하고는 청구인의 요청에 따라야 한다(「공공기관의 정보공개에 관한 법률」 제15조 제1항).

요청에 따라야 한다.

37 ☐☐☐　　　　　　　　　　　기본서 p. 497

정보공개 및 우송에 드는 비용은 누가 부담합니까?

정보의 공개 및 우송 등에 드는 비용은 실비(實費)의 범위에서 청구인이 부담한다(「공공기관의 정보공개에 관한 법률」 제17조 제1항). 다만, 공개를 청구하는 정보의 사용 목적이 공공복리의 유지 · 증진을 위하여 필요하다고 인정되는 경우에는 정보의 공개 및 우송 등에 드는 비용을 감면할 수 있다(동법 제17조 제2항).

　　　　　　　　　　　　　　　　　　정보공개청구인

38 ☐☐☐　　　　　　　　　　　기본서 p. 498

정보공개청구인은 불복과 관련하여 이의신청을 거치지 않고 행정심판을 청구할 수 있습니까?

정보공개청구인은 이의신청절차를 거치지 아니하고 행정심판을 청구할 수 있다(「공공기관의 정보공개에 관한 법률」, 제19조 제2항).

　　　　　　　　　　　　　　　　　　　　　　예

39 ☐☐☐　　　　　　　　　　　기본서 p. 499

정보공개를 청구하였다가 공개거부처분을 받았다는 사실만으로 거부처분의 취소를 구할 법률상 이익이 있습니까?

정보공개를 청구하였다가 거부처분을 받은 것 자체가 법률상 이익의 침해에 해당한다(대판 2004. 8. 20, 2003두8302).

　　　　　　　　　　　　　　　　　　　　　　예

40 ☐☐☐　　　　　　　　　　　기본서 p. 499

견책처분을 받은 공무원이 징계위원회 참여위원의 성명과 직위에 대한 정보공개청구를 하였으나 거부처분을 받았는데, 대상 징계처분에 대한 취소소송에서 해당 공무원의 취소청구가 기각된 경우에는 정보공개거부처분의 취소를 구할 법률상 이익이 없습니까?

(견책처분을 받은 甲이 사단장에게 징계위원회에 참여한 징계위원의 성명과 직위에 대한 정보공개청구를 하였으나 정보공개를 거부한 사안에서) 비록 징계처분 취소사건에서 甲의 청구를 기각하는 판결이 확정되었더라도 이러한 사정만으로 처분의 취소를 구할 이익이 없어지지 않고, 사단장이 甲의 정보공개청구를 거부한 이상 甲으로서는 여전히 정보공개거부처분의 취소를 구할 법률상 이익이 있다(대판 2022. 5. 26, 2022두33439).

　　　　　　　　　　　　　　　　　　　　　아니요

41 ☐☐☐　　　　　　　　　　　　　　　　　　　　　　　　　기본서 p. 499

정보비공개결정 취소소송에서 공공기관이 청구정보를 증거로 법원에 제출하여 법원을 통하여 그 사본을 청구인에게 교부되게 하여 정보를 공개하게 된 경우에는 비공개결정의 취소를 구할 소의 이익이 소멸합니까?

청구인이 정보공개거부처분의 취소를 구하는 소송에서 공공기관이 청구정보를 증거 등으로 법원에 제출하여 법원을 통하여 그 사본을 청구인에게 교부 또는 송달되게 하여 결과적으로 청구인에게 정보를 공개하는 셈이 되었다고 하더라도, 이러한 우회적인 방법은 정보공개법이 예정하고 있지 아니한 방법으로서 「공공기관의 정보공개에 관한 법률」에 의한 공개라고 볼 수는 없으므로, 당해 정보의 비공개결정의 취소를 구할 소의 이익은 소멸되지 않는다(대판 2016. 12. 15, 2012두11409 · 11416).

　　　　　　　　　　　　　　　　　　　　　　　　　　　　　　아니요

42 ☐☐☐　　　　　　　　　　　기본서 p. 500

「공공기관의 정보공개에 관한 법률」상 정보공개청구권자가 청구대상정보를 기재함에 있어서는 사회일반인의 관점에서 청구대상정보의 내용과 범위를 확정할 수 있을 정도로 특정하여야 합니까?

구 「공공기관의 정보공개에 관한 법률」에 '공개를 청구하는 정보의 내용' 등을 기재하도록 규정하고 있다. 청구인이 이에 따라 청구대상정보를 기재할 때에는 사회일반인의 관점에서 청구대상정보의 내용과 범위를 확정할 수 있을 정도로 특정하여야 한다(대판 2018. 4. 12, 2014두5477).

　　　　　　　　　　　　　　　　　　　　　　예

43 ☐☐☐　　　　　　　　　　　기본서 p. 500

공개대상정보를 공공기관이 한때 보유 · 관리하였으나 후에 그 문서 등이 폐기되어 존재하지 않게 된 것이라면, 그 정보를 더 이상 보유 · 관리하고 있지 아니하다는 점에 대한 입증책임은 누구에게 있습니까?

공개대상정보를 공공기관이 한때 보유 · 관리하였으나 후에 그 문서 등이 폐기되어 존재하지 않게 된 것이라면, 그 정보를 더 이상 보유 · 관리하고 있지 아니하다는 점에 대한 입증책임은 공공기관에 있다(대판 2004. 12. 9, 2003두12707).

　　　　　　　　　　　　　　　　　　　　공공기관

44 ☐☐☐ 기본서 p. 501

공공기관이 보유 · 관리하고 있는 정보가 제3자와 관련이 있는 경우, 제3자의 비공개 요청이 있다는 사유만으로도 「공공기관의 정보공개에 관한 법률」상 정보의 비공개사유에 해당합니까?

공공기관이 보유 · 관리하고 있는 정보가 제3자와 관련이 있는 경우, 제3자가 비공개를 요청하였다고 하여 「공공기관의 정보공개에 관한 법률」상 정보의 비공개사유에 해당하는 것은 아니다(대판 2008. 9. 25, 2008두8680).

아니요

45 ☐☐☐ 기본서 p. 503

정보공개에 관한 정책수립 및 제도개선에 관한 사항 등을 심의 · 조정하기 위하여 대통령 소속으로 정보공개위원회를 둡니까?

정보공개에 관한 정책수립 및 제도개선에 관한 사항 등을 심의 · 조정하기 위하여 행정안전부장관 소속으로 정보공개위원회를 둔다 (「공공기관의 정보공개에 관한 법률」 제22조 제1호).

아니요

01 ☐☐☐   기본서 p. 511

부과관청이 추후에 부과금 산정기준이 되는 새로운 자료가 나올 경우 과징금액이 변경될 수도 있다고 유보하며 과징금을 부과하였다면, 새로운 자료가 나온 것을 이유로 새로이 부과처분을 할 수 있습니까?

과징금은 …… 같은 법이 규정한 범위 내에서 그 부과처분 당시까지 부과관청이 확인한 사실을 기초로 일의적으로 확정되어야 할 것이고, 그렇지 않고 부과관청이 과징금을 부과하면서 추후에 부과금 산정기준이 되는 새로운 자료가 나올 경우에는 과징금액이 변경될 수도 있다고 유보한다든지, 실제로 추후에 새로운 자료가 나왔다고 하여 새로운 부과처분을 할 수는 없다(대판 1999. 5. 28, 99두1571).

아니요

02 ☐☐☐   기본서 p. 512

과징금 부과처분은 행정소송의 대상이 되는 처분입니까?

과징금 부과행위는 침익적 행정행위로서 과징금 부과처분은 행정소송의 대상이 되는 처분에 해당한다.

예

03 ☐☐☐   기본서 p. 511

관할 행정청이 여객자동차운송사업자가 범한 여러 가지 위반행위 중 일부만 인지하여 과징금 부과처분을 하였는데 그 후 과징금 부과처분 시점 이전에 이루어진 다른 위반행위를 인지하여 이에 대하여 별도의 과징금 부과처분을 하게 되는 경우, 종전 과징금 부과처분의 대상이 된 위반행위와 추가 과징금 부과처분의 대상이 된 위반행위에 대하여 일괄하여 하나의 과징금 부과처분을 하는 경우와의 형평을 고려하여 추가 과징금 부과처분의 처분양정이 이루어져야 합니까?

관할 행정청이 여객자동차운송사업자가 범한 여러 가지 위반행위 중 일부만 인지하여 과징금 부과처분을 하였는데 그 후 과징금 부과처분 시점 이전에 이루어진 다른 위반행위를 인지하여 이에 대하여 별도의 과징금 부과처분을 하게 되는 경우에도 종전 과징금 부과처분의 대상이 된 위반행위와 추가 과징금 부과처분의 대상이 된 위반행위에 대하여 일괄하여 하나의 과징금 부과처분을 하는 경우와의 형평을 고려하여 추가 과징금 부과처분의 처분양정이 이루어져야 한다(대판 2021. 2. 4, 2020두48390).

예

04 ☐☐☐   기본서 p. 512

과징금 부과행위는 일반적으로 기속행위입니까?

과징금 부과행위는 일반적으로 재량행위이나, 기속행위인 경우도 있다.

아니요

05 ☐☐☐   기본서 p. 512

과징금은 한꺼번에 납부하는 것을 원칙으로 합니까?

과징금은 한꺼번에 납부하는 것을 원칙으로 한다. 다만, 행정청은 과징금을 부과받은 자가 일정한 사유로 과징금 전액을 한꺼번에 내기 어렵다고 인정될 때에는 그 납부기한을 연기하거나 분할납부하게 할 수 있으며, 이 경우 필요하다고 인정하면 담보를 제공하게 할 수 있다(행정기본법 제29조).

예

06 ☐☐☐   기본서 p. 512~513

과징금을 부과받은 자가 사망한 경우, 그 의무는 상속인에게 승계됩니까?

과징금 납부의무는 일신전속적 의무가 아니므로 과징금을 부과받은 자가 사망한 경우 상속인에게 승계된다는 것이 판례의 입장이다(대판 1999. 5. 14, 99두35).

예

07 ☐☐☐   기본서 p. 513

재량행위인 과징금의 경우, 법이 정한 한도액을 초과하면 법원은 그 초과 부분만을 취소할 수 있습니까?

법원은 재량행위인 과징금의 경우, 초과한 과징금 부분만 취소할 수는 없고 그 전부를 취소할 수밖에 없다고 한다.

아니요

08 ☐☐☐   기본서 p. 513

행정법규 위반에 대해 행정형벌을 부과하고 별도로 과징금을 부과하는 것은 이중처벌금지에 위반됩니까?

과징금은 범죄에 대한 국가의 형벌권 실행으로서의 처벌이 아니므로, 행정법규 위반에 대해 행정형벌을 부과하고 별도로 과징금을 부과하는 것은 이중처벌금지에 위반되지 않는다.

아니요

09 ☐☐☐   기본서 p. 513

가산세란 국세기본법 및 세법상 신고 등 의무의 성실한 이행을 확보하기 위하여 그 세법에 의하여 산출된 세액에 가산하여 징수하는 금액을 말하는 것으로 행정벌·형사벌과 병과될 수 있습니까?

가산세란 국세기본법 및 세법에 규정하는 신고 등 의무의 성실한 이행을 확보하기 위하여 그 세법에 의하여 산출된 세액에 가산하여 징수하는 금액으로서 본래의 조세채무와는 별개로 부과되는 세금을 말하고, 가산세는 형사벌이 아니라는 점에서 행정벌, 형사벌과 병과될 수 있다.

예

10 ☐☐☐   기본서 p. 513~514

가산세를 부과하기 위하여서는 의무 불이행에 납세자의 고의 또는 과실이 필요합니까?

가산세를 부과함에 있어서 납세자의 의무 불이행에 대한 고의·과실은 고려되지 않는다. 즉, 고의·과실이 없더라도 부과할 수 있다. 다만, 납세의무자에게 그 의무해태를 탓할 수 없는 정당한 사유가 있는 경우에는 이를 부과할 수 없다는 것이 판례의 입장이다(대판 2003. 9. 5, 2001두403).

아니요

11 ☐☐☐   기본서 p. 514

가산세는 세법에서 규정하는 의무의 성실한 이행을 확보하기 위하여 세법에 따라 산출한 본세액에 가산하여 징수하는 조세로서, 본세에 감면사유가 인정된다면 가산세도 감면대상에 포함됩니까?

가산세는 세법에서 규정하는 의무의 성실한 이행을 확보하기 위하여 세법에 따라 산출한 본세액에 가산하여 징수하는 독립된 조세로서, 본세에 감면사유가 인정된다고 하여 가산세도 감면대상에 포함되는 것이 아니고, 반면에 그 의무를 이행하지 아니한 데 대한 정당한 사유가 있는 경우에는 본세 납세의무가 있더라도 가산세는 부과하지 않는다(대판 2018. 11. 29, 2015두56120).

아니요

12 ☐☐☐   기본서 p. 514

가산세 부과와 관련하여 법령의 부지는 정당한 사유에 해당한다고 볼 수 없습니까?

세법상 가산세는 …… 행정상의 제재로서 납세자의 고의·과실은 고려되지 아니하는 것이며, 법령의 부지는 그 정당한 사유에 해당한다고 볼 수 없다(대판 1999. 12. 28, 98두3532).

예

13 ☐☐☐   기본서 p. 514

납세의무자가 세무공무원의 잘못된 설명을 믿고 신고납부의무를 이행하지 아니하였다 하더라도 그것이 관계 법령에 어긋나는 것임이 명백한 때에는, 그러한 사유만으로는 가산세를 부과할 수 없는 정당한 사유가 있는 경우에 해당한다고 할 수 없습니까?

납세의무자가 세무공무원의 잘못된 설명을 믿고 신고납부의무를 불이행하였다 하더라도 그것이 관계 법령에 어긋나는 것임이 명백한 경우 '정당한 사유'가 있다고 할 수 없다(대판 2002. 4. 12, 2000두5944).

예

14 ☐☐☐   기본서 p. 515

'제재처분'이란 법령 등에 따른 의무를 위반하거나 이행하지 아니하였음을 이유로 당사자에게 의무를 부과하거나 권익을 제한하는 처분을 말하는데, 행정상 강제는 행정기본법상 제재처분에 해당합니까?

'제재처분'이란 법령 등에 따른 의무를 위반하거나 이행하지 아니하였음을 이유로 당사자에게 의무를 부과하거나 권익을 제한하는 처분을 말한다. 다만, 행정기본법 제30조 제1항 각 호에 따른 행정상 강제(행정대집행, 이행강제금, 직접강제, 강제징수, 즉시강제)는 제외한다(행정기본법 제2조 제5호).

아니요

15 ☐☐☐   기본서 p. 515

현실적 행위자가 아닌 법령상 책임자로 규정된 자에게는 행정법규 위반에 대한 제재조치를 부과할 수 없습니까?

현실적 행위자가 아니라도 법령상 책임자로 규정된 자에게 행정법규 위반에 대한 제재조치를 부과할 수 있다.

아니요

16 ☐☐☐   기본서 p. 515

과징금 등의 제재조치는 법 위반자에게 고의나 과실이 없어도 원칙적으로 제재조치를 부과할 수 있는데, 위반자의 의무해태를 탓할 수 없는 정당한 사유가 있는 경우에도 제재조치를 할 수 있습니까?

법 위반자에게 고의나 과실이 없어도 원칙적으로 제재조치를 부과할 수 있다. 다만, 위반자의 의무해태를 탓할 수 없는 정당한 사유가 있는 경우라면 제재조치를 할 수는 없다(대판 2021. 2. 25, 2020두51587 등).

아니요

17-1 ☐☐☐   기본서 p. 516

행정청은 법령 등의 위반행위가 종료된 날부터 몇 년이 지나면 해당 위반행위에 대하여 제재처분을 할 수 없습니까?

행정청은 법령 등의 위반행위가 종료된 날부터 5년이 지나면 해당 위반행위에 대하여 제재처분(인·허가의 정지·취소·철회, 등록 말소, 영업소 폐쇄와 정지를 갈음하는 과징금 부과를 말한다)을 할 수 없다(행정기본법 제23조 제1항).

5년

17-2 ☐☐☐   기본서 p. 516

행정청은 행정심판의 재결이나 법원의 판결에 따라 제재처분이 취소·철회된 경우에는 재결이나 판결이 확정된 날부터 몇 년이 지나기 전까지는 그 취지에 따른 새로운 제재처분을 할 수 있습니까?

그럼에도 불구하고 행정청은 행정심판의 재결이나 법원의 판결에 따라 제재처분이 취소·철회된 경우에는 재결이나 판결이 확정된 날부터 1년(합의제 행정기관은 2년)이 지나기 전까지는 그 취지에 따른 새로운 제재처분을 할 수 있다(행정기본법 제23조 제3항).

1년(합의제 행정기관은 2년)

17-3 ☐☐☐   기본서 p. 517

다른 법률에서 5년 기간보다 짧은 기간을 규정하고 있으면 그 법률에서 정하는 바에 따르고, 다른 법률에서 긴 기간을 규정하고 있으면 5년으로 합니까?

다른 법률에서 제1항(위반행위가 종료된 날부터 5년) 및 제3항(재결이나 판결이 확정된 날로부터 1년(합의제 행정기관은 2년))의 기간보다 짧거나 긴 기간을 규정하고 있으면 그 법률에서 정하는 바에 따른다(행정기본법 제23조 제4항).

아니요

17-4 ☐☐☐   기본서 p. 517

당사자가 인·허가나 신고의 위법성을 경과실로 알지 못한 경우, 행정기본법상 제재처분의 제척기간인 5년이 지나더라도 제재처분을 할 수 있습니까?

① 거짓이나 그 밖의 부정한 방법으로 인·허가를 받거나 신고를 한 경우, ② 당사자가 인·허가나 신고의 위법성을 알고 있었거나 중대한 과실로 알지 못한 경우, ③ 정당한 사유 없이 행정청의 조사·출입·검사를 기피·방해·거부하여 제척기간이 지난 경우, ④ 제재처분을 하지 아니하면 국민의 안전·생명 또는 환경을 심각하게 해치거나 해칠 우려가 있는 경우에는 행정기본법상 제재처분의 제척기간인 5년이 지나더라도 제재처분을 할 수 있다(행정기본법 제23조 제2항).

아니요

18 ☐☐☐   기본서 p. 518

명단의 공표는 행정법상 의무 이행을 직접적으로 확보하는 수단이라고 할 수 있습니까?

공표란 행정법상의 의무 위반 또는 의무 불이행이 있는 경우에, 그 의무 위반자 또는 불이행자의 성명, 위반사실 등을 일반에게 공개하여 명예 또는 신용의 침해를 위협함으로써 심리적 압박을 가하여 행정법상의 의무 이행을 간접적으로 확보하는 강제수단을 말한다.

아니요

19 ☐☐☐   기본서 p. 518

병무청장이 병역법에 따라 병역의무 기피자의 인적 사항 등을 인터넷 홈페이지에 게시하는 등의 방법으로 공개한 경우, 병무청장의 공개결정을 항고소송의 대상이 되는 행정처분으로 보아야 합니까?

병무청장이 병역법 제81조의2 제1항에 따라 병역의무 기피자의 인적 사항 등을 인터넷 홈페이지에 게시하는 등의 방법으로 공개한 경우 병무청장의 공개결정을 항고소송의 대상이 되는 행정처분으로 보아야 한다(대판 2019. 6. 27, 2018두49130).

예

20 ☐☐☐   기본서 p. 519
명단의 공표는 법적인 근거가 없더라도 허용됩니까?

다수설은 공표에 의해 상대방에게 인격권 · 프라이버시권 등의 침해를 가져올 우려가 있으므로 원칙적으로 법적 근거가 필요하다고 보며, 행정절차법에 명단공표에 대한 일반법상 법적 근거가 마련되었다.
행정절차법 제40조의3 【위반사실 등의 공표】 ① 행정청은 법령에 따른 의무를 위반한 자의 성명 · 법인명, 위반사실, 의무 위반을 이유로 한 처분사실 등을 법률로 정하는 바에 따라 일반에게 공표할 수 있다.

아니요

22 ☐☐☐   기본서 p. 519
행정절차법상 행정청은 위반사실 등의 공표를 할 때, 미리 당사자에게 그 사실을 통지하고 의견제출의 기회를 반드시 주어야 합니까?

행정청은 위반사실 등의 공표를 할 때에는 미리 당사자에게 그 사실을 통지하고 의견제출의 기회를 주어야 한다. 다만, ① 공공의 안전 또는 복리를 위하여 긴급히 공표를 할 필요가 있는 경우, ② 해당 공표의 성질상 의견청취가 현저히 곤란하거나 명백히 불필요하다고 인정될 만한 타당한 이유가 있는 경우, ③ 당사자가 의견진술의 기회를 포기한다는 뜻을 명백히 밝힌 경우에는 그러하지 아니하다(행정절차법 제40조의3 제3항).

아니요

24 ☐☐☐   기본서 p. 523
행정청은 시정명령으로 과거의 위반행위에 대한 중지는 물론 가까운 장래에 반복될 우려가 있는 동일한 유형의 행위의 반복금지까지 명할 수 있습니까?

「독점규제 및 공정거래에 관한 법률」상 시정명령으로 과거의 위반행위에 대한 중지는 물론 가까운 장래에 반복될 우려가 있는 동일한 유형의 행위의 반복금지까지 명할 수 있다(대판 2003. 2. 20, 2001두5347 전합).

예

26 ☐☐☐   기본서 p. 523
관할청이 시정을 요구하면서 부여한 기간이 너무 불합리하거나 부당하지 않는 한 단기간이라는 이유만으로 그 시정요구가 위법하다고 볼 수 있습니까?

관할청이 시정을 요구하면서 부여한 기간이 너무 불합리하거나 부당하지 않는 한 단기간이라는 이유만으로 그 시정 요구가 위법하다고 볼 수는 없다(대판 2007. 7. 19, 2006두19297 전합).

아니요

21 ☐☐☐   기본서 p. 519
행정청은 위반사실 등의 공표를 하기 전에 객관적이고 타당한 증거와 근거가 있는지를 확인하여야 합니까?

행정청은 위반사실 등의 공표를 하기 전에 사실과 다른 공표로 인하여 당사자의 명예 · 신용 등이 훼손되지 아니하도록 객관적이고 타당한 증거와 근거가 있는지를 확인하여야 한다(행정절차법 제40조의3 제2항).

예

23 ☐☐☐   기본서 p. 521
판례에 따르면 전기 · 전화의 공급자에게 위법건축물에 대한 단전 또는 전화통화 단절조치 요청행위는 항고소송의 대상이 되는 행정처분에 해당합니까?

위법건축물에 대한 단전 및 전화통화 단절조치 요청행위는 권고적 성격에 불과한 것으로 항고소송의 대상이 되는 행정처분이 아니다(대판 1996. 3. 22, 96누433).

아니요

25 ☐☐☐   기본서 p. 523
시정명령이란 행정법령의 위반행위로 초래된 위법상태의 제거 내지 시정을 명하는 행정행위를 말하는 것으로서, 그 위법행위의 결과가 더 이상 존재하지 않는다면 시정명령을 할 수 없습니까?

구 「하도급거래 공정화에 관한 법률」 제13조 등의 위반행위가 있었으나 그 결과가 더 이상 존재하지 않는 경우, 같은 법 제25조 제1항에 의한 시정명령을 할 수 없다(대판 2011. 3. 10, 2009두1990).

예

01 □□□   기본서 p. 526

행정대집행이 가능함에도 불구하고 민사집행법상 강제집행의 방법을 사용할 수 있습니까?

대법원은 행정상 강제집행이 가능한 경우에는 민사상 강제집행은 허용될 수 없다고 본다.

아니요

02 □□□   기본서 p. 526

공유일반재산의 대부료 지급은 사법상 법률관계이므로 행정상 강제집행절차가 인정되더라도 따로 민사소송으로 대부료의 지급을 구하는 것이 허용됩니까?

공유일반재산의 대부료 징수에 관하여도 지방세 체납처분의 예에 따른 간이하고 경제적인 특별한 구제절차가 마련되어 있으므로, 특별한 사정이 없는 한 민사소송으로 공유일반재산의 대부료의 지급을 구하는 것은 허용되지 아니한다(대판 2017. 4. 13, 2013다207941).

아니요

03 □□□   기본서 p. 526

권원 없이 국유재산에 설치한 시설물에 대하여 관리청이 행정대집행을 통해 철거를 하지 않는 경우, 그 국유재산에 대하여 사용청구권을 가진 자는 국가를 대위하여 민사소송으로 그 시설물의 철거를 구할 수 있습니까?

아무런 권원 없이 국유재산에 설치한 시설물에 대하여 행정청이 행정대집행을 실시하지 않는 경우, 그 국유재산에 대한 사용청구권을 가지고 있는 자가 국가를 대위하여 민사소송으로 그 시설물의 철거를 구할 수 있다(대판 2009. 6. 11, 2009다1122).

예

04-1 □□□   기본서 p. 528

대집행의 주체는 누구입니까?

대집행을 결정하고 이를 실행할 수 있는 권한을 가진 대집행의 주체는 대집행의 대상이 되는 의무를 부과한 행정청, 즉 당해 행정청이다.

대집행의 대상이 되는 의무를 부과한 행정청

04-2 □□□   기본서 p. 528

대집행을 현실적으로 실행하는 자는 대집행의 주체와 반드시 동일하여야 합니까?

행정청은 대집행을 다른 행정청에 위탁하거나 공공단체 또는 사인에게 위탁할 수도 있다. 이 경우 위임을 받은 다른 행정청은 대집행의 주체가 될 수 있다.

아니요

05 □□□   기본서 p. 529

행정청의 명령에 의한 행위뿐만 아니라 법률에 의하여 직접 명령된 행위도 행정대집행의 대상이 됩니까?

대집행의 대상이 되는 의무는 행정청의 명령에 의한 행위뿐만 아니라 법령에 의하여 직접 명령되었거나 또는 법령에 의거한 행정처분에 의해 부과된 행위도 행정대집행의 대상이 된다(행정대집행법 제2조 참조).

예

06 □□□   기본서 p. 529

법령에 의해 대집행권한을 위탁받은 한국토지공사(현 한국토지주택공사)는 국가배상법 제2조에서 말하는 공무원입니까?

법령에 의해 대집행권한을 위탁받은 한국토지공사(현 한국토지주택공사)는 국가배상법 제2조에서 말하는 공무원이 아니라 행정주체에 해당한다(대판 2010. 1. 28, 2007다82950 · 82967).

아니요

07 □□□   기본서 p. 529

대집행의 요건 3가지는 무엇입니까?

행정대집행법은 제2조에서 대집행의 요건에 관해 규정하고 있다. 대집행은 ① 공법상의 대체적 작위의무의 불이행이 있는 경우에, ② 다른 수단으로써 그 이행을 확보하기 곤란하고, ③ 그 불이행을 방치함이 심히 공익을 해할 것으로 인정될 때에 가능하다.

해설 참조

08 ☐☐☐   기본서 p. 530

구 「공공용지의 취득 및 손실보상에 관한 특례법」에 의한 협의취득 시 건물소유자가 매매대상 건물에 대한 철거의무를 부담하겠다는 취지의 약정을 한 경우, 그 철거의무는 행정대집행법에 의한 대집행의 대상이 됩니까?

구 「공공용지의 취득 및 손실보상에 관한 특례법」에 의한 협의취득 시 건물소유자가 매매대상 건물에 대한 철거의무를 부담하겠다는 취지의 약정을 한 경우, 그 <u>철거의무는 사법상 의무이므로 행정대집행법에 의한 대집행의 대상이 되지 않는다</u>(대판 2006. 10. 13, 2006두7096).

아니요

09 ☐☐☐   기본서 p. 530

건물의 용도에 위반되어 장례식장으로 사용하는 것을 중지할 것을 명한 경우, 이 중지의무는 대집행의 대상입니까?

관계 법령을 위반하여 장례식장 영업을 하고 있는 자의 <u>장례식장 사용중지의무는 부작위의무로서 행정대집행법 제2조의 규정에 의한 대집행의 대상이 되지 않는다</u>(대판 2005. 9. 28, 2005두7464).

아니요

10 ☐☐☐   기본서 p. 531

부작위의무 위반의 경우, 작위의무로 전환하기 위하여서는 법률의 명시적 근거가 필요합니까?

법치행정의 원리상 부작위의무를 작위의무로 전환하기 위하여서는 법률의 명시적 근거가 있어야 하며, 그러한 근거가 있으면 부작위의무를 대체적 작위의무로 전환시켜 대집행할 수 있다.

예

11 ☐☐☐   기본서 p. 532

도시공원시설 점유자의 퇴거 및 명도의무는 대집행의 대상입니까?

도시공원시설 점유자의 퇴거 및 명도의무는 대체적 작위의무가 아니므로 대집행의 대상이 되지 않는다(대판 1998. 10. 23, 97누157).

아니요

12 ☐☐☐   기본서 p. 531

단순한 부작위의무 위반의 경우에 당해 법령에서 그 위반자에게 위반에 의해 생긴 유형적 결과의 시정을 명하는 행정처분권한을 인정하는 규정을 두고 있지 않은 이상, 부작위의무로부터 그 의무를 위반함으로써 생긴 결과를 시정하기 위한 작위의무를 당연히 끌어낼 수는 없습니까?

<u>단순한 부작위의무의 위반</u>, 즉 관계법령에 정하고 있는 절대적 금지나 허가를 유보한 상대적 금지를 위반한 경우에는 당해 법령에서 그 위반자에 대하여 위반에 의하여 생긴 유형적 결과의 시정을 명하는 행정처분의 권한을 인정하는 <u>규정(예 건축법 제69조, 도로법 제74조, 하천법 제67조, 도시공원법 제20조, 「옥외광고물 등 관리법」 제10조 등)을 두고 있지 아니한 이상, 법치주의의 원리에 비추어 볼 때 위와 같은 부작위의무로부터 그 의무를 위반함으로써 생긴 결과를 시정하기 위한 작위의무를 당연히 끌어낼 수는 없으며</u>, 또 위 금지규정(특히 허가를 유보한 상대적 금지규정)으로부터 작위의무, 즉 위반결과의 시정을 명하는 권한이 당연히 추론(推論)되는 것도 아니다(대판 1996. 6. 28, 96누4374).

예

13 ☐☐☐   기본서 p. 534

불가쟁력이 발생되기 전이라도 대집행을 할 수 있습니까?

우리 행정대집행법하에서는 의무를 명한 행정처분이 아직 다툴 수 있는 상태에 있더라도, 즉 <u>불가쟁력이 발생되기 전이라도 대집행을 할 수 있다.</u>

예

14 ☐☐☐   기본서 p. 534

대집행의 요건이 충족된 경우는 대집행을 하여야만 합니까?

<u>대집행의 요건이 충족되는</u> 경우에 대집행권을 발동할 것인지는 조문의 표현방식상 행정청의 <u>재량에 속한다</u>는 것이 다수설의 입장이다.

아니요

15 ☐☐☐   기본서 p. 535

계고시 상당한 기간을 부여하지 않은 경우, 대집행영장으로 대집행의 시기를 늦추었다 하더라도 대집행계고처분은 상당한 이행기한을 정하여 한 것이 아니므로 위법합니까?

행정대집행법 제3조 제1항은 행정청이 의무자에게 대집행영장으로써 대집행할 시기 등을 통지하기 위하여는 그 전제로서 대집행계고처분을 함에 있어서 의무 이행을 할 수 있는 상당한 기간을 부여할 것을 요구하고 있으므로, 행정청인 피고가 의무이행기한이 1988. 5. 24.까지로 된 이 사건 대집행계고서를 5. 19. 원고에게 발송하여 원고가 그 이행종기인 5. 24. 이를 수령하였다면, 설사 피고가 대집행영장으로써 대집행의 시기를 1988. 5. 27. 15 : 00로 늦추었더라도 위 대집행계고처분은 상당한 이행기한을 정하여 한 것이 아니어서 대집행의 적법절차에 위배한 것으로 위법한 처분이라고 할 것이다(대판 1990. 9. 14, 90누2048).

예

16 ☐☐☐   기본서 p. 535

위법건축물에 대한 철거명령 및 계고처분에 불응하자 제2차로 계고처분을 행한 경우, 제2차 계고처분은 항고소송의 대상인 행정처분에 해당합니까?

계고처분 자체도 행정소송의 대상이 되나, 제2·3차의 계고처분은 새로운 철거의무를 부과한 것이 아니고, 다만 대집행기한의 연기통지에 불과하므로 행정처분이 아니다(대판 1994. 10. 28, 94누5144).

아니요

17 ☐☐☐   기본서 p. 535

계고서라는 명칭의 1장의 문서로써, 일정 기간 내에 위법건축물의 자진철거를 명함과 동시에 그 소정 기한 내에 자진철거를 하지 아니할 때에는 대집행할 뜻을 미리 계고한 경우라도 철거명령 및 계고처분은 적법합니까?

계고서라는 명칭의 1장의 문서로써 일정 기간 내에 위법건축물의 자진철거를 명함과 동시에 그 소정 기한 내에 자진철거를 하지 아니할 때에는 대집행할 뜻을 미리 계고한 경우라도 위 건축법에 의한 철거명령과 행정대집행법에 의한 계고처분은 독립하여 있는 것으로서 각 그 요건이 충족되었다고 볼 것이다(대판 1992. 6. 12, 91누13564).

예

18 ☐☐☐   기본서 p. 536

대집행할 행위의 내용과 범위는 반드시 대집행계고서에 의하여만 특정되어야 합니까?

대집행계고를 함에 있어 대집행할 행위의 내용·범위가 반드시 대집행계고서에 의하여만 특정될 필요는 없고 대집행의무자가 계고예고서, 기타 사정 등을 통해 그 이행의무의 범위를 알 수 있으면 족하다(대판 1996. 10. 11, 96누8086).

아니요

19 ☐☐☐   기본서 p. 536

계고와 통지는 동시에 생략할 수 없습니까?

계고와 대집행영장에 의한 통지는 동시에 생략할 수도 있다.
비상시 또는 위험이 절박한 경우에 있어서 당해 행위의 급속한 실시를 요하여 전2항(편저자 주 : 계고절차, 통지절차)에 규정한 수속을 취할 여유가 없을 때에는 그 수속을 거치지 아니하고 대집행을 할 수 있다(행정대집행법 제3조 제3항).

아니요

20-1 ☐☐☐   기본서 p. 537

건물의 점유자가 철거의무자일 때에는 건물철거의무에 퇴거의무도 포함되어 있습니까?

건물의 점유자가 철거의무자일 때에는 건물철거의무에 퇴거의무도 포함되어 있는 것이어서 별도로 퇴거를 명하는 집행권원이 필요하지 않다. 또한 행정청이 건물소유자들을 상대로 건물철거 대집행을 실시하기에 앞서, 건물소유자들을 건물에서 퇴거시키기 위해 별도로 퇴거를 구하는 민사소송은 부적법하다(대판 2017. 4. 28, 2016다213916).

예

20-2 ☐☐☐   기본서 p. 537

행정청이 행정대집행의 방법으로 건물철거의무의 이행을 실현할 수 있는 경우, 점유자들이 적법한 행정대집행을 위력을 행사하여 방해한다면 경찰의 도움을 받을 수 있습니까?

행정청이 행정대집행의 방법으로 건물철거의무의 이행을 실현할 수 있는 경우에는 건물철거 대집행과정에서 부수적으로 건물의 점유자들에 대한 퇴거조치를 할 수 있고, 점유자들이 적법한 행정대집행을 위력을 행사하여 방해하는 경우 형법상 공무집행방해죄가 성립하므로, 필요한 경우에는 「경찰관 직무집행법」에 근거한 …… 경찰의 도움을 받을 수도 있다(대판 2017. 4. 28, 2016다213916).

예

21 ☐☐☐   기본서 p. 537

대집행비용은 원칙상 의무자가 부담하며, 행정청은 그 비용액과 납기일을 정하여 의무자에게 문서로 납부를 명하여야 합니까?

대집행에 소요된 비용은 의무자가 부담한다. 행정청은 납기일을 정하여 실제에 요한 비용액에 대해 의무자에게 문서로써 납부를 명하여야 한다.

예

22-1 ☐☐☐   기본서 p. 537

대집행비용은 국세징수법의 예에 의하여 징수할 수 있습니까?

대집행에 요한 비용은 국세징수법의 예에 의하여 강제징수할 수 있다 (행정대집행법 제6조 제1항).

예

22-2 ☐☐☐   기본서 p. 537

대집행에 요한 비용을 징수하였을 때에는 그 징수금은 국고의 수입으로 합니까?

대집행에 요한 비용을 징수하였을 때에는 그 징수금은 사무비의 소속에 따라 국고 또는 지방자치단체의 수입으로 한다(행정대집행법 제6조 제3항).

아니요

23 ☐☐☐   기본서 p. 537

한국토지주택공사가 구 대한주택공사법 및 같은 법 시행령에 의해 대집행권한을 위탁받아 대집행을 실시한 경우 그 비용은 민사소송절차에 의해 징수할 수 있습니까?

대한주택공사가 법령에 의하여 대집행권한을 위탁받아 공무인 대집행을 실시하기 위하여 지출한 비용을 행정대집행법 절차에 따라 징수할 수 있음에도 민사소송절차에 의하여 그 비용의 상환을 청구할 수는 없다(대판 2011. 9. 8, 2010다48240).

아니요

24 ☐☐☐   기본서 p. 538

후행처분인 대집행비용납부명령 취소청구소송에서 선행처분인 계고처분이 위법하다는 이유로 대집행비용납부명령의 취소를 구할 수 없습니까?

계고처분이 위법하다면 후행처분인 비용납부명령 그 자체에는 아무런 하자가 없다고 하더라도 비용납부명령 취소소송에서 선행행위인 계고처분이 위법므로 후행처분인 비용납부명령도 위법하다는 것을 주장할 수 있다(대판 1993. 11. 9, 93누14271). 즉, 대집행의 각 단계 행위(계고 ⇨ 통지 ⇨ 실행 ⇨ 비용납부명령)는 하자의 승계가 긍정된다. 따라서 후행처분에 대한 취소소송에서 선행처분의 위법성을 다툴 수 있다.

아니요

25 ☐☐☐   기본서 p. 538

대집행요건의 충족 여부에 대한 입증책임은 누구에게 있습니까?

대집행요건을 구비하였는지에 관한 주장 및 입증책임은 처분행정청에 있다(대판 1996. 10. 11, 96누8086).

처분행정청

26 ☐☐☐   기본서 p. 539

공유재산 대부계약이 적법하게 해지되었음에도 불구하고 공유재산의 점유자가 그 지상물을 점유하고 있는 경우, 지방자치단체의 장은 원상회복을 위해 행정대집행의 방법으로 그 지상물을 철거시킬 수는 없습니까?

공유재산의 점유자가 그 공유재산에 관하여 대부계약 외 달리 정당한 권원이 있다는 자료가 없는 경우 그 대부계약이 적법하게 해지된 이상 그 점유자의 공유재산에 대한 점유는 정당한 이유 없는 점유라 할 것이고, 따라서 지방자치단체의 장은 지방재정법 제85조에 의하여 행정대집행의 방법으로 그 지상물을 철거시킬 수 있다 (대판 2001. 10. 12, 2001두4078).

아니요

27 ☐☐☐   기본서 p. 540

이행강제금은 '일정한 기한까지 의무를 이행하지 않을 때에는 일정한 금전적 부담을 과할 뜻'을 미리 '계고'함으로써 의무자에게 심리적 압박을 주어 장래를 향하여 의무의 이행을 확보하려는 간접적인 행정상 강제집행수단으로 볼 수 있습니까?

> 이행강제금은 행정법상의 부작위의무 또는 비대체적 작위의무를 이행하지 않은 경우에 '일정한 기한까지 의무를 이행하지 않을 때에는 일정한 금전적 부담을 과할 뜻'을 미리 '계고'함으로써 의무자에게 심리적 압박을 주어 장래를 향하여 의무의 이행을 확보하려는 간접적인 행정상 강제집행수단이다(대판 2015. 6. 24, 2011두2170).

예

28 ☐☐☐   기본서 p. 540

이행강제금은 이행명령의 불이행이라는 과거의 위반행위에 대한 제재로서의 의미를 갖습니까?

> 이행강제금(집행벌)은 행정상 강제집행의 수단으로서 장래를 향해 의무이행을 확보하기 위한 것이다. 이러한 점에서 과거의 의무 위반에 대한 제재를 주된 목적으로 하는 행정벌과 구별된다.

아니요

29 ☐☐☐   기본서 p. 540

행정벌과 이행강제금은 병과될 수 있습니까?

> 이행강제금(집행벌)과 행정벌은 그 목적을 달리하므로 양자는 병과될 수 있다.

예

30 ☐☐☐   기본서 p. 541

건축법상 이행강제금은 형벌에 해당하므로 이중처벌금지의 원칙이 적용됩니까?

> 건축법상 이행강제금은 …… 과거의 일정한 법률위반행위에 대한 제재로서의 형벌이 아니라 장래의 의무이행의 확보를 위한 강제수단일 뿐이어서 범죄에 대하여 국가가 형벌권을 실행한다고 하는 과벌에 해당하지 아니하므로, 헌법 제13조 제1항이 금지하는 이중처벌금지의 원칙이 적용될 여지가 없다(헌재 2011. 10. 25, 2009헌바140).

아니요

31 ☐☐☐   기본서 p. 541

이행강제금은 침익적 강제수단이므로 법적 근거를 요합니까?

> 이행강제금은 …… 국민의 자유와 권리를 제한한다는 의미에서 행정상 간접강제의 일종인 이른바 침익적 행정행위에 속하므로 그 부과요건, 부과대상, 부과금액, 부과횟수 등이 법률로써 엄격하게 정하여져야 한다(헌재 2000. 3. 30, 98헌가8).

예

32-1 ☐☐☐   기본서 p. 542

이행강제금은 대체적 작위의무 위반에 대해서도 부과가 가능합니까?

> 이행강제금은 대체적 작위의무의 위반에 대하여도 부과될 수 있다(헌재 2004. 2. 26, 2001헌바80 등).

예

32-2 ☐☐☐   기본서 p. 542

행정청은 개별사건에 있어서 위반내용, 위반자의 시정의지 등을 감안하여 대집행과 이행강제금을 선택적으로 활용할 수 있습니까?

> 행정청은 개별사건에 있어서 위반내용, 위반자의 시정의지 등을 감안하여 허가권자는 행정대집행과 이행강제금을 선택적으로 활용할 수 있다고 할 것이며, 허가권자의 합리적인 재량에 의해 선택하여 활용하는 이상 중첩적인 제재에 해당한다고 볼 수 없다(헌재 2004. 2. 26, 2001헌바80 등).

예

33 ☐☐☐   기본서 p. 542

행정청은 의무자가 행정상 의무를 이행할 때까지 이행강제금을 반복하여 부과할 수 있습니까?

> 행정청은 의무자가 행정상 의무를 이행할 때까지 이행강제금을 반복하여 부과할 수 있다. 다만, 의무자가 의무를 이행하면 새로운 이행강제금의 부과를 즉시 중지하되, 이미 부과한 이행강제금은 징수하여야 한다(행정기본법 제31조 제5항).

예

34 ☐☐☐　　　　　　　　　　　　　　　　　　　　기본서 p. 543

시정명령의 이행 기회가 제공되지 아니한 과거의 기간에 대한 이행강제금까지 한꺼번에 부과할 수는 없으나, 이를 위반하여 이루어진 이행강제금 부과처분이라 하여 중대하고도 명백한 하자라고는 할 수 없습니까?

비록 건축주 등이 장기간 시정명령을 이행하지 아니하였더라도, 그 기간 중에는 시정명령의 이행 기회가 제공되지 아니하였다가 뒤늦게 시정명령의 이행 기회가 제공된 경우라면, 시정명령의 이행 기회 제공을 전제로 한 1회분의 이행강제금만을 부과할 수 있고, 시정명령의 이행 기회가 제공되지 아니한 과거의 기간에 대한 이행강제금까지 한꺼번에 부과할 수는 없다. 그리고 이를 위반하여 이루어진 이행강제금 부과처분은 과거의 위반행위에 대한 제재가 아니라 행정상의 간접강제수단이라는 이행강제금의 본질에 반하여 구 건축법 제80조 제1 · 4항 등 법규의 중요한 부분을 위반한 것으로서, 그러한 하자는 중대할 뿐만 아니라 객관적으로도 명백하다고 할 것이다(대판 2016. 7. 14, 2015두46598).

아니요

35 ☐☐☐　　　　　　　　　기본서 p. 544

이행명령을 받은 의무자가 최초의 이행명령에서 정한 기간이 경과한 후에 그 명령을 이행한 경우라면 최초의 이행강제금 부과는 허용됩니까?

「국토의 계획 및 이용에 관한 법률」상 토지의 이용 의무 불이행에 따른 이행명령을 받은 의무자가 이행명령에서 정한 기간을 지나서 그 명령을 이행한 경우, 이행명령 불이행에 따른 최초의 이행강제금을 부과할 수는 없다(대판 2014. 12. 11, 2013두15750).

아니요

36 ☐☐☐　　　　　　　　　기본서 p. 544

행정청은 의무자가 행정상 의무를 이행할 때까지 이행강제금을 반복하여 부과할 수 있으나, 의무자가 의무를 이행하면 새로운 이행강제금의 부과를 즉시 중지하여야 하며, 이미 부과된 이행강제금은 징수할 수 없습니까?

행정청은 의무자가 행정상 의무를 이행할 때까지 이행강제금을 반복하여 부과할 수 있다. 다만, 의무자가 의무를 이행하면 새로운 이행강제금의 부과를 즉시 중지하되, 이미 부과한 이행강제금은 징수하여야 한다(행정기본법 제31조 제5항).

아니요

37 ☐☐☐　　　　　　　　　　　　　　　　　　　　기본서 p. 545

건축법상 시정명령을 받은 의무자가 그 시정명령의 취지에 부합하는 의무를 이행하기 위한 정당한 방법으로 행정청에 신청 또는 신고를 하였으나 행정청이 위법하게 이를 거부 또는 반려함으로써 결국 그 처분이 취소되기에 이르렀더라도, 이행강제금제도의 취지에 비추어 볼 때 그 시정명령의 불이행을 이유로 이행강제금을 부과할 수 있습니까?

시정명령을 받은 의무자가 그 시정명령의 취지에 부합하는 의무를 이행하기 위한 정당한 방법으로 행정청에 신청 또는 신고를 하였으나 행정청이 위법하게 이를 거부 또는 반려함으로써 결국 그 처분이 취소되기에 이르렀다면, 특별한 사정이 없는 한 그 시정명령의 불이행을 이유로 이행강제금을 부과할 수는 없다고 보는 것이 이행강제금제도의 취지에 부합한다(대판 2018. 1. 25, 2015두35116).

아니요

38 ☐☐☐　　　　　　　　　기본서 p. 545

이행강제금에 대한 불복과 관련하여 비송사건절차법에 따르도록 하는 특별한 규정이 있는 경우에도 항고소송을 제기할 수 있습니까?

이행강제금(집행벌)에 불복하는 자는 이의를 제기할 수 있으며, 이의를 제기한 경우에는 비송사건절차법에 의해 이행강제금(집행벌)을 결정하도록 특별한 규정을 두고 있는 경우가 있다. 이 경우에는 특별한 절차에 따라 권리를 구제받을 수 있을 뿐 항고소송을 제기할 수 없다(농지법 제63조 참조).

아니요

39 ☐☐☐　　　　　　　　　기본서 p. 545

관할청이 농지법상의 이행강제금 부과처분을 하면서 재결청에 행정심판을 청구하거나 관할 행정법원에 행정소송을 할 수 있다고 잘못 안내한 경우, 행정법원의 항고소송 재판관할이 생긴다고 볼 수 있습니까?

설령 피고가 이행강제금 부과처분을 하면서 재결청에 행정심판을 청구하거나 관할 행정법원에 행정소송을 할 수 있다고 잘못 안내하거나 경기도행정심판위원회가 각하재결이 아닌 기각재결을 하면서 관할 법원에 행정소송을 할 수 있다고 잘못 안내하였다고 하더라도, 그러한 잘못된 안내로 행정법원의 항고소송 재판관할이 생긴다고 볼 수도 없다(대판 2019. 4. 11, 2018두42955).

아니요

40-1 ☐☐☐   기본서 p. 546

건축법상의 이행강제금은 간접강제의 일종으로서 그 이행강제금 납부의무는 일신전속적인 성질의 것입니까?

구 건축법상의 이행강제금은 구 건축법의 위반행위에 대하여 시정명령을 받은 후 시정기간 내에 당해 시정명령을 이행하지 아니한 건축주 등에 대하여 부과되는 간접강제의 일종으로서 그 이행강제금 납부의무는 상속인 기타의 사람에게 승계될 수 없는 일신전속적인 성질의 것이다(대결 2006. 12. 8, 2006마470).

예

41 ☐☐☐   기본서 p. 547

직접강제의 예는 어떤 것들이 있습니까?

직접강제의 예로는 <u>식품위생법상의 영업소 폐쇄조치, 출입국관리법상 각종 의무를 위반한 자에 대한 강제퇴거조치</u> 등을 들 수 있다.

해설 참조

43 ☐☐☐   기본서 p. 550

독촉절차 없이 압류처분을 하였다고 하더라도 이러한 사유만으로는 압류처분을 무효로 되게 하는 중대하고도 명백한 하자가 되지 않습니까?

압류처분에 앞서 독촉절차를 거치지 아니하였다 하더라도 압류처분을 무효로 할 만큼 중대하고도 명백한 하자라고 볼 수 없다(대판 1992. 3. 10, 91누6030).

예

45 ☐☐☐   기본서 p. 550

세무공무원이 국세의 징수를 위해 납세자의 재산을 압류하는 경우, 그 재산의 가액이 징수할 국세액을 초과한다면 당해 압류처분은 무효입니까?

세무공무원이 국세의 징수를 위해 납세자의 재산을 압류하는 경우 그 재산의 가액이 징수할 국세액을 초과한다 하여 위 압류가 당연무효의 처분이라고는 할 수 없다(대판 1986. 11. 11, 86누479).

아니요

40-2 ☐☐☐   기본서 p. 546

이미 사망한 사람에게 이행강제금을 부과하는 내용의 처분은 당연무효입니까?

<u>이미 사망한 사람에게 이행강제금을 부과하는 내용의 처분이나 결정은 당연무효이고, 이행강제금을 부과받은 사람의 이의에 의하여 비송사건절차법에 의한 재판절차가 개시된 후에 그 이의한 사람이 사망한 때에는 사건 자체가 목적을 잃고 절차가 종료된다(대결 2006. 12. 8, 2006마470).

예

42 ☐☐☐   기본서 p. 548

직접강제는 행정대집행이나 이행강제금 부과의 방법으로는 행정상 의무이행을 확보할 수 없거나 그 실현이 불가능한 경우에 실시하여야 합니까?

직접강제는 행정대집행이나 이행강제금 부과의 방법으로는 행정상 의무이행을 확보할 수 없거나 그 실현이 불가능한 경우에 실시하여야 한다(행정기본법 제32조 제1항).

예

44 ☐☐☐   기본서 p. 550

체납자가 아닌 제3자 소유물건에 대한 압류처분은 어떤 효력을 가집니까?

체납처분으로서 압류의 요건을 규정한 국세징수법 제24조(현 제31조) 각 항의 규정을 보면 어느 경우에나 압류의 대상을 납세자의 재산에 국한하고 있으므로, <u>납세자가 아닌 제3자의 재산을 대상으로 한 압류처분은 그 처분의 내용이 법률상 실현될 수 없는 것이어서 당연무효이다</u>(대판 2012. 4. 12, 2010두4612).

당연무효

46 ☐☐☐   기본서 p. 551

압류처분 후 고지된 세액을 납부한 경우, 압류처분은 당연무효가 됩니까?

압류처분 후 고지된 세액을 납부한 경우 압류처분이 당연무효가 되는 것은 아니다(대판 1982. 7. 13, 81누360).

아니요

47-1 ☐☐☐   기본서 p. 551

공매의 법적 성질은 무엇이며, 처분성이 인정됩니까?

공매에 대해 통설은 공법상 대리로서 항고소송의 대상이 되는 처분이라고 본다. 판례도 공매를 행정소송의 대상이 되는 처분으로 본다.

공법상 대리이며, 처분성 인정

47-2 ☐☐☐   기본서 p. 551

공매에 의하여 재산을 매수한 자는 그 공매처분이 취소된 경우에 그 취소처분의 위법을 주장하여 행정소송을 제기할 법률상 이익이 있습니까?

공매는 공법상 행정처분으로서 공매에 의하여 재산을 매수한 자는 그 공매처분이 취소된 경우 그 취소처분의 위법을 주장하여 행정소송을 제기할 법률상의 이익이 있다(대판 1984. 9. 25, 84누201).

예

---

48 ☐☐☐   기본서 p. 552

국세징수법상 공매통지 자체는 항고소송의 대상이 됩니까?

국세징수법상 공매통지 자체는 항고소송의 대상이 되는 행정처분이 아니다. 특별한 사정이 없는 한 체납자 등은 공매통지의 결여나 위법을 들어 공매처분의 취소 등을 구할 수 있는 것이지 공매통지 자체를 항고소송의 대상으로 삼아 그 취소 등을 구할 수는 없다(대판 2011. 3. 24, 2010두25527).

아니요

---

49 ☐☐☐   기본서 p. 552

한국자산공사(현 한국자산관리공사)의 재공매(입찰)결정과 공매통지는 항고소송의 대상이 되는 행정처분입니까?

한국자산공사가 당해 부동산을 인터넷을 통하여 재공매(입찰)하기로 한 결정 자체는 내부적인 의사결정에 불과하여 항고소송의 대상이 되는 행정처분이라고 볼 수 없고, 한국자산공사의 공매통지는 공매의 요건이 아니라 공매사실 자체를 체납자에게 알려주는 데 불과한 것으로서, 통지의 상대방의 법적 지위나 권리·의무에 직접 영향을 주는 것이 아니라고 할 것이므로 이것 역시 행정처분에 해당한다고 할 수 없다(대판 2007. 7. 27, 2006두8464).

아니요

---

50 ☐☐☐   기본서 p. 552

체납자 등에 대한 공매통지는 공매의 절차적 요건에 해당하므로, 체납자 등에게 공매통지를 하지 않았거나 적법하지 않은 공매통지를 한 경우 그 공매처분은 위법합니까?

체납자 등에 대한 공매통지는 국가의 강제력에 의하여 진행되는 공매에서 체납자 등의 권리 내지 재산상의 이익을 보호하기 위하여 법률로 규정한 절차적 요건이라고 보아야 하며, 공매처분을 하면서 체납자 등에게 공매통지를 하지 않았거나 공매통지를 하였더라도 그것이 적법하지 아니한 경우에는 절차상의 흠이 있어 그 공매처분은 위법하다(대판 2008. 11. 20, 2007두18154 전합).

예

---

51 ☐☐☐   기본서 p. 553

국세기본법상 소송을 제기하기 위해서는 심사청구 또는 심판청구가 반드시 필요합니까?

국세기본법은 소송을 제기하기 전에 심사청구 또는 심판청구 중 하나의 절차를 반드시 거치도록 하는 예외적 행정심판전치주의를 규정하고 있다.

예

01 ☐☐☐   기본서 p. 556

현재의 급박한 행정상의 장해를 제거하기 위한 경우로서 행정청이 미리 행정상 의무 이행을 명할 시간적 여유가 없는 경우 등에 행정청이 곧바로 국민의 신체 또는 재산에 실력을 행사하여 행정목적을 달성하는 행정상 강제는 무엇입니까?

행정상 즉시강제란 현재의 급박한 행정상의 장해를 제거하기 위한 경우로서 ① 행정청이 미리 행정상 의무 이행을 명할 시간적 여유가 없는 경우 또는 ② 그 성질상 행정상 의무의 이행을 명하는 것만으로는 행정목적 달성이 곤란한 경우에 행정청이 곧바로 국민의 신체 또는 재산에 실력을 행사하여 행정목적을 달성하는 것을 말한다(행정기본법 제30조 제1항 제5호).

즉시강제

02 ☐☐☐   기본서 p. 556

강제집행과 즉시강제의 차이점은 무엇입니까?

통설은 행정상 즉시강제는 의무의 존재와 불이행을 전제로 하지 않는다는 점에서, 의무의 존재 및 그 불이행을 전제로 하는 행정상 강제집행과 구별된다고 한다.

해설 참조

03 ☐☐☐   기본서 p. 556

행정상 즉시강제는 과거의 의무 위반에 대해 가해지는 제재입니까?

즉시강제는 과거의 의무 위반에 대한 제재가 아닌 현재의 급박한 행정상 장해의 제거를 목적으로 하는 조치인 반면에, 행정벌은 과거의 의무 위반에 대해 가해지는 제재라는 점에서 양자는 구별된다.

아니요

04 ☐☐☐   기본서 p. 558

소방기본법상 소방본부장, 소방서장 또는 소방대장이 소방활동을 위하여 긴급하게 출동할 때에는 소방자동차의 통행과 소방활동에 방해가 되는 주차 또는 정차된 차량 및 물건 등을 제거하거나 이동시킬 수 있는 것은 즉시강제에 해당합니까?

소방기본법상 소방활동에 방해가 되는 소방대상물 및 토지의 파괴 등의 강제처분은 행정상 즉시강제에 해당한다(소방기본법 제25조 제1 · 2항).

예

05 ☐☐☐   기본서 p. 559

행정상 강제집행이 가능한 경우에도 즉시강제가 인정될 수 있습니까?

행정상 즉시강제는 법치국가의 요청인 예측가능성과 법적 안정성에 반하고 기본권 침해의 소지가 큰 권력작용이므로 행정강제는 행정상 강제집행을 원칙으로 하고 행정상 즉시강제는 예외적으로 인정되어야 한다(헌재 2002. 10. 31, 2000헌가12). 행정기본법 제33조 제1항 또한 "즉시강제는 다른 수단으로는 행정목적을 달성할 수 없는 경우에만 허용되며, 이 경우에도 최소한으로만 실시하여야 한다."고 하여 비례의 원칙에 따를 것을 명시하고 있다.

아니요

06 ☐☐☐   기본서 p. 559

행정상 즉시강제는 법규의 범위 안에서 행정상의 장해가 목전에 급박하고, 다른 수단으로는 행정목적을 달성할 수 없는 경우에도 그 행사가 필요 최소한도에 그쳐야 함을 내용으로 하는 한계에 기속됩니까?

행정상 즉시강제는 엄격한 실정법상의 근거를 필요로 할 뿐만 아니라, 그 발동에 있어서는 법규의 범위 안에서도 다시 행정상의 장해가 목전에 급박하고, 다른 수단으로는 행정목적을 달성할 수 없는 경우이어야 하며, 이러한 경우에도 그 행사는 필요 최소한도에 그쳐야 함을 내용으로 하는 조리상의 한계에 기속된다(헌재 2002. 10. 31, 2000헌가12).

예

07-1 ☐☐☐   기본서 p. 560

행정상 즉시강제에 있어서 영장의 필요 여부에 관하여 대법원은 어떤 입장을 취하고 있습니까?

사전영장주의원칙은 인신보호를 위한 헌법상의 기속원리이기 때문에 인신의 자유를 제한하는 국가의 모든 영역(예 행정상의 즉시강제)에서도 존중되어야 하고 사전영장주의를 고수하다가는 도저히 그 목적을 달성할 수 없는 지극히 예외적인 경우에만 형사절차에서와 같은 예외가 인정된다고 할 것이다(대판 1995. 6. 30, 93추83).

해설 참조

07-2 ☐☐☐ 기본서 p. 561
행정상 즉시강제에 있어서 영장의 필요 여부에 관하여 헌법재판소는 영장주의가 적용되지 않는다고 봅니까?

행정상 즉시강제는 상대방의 임의이행을 기다릴 시간적 여유가 없을 때 하면 없이 바로 실력을 행사하는 것으로서, 그 본질상 급박성을 요건으로 하고 있어 법관의 영장을 기다려서는 그 목적을 달성할 수 없다고 할 것이므로, 원칙적으로 영장주의가 적용되지 않는다고 보아야 할 것이다(헌재 2002. 10. 31, 2000헌가12).

예

08 ☐☐☐ 기본서 p. 560
재범의 위험성이 현저한 자를 상대로 긴급히 보호할 필요가 있는 경우에 단기간의 동행보호를 허용한 구 사회안전법상 동행보호규정은 사전영장주의를 규정한 헌법규정에 위반됩니까?

구 사회안전법 제11조 소정의 동행보호규정은 재범의 위험성이 현저한 자를 상대로 긴급히 보호할 필요가 있는 경우에 한하여 단기간의 동행보호를 허용한 것으로서 그 요건을 엄격히 해석하는 한, 동 규정 자체가 사전영장주의를 규정한 헌법규정에 반한다고 볼 수는 없다(대판 1997. 6. 13, 96다56115).

아니요

09 ☐☐☐ 기본서 p. 561
구 「음반·비디오물 및 게임물에 관한 법률」상 등급분류를 받지 아니한 게임물을 발견한 경우 관계 행정청이 관계 공무원으로 하여금 이를 수거·폐기하게 할 수 있도록 한 규정은 헌법상 영장주의와 피해 최소성의 요건을 위배하는 과도한 입법으로 헌법에 위반됩니까?

관계 행정청이 등급분류를 받지 아니하거나 등급분류를 받은 게임물과 다른 내용의 게임물을 발견한 경우 관계 공무원으로 하여금 이를 수거·폐기하게 할 수 있도록 한 구 「음반·비디오물 및 게임물에 관한 법률」의 조항은 급박한 상황에 대처하기 위한 것으로서 그 불가피성과 정당성이 충분히 인정되는 경우이므로, 이 사건 법률조항이 비록 영장 없는 수거를 인정한다고 하더라도 이를 두고 헌법상 영장주의에 위배되는 것으로는 볼 수 없다(헌재 2002. 10. 31, 2000헌가12).

아니요

10 ☐☐☐ 기본서 p. 562
조사대상자의 자발적인 협조를 얻어 실시하는 행정조사에도 법적 근거가 필요합니까?

행정기관은 법령 등에서 행정조사를 규정하고 있는 경우에 한하여 행정조사를 실시할 수 있다. 다만, 조사대상자의 자발적인 협조를 얻어 실시하는 행정조사의 경우에는 그러하지 아니하다(행정조사기본법 제5조).

아니요

11 ☐☐☐ 기본서 p. 563
금융감독기관의 감독·검사·조사 및 감리에 관한 사항도 원칙적으로 행정조사기본법의 적용을 받습니까?

'금융감독기관의 감독·검사·조사 및 감리에 관한 사항'에 대하여는 원칙적으로 행정조사기본법을 적용하지 아니한다(행정조사기본법 제3조 제2항 제6호).

아니요

12 ☐☐☐ 기본서 p. 563
개별법령 등에서 행정조사를 규정하고 있는 경우에도, 행정기관이 행정조사기본법 제5조 단서에서 정한 '조사대상자의 자발적인 협조를 얻어 실시하는 행정조사'를 실시할 수 있습니까?

행정조사기본법 제5조에 의하면 행정기관은 법령 등에서 행정조사를 규정하고 있는 경우에 한하여 행정조사를 실시할 수 있으나(본문), 한편 '조사대상자의 자발적인 협조를 얻어 실시하는 행정조사'의 경우에는 그러한 제한이 없이 실시가 허용된다(단서). 행정조사기본법 제5조는 행정기관이 정책을 결정하거나 직무를 수행하는 데에 필요한 정보나 자료를 수집하기 위하여 행정조사를 실시할 수 있는 근거에 관하여 정한 것으로서, 이러한 규정의 취지와 아울러 문언에 비추어 보면, 단서에서 정한 '조사대상자의 자발적인 협조를 얻어 실시하는 행정조사'는 개별법령 등에서 행정조사를 규정하고 있는 경우에도 실시할 수 있다(대판 2016. 10. 27, 2016두41811).

예

13 ☐☐☐　　　　　　　　　기본서 p. 563

행정조사기본법이 적용되지 않는 사항이라면 행정조사의 기본원칙에 관한 규정도 적용되지 않습니까?

행정조사기본법 제4조(행정조사의 기본원칙), 제5조(행정조사의 근거), 제28조(정보통신수단을 통한 행정조사)의 규정은 행정조사기본법이 적용되지 않는 사항일지라도 적용된다(행정조사기본법 제3조 제3항).

아니요

14 ☐☐☐　　　　　　　　　기본서 p. 563

행정조사기본법상 행정조사의 기본원칙은 군사시설·군사기밀보호 및 방위사업에 관한 사항에 대하여도 적용합니까?

'군사시설·군사기밀보호 또는 방위사업에 관한 사항'에 대하여는 원칙적으로 행정조사기본법을 적용하지 아니하나(행정조사기본법 제3조 제2항 제2호 가목), 행정조사의 기본원칙(동법 제4조)은 적용한다(동법 제3조 제3항).

예

15 ☐☐☐　　　　　　　　　기본서 p. 563

행정조사는 조사목적을 달성하는 데 필요한 최소한의 범위 안에서 실시하여야 합니까?

행정조사는 조사목적을 달성하는 데 필요한 최소한의 범위 안에서 실시하여야 하며, 다른 목적 등을 위하여 조사권을 남용하여서는 아니 된다(행정조사기본법 제4조 제1항).

예

16 ☐☐☐　　　　　　　　　기본서 p. 564

행정기관은 유사하거나 동일한 사안에 대하여는 가급적 개별조사를 실시하여 조사의 충실을 도모하여야 합니까?

행정기관은 유사하거나 동일한 사안에 대하여는 공동조사 등을 실시함으로써 행정조사가 중복되지 않도록 하여야 한다(행정조사기본법 제4조 제3항).

아니요

17 ☐☐☐　　　　　　　　　기본서 p. 564

행정조사는 예방 위주보다는 법령 위반에 대한 처벌을 행하는 데 중점을 두어야 합니까?

행정조사는 법령 등의 위반에 대한 처벌보다는 법령 등을 준수하도록 유도하는 데 중점을 두어야 한다(행정조사기본법 제4조 제4항).

아니요

18 ☐☐☐　　　　　　　　　기본서 p. 564

행정조사기본법에 의하면 행정기관은 행정조사를 통하여 알게 된 정보를 임의로 다른 국가기관에 제공할 수 있습니까?

행정기관은 행정조사를 통하여 알게 된 정보를 다른 법률에 따라 내부에서 이용하거나 다른 기관에 제공하는 경우를 제외하고는 원래의 조사목적 이외의 용도로 이용하거나 타인에게 제공하여서는 아니 된다(행정조사기본법 제4조 제6항).

아니요

19 ☐☐☐　　　　　　　　　기본서 p. 565

우편물 통관검사절차에서 압수·수색영장 없이 진행된 우편물의 개봉, 시료채취, 성분분석 등 검사는 원칙적으로 위법합니까?

우편물 통관검사절차에서 이루어지는 우편물의 개봉, 시료채취, 성분분석 등의 검사는 수출입물품에 대한 적정한 통관 등을 목적으로 한 행정조사의 성격을 가지는 것으로서 수사기관의 강제처분이라고 할 수 없으므로, 압수·수색영장 없이 검사가 진행되었다 하더라도 특별한 사정이 없는 한 위법하다고 볼 수 없다(대판 2013. 9. 26, 2013도7718).

아니요

20 ☐☐☐　　　　　　　　　기본서 p. 565

수출입물품 검사과정에서 마약류가 감추어져 있다고 밝혀지거나 그러한 의심이 드는 경우, 「마약류 불법거래 방지에 관한 특례법」에 따른 조치로 특정 수출입물품을 개봉하여 검사하고 그 내용물의 점유를 취득한 행위는 사전 및 사후에 영장을 받아야 합니까?

수출입물품을 검사하는 과정에서 마약류가 감추어져 있다고 밝혀지거나 그러한 의심이 드는 경우, 「마약류 불법거래 방지에 관한 특례법」 제4조 제1항에 따라 검사의 요청으로 세관장이 행하는 조치에는 영장주의원칙이 적용된다. 위 조항에 따른 조치의 일환으로 특정한 수출입물품을 개봉하여 검사하고 그 내용물의 점유를 취득한 행위가 범죄수사인 압수 또는 수색에 해당하므로 사전 또는 사후에 영장을 받아야 한다(대판 2017. 7. 18, 2014도8719).

예

21 ☐☐☐   기본서 p. 566

행정조사는 정기적으로 실시함을 원칙으로 합니까?

행정조사는 법령 등 또는 행정조사운영계획으로 정하는 바에 따라 정기적으로 실시함을 원칙으로 한다. 다만, 다른 행정기관으로부터 법령 등의 위반에 관한 혐의를 통보 또는 이첩받은 경우 등 일정한 사유가 있는 경우에는 수시조사를 할 수 있다(행정조사기본법 제7조).

예

22 ☐☐☐   기본서 p. 567

조사대상자가 동의한 경우에도 해가 뜨기 전이나 해가 진 뒤에는 현장조사를 할 수 없습니까?

현장조사는 원칙적으로 해가 뜨기 전이나 해가 진 뒤에는 할 수 없으나, 조사대상자(대리인 및 관리책임이 있는 자를 포함한다)가 동의한 경우에는 그러하지 아니하다(행정조사기본법 제11조 제2항 제1호).

아니요

23 ☐☐☐   기본서 p. 568

조사대상자는 법률·회계 등에 대하여 전문지식이 있는 관계 전문가로 하여금 행정조사를 받는 과정에 입회하게 하거나 의견을 진술하게 할 수 있습니까?

조사대상자는 법률·회계 등에 대하여 전문지식이 있는 관계 전문가로 하여금 행정조사를 받는 과정에 입회하게 하거나 의견을 진술하게 할 수 있다(행정조사기본법 제23조 제2항).

예

24 ☐☐☐   기본서 p. 568

조사대상자와 조사원은 조사과정을 방해하지 아니하는 범위 안에서 행정조사의 과정을 녹음하거나 녹화할 수 있습니까?

조사대상자와 조사원은 조사과정을 방해하지 아니하는 범위 안에서 행정조사의 과정을 녹음하거나 녹화할 수 있다. 이 경우 녹음·녹화의 범위 등은 상호 협의하여 정하여야 한다(행정조사기본법 제23조 제3항).

예

25 ☐☐☐   기본서 p. 568

조사원이 조사목적을 달성하기 위하여 시료채취를 하는 경우에는 그 시료의 소유자 및 관리자의 정상적인 경제활동을 방해하지 아니하는 범위 안에서 최소한도로 하여야 합니까?

조사원이 조사목적의 달성을 위하여 시료채취를 하는 경우에는 그 시료의 소유자 및 관리자의 정상적인 경제활동을 방해하지 아니하는 범위 안에서 최소한도로 하여야 한다(행정조사기본법 제12조 제1항).

예

26 ☐☐☐   기본서 p. 568

행정기관의 장은 조사원이 조사목적의 달성을 위하여 한 시료채취로 조사대상자에게 손실을 입힌 때에는 그 손실을 보상하여야 합니까?

행정기관의 장은 시료채취로 조사대상자에게 손실을 입힌 때에는 대통령령으로 정하는 절차와 방법에 따라 그 손실을 보상하여야 한다(행정조사기본법 제12조 제2항).

예

27 ☐☐☐   기본서 p. 568

행정기관의 장은 당해 행정기관 내의 2 이상의 부서가 동일하거나 유사한 업무분야에 대하여 동일한 조사대상자에게 행정조사를 실시하는 경우에는 공동조사를 하여야 합니까?

행정기관의 장은 ① 당해 행정기관 내의 2 이상의 부서가 동일하거나 유사한 업무분야에 대하여 동일한 조사대상자에게 행정조사를 실시하는 경우 또는 ② 서로 다른 행정기관이 대통령령으로 정하는 분야에 대하여 동일한 조사대상자에게 행정조사를 실시하는 경우에는 공동조사를 하여야 한다(행정조사기본법 제14조 제1항 제1·2호).

예

28 ☐☐☐   기본서 p. 568

행정기관은 유사하거나 동일한 사안에 대하여 원칙적으로 중복하여 조사할 수 있습니까?

정기조사 또는 수시조사를 실시한 행정기관의 장은 동일한 사안에 대하여 동일한 조사대상자를 재조사하여서는 아니 된다. 다만, 당해 행정기관이 이미 조사를 받은 조사대상자에 대하여 위법행위가 의심되는 새로운 증거를 확보한 경우에는 그러하지 아니하다(행정조사기본법 제15조 제1항).

아니요

29 ☐☐☐   기본서 p. 568

조사원이 자료 등을 영치하는 경우에 조사대상자의 생활이나 영업이 사실상 불가능하게 될 우려가 있는 때에는 조사원은 자료 등을 사진으로 촬영하거나 사본을 작성하는 등의 방법으로 영치에 갈음할 수 있습니까?

조사원이 자료 등을 영치하는 경우에 조사대상자의 생활이나 영업이 사실상 불가능하게 될 우려가 있는 때에는 조사원은 자료 등을 사진으로 촬영하거나 사본을 작성하는 등의 방법으로 영치에 갈음할 수 있다. 다만, 증거인멸의 우려가 있는 자료 등을 영치하는 경우에는 그러하지 아니하다(행정조사기본법 제13조 제2항).

예

30-1 ☐☐☐   기본서 p. 569

행정조사를 실시하고자 하는 행정기관의 장은 조사개시 며칠 전까지 사전통지를 하여야 합니까?

행정조사를 실시하고자 하는 행정기관의 장은 출석요구서, 보고요구서, 자료제출요구서 및 현장출입조사서를 조사개시 7일 전까지 조사대상자에게 서면으로 통지하여야 한다(행정조사기본법 제17조 제1항 본문).

7일

30-2 ☐☐☐   기본서 p. 569

자발적인 협조를 얻어 조사하는 경우에도 조사개시 7일 전까지 조사대상자에게 서면으로 통지하여야 합니까?

'조사대상자의 자발적인 협조를 얻어 실시하는 행정조사의 경우'에는 행정조사의 개시와 동시에 출석요구서 등을 조사대상자에게 제시하거나 행정조사의 목적 등을 조사대상자에게 구두로 통지할 수 있다(행정조사기본법 제17조 제1항 제3호).

아니요

31 ☐☐☐   기본서 p. 569

행정기관의 장이 조사대상자의 자발적인 협조를 얻어 행정조사를 실시하고자 하는 경우, 조사대상자는 문서 · 전화 · 구두 등의 방법으로 당해 행정조사를 거부할 수 있습니까?

행정기관의 장이 조사대상자의 자발적인 협조를 얻어 행정조사를 실시하고자 하는 경우 조사대상자는 문서 · 전화 · 구두 등의 방법으로 당해 행정조사를 거부할 수 있다(행정조사기본법 제20조 제1항). 이에 따른 행정조사에 대하여 조사대상자가 조사에 응할 것인지에 대한 응답을 하지 아니하는 경우에는 법령 등에 특별한 규정이 없는 한 그 조사를 거부한 것으로 본다(동법 제20조 제2항).

예

32 ☐☐☐   기본서 p. 569

행정기관의 장은 법령 등에 특별한 규정이 있는 경우를 제외하고는 행정조사의 결과를 확정한 날부터 며칠 이내에 그 결과를 조사대상자에게 통지하여야 합니까?

행정기관의 장은 법령 등에 특별한 규정이 있는 경우를 제외하고는 행정조사의 결과를 확정한 날부터 7일 이내에 그 결과를 조사대상자에게 통지하여야 한다(행정조사기본법 제24조).

7일

33 ☐☐☐   기본서 p. 570

행정기관의 장은 인터넷 등 정보통신망을 통하여 조사대상자로 하여금 자료의 제출 등을 하게 할 수 있습니까?

행정기관의 장은 인터넷 등 정보통신망을 통하여 조사대상자로 하여금 자료의 제출 등을 하게 할 수 있다(행정조사기본법 제28조 제1항). 행정기관의 장은 정보통신망을 통하여 자료의 제출 등을 받은 경우에는 조사대상자의 신상이나 사업비밀 등이 유출되지 아니하도록 제도적 · 기술적 보안조치를 강구하여야 한다(동법 제28조 제2항).

예

34 ☐☐☐   기본서 p. 570

위법한 세무조사에 기초하여 이루어진 부가가치세 부과처분은 위법합니까?

납세자에 대한 부가가치세 부과처분이, 종전의 부가가치세 경정조사와 같은 세목 및 같은 과세기간에 대하여 중복하여 실시된 위법한 세무조사에 기초하여 이루어진 것이어서 위법하다(대판 2006. 6. 2, 2004두12070).

예

35 ☐☐☐   기본서 p. 571

조사과정에서 운전자 본인의 동의를 받지 아니하고 또한 법원의 영장도 없이 채혈조사를 한 결과를 근거로 한 운전면허 정지 · 취소처분은 특별한 사정이 없는 한 위법한 처분에 해당합니까?

음주운전 여부에 대한 조사과정에서 운전자 본인의 동의를 받지 아니하고 또한 법원의 영장도 없이 채혈조사를 한 결과를 근거로 한 운전면허 정지 · 취소처분은 도로교통법 제44조 제3항을 위반한 것으로서 특별한 사정이 없는 한 위법한 처분으로 볼 수밖에 없다(대판 2016. 12. 27, 2014두46850).

예

01 ☐☐☐   기본서 p. 574

행정벌은 행정의 실효성 확보를 위한 직접적 수단입니까?

행정벌은 그 존재 자체가 의무자에게 심리적 압박을 가하여 의무위반을 예방하는 효과를 가진다는 점에서 간접적으로 행정법규의 실효성을 확보하는 수단으로서의 기능을 한다.

아니요

02 ☐☐☐   기본서 p. 574

일정한 법규 위반사실이 행정처분의 전제사실이자 형사법규의 위반사실이 되는 경우, 형사판결이 확정되기 전에 그 위반사실을 이유로 제재처분을 하였다면 절차적 위반에 해당합니까?

행정처분과 형벌은 각각 그 권력적 기초, 대상, 목적이 다르다. 일정한 법규 위반사실이 행정처분의 전제사실이자 형사법규의 위반사실이 되는 경우에 동일한 행위에 관하여 독립적으로 행정처분이나 형벌을 부과하거나 이를 병과할 수 있다. 법규가 예외적으로 형사소추 선행원칙을 규정하고 있지 않은 이상 형사판결 확정에 앞서 일정한 위반사실을 들어 행정처분을 하였다고 하여 절차적 위반이 있다고 할 수 없다(대판 2017. 6. 19, 2015두59808).

아니요

03 ☐☐☐   기본서 p. 575

과태료는 행정질서벌에 해당할 뿐 형벌이라고 할 수 없어 죄형법정주의의 규율대상에 해당하지 않습니까?

죄형법정주의는 무엇이 범죄이며 그에 대한 형벌이 어떠한 것인가는 국민의 대표로 구성된 입법부가 제정한 법률로써 정하여야 한다는 원칙인데, 「부동산등기 특별조치법」 제11조 제1항 본문 중 제2조 제1항에 관한 부분이 정하고 있는 과태료는 행정상의 질서유지를 위한 행정질서벌에 해당할 뿐 형벌이라고 할 수 없어 죄형법정주의의 규율대상에 해당하지 아니한다(헌재 1998. 5. 28, 96헌바83).

예

04 ☐☐☐   기본서 p. 576

어떠한 위반행위에 대해 행정형벌을 과할 것인가, 행정질서벌을 과할 것인가는 입법재량에 속합니까?

어떠한 위반행위에 대해 행정형벌을 과할 것인가, 행정질서벌을 과할 것인가는 기본적으로 입법재량에 속하는 문제이다(헌재 1994. 4. 28, 91헌바14).

예

05 ☐☐☐   기본서 p. 577

행정범의 경우에도 범죄가 성립하는 데 원칙적으로 고의가 있어야 합니까?

형법에 의하면 형사범의 성립에는 원칙적으로 고의가 있어야 하며 과실이 있는 행위는 법률의 특별한 규정이 있는 경우에는 처벌한다. 이러한 형법의 규정은 행정범에도 적용된다. 따라서 행정범의 경우에도 범죄성립을 위해서는 원칙적으로 고의가 있어야 한다.

예

06 ☐☐☐   기본서 p. 578

행정범의 경우에 명문규정이 없더라도 행정법규의 해석에 의해 과실행위도 처벌할 수 있습니까?

행정범의 경우 과실범을 처벌하는 명문규정이 있는 경우에 처벌할 수 있으며, 통설과 판례는 한걸음 더 나아가 명문규정이 없더라도 행정형벌법규의 해석에 의해 과실행위도 처벌한다는 뜻이 도출되는 경우에는 과실행위도 처벌할 수 있다고 본다.

예

07 ☐☐☐   기본서 p. 579

양벌규정은 행위자에 대한 처벌규정임과 동시에 그 위반행위의 이익귀속주체인 영업주에 대한 처벌규정입니까?

구 건축법 제54조 내지 제56조의 벌칙규정에서 그 적용대상자를 건축주, 공사감리자, 공사시공자 등 일정한 업무주로 한정한 경우에 있어서, 같은 법 제57조의 양벌규정은 업무주가 아니면서 당해 업무를 실제로 집행하는 자가 있는 때에 위 벌칙규정의 실효성을 확보하기 위하여 그 적용대상자를 당해 업무를 실제로 집행하는 자에게까지 확장함으로써 그러한 자가 당해 업무집행과 관련하여 위 벌칙규정의 위반행위를 한 경우 위 양벌규정에 의하여 처벌할 수 있도록 한 행위자의 처벌규정임과 동시에 그 위반행위의 이익귀속주체인 업무주에 대한 처벌규정이라고 할 것이다(대판 1999. 7. 15, 95도2870 전합).

예

08 ☐☐☐   기본서 p. 579

양벌규정에 의한 법인 또는 사업주의 처벌은 무과실책임의 성질을 가지는 것입니까?

양벌규정에 의한 처벌의 경우 법정대리인이나 사업주의 책임은 주의·감독의무를 태만히 한 데 대한 <u>과실책임의 성질을 가진다.</u>

아니요

09 ☐☐☐   기본서 p. 579

양벌규정에 의해 영업주가 처벌되기 위해서는 종업원의 범죄가 성립하거나 처벌이 이루어져야 함이 전제조건이 되어야 합니까?

<u>양벌규정에 의한 영업주의 처벌은 금지위반행위자인 종업원의 처벌에 종속하는 것이 아니라 독립하여 그 자신의 종업원에 대한 선임·감독상의 과실로 인하여 처벌되는 것이므로 종업원의 범죄성립이나 처벌이 영업주 처벌의 전제조건이 될 필요는 없다</u>(대판 2006. 2. 24, 2005도7673).

아니요

10-1 ☐☐☐   기본서 p. 580

지방자치단체 소속 공무원이 지방자치단체 고유의 자치사무를 처리하면서 위반행위를 한 경우, 지방자치단체도 양벌규정에 따라 처벌대상이 되는 법인에 해당합니까?

지방자치단체 소속 공무원이 지방자치단체 고유의 자치사무를 처리하면서 위반행위를 한 경우 지방자치단체도 양벌규정에 따라 처벌대상이 되는 법인에 해당한다(대판 2009. 6. 11, 2008도6530).

예

10-2 ☐☐☐   기본서 p. 580

지방자치단체 소속 공무원이 국가의 기관위임사무를 처리하면서 위반행위를 한 경우, 해당 지방자치단체는 양벌규정에 따른 처벌대상이 될 수 있습니까?

지방자치단체 소속 공무원이 국가의 기관위임사무를 처리하면서 위반행위를 한 경우 해당 지방자치단체는 양벌규정에 따른 처벌대상이 될 수 없다(대판 2009. 6. 11, 2008도6530).

아니요

11-1 ☐☐☐   기본서 p. 581~582

종업원 등의 범죄행위에 대해 곧바로 법인을 종업원 등과 같이 처벌하는 것은 책임주의원칙에 위배됩니까?

<u>종업원 등의 범죄행위에 대한 법인의 가담 여부나 이를 감독할 주의의무 위반 여부를 법인에 대한 처벌요건으로 규정하지 아니하고, 달리 법인이 면책될 가능성에 대해서도 정하지 아니한 채, 곧바로 법인을 종업원 등과 같이 처벌하는 것은 다른 사람의 범죄에 대하여 그 책임 유무를 묻지 않고 형사처벌하는 것이므로 헌법상 법치국가원리로부터 도출되는 책임주의원칙에 위배된다</u>(헌재 2020. 4. 23, 2019헌가25).

예

11-2 ☐☐☐   기본서 p. 581~582

법인대표자의 범죄행위에 대하여 법인이 책임을 부담하는 것도 책임주의원칙에 위배됩니까?

<u>법인대표자의 행위는 법인의 행위로 볼 수 있고, 결국 법인대표자의 법규 위반행위에 대한 법인의 책임은 법인 자신의 법규 위반행위로 평가될 수 있는 행위에 대한 법인의 직접책임이므로</u>(대표자의 고의에 의한 위반행위에 대하여는 법인이 고의책임을, 대표자의 과실에 의한 위반행위에 대하여는 법인이 과실책임을 부담한다), <u>법인대표자의 범죄행위에 대하여는 법인이 책임을 부담하는 것은 책임주의원칙에 위배되지 않는다</u>(헌재 2020. 4. 23, 2019헌가25).

아니요

12 ☐☐☐   기본서 p. 582

행정형벌의 부과절차는 원칙적으로 어떤 법을 따르고, 누가 부과합니까?

행정형벌은 형법상의 벌, 즉 형벌을 과하는 것이기 때문에 원칙적으로 <u>형사소송법이 정하는 바에 따라 통상의 형사벌과 같이 법원이 부과한다.</u>

형사소송법에 따르고, 법원이 부과

13 ☐☐☐   기본서 p. 583

통고처분은 취소소송의 대상이 되는 행정처분입니까?

통고처분은 과벌절차(행정형벌의 부과절차)의 하나로서 독자적인 처분이 아니라고 보는 설이 통설의 입장이다. 판례 역시 통고처분은 취소소송의 대상이 되는 행정처분이 아니라고 본다.

아니요

14 ☐☐☐   기본서 p. 583

법률에 따라 통고처분을 할 수 있으면 행정청은 통고처분을 하여야 하며, 통고처분 이외의 조치를 취할 재량은 없습니까?

> 관세법상 통고처분을 할 것인지는 관세청장 또는 세관장의 재량에 맡겨져 있다(대판 2007. 5. 11, 2006도1993).

아니요

15 ☐☐☐   기본서 p. 583

세관장이 관세범에 대하여 통고처분을 하지 않은 채 고발하였다면 공소의 제기는 부적법합니까?

> 관세법상 통고처분을 할 것인지는 관세청장 또는 세관장의 재량에 맡겨져 있으므로 관세청장 또는 세관장이 관세범에 대하여 통고처분을 하지 아니한 채 고발하였다는 것만으로 그 고발 및 이에 기한 공소의 제기가 부적법하게 되는 것은 아니다(대판 2007. 5. 11, 2006도1993).

아니요

16 ☐☐☐   기본서 p. 584

경찰서장이 「경범죄 처벌법」상 범칙행위에 대하여 통고처분을 한 경우, 통고처분에서 정한 범칙금 납부기간까지 경찰서장은 즉결심판을 청구할 수 있고 검사도 동일한 범칙행위에 대하여 공소를 제기할 수 있습니까?

> 경찰서장이 범칙행위에 대하여 통고처분을 한 이상, 범칙자의 위와 같은 절차적 지위를 보장하기 위하여 통고처분에서 정한 범칙금 납부기간까지는 원칙적으로 경찰서장은 즉결심판을 청구할 수 없고, 검사도 동일한 범칙행위에 대하여 공소를 제기할 수 없다. 또한 범칙자가 범칙금 납부기간이 지나도록 범칙금을 납부하지 아니하였다면 경찰서장이 즉결심판을 청구하여야 하고, 검사는 동일한 범칙행위에 대하여 공소를 제기할 수 없다(대판 2021. 4. 1, 2020도15194).

아니요

17 ☐☐☐   기본서 p. 584

통고처분에 따른 범칙금을 납부한 후에 동일한 사건에 대하여 다시 형사처벌을 하는 것은 일사부재리의 원칙에 반하지 않습니까?

> 통고처분을 받은 자가 통고된 내용에 따라 이행한 경우에는 확정판결과 동일한 효력이 발생하여 처벌절차는 종료되고, 일사부재리의 원칙이 적용되어 다시 형사소추를 할 수 없다.

아니요

18 ☐☐☐   기본서 p. 584

통고처분에 의해 범칙금을 납부한 경우, 그 납부의 효력에 따라 다시 벌받지 아니하게 되는 행위사실은 범칙금 통고의 이유에 기재된 당해 범칙행위 자체 및 그 범칙행위와 동일성이 인정되는 범칙행위에 한정됩니까?

> 범칙자가 경찰서장으로부터 범칙행위를 하였음을 이유로 범칙금의 통고를 받고 납부기간 내에 그 범칙금을 납부한 경우 범칙금의 납부에 확정판결에 준하는 효력이 인정됨에 따라 다시 벌받지 아니하게 되는 행위사실은 범칙금 통고의 이유에 기재된 당해 범칙행위 자체 및 그 범칙행위와 동일성이 인정되는 범칙행위에 한정된다고 해석함이 상당하다(대판 2002. 11. 22, 2001도849).

예

19 ☐☐☐   기본서 p. 585

관세법상 통고처분은 상대방의 임의의 승복을 그 발효요건으로 하기 때문에 그 자체만으로는 통고이행을 강제하거나 상대방에게 아무런 권리·의무를 형성하지 않습니까?

> 통고처분은 상대방의 임의의 승복을 그 발효요건으로 하기 때문에 그 자체만으로는 통고이행을 강제하거나 상대방에게 아무런 권리·의무를 형성하지 않으므로 행정심판이나 행정소송의 대상으로서의 처분성을 부여할 수 없다(헌재 1998. 5. 28, 96헌바4).

예

20 ☐☐☐   기본서 p. 586

질서위반행위규제법에 따르면 법률(지방자치단체의 조례 포함)에 근거가 없더라도 과태료를 부과할 수 있습니까?

> 행정질서벌의 부과는 법률에 근거가 있어야 하는바, 질서위반행위규제법은 법률(지방자치단체의 조례 포함)에 따르지 아니하고는 어떤 행위도 질서위반행위로 과태료를 부과하지 아니한다고 규정하여 질서위반행위법정주의를 선언하고 있다(질서위반행위규제법 제6조).

아니요

21 ☐☐☐   기본서 p. 586

과태료 부과의 요건·절차 등에 관해 다른 법률의 규정이 질서위반행위법의 규정에 저촉되면 다른 법률의 규정에 따릅니까?

질서위반행위규제법은 과태료 부과의 요건·절차·징수 등을 정하는 법률로서, 과태료의 부과·징수, 재판 및 집행 등의 절차에 관한 <u>다른 법률의 규정 중 질서위반행위규제법의 규정에 저촉되는 것은 질서위반행위규제법으로 정하는 바에 따른다</u>(질서위반행위규제법 제5조).

아니요

22 ☐☐☐   기본서 p. 586

대통령령으로 정하는 소송법상 의무를 위반하여 과태료를 부과하는 행위도 질서위반행위규제법상 질서위반행위에 포함됩니까?

① 대통령령으로 정하는 사법(私法)상·소송법상 의무를 위반하여 과태료를 부과하는 행위, ② 대통령령으로 정하는 법률에 따른 징계사유에 해당하여 과태료를 부과하는 행위는 질서위반행위규제법에서 말하는 질서위반행위에 포함되지 않는다(질서위반행위규제법 제2조 제1호).

아니요

23 ☐☐☐   기본서 p. 586

질서위반행위규제법에 따른 과태료의 부과에는 고의 또는 과실이 필요합니까?

질서위반행위규제법은 고의 또는 과실이 없는 질서위반행위는 과태료를 부과하지 아니한다고 규정하고 있다(질서위반행위규제법 제7조). 따라서 현행법상 행정질서벌인 과태료를 부과하기 위해서는 고의 또는 과실이 있어야 한다.

예

24 ☐☐☐   기본서 p. 587

자신의 행위가 위법하지 않은 것으로 오인한 행위 모두에 대해 과태료를 부과하지 않습니까?

자신의 행위가 위법하지 아니한 것으로 오인하고 행한 질서위반행위는 그 '오인에 정당한 이유가 있는 때'에 한하여 과태료를 부과하지 아니한다(질서위반행위규제법 제8조).

아니요

25 ☐☐☐   기본서 p. 587

다른 법률에 특별한 규정이 없는 경우, 14세가 되지 아니한 자의 질서위반행위는 과태료를 부과하지 않습니까?

<u>14세가 되지 아니한 자의 질서위반행위는 과태료를 부과하지 아니한다. 다만, 다른 법률에 특별한 규정이 있는 경우에는 그러하지 아니하다</u>(질서위반행위규제법 제9조).

예

26 ☐☐☐   기본서 p. 587

심신(心神)장애로 인하여 행위의 옳고 그름을 판단할 능력이 없거나 그 판단에 따른 행위를 할 능력이 없는 자의 질서위반행위는 과태료를 부과하지 않습니까?

① <u>심신(心神)장애로 인하여 행위의 옳고 그름을 판단할 능력이 없거나 그 판단에 따른 행위를 할 능력이 없는 자의 질서위반행위는 과태료를 부과하지 아니한다.</u> ② 심신장애로 인하여 ①에 따른 능력이 미약한 자의 질서위반행위는 과태료를 감경한다. ③ 스스로 심신장애상태를 일으켜 질서위반행위를 한 자에 대하여는 ① 및 ②를 적용하지 아니한다(질서위반행위규제법 제10조).

예

27 ☐☐☐   기본서 p. 587

질서위반행위규제법상 개인의 대리인이 업무에 관하여 그 개인에게 부과된 법률상의 의무를 위반한 때에는 행위자인 대리인에게 과태료를 부과합니까?

법인의 대표자, 법인 또는 개인의 대리인·사용인 및 그 밖의 종업원이 업무에 관하여 법인 또는 그 개인에게 부과된 법률상의 의무를 위반한 때에는 법인 또는 그 개인에게 과태료를 부과한다(질서위반행위규제법 제11조 제1항).

아니요

28-1 ☐☐☐   기본서 p. 587

2인 이상이 질서위반행위에 가담한 경우 어떻게 봅니까?

2인 이상이 질서위반행위에 가담한 때에는 각자가 질서위반행위를 한 것으로 본다(질서위반행위규제법 제12조 제1항).

각자가 질서위반행위를 한 것으로 본다.

28-2 ☐☐☐　　　　　　　　　　　　기본서 p. 587
신분에 의하여 성립하는 질서위반행위에 신분이 없는 자가 가담하면, 신분이 없는 자에 대하여도 질서위반행위가 성립합니까?

'신분에 의하여 성립'하는 질서위반행위에 신분이 없는 자가 가담한 때에는 신분이 없는 자에 대하여도 질서위반행위가 성립한다(질서위반행위규제법 제12조 제2항).

예

28-3 ☐☐☐　　　　　　　　　　　　기본서 p. 587
신분에 의하여 과태료가 감경되거나 가중되는 경우에 신분이 없는 자가 가담하면, 신분이 없는 자에게도 신분의 효과가 미칩니까?

'신분에 의하여 과태료를 감경 또는 가중'하거나 '과태료를 부과하지 아니하는 때'에는 그 신분의 효과는 신분이 없는 자에게는 미치지 아니한다(질서위반행위규제법 제12조 제3항).

아니요

29 ☐☐☐　　　　　　　　　　　　기본서 p. 588
질서위반행위 후 법률이 변경되어 그 행위가 질서위반행위에 해당하지 않게 되거나 과태료가 가볍게 된 때에는 변경된 법률을 적용합니까?

질서위반행위규제법 제3조【법 적용의 시간적 범위】① 질서위반행위의 성립과 과태료 처분은 행위시의 법률에 따른다.
② 질서위반행위 후 법률이 변경되어 그 행위가 질서위반행위에 해당하지 아니하게 되거나 과태료가 변경되기 전의 법률보다 가볍게 된 때에는 법률에 특별한 규정이 없는 한 변경된 법률을 적용한다.
③ 행정청의 과태료 처분이나 법원의 과태료 재판이 확정된 후 법률이 변경되어 그 행위가 질서위반행위에 해당하지 아니하게 된 때에는 변경된 법률에 특별한 규정이 없는 한 과태료의 징수 또는 집행을 면제한다.

예

30 ☐☐☐　　　　　　　　　　　　기본서 p. 588
과태료를 부과하는 근거법령이 개정되어 행위시의 법률에 의하면 과태료 부과대상이었지만 재판시의 법률에 의하면 부과대상이 아니게 된 때에는 특별한 사정이 없는 한 과태료를 부과할 수 없습니까?

질서위반행위에 대하여 과태료를 부과하는 근거법령이 개정되어 행위시의 법률에 의하면 과태료 부과대상이었지만 재판시의 법률에 의하면 부과대상이 아니게 된 때에는 개정법률의 부칙 등에서 행위시의 법률을 적용하도록 명시하는 등 특별한 사정이 없는 한 재판시의 법률을 적용하여야 하므로 과태료를 부과할 수 없다(대결 2017. 4. 7, 2016마1626).

예

31 ☐☐☐　　　　　　　　　　　　기본서 p. 588
하나의 행위가 둘 이상의 질서위반행위에 해당하는 경우에는 어떻게 과태료를 부과합니까?

하나의 행위가 2 이상의 질서위반행위에 해당하는 경우에는 각 질서위반행위에 대하여 정한 과태료 중 '가장 중한 과태료'를 부과한다(질서위반행위규제법 제13조 제1항).

가장 중한 과태료 부과

32 ☐☐☐　　　　　　　　　　　　기본서 p. 588
과태료는 행정청의 과태료 부과처분이나 법원의 과태료재판이 확정된 후 몇 년간 징수하지 아니하거나 집행하지 아니하면 시효로 인하여 소멸합니까?

과태료는 행정청의 과태료 부과처분이나 법원의 과태료재판이 확정된 후 5년간 징수하지 아니하거나 집행하지 아니하면 시효로 인하여 소멸한다(질서위반행위규제법 제15조 제1항).

5년

33 ☐☐☐　　　　　　　　　　　　기본서 p. 589
행정청이 질서위반행위에 대하여 과태료를 부과하고자 하는 때에는 며칠 이상의 기간을 정하여 의견을 제출할 기회를 주어야 합니까?

행정청이 질서위반행위에 대하여 과태료를 부과하고자 하는 때에는 미리 당사자(고용주 등 포함)에게 대통령령으로 정하는 사항을 통지하고, 10일 이상의 기간을 정하여 의견을 제출할 기회를 주어야 한다. 이 경우 지정된 기일까지 의견제출이 없는 경우에는 의견이 없는 것으로 본다(질서위반행위규제법 제16조 제1항).

10일

34 ☐☐☐   기본서 p. 589

과태료에 대한 이의제기가 있는 경우, 그 효력은 어떻게 됩니까?

이의제기가 있는 경우에는 행정청의 과태료 부과처분은 그 효력을 상실한다(질서위반행위규제법 제20조 제2항).

효력 상실

35 ☐☐☐   기본서 p. 589

과태료 부과처분은 취소소송의 대상이 된다고 봅니까?

과태료 부과는 행정소송의 대상이 되는 행정처분이라고 볼 수 없다(대판 1993. 11. 23, 93누16833).

아니요

36 ☐☐☐   기본서 p. 590

과태료사건은 다른 법령에 특별한 규정이 있는 경우를 제외하고는 과태료를 부과한 행정청의 소재지를 관할하는 행정법원의 관할로 합니까?

과태료사건은 다른 법령에 특별한 규정이 있는 경우를 제외하고는 당사자(편저자 주 : 질서위반행위를 한 자연인 또는 법인 등)의 주소지의 지방법원 또는 그 지원의 관할로 한다(질서위반행위규제법 제25조).

아니요

37 ☐☐☐   기본서 p. 590

과태료재판의 경우, 법원은 행정청의 과태료 부과사유와 기본적 사실관계에 있어서 동일성이 인정되는 한도 내에서만 과태료를 부과할 수 있습니까?

과태료재판의 경우, 법원으로서는 기록상 현출되어 있는 사항에 관하여 직권으로 증거조사를 하고 이를 기초로 하여 판단할 수 있는 것이나, 그 경우 행정청의 과태료 부과처분사유와 기본적 사실관계에 있어서 동일성이 인정되는 한도 내에서만 과태료를 부과할 수 있다(대결 2012. 10. 19, 2012마163).

예

38 ☐☐☐   기본서 p. 590

질서위반행위규제법에 따르면, 당사자와 검사는 과태료재판에 대하여 즉시항고를 할 수 있는데, 이 경우 항고는 집행정지의 효력이 있습니까?

당사자와 검사는 과태료재판에 대하여 즉시항고를 할 수 있다. 이 경우 항고는 집행정지의 효력이 있다(질서위반행위규제법 제38조 제1항).

예

39 ☐☐☐   기본서 p. 590

과태료재판은 판사의 명령으로 집행하며, 그 명령은 집행력 있는 집행권원과 동일한 효력이 있습니까?

과태료재판은 검사의 명령으로써 집행한다. 이 경우 그 명령은 집행력 있는 집행권원과 동일한 효력이 있다(질서위반행위규제법 제42조 제1항).

아니요

40 ☐☐☐ 미기출   기본서 p. 590

과태료재판의 집행을 지방자치단체의 장에게 위탁한 경우, 그 장이 집행한 금원은 누구의 수입입니까?

지방자치단체의 장이 과태료재판의 집행을 위탁받은 경우에는 그 집행한 금원은 당해 지방자치단체의 수입으로 한다(질서위반행위규제법 제43조 제2항).

당해 지방자치단체

41 ☐☐☐   기본서 p. 591

행정형벌과 행정질서벌의 병과가능성에 대해 대법원의 입장은 무엇입니까?

대법원은 과태료와 형사처벌은 목적과 성질을 달리하는 별개의 것이므로 행정법상의 질서벌인 과태료 부과 후 형사처벌을 하더라도 일사부재리원칙에 위반되지 않는다고 본다(대판 1996. 4. 12, 96도158).

해설 참조

42 ☐☐☐ 기본서 p. 591
구 행형법에 의한 징벌을 받은 뒤에 형사처벌을 한다고 하여 일사
부재리의 원칙에 반하는 것은 아닙니까?

피고인이 행형법에 의한 징벌을 받아 그 집행을 종료하였다고 하더
라도 행형법상의 징벌은 수형자의 교도소 내의 준수사항 위반에 대
하여 과하는 행정상의 질서벌의 일종으로서 형법 법령에 위반한 행
위에 대한 형사책임과는 그 목적, 성격을 달리하는 것이므로 징벌
을 받은 뒤에 형사처벌을 한다고 하여 일사부재리의 원칙에 반하는
것은 아니다(대판 2000. 10. 27, 2000도3874).

예

43 ☐☐☐ 기본서 p. 592
고액 · 상습체납자에 대해 자유를 박탈하는 감치처분을 할 수 있습
니까?

법원은 검사의 청구에 따라, 결정으로 30일의 범위 이내에서 과태
료의 납부가 있을 때까지 일정한 사유에 해당하는 경우 체납자(법
인인 경우에는 대표자를 말한다)를 감치에 처할 수 있다(질서위반
행위규제법 제54조 제1항).

예

44 ☐☐☐ 기본서 p. 593
과태료는 당사자가 이의제기를 하지 않은 채 사망한 경우, 그 상속
재산에 대해 집행할 수 있습니까?

과태료는 당사자가 과태료 부과처분에 대하여 이의를 제기하지 아
니한 채 이의제기기한(편저자 주 : 과태료 부과통지를 받은 날부터
60일 이내)이 종료한 후 사망한 경우에는 그 상속재산에 대하여 집
행할 수 있다(질서위반행위규제법 제24조의2 제1항).

예

01 ☐☐☐   기본서 p. 598

판례에 따르면 국가배상청구소송은 민사소송에 의합니까?

국가배상법은 민법의 특별법인 사법이라는 것이 판례의 입장이다 (대판 1972. 10. 10, 69다701). 이에 따르면 국가배상청구소송은 민사소송에 의한다.

예

02 ☐☐☐   기본서 p. 598

국가배상법과 헌법 제29조는 배상책임자와 유형 면에서 어떤 차이가 있습니까?

❶ 헌법은 배상책임자로 '국가 또는 공공단체'를 규정하고 있으나, 국가배상법은 '국가 또는 지방자치단체'로 그 범위를 좁히고 있다.
❷ 헌법은 직무행위로 인한 손해배상청구권에 대해서만 명시하고 있으나, 국가배상법은 직무행위(국가배상법 제2조)뿐 아니라 영조물의 하자(국가배상법 제5조)로 인한 손해배상청구권까지 명시적으로 규정하고 있다.

해설 참조

01 ☐☐☐   기본서 p. 602
일시적·한정적 공무를 수행하는 사인도 공무원에 포함됩니까?

사인도 공무를 위탁받아 실질적으로 그에 종사하면 국가배상법 제2조의 공무원이 될 수 있으며, 이때 공무위탁에는 일시적·한정적 공무위탁도 포함된다는 것이 통설과 판례의 입장이다.

예

02 ☐☐☐   기본서 p. 602
지방자치단체로부터 어린이보호 등의 공무를 위탁받아 집행하는 교통할아버지는 국가배상법 제2조에서 규정하는 '공무원'입니까?

지방자치단체로부터 어린이보호 등의 공무를 위탁받아 교통정리를 하던 이른바 교통할아버지도 국가배상법상 공무원에 해당한다(대판 2001. 1. 5, 98다39060).

예

03 ☐☐☐ 미기출   기본서 p. 602~603
대한변호사협회의 장(長)은 국가로부터 위탁받은 공행정사무인 '변호사등록에 관한 사무'를 수행하는 범위 내에서 국가배상법 제2조에서 정한 공무원에 해당합니까?

대한변호사협회의 장(長)으로서 국가로부터 위탁받은 공행정사무인 '변호사등록에 관한 사무'를 수행하는 범위 내에서는 국가배상법 제2조에서 정한 공무원에 해당한다.
공법인이 국가로부터 위탁받은 공행정사무를 집행하는 과정에서 공법인의 임직원이나 피용인이 고의 또는 과실로 법령을 위반하여 타인에게 손해를 입힌 경우에는, 공법인은 위탁받은 공행정사무에 관한 행정주체의 지위에서 배상책임을 부담하여야 하지만, 공법인의 임직원이나 피용인은 실질적인 의미에서 공무를 수행한 사람으로서 국가배상법 제2조에서 정한 공무원에 해당한다(대판 2021. 1. 28, 2019다260197).

예

04 ☐☐☐   기본서 p. 603
소집 중인 향토예비군과 의용소방대원은 모두 국가배상법상 공무원에 해당합니까?

집행관, 소집 중인 향토예비군(현 예비군), 시 청소차 운전수, 통장, 교통할아버지, 지방자치단체에 근무하는 청원경찰, 육군 병기기계 공작창 내규에 의해 군무수행을 위하여 채용되어 소속부대 차량의 운전업무에 종사하는 자 등은 공무원에 포함되나, 의용소방대원은 국가기관이라 할 수 없으므로 국가배상법상 공무원의 범위에서 제외하고 있다(대판 1975. 11. 25, 73다1896).

아니요

05 ☐☐☐   기본서 p. 603
법령에 의해 대집행권한을 위탁받은 한국토지공사(현 한국토지주택공사)는 국가배상법상의 공무원에 해당합니까?

한국토지공사는 이러한 법령의 위탁에 의하여 대집행을 수권받은 자로서 공무인 대집행을 실시함에 따르는 권리·의무 및 책임이 귀속되는 행정주체의 지위에 있다고 볼 것이지 지방자치단체 등의 기관으로서 국가배상법 제2조 소정의 공무원에 해당한다고 볼 것은 아니다(대판 2010. 1. 28, 2007다82950·82967).

아니요

06 ☐☐☐   기본서 p. 603
국가배상법상의 직무행위는 권력작용만을 의미합니까?

국가배상법상의 직무는 공법상의 권력작용뿐만 아니라 공법상의 비권력작용(관리작용) 등 모든 공행정작용을 의미한다는 것이 통설과 판례의 입장이다.

아니요

07 ☐☐☐   기본서 p. 603
국가가 사경제주체로서 활동한 경우는 국가배상법상의 직무행위에 해당합니까?

국가 또는 지방자치단체라 할지라도 사경제주체로서 활동하였을 경우에는 국가배상법상의 직무에 해당하지 않으므로 민법이 적용된다고 한다.

아니요

08 ☐☐☐　　　　　　기본서 p. 604

입법내용이 헌법의 문언에 명백히 위배되면 당연히 국회가 위법행위를 한 것입니까?

국회의원의 입법행위는 그 입법내용이 헌법의 문언에 명백히 위배됨에도 국회가 '굳이 입법을 한 것'과 같은 특수한 경우가 아닌 한 위법행위가 아니라고 판시한 바 있다(대판 2008. 5. 29, 2004다33469).

아니요

09 ☐☐☐　　　　　　기본서 p. 605

헌법에 의하여 부과되는 국가의 '구체적인 입법의무' 자체가 인정되지 않는 경우에는 애당초 부작위로 인한 불법행위가 성립할 여지가 없습니까?

국가에게 일정한 사항에 관하여 헌법에 의하여 부과되는 '구체적인 입법의무' 자체가 인정되지 않는 경우에는 국회의원의 입법부작위에 대해 부작위로 인한 불법행위가 성립할 여지가 없다(대판 2008. 5. 29, 2004다33469).

예

10 ☐☐☐　　　　　　기본서 p. 605

재판행위로 인한 국가배상책임의 인정에 있어서 위법은 판결 자체의 위법을 뜻하는 것입니까?

재판행위로 인한 국가배상책임의 인정에 있어서 위법은 판결 자체의 위법이 아니라, 법관의 재판상 직무수행에 있어서의 공정한 재판을 위한 직무상 의무의 위반으로서의 위법이라고 보아야 한다.

아니요

11 ☐☐☐　　　　　　기본서 p. 605

헌법재판소 재판관의 위법한 직무집행의 결과 잘못된 각하결정을 함으로써 청구인으로 하여금 본안판단을 받을 기회를 상실하게 한 경우, 설령 본안판단을 하였더라도 어차피 청구가 기각되었을 것이라는 사정이 있다면 위자료를 지급할 의무가 없습니까?

헌법재판소 재판관의 위법한 직무집행의 결과 잘못된 각하결정을 함으로써 청구인으로 하여금 본안판단을 받을 기회를 상실하게 한 이상, 설령 본안판단을 하였더라도 어차피 청구가 기각되었을 것이라는 사정이 있다고 하더라도, 청구인의 합리적인 기대를 침해한 것이고 그 침해로 인한 정신상 고통에 대하여는 위자료를 지급할 의무가 있다(대판 2003. 7. 11, 99다24218).

아니요

12 ☐☐☐　　　　　　기본서 p. 606

직무행위인지 여부는 당해 행위가 현실적으로 정당한 권한 내의 것인지를 묻지 않습니까?

순수한 직무집행행위뿐만 아니라 실질적으로 직무집행행위가 아닌 경우 또는 행위자에게 주관적인 직무집행의사가 없더라도, 행위 자체의 외관을 객관적으로 관찰하여 직무행위로 보여질 때에는 '직무를 집행하면서'라는 요건을 충족한 것으로 본다. 또한 당해 행위가 현실적으로 정당한 권한 내의 것인지도 불문한다.

예

13 ☐☐☐　　　　　　기본서 p. 606

실질적으로 직무집행행위가 아니거나 주관적인 직무집행의사가 없으면 직무행위가 아닙니까?

외형설에 따르면 순수한 직무집행행위뿐만 아니라 실질적으로 직무집행행위가 아닌 경우 또는 행위자에게 주관적인 직무집행의사가 없더라도, 행위 자체의 외관을 객관적으로 관찰하여 직무행위로 보일 때에는 '직무를 집행하면서'라는 요건을 충족한 것으로 본다(대판 2005. 1. 14, 2004다26805).

아니요

14 ☐☐☐　　　　　　기본서 p. 606

상급자가 전입사병인 하급자에게 암기사항에 관하여 교육하던 중 훈계하다가 도가 지나쳐 폭행한 경우에 그 폭행은 국가배상법상의 직무집행에 해당합니까?

상급자가 전입신병인 하급자에게 암기사항에 관하여 교육 중 훈계하다가 도가 지나쳐 폭행한 경우에 국가배상법상의 직무집행성이 인정된다(대판 1995. 4. 21, 93다14240).

예

15 ☐☐☐　　　　　　기본서 p. 608

국가배상법 제2조는 과실책임을 규정하고 있습니까?

국가배상법 제2조상의 직무행위로 인한 행정상 손해배상책임이 인정되기 위해서는 고의 또는 과실이 있어야 한다고 함으로써 과실책임을 규정하고 있다.

예

16 ☐☐☐   기본서 p. 608

민법상 사용자면책사유는 국가배상법상의 고의 · 과실 판단에도 적용됩니까?

민법상의 사용자면책사유는 국가배상법상의 고의 · 과실의 판단에서는 적용되지 않는다.

아니요

17 ☐☐☐   기본서 p. 608

과실의 기준은 해당 공무원 개인의 주의의무를 기준으로 합니까?

과실 유무를 공무원을 기준으로 판단하되, '해당 공무원 개인의 주의의무'를 기준으로 하는 것이 아니라 당해 직무를 담당하는 '평균적(보통 일반의) 공무원의 주의의무'를 기준으로 판단한다.

아니요

18 ☐☐☐   기본서 p. 609

고의 · 과실의 입증책임은 누구에게 있습니까?

고의 · 과실의 입증책임은 피해자인 원고에게 있다는 것이 통설과 판례의 입장이다.

원고

19 ☐☐☐   기본서 p. 610

일반적으로 공무원이 필요한 지식을 갖추지 못하고 법규의 해석을 그르쳐 행정처분을 하였다면 그가 법률전문가가 아닌 행정직 공무원이라고 하여 과실이 없다고 할 수 있습니까?

법령에 대한 해석이 복잡 · 미묘하여 워낙 어렵고, 이에 대한 학설과 판례조차 귀일되어 있지 않는 등의 특별한 사정이 없는 한 일반적으로 공무원이 관계 법규를 알지 못하거나 필요한 지식을 갖추지 못하고 법규의 해석을 그르쳐 행정처분을 하였다면 그가 법률전문가가 아닌 행정직 공무원이라고 하여 과실이 없다고는 할 수 없다 (대판 2001. 2. 9, 98다52988).

아니요

20 ☐☐☐ **미기출**   기본서 p. 610

위헌 · 무효임이 명백한 대통령 긴급조치 제9호의 발령부터 적용 · 집행에 이르는 수사, 재판 등 일련의 국가작용으로 인한 손해에 대해 국가배상책임이 인정됩니까?

구 「국가안전과 공공질서의 수호를 위한 대통령긴급조치」 제9호의 발령부터 적용 · 집행에 이르는 일련의 국가작용은, 전체적으로 보아 공무원이 직무를 집행하면서 객관적 주의의무를 소홀히 하여 그 직무행위가 객관적 정당성을 상실한 것으로서 위법하다고 평가되고, 긴급조치 제9호의 적용 · 집행으로 강제수사를 받거나 유죄판결을 선고받고 복역함으로써 개별 국민이 입은 손해에 대해서는 국가배상책임이 인정될 수 있다(대판 2022. 8. 30, 2018다212610 전합).

예

21 ☐☐☐   기본서 p. 611

법령의 해석이 복잡하고 어려우며 학설이나 판례가 통일되지 않은 경우에 공무원이 신중을 기해 업무를 처리하였다면 과실을 인정할 수 있습니까?

법령의 해석이 복잡 · 미묘하여 어렵고 학설 · 판례가 통일되지 않을 때에 공무원이 신중을 기해 그중 어느 한 설을 취하여 처리한 경우에는 그 해석이 결과적으로 위법한 것이었다 하더라도 국가배상법상 공무원의 과실을 인정할 수 없다(대판 1973. 10. 10, 72다2583).

아니요

22 ☐☐☐   기본서 p. 611

재량준칙에 따라 처분을 한 경우, 결과적으로 그 처분이 위법하게 되었다면 곧바로 과실이 인정됩니까?

재량행위에서 공무원이 재량준칙에 따라 처분을 한 경우에는 결과적으로 그 처분이 재량을 일탈 · 남용하여 위법하게 되었다고 하더라도 과실이 있다고 보기 어렵다(대판 1994. 11. 8, 94다26141).

아니요

23 ☐☐☐   기본서 p. 611~612

어떤 처분이 후에 항고소송에서 취소된 사실만으로 곧바로 공무원의 과실이 인정됩니까?

위법성과 과실을 별개의 개념으로 이해하는 한 어떠한 처분이 취소소송에서 취소되었다 하더라도 곧바로 과실을 인정할 수는 없는바, 판례 역시 동일한 취지로 판시하고 있다.
어떠한 행정처분이 후에 항고소송에서 취소된 사실만으로 당해 행정처분이 곧바로 공무원의 고의 또는 과실로 인한 것으로서 불법행위를 구성한다고 단정할 수 없다(대판 2000. 5. 12, 99다70600).

아니요

24 ☐☐☐   기본서 p. 613

국가배상책임에 있어서 공무원의 행위는 '법령에 위반한 것'이어야 하는데, 법령 위반이라 함은 엄격한 의미의 법령 위반뿐만 아니라 인권존중, 권력남용금지, 신의성실 등의 위반도 포함하여 그 행위가 객관적인 정당성을 결여하고 있음을 의미한다고 보아야 합니까?

국가배상책임에 있어서 '법령 위반'은 엄격한 의미의 법령 위반뿐 아니라 인권존중, 권력남용금지, 신의성실과 같이 공무원으로서 마땅히 지켜야 할 준칙이나 규범을 지키지 아니하고 위반한 경우를 포함하여 널리 그 행위가 객관적인 정당성을 결여하고 있음을 뜻한다(대판 2008. 6. 12, 2007다64365).

예

25 ☐☐☐   기본서 p. 613

성폭력범죄의 수사를 담당하거나 수사에 관여하는 경찰관이 피해자의 인적사항 등을 공개 또는 누설함으로써 피해자가 손해를 입은 경우, 국가의 배상책임이 인정된다는 것이 판례의 입장입니까?

「성폭력범죄의 처벌 및 피해자보호 등에 관한 법률」제21조는 성폭력범죄의 수사 또는 재판을 담당하거나 이에 관여하는 공무원에 대하여 피해자의 인적 사항과 사생활의 비밀을 엄수할 직무상 의무를 부과하고 있고, 이는 주로 성폭력범죄 피해자의 명예와 사생활의 평온을 보호하기 위한 것이므로, 성폭력범죄의 수사를 담당하거나 수사에 관여하는 경찰관이 위와 같은 직무상 의무에 반하여 피해자의 인적사항 등을 공개 또는 누설하였다면 국가는 그로 인하여 피해자가 입은 손해를 배상하여야 한다(대판 2008. 6. 12, 2007다64365).

예

26 ☐☐☐   핵심집약 p. 482

보통 일반의 공무원을 표준으로 공무원이 객관적 주의의무를 소홀히 하고 그로 말미암아 객관적 정당성을 잃었다고 볼 수 있으면 국가배상법 제2조가 정한 국가배상책임이 성립할 수 있습니까?

보통 일반의 공무원을 표준으로 공무원이 객관적 주의의무를 소홀히 하고 그로 말미암아 객관적 정당성을 잃었다고 볼 수 있으면 국가배상법 제2조가 정한 국가배상책임이 성립할 수 있다. 객관적 정당성을 잃었는지는 행위의 양태와 목적, 피해자의 관여 여부와 정도, 침해된 이익의 종류와 손해의 정도 등 여러 사정을 종합하여 판단하되, 손해의 전보책임을 국가가 부담할 만한 실질적 이유가 있는지도 살펴보아야 한다(대판 2021. 10. 28, 2017다219218).

예

27 ☐☐☐   기본서 p. 613

개인의 권리 침해가 있었다면 곧바로 위법성이 인정됩니까?

공무원의 직무집행이 법령이 정한 요건과 절차에 따라 이루어진 것이라면 그 과정에서 개인의 권리가 침해되는 일이 생긴다고 하여 법령적합성이 곧바로 부정되는 것은 아니다. 즉, 손해배상청구권이 인정되지 않는다(대판 1997. 7. 25, 94다2480).

아니요

28-1 ☐☐☐   기본서 p. 614

상급행정기관이 소속 공무원이나 하급행정기관에 대하여 업무처리지침이나 법령의 해석·적용기준을 정해 주는 행정규칙을 위반한 공무원의 조치가 있다고 해서 그러한 사정만으로 곧바로 그 조치의 위법성이 인정되는 것은 아닙니까?

상급행정기관이 소속 공무원이나 하급행정기관에 대하여 업무처리지침이나 법령의 해석·적용기준을 정해 주는 '행정규칙'은 일반적으로 행정조직 내부에서만 효력을 가질 뿐 대외적으로 국민이나 법원을 구속하는 효력이 없다. 공무원의 조치가 행정규칙을 위반하였다고 해서 그러한 사정만으로 곧바로 위법하게 되는 것은 아니고, 공무원의 조치가 행정규칙을 따른 것이라고 해서 적법성이 보장되는 것도 아니다(대판 2020. 5. 28, 2017다211559).

예

28-2 ☐☐☐   기본서 p. 614

공무원의 조치가 적법한지는 행정규칙에 적합한지 여부로 판단합니까?

공무원의 조치가 적법한지는 행정규칙에 적합한지 여부가 아니라 상위법령의 규정과 입법목적 등에 적합한지 여부에 따라 판단해야 한다(대판 2020. 5. 28, 2017다211559).

아니요

29 ☐☐☐ 기본서 p. 615
형식적 의미의 법령에 근거가 없어도 공무원의 작위의무가 인정될 수 있습니까?

형식적 의미의 법령에 근거가 없더라도 일정한 경우 작위의무를 인정할 수 있다.
소방공무원의 행정권한 행사가 관계 법률의 규정형식상 소방공무원의 재량에 맡겨져 있더라도 소방공무원에게 그러한 권한을 부여한 취지와 목적에 비추어 볼 때 구체적인 상황 아래에서 소방공무원이 권한을 행사하지 아니한 것이 현저하게 합리성을 잃어 사회적 타당성이 없는 경우에는 소방공무원의 직무상 의무를 위반한 것으로서 위법하게 된다(대판 2016. 8. 25, 2014다225083).

예

30 ☐☐☐ 기본서 p. 615
경찰권의 발동 여부는 원칙적으로 경찰관의 재량권한에 속하나, 구체적인 사정에 따라 권한을 행사하여 필요한 조치를 취하지 아니한 것이 현저히 불합리하다고 인정되는 경우에도 경찰관이 권한을 행사하지 않는 것은 직무상 의무 위반에 해당하여 위법합니까?

(군산 윤락업소 화재사건으로 사망한 윤락녀의 유족들이 국가를 상대로 제기한 손해배상청구사건에서) 경찰권의 발동 여부는 원칙적으로 경찰관의 재량권한에 속하나 구체적인 사정에 따라 권한을 행사하여 필요한 조치를 취하지 아니한 것이 현저히 불합리하다고 인정되는 경우 권한 불행사는 직무상 의무를 위반한 것이 되어 위법하다(대판 2004. 9. 23, 2003다49009).

예

31 ☐☐☐ 기본서 p. 615
토석채취공사 도중 경사지를 굴러 내린 암석이 가스저장시설을 충격하여 화재가 발생한 경우, 토지형질변경허가권자에게 허가 당시 사업자로 하여금 위해방지시설을 설치하게 할 의무는 없습니까?

(토석채취공사 도중 경사지를 굴러 내린 암석이 가스저장시설에 충격을 가하여 화재가 발생한 사안에서) 토지형질변경허가권자에게 허가당시사업자로 하여금 위해방지시설을 설치하게 할 의무를 다하지 아니한 위법과 작업 도중 구체적인 위험이 발생하였음에도 작업을 중지시키는 등의 사고예방조치를 취하지 아니한 위법이 있다(대판 2001. 3. 9, 99다64278).

아니요

32 ☐☐☐ 기본서 p. 616
경찰관이 구체적 상황하에서 그 인적·물적 능력의 범위 내의 적절한 조치라는 판단에 따라 범죄수사 직무를 수행한 경우, 그것이 객관적 정당성을 상실하여 현저하게 불합리하다고 인정되지 않는다면 그와 다른 조치를 취하지 아니한 부작위는 국가배상책임의 요건인 법령 위반에 해당하지 않습니까?

경찰관이 구체적 상황하에서 업무상 판단에 따라 범죄의 진압 및 수사에 관한 직무를 수행한 경우, 그것이 객관적 정당성을 상실하여 현저히 불합리하다고 인정되지 않는 한 그와 다른 조치를 취하지 아니한 부작위를 이유로 국가배상책임을 인정할 수는 없다(대판 2008. 4. 24, 2006다32132).

예

33 ☐☐☐ 기본서 p. 617
주민등록사무를 담당하는 공무원은 개명과 같은 사유로 주민등록상의 성명을 정정한 경우, 반드시 본적지 관할 관청에 그 변경사항을 통보하여 본적지의 호적관서로 하여금 그 정정사항의 진위를 재확인할 수 있도록 할 직무상의 의무가 있습니까?

주민등록사무를 담당하는 공무원이 개명과 같은 사유로 주민등록상 성명을 정정한 경우 본적지 관할 관청에 그 변경사항을 통보할 직무상 의무가 있으며 그러한 의무에는 사익보호성이 인정된다(대판 2003. 4. 25, 2001다59842).

예

34 ☐☐☐ 기본서 p. 617
공직선거법이 후보자가 되고자 하는 자와 그 소속 정당에게 전과기록을 조회할 권리를 부여하고 수사기관에 회보의무를 부과한 것은 후보자가 되고자 하는 자나 그 소속 정당의 개별적 이익까지 보호하기 위한 것이 아니라 공공의 이익만을 위한 것입니까?

공직선거법상 수사기관의 전과기록의 회보의무는 개별적 이익도 보호하기 위한 것이다(대판 2011. 9. 8, 2011다34521).

아니요

35 ☐☐☐   기본서 p. 617

공무원의 권한 불행사가 직무상 의무를 위반하여 위법한 경우, 과실도 인정됩니까?

공무원의 '권한 불행사'가 위법한 것으로 평가되는 경우 과실도 인정되는지 여부에 관하여 판례는 공무원이 그 권한을 행사하지 아니한 것이 직무상 의무를 위반하여 위법한 것으로 되는 경우에는 특별한 사정이 없는 한 과실도 인정된다(대판 2010. 9. 9, 2008다77795).

예

36 ☐☐☐   기본서 p. 618~619

공무원에 대한 전보인사가 인사권을 다소 부적절하게 행사한 것으로 볼 여지가 있다 하더라도 그러한 사유만으로 그 전보인사가 당연히 불법행위를 구성한다고 볼 수는 없습니까?

공무원에 대한 전보인사가 법령이 정한 기준과 원칙에 위배되거나 인사권을 다소 부적절하게 행사한 것으로 볼 여지가 있다 하더라도 그러한 사유만으로 그 전보인사가 당연히 불법행위를 구성한다고 볼 수는 없다(대판 2009. 5. 28, 2006다16215).

예

37 ☐☐☐   기본서 p. 618

수익적 행정처분이 신청인에 대한 관계에서 국가배상법상 위법성이 있는 것으로 평가되기 위하여는, 객관적으로 보아 그 행위로 인하여 신청인이 손해를 입게 될 것이 분명하다고 할 수 있어 신청인을 위하여도 당해 행정처분을 거부할 것이 요구되는 경우이어야 합니까?

수익적 행정처분이 신청인에 대한 관계에서 국가배상법 제2조 제1항의 위법성이 있는 것으로 평가되기 위하여는 당해 행정처분에 관한 법령의 내용, 그 성질과 법률적 효과, 그로 인하여 신청인이 무익한 비용을 지출할 개연성에 관한 구체적 사정 등을 종합적으로 고려하여 객관적으로 보아 그 행위로 인하여 신청인이 손해를 입게 될 것임이 분명하다고 할 수 있어 신청인을 위하여도 당해 행정처분을 거부할 것이 요구되는 경우이어야 할 것이다(대판 2001. 5. 29, 99다37047).

예

38 ☐☐☐   기본서 p. 619~620

지방자치단체가 주민의견수렴절차를 거치지 않은 채 관련서류를 위조하여 폐기물매립장을 설치하였고 부실하게 운영하여, 주민들의 행정절차참여권 침해를 이유로 한 손해배상의 경우 행정절차를 이행하지 않았다는 사실만으로 곧바로 손해배상이 인정됩니까?

주민들의 행정절차참여권 침해를 이유로 한 손해배상의 경우 행정절차를 이행하지 않았다는 사실만으로 곧바로 손해배상이 인정되는 것은 아니고, 관련 행정처분이 취소되는 등의 조치로도 주민들의 정신적 고통이 남아 있다고 볼 특별한 사정이 있는 경우에만 손해배상책임이 인정되는 것이다(대판 2021. 7. 29, 2015다221668).

아니요

39-1 ☐☐☐   기본서 p. 620

국가배상법상 공무원의 직무상 의무 위반과 피해자가 입은 손해 사이에는 상당인과관계가 요구됩니까?

가해행위와 손해 발생 사이에는 민법상 불법행위책임과 동일하게 상당한 인과관계가 있어야 하는바, 이때 상당인과관계란 경험법칙에 의해서 일정한 사실이 있으면 일정한 결과가 발생하는 것이 일반적이라고 생각되는 범위 안에서 인과관계를 인정하는 것을 의미한다.

예

39-2 ☐☐☐   기본서 p. 621

공무원에게 직무상 의무를 부과한 법령이 단순히 공공의 이익을 위한 것이고 사익을 보호하기 위한 것이 아니라면 배상책임이 인정되지 않습니까?

공무원에게 직무상 의무를 부과한 법령의 보호목적이 사회구성원 개인의 이익과 안전을 보호하기 위한 것이 아니고 단순히 공공일반의 이익이나 행정기관 내부의 질서를 규율하기 위한 것이라면, 가사 공무원이 그 직무상 의무를 위반한 것을 계기로 하여 제3자가 손해를 입었다 하더라도 공무원이 직무상 의무를 위반한 행위와 제3자가 입은 손해 사이에는 법리상 상당인과관계가 있다고 할 수 없다(대판 2001. 4. 13, 2000다34891).

예

40 ☐☐☐   기본서 p. 623

형사상 범죄를 구성하지 아니하는 행위에 대해서는 민사상 불법행위책임도 당연히 부정됩니까?

(경찰관이 범인을 제압하는 과정에서 총기를 사용하여 범인을 사망에 이르게 한 경우 형사상 무죄판결이 확정되었지만 배상책임은 인정하면서) 형사상 범죄를 구성하지 아니하는 침해행위도 민사상 불법행위를 구성할 수 있다(대판 2008. 2. 1, 2006다6713).

아니요

41 ☐☐☐ 기본서 p. 621

공무원이 직무를 수행하면서 그 근거법령에 따라 구체적으로 의무를 부여받았어도 그것이 국민 개개인의 이익을 위한 것이 아니라 전체적으로 공공일반의 이익을 도모하기 위한 것이라면 그 의무에 위반하여 국민에게 손해를 가하여도 국가 또는 지방자치단체는 배상책임을 지지 않습니까?

공무원이 직무를 수행하면서 근거되는 법령의 규정에 따라 구체적으로 의무를 부여받았어도 그것이 직접 국민 개개인의 이익을 위한 것이 아니라 전체적으로 공공일반의 이익을 도모하기 위한 것이라면 그 의무를 위반하여 국민에게 손해를 가하여도 국가 또는 지방자치단체는 배상책임을 부담하지 아니한다(대판 2015. 5. 28, 2013다41431).

예

42 ☐☐☐ 기본서 p. 624

판례는 구 국가배상법 제3조의 배상액 기준은 배상심의회 배상액 결정의 기준이 될 뿐 배상범위를 법적으로 제한하는 규정이 아니므로 법원을 기속하지 않는다고 보았습니까?

구 국가배상법 제3조 제1·3항 규정의 손해배상기준은 배상심의회의 배상금지급기준을 정함에 있어 하나의 기준을 정한 것에 지나지 아니하고 이로써 배상액의 상환을 제한한 것으로는 볼 수 없으므로 손해배상액을 산정함에 있어서 국가배상법 제3조 소정의 기준에 구애되지 않고 이를 초과하여 그 액을 정하였다 하더라도 다른 특별한 사정이 없는 한 위법이라고 할 수 없다(대판 1970. 3. 10, 69다1772).

예

43 ☐☐☐ 기본서 p. 624

피해자가 손해를 입은 동시에 이익을 얻은 경우에 손해배상액에서 그 이익에 상당하는 금액을 뺄 수 있습니까?

국가배상법 제3조의2 제1항에서는 피해자가 손해를 입은 동시에 이익을 얻은 경우에는 손해배상액에서 그 이익에 상당하는 금액을 빼야 한다고 하여 이익공제에 대해 규정하고 있다.

예

44 ☐☐☐ 기본서 p. 625

국가배상법 제2조의 배상책임자는 누구입니까?

국가배상법 제2조는 가해공무원이 국가의 소속인 경우, 즉 국가사무에 대해서는 국가가 배상책임을 지고, 가해공무원이 지방자치단체의 소속인 경우, 즉 지방자치단체의 사무에 대해서는 지방자치단체가 배상책임을 지도록 규정하고 있다.

국가 또는 지방자치단체

45 ☐☐☐ 기본서 p. 626

지방자치단체장에게 기관위임된 사무의 경우, 지방자치단체가 경비를 대외적으로 지출하였다면 지방자치단체도 비용부담자로서 국가배상책임을 집니까?

지방자치단체의 장이 기관위임된 국가행정사무를 처리하는 경우 그에 소요되는 경비의 실질적·궁극적 부담자는 국가라고 하더라도 당해 지방자치단체는 국가로부터 내부적으로 교부된 금원으로 그 사무에 필요한 경비를 대외적으로 지출하는 자이므로, 이러한 경우 지방자치단체는 국가배상법 제6조 제1항 소정의 비용부담자로서 공무원의 불법행위로 인한 같은 법에 의한 손해를 배상할 책임이 있다(대판 1994. 12. 9, 94다38137).

예

46 ☐☐☐ 기본서 p. 627

공무원 개인이 지는 손해배상책임에서 중과실이란, 공무원에게 통상 요구되는 정도의 상당한 주의를 하지 않더라도 약간의 주의를 한다면 손쉽게 위법·유해한 결과를 예견할 수 있는 경우임에도 만연히 이를 간과한 경우와 같이, 거의 고의에 가까운 현저한 주의를 결여한 상태를 의미합니까?

공무원의 중과실이란 공무원에게 통상 요구되는 정도의 상당한 주의를 하지 않더라도 약간의 주의를 한다면 손쉽게 위법·유해한 결과를 예견할 수 있는 경우임에도 만연히 이를 간과한 경우와 같이, 거의 고의에 가까운 현저한 주의를 결여한 상태를 의미한다(대판 2021. 11. 11, 2018다288631).

예

47 ☐☐☐　　　　　　　기본서 p. 627

고의, 중과실이 있는 공무원은 피해자에 대해 민사상 배상책임을 집니까?

공무원이 직무수행 중 불법행위로 타인에게 손해를 입힌 경우에 국가 등이 국가배상책임을 부담하는 외에 공무원 개인도 고의 또는 중과실이 있는 경우에는 불법행위로 인한 민사상 손해배상책임을 진다(대판 1996. 2. 15, 95다38677 전합).

예

48 ☐☐☐　　　　　　　기본서 p. 627

국가 또는 지방자치단체는 어떤 경우에 공무원에게 구상권 행사를 할 수 있습니까?

구상권에 관해서는 국가배상법(제2조 제2항)에 명문규정을 두어 공무원에게 고의 또는 중과실이 있는 경우 국가 등은 가해공무원에 대해 구상권을 행사할 수 있다고 하고 있다.

가해공무원에게 고의 또는 중과실이 있는 경우

49-1 ☐☐☐　　　　　　　기본서 p. 628

경과실로 불법행위를 한 공무원이 피해자에게 손해를 배상하였다면 이는 타인의 채무를 변제한 경우에 해당하므로 피해자는 공무원에게 이를 반환할 의무가 있습니까?

경과실이 있는 공무원이 피해자에 대하여 손해배상책임을 부담하지 아니함에도 피해자에게 손해를 배상하였다면 그것은 채무자 아닌 사람이 타인의 채무를 변제한 경우에 해당하고, 이는 민법 제469조의 '제3자의 변제' 또는 민법 제744조의 '도의관념에 적합한 비채변제'에 해당하여 피해자는 공무원에 대하여 이를 반환할 의무가 없다(대판 2014. 8. 20, 2012다54478).

아니요

49-2 ☐☐☐　　　　　　　기본서 p. 628

피해자에게 손해를 직접 배상한 경과실이 있는 공무원은 원칙적으로 변제한 금액에 관하여 국가에 대하여 구상권을 취득할 수 있습니까?

공무원이 직무수행 중 불법행위로 타인에게 손해를 입힌 경우, 피해자에게 손해를 직접 배상한 경과실이 있는 공무원은 원칙적으로 변제한 금액에 관하여 국가에 대하여 구상권을 취득한다(대판 2014. 8. 20, 2012다54478).

예

50 ☐☐☐　　　　　　　기본서 p. 631

공무원이 「자동차손해배상 보장법」상 운행자라면 경과실의 경우에도 「자동차손해배상 보장법」상 책임을 집니까?

공무원이 「자동차손해배상 보장법」상 자기를 위하여 자동차를 운행하는 자에 해당하는 한 공무원의 고의 · 중과실 · 경과실 여부를 묻지 않고 공무원은 「자동차손해배상 보장법」상의 배상책임을 진다. 이는 일반적인 경우 공무원의 고의 또는 중과실인 경우에 한해 배상책임을 지는 것과 구별된다.

예

01 ☐☐☐   기본서 p. 634

국가배상법은 공공의 영조물의 설치나 관리에 하자가 있기 때문에 타인에게 손해를 발생하게 하였을 때에는 누가 그 손해를 배상하여야 함을 규정하고 있습니까?

국가배상법 제5조 제1항은 "도로·하천, 그 밖의 공공의 영조물의 설치나 관리에 하자가 있기 때문에 타인에게 손해를 발생하게 하였을 때에는 <u>국가나 지방자치단체</u>는 그 손해를 배상하여야 한다."고 규정하고 있다.

국가나 지방자치단체

02 ☐☐☐   기본서 p. 634

국가배상법 제5조와 민법 제758조의 차이점은 무엇입니까?

민법 제758조는 공작물 등의 점유자의 배상책임에 관하여 규정하고 있다. 국가배상법과 민법을 비교하면 ① 민법은 공작물의 하자에 대해 규정하고 있으나 국가배상법은 자연공물을 포함한 영조물의 하자에 대해 규정하고 있으므로 국가배상법이 민법보다 책임대상이 넓다는 점, ② 민법은 점유자의 면책규정을 두고 있으나 국가배상법은 점유자의 면책규정을 두고 있지 않다는 점에서 양자는 구별된다.

해설 참조

03 ☐☐☐   기본서 p. 634

국가배상법 제5조는 과실책임입니까?

<u>국가배상법 제5조의 경우</u> 고의 또는 과실을 규정하지 않고 있다는 점에서 무과실책임으로 보는 것이 통설이다. "국가배상법 제5조 소정의 영조물의 설치·관리상의 하자로 인한 책임은 무과실책임이다."는 것이 판례의 입장이다(대판 1994. 11. 22, 94다32924).

아니요

04 ☐☐☐   기본서 p. 635

공공의 영조물에는 국가 등이 사실상 관리하는 것도 포함됩니까?

공물은 국가나 지방자치단체가 관리하는 물건을 의미하는데, 이때 '관리'란 소유권 등 권원에 의한 것뿐 아니라 사실상 관리하는 것도 포함한다는 것이 통설과 판례의 입장이다.

예

05 ☐☐☐   기본서 p. 635

공사 중이며 아직 완성되지 않아 일반공중의 이용에 제공되지 않는 옹벽은 국가배상법 제5조 제1항 소정의 영조물에 해당하지 않습니까?

아직 완성되지 않아 일반공중의 이용에 제공되지 않는 옹벽은 공물로서의 형체를 갖추지 않아 공물성을 부정하여 영조물에 해당하지 않는다는 것이 통설과 판례의 입장이다.

예

06 ☐☐☐   기본서 p. 638

영조물의 설치 및 관리에 있어서 항상 완전무결한 상태를 유지할 정도의 고도의 안전성을 갖추지 아니한 경우, 영조물의 설치 또는 관리에 하자가 있다고 단정할 수 있습니까?

영조물의 설치 및 관리에 있어서 항상 완전무결한 상태를 유지할 정도의 고도의 안전성을 갖추지 아니하였다고 하여 영조물의 설치 또는 관리에 하자가 있다고 단정할 수 없다(대판 2002. 8. 23, 2002다9158 ; 대판 2022. 7. 28, 2022다225910).

아니요

07 ☐☐☐   기본서 p. 638

학생이 담배를 피우기 위하여 3층 건물 화장실 밖의 난간을 지나다가 실족하여 사망한 경우, 학교 관리자에게 학교시설의 설치·관리상의 하자는 인정되지 아니합니까?

(고등학교 3학년 학생이 교사의 단속을 피해 담배를 피우기 위하여 3층 건물 화장실 밖의 난간을 지나다가 실족하여 사망한 사안에서) <u>학교 관리자에게 그와 같은 '이례적인 사고'가 있을 것을 예상하여 복도나 화장실 창문에 난간으로의 출입을 막기 위하여 출입금지장치나 추락위험을 알리는 경고표지판을 설치할 의무가 있다고 볼 수는 없으므로 학교시설의 설치·관리상의 하자가 없다</u>(대판 1997. 5. 16, 96다54102).

예

08 ☐☐☐   기본서 p. 639

이용상태 및 정도가 제3자에게 수인한도를 넘는 피해를 주는 경우에도 배상책임이 인정됩니까?

(김포공항에서 발생하는 소음 등으로 인근주민들이 입은 피해는 사회통념상 수인한도를 넘는 것으로서 김포공항의 설치·관리에 하자가 있다고 판시하면서) 하자란 이용상태 및 정도가 제3자에게 사회통념상 수인한도를 넘는 피해를 입히는 경우까지 포함한다(대판 2005. 1. 27, 2003다49566).

예

09 ☐☐☐   기본서 p. 640

관리청이 하천법 등 관련 규정에 의해 책정한 하천정비기본계획 등에 따라 개수를 완료한 하천이 위 기본계획 등에서 정한 계획홍수량 등을 충족하여 관리되고 있는 경우, 특별한 사정이 없는 한 안전성을 갖추고 있다고 보는 것이 상당합니까?

관리청이 하천법 등 관련 규정에 의해 책정한 하천정비기본계획 등에 따라 개수를 완료한 하천이 <u>하천정비기본계획 등에서 정한 계획홍수량 및 계획홍수위를 충족하여 하천이 관리되고 있다면 특별한 사정이 없는 한, 그 하천은 용도에 따라 통상 갖추어야 할 안전성을 갖추고 있다고 봄이 상당하다</u>(대판 2007. 9. 21, 2005다65678).

예

10 ☐☐☐   기본서 p. 642

재정적 사유는 절대적 면책사유가 됩니까?

재정적 사유는 국가 등의 내부문제일 뿐이므로 면책사유로 보지 않는 것이 일반적 견해이다. 판례도 <u>재정적 사유는 영조물의 안전성 정도에 관해 참작사유는 될지언정 안전성을 결정지을 절대적 요건은 아니라고 본다.</u> 즉, 절대적 면책사유로 보고 있지 않다.

아니요

11 ☐☐☐   기본서 p. 642

집중호우로 제방도로가 유실되면서 그곳을 걸어가던 보행자가 강물에 휩쓸려 익사한 경우, 사고 당일의 집중호우가 50년 빈도의 최대강우량이라는 사실만으로도 국가배상법 제5조상 영조물의 설치 또는 관리의 하자로 인한 손해배상책임에서의 면책사유인 불가항력에 해당합니까?

집중호우로 제방도로가 유실되면서 그곳을 걸어가던 보행자가 강물에 휩쓸려 익사한 경우, 사고 당일의 집중호우가 <u>50년 빈도의 최대강우량에 해당한다는 사실만으로 불가항력에 기인한 것으로 볼 수 없다</u>는 이유로 제방도로의 설치·관리상의 하자를 인정한다(대판 2000. 5. 26, 99다53247).

아니요

12-1 ☐☐☐   기본서 p. 643

소음 등을 포함한 공해 등의 위험지역으로 이주하여 들어가 거주하는 경우와 같이 위험의 존재를 인식하거나 과실로 인식하지 못하고 이주한 경우에는 손해배상액의 산정에 있어 형평의 원칙상 과실상계에 준하여 감경 또는 면제사유로 고려하여야 합니까?

소음 등을 포함한 공해 등의 위험지역으로 이주하여 들어가 거주하는 경우와 같이 위험의 존재를 인식하거나 과실로 인식하지 못하고 이주한 경우에는 손해배상액의 산정에 있어 형평의 원칙상 과실상계에 준하여 감경 또는 면제사유로 고려하여야 한다(대판 2011. 11. 11, 2008다57975).

예

12-2 ☐☐☐   기본서 p. 643

소음 등의 공해로 인한 법적 쟁송이 제기되거나 그 피해에 대한 보상이 실시되는 등 피해지역임이 구체적으로 드러나고 또한 이러한 사실이 그 지역에 널리 알려진 이후에 이주하여 오는 경우에는 가해자의 면책 여부를 보다 적극적으로 인정할 여지가 있습니까?

특히 소음 등의 공해로 인한 법적 쟁송이 제기되거나 그 피해에 대한 보상이 실시되는 등 피해지역임이 구체적으로 드러나고 또한 이러한 사실이 그 지역에 널리 알려진 이후에 이주하여 오는 경우에는 위와 같은 위험에의 접근에 따른 가해자의 면책 여부를 보다 적극적으로 인정할 여지가 있다(대판 2010. 11. 11, 2008다57975).

예

13 ☐☐☐   기본서 p. 643

국가배상청구소송에서 공공의 영조물에 하자가 있다는 입증책임은 피해자가 지지만, 관리주체에게 손해발생의 예견가능성과 회피가능성이 없다는 입증책임은 관리주체가 집니까?

하자에 대해서는 피해자인 원고가 입증책임을 진다. 다만, 판례는 <u>예견가능성과 회피가능성의 존부에 대한 입증책임을, 즉 관리자에게 부담시키고 있으므로</u> 불가항력에 대해서는 국가 등의 관리주체가 입증하여야 한다.

예

14 ☐☐☐   기본서 p. 644

영조물 설치 또는 관리상의 하자가 다른 자연적 사실이나 제3자의 행위와 경합하여 손해가 발생한 경우라면 국가 등의 배상책임은 부정됩니까?

다른 자연적 사실이나 제3자의 행위 또는 피해자의 행위와 경합하여 손해가 발생하였더라도 영조물의 설치 또는 관리상의 하자가 손해발생의 공동원인의 하나가 된 이상 그 손해는 영조물의 설치 또는 관리상의 하자에 의하여 발생한 것이라고 보아야 한다(대판 1994. 11. 22, 94다32924).

아니요

15 ☐☐☐   기본서 p. 644
설치·관리자와 비용부담자가 다른 경우에는 누가 책임을 지게 됩니까?

직무행위로 인한 배상책임의 경우처럼 설치·관리자와 비용부담자가 다른 경우, 비용부담자도 배상책임을 진다. 따라서 국민은 양자에 대해 '선택적'으로 손해배상청구권을 행사할 수 있다.

설치·관리자 또는 비용부담자

16 ☐☐☐   기본서 p. 646
손해원인에 대해 책임질 자가 따로 있으면 국가 등은 그 자에게 구상권 행사를 할 수 있습니까?

국가 또는 지방자치단체가 배상책임을 진 경우 그 손해의 원인에 대하여 책임을 지는 자, 예컨대 영조물의 시공자 또는 영조물의 파손자 등이 따로 있을 경우에는 국가나 지방자치단체는 이들에게 구상할 수 있다(국가배상법 제5조 제2항).

예

17 ☐☐☐   기본서 p. 645
지방자치단체의 장이 지방자치단체의 사무로서 교통신호기를 설치하고 그 관리권한을 관할 지방경찰청장(현 시·도경찰청장)에게 위임한 경우에, 국가배상법 제5조(공공시설 등의 하자로 인한 책임)에 의한 배상책임을 부담하는 것은 국가라고 할 것이나 지방자치단체도 국가배상법 제6조 제1항 소정의 비용부담자로서 배상책임을 부담합니까?

지방자치단체장이 설치하여 관할 지방경찰청장(현 시·도경찰청장)에게 관리권한이 위임된 교통신호기가 고장난 채 방치되어 교통사고가 발생한 경우, 그 권한을 위임한 지방자치단체장이 소속된 지방자치단체가 국가배상법에 의한 배상책임을 부담한다고 할 것이나, 교통신호기를 관리하는 지방경찰청장 산하 경찰관들에 대한 봉급을 부담하는 국가도 국가배상법 제6조 제1항에 의한 배상책임을 부담한다(대판 1999. 6. 25, 99다11120).

아니요

18 ☐☐☐   기본서 p. 647
외국인은 어떤 경우에 배상청구권을 가집니까?

국가배상법 제7조는 외국인이 피해자인 경우에는 해당 국가와 상호보증이 있을 때에만 국가배상청구권이 인정된다고 규정하고 있다.

상호보증이 있을 때

19 ☐☐☐   기본서 p. 647
외국인의 국가배상법상 손해배상청구권과 관련하여 상호보증이란 반드시 당사국과의 조약이 체결되어 있는 것을 의미합니까?

피해자가 외국인인 경우 해당 국가와 상호보증이 있는 경우에 한하여 국가배상청구권이 인정된다고 국가배상법은 규정하고 있다. 다만, 이러한 상호보증은 외국의 법령, 판례 및 관례 등에 의하여 발생요건을 비교하여 인정되면 충분하고 반드시 당사국과의 조약이 체결되어 있을 필요는 없다(대판 2015. 6. 11, 2013다208388).

아니요

20 ☐☐☐   기본서 p. 649
현역병으로 입영하여 소정의 군사교육을 마치고 전임되어 법무부장관에 의하여 경비교도로 임용된 자는 국가배상법 제2조 제1항 단서에 따라 손해배상청구가 제한되는 공무원에 해당합니까?

현역병 입영 후 경비교도로 전임된 자는 이중배상금지가 적용되는 군인이 아니다(대판 1998. 2. 10, 97다45914).

아니요

21 ☐☐☐   기본서 p. 649
전투경찰순경은 국가배상법 제2조 제1항 단서에 따라 손해배상청구가 제한되는 경찰공무원에 해당합니까?

국가배상법 제2조 제1항 단서 중의 '경찰공무원'은 '경찰공무원법상의 경찰공무원'만을 의미한다고 단정하기 어렵고, 널리 경찰업무에 내재된 고도의 위험성을 고려하여 '경찰조직의 구성원을 이루는 공무원'을 특별취급하려는 취지로 파악함이 상당하므로 전투경찰순경은 헌법 제29조 제2항 및 국가배상법 제2조 제1항 단서 중의 '경찰공무원'에 해당한다(헌재 1996. 6. 13, 94헌마118 등).

예

22 ☐☐☐   기본서 p. 649

이중배상금지요건 중 전투·훈련 등 직무집행이란 일반직무집행도 포함됩니까?

국가배상법 제2조 제1항 단서의 면책조항은 전투·훈련 등 직무집행이란 전투·훈련 또는 이에 준하는 직무집행뿐만 아니라 '일반직무집행'에 관하여도 국가나 지방자치단체의 배상책임을 제한하는 것이다(대판 2011. 3. 10, 2010다85942).

예

23 ☐☐☐   기본서 p. 650

국가배상법 제2조 제1항 단서에서 정한 '다른 법령의 규정'에 따른 보상금청구권이 모두 시효로 소멸된 경우라고 하더라도 국가배상법 제2조 제1항 단서 규정이 적용됩니까?

국가배상법 제2조 제1항 단서 규정은 다른 법령에 보상제도가 규정되어 있고, 그 법령에 규정된 상이등급 또는 장애등급 등의 요건에 해당되어 그 권리가 발생한 이상, 실제로 그 권리를 행사하였는지 또는 그 권리를 행사하고 있는지 여부에 관계없이 적용된다고 보아야 하고, 원고의 그 각 법률에 의한 보상금청구권이 시효로 소멸되었다 하여 적용되지 않는다고 할 수는 없다(대판 2002. 5. 10, 2000다39735).

예

24 ☐☐☐   기본서 p. 650

군인이 교육훈련으로 공상을 입은 경우라도 군인연금법 또는 「국가유공자예우 등에 관한 법률」에 의하여 재해보상금·유족연금·상이연금 등 별도의 보상을 받을 수 없는 경우에는 국가배상법 제2조 제1항 단서의 적용대상에서 제외하여야 합니까?

❶ 공상을 입은 군인·경찰공무원 등이 별도의 국가보상을 받을 수 없는 경우, 이중배상금지규정은 적용되지 않는다.
❷ 군인·경찰공무원이 공상을 입고 전역·퇴직하였으나 그 장애의 정도가 「국가유공자예우 등에 관한 법률」(현 「국가유공자 등 예우 및 지원에 관한 법률」) 또는 군인연금법의 적용대상 등급에 해당되지 않는 경우라면 국가배상청구는 가능하다(대판 1997. 2. 14, 96다28066).

예

25 ☐☐☐   기본서 p. 650

직무집행과 관련하여 공상을 입은 군인 등이 먼저 국가배상법에 따라 손해배상금을 지급받은 다음 「보훈보상대상자 지원에 관한 법률」이 정한 보상금 등 보훈급여금의 지급을 청구하는 경우, 국가배상법에 따라 손해배상을 받았다는 이유로 그 지급을 거부할 수 있습니까?

「보훈보상대상자 지원에 관한 법률」(이하 '보훈보상자법'이라 한다)은 국가배상법에 따른 손해배상금을 지급받은 자를 보상금 등 보훈급여금의 지급대상에서 제외하는 규정을 두고 있지 않은 점, 국가배상법 제2조 제1항 단서의 입법취지 및 보훈보상자법이 정한 보상과 국가배상법이 정한 손해배상의 목적과 산정방식의 차이 등을 고려하면 국가배상법 제2조 제1항 단서가 보훈보상자법 등에 의한 보상을 받을 수 있는 경우 국가배상법에 따른 손해배상청구를 하지 못한다는 것을 넘어 국가배상법상 손해배상금을 받은 경우 보훈보상자법상 보상금 등 보훈급여금의 지급을 금지하는 것으로 해석하기는 어려운 점 등에 비추어, 국가보훈처장(현 국가보훈부장관)은 국가배상법에 따라 손해배상을 받았다는 사정을 들어 보상금 등 보훈급여금의 지급을 거부할 수 없다(대판 2017. 2. 3, 2015두60075).

아니요

26-1 ☐☐☐   기본서 p. 651~652

대법원은 공동불법행위자의 구상권을 행사할 수 있다고 봅니까?

국가배상법 제2조 제1항 단서가 적용되는 경우 민간인인 공동불법행위자는 민법의 일반이론과 달리 손해액 전부에 대한 책임을 지지 않으며, 자신의 부담 부분만을 군인에게 배상하면 되고 국가에 대해 구상권을 행사할 수는 없다(대판 2001. 2. 15, 96다42420).

아니요

26-2 ☐☐☐   기본서 p. 652

헌법재판소는 공동불법행위자의 구상권을 행사할 수 있다고 봅니까?

민간인이 공동불법행위자로서 손해액 전부를 배상한 후에 국가에 구상청구하는 것을 부인하는 것은 평등원칙, 재산권 보장규정 및 헌법 제37조 제2항 등의 헌법규정에 반한다. 즉, 이중배상금지규정은 민간인인 공동불법행위자가 다른 공동불법행위자인 군인의 부담 부분에 대해 국가에 대하여 구상권을 행사하는 것을 허용하지 않는다고 해석하는 한 헌법에 위반된다(헌재 1994. 12. 29, 93헌바21).

예

27 ☐☐☐   기본서 p. 652
생명·신체의 침해로 인한 손해배상청구권은 양도가 가능합니까?

생명·신체의 침해로 인한 국가의 배상을 받을 권리는 양도하거나 압류하지 못한다(국가배상법 제4조).

아니요

28 ☐☐☐   기본서 p. 654
국가배상청구에 있어서 채권자가 동일한 목적을 달성하기 위하여 복수의 채권을 갖고 있는 경우 어느 하나의 청구권을 행사하는 것이 다른 채권에 대한 소멸시효중단의 효력이 있다고 할 수 있습니까?

채권자가 동일한 목적을 달성하기 위하여 복수의 채권을 갖고 있는 경우, 어느 하나의 청구권을 행사하는 것이 다른 채권에 대한 소멸시효중단의 효력이 있다고 할 수 없다(대판 2002. 5. 10, 2000다39735).

아니요

29 ☐☐☐   기본서 p. 654
국가배상청구권의 소멸시효기간은 지났으나 국가가 소멸시효완성을 주장하는 것이 신의성실의 원칙에 반하는 권리남용으로 허용될 수 없어 배상책임을 이행한 경우, 국가는 원칙적으로 해당 공무원에 대해 구상권을 행사할 수 있습니까?

공무원의 불법행위로 손해를 입은 피해자의 국가배상청구권의 소멸시효 기간이 지났으나 국가가 소멸시효완성을 주장하는 것이 신의성실의 원칙에 반하는 권리남용으로 허용될 수 없어 배상책임을 이행한 경우에는, 그 소멸시효완성 주장이 권리남용에 해당하게 된 원인행위와 관련하여 해당 공무원이 그 원인이 되는 행위를 적극적으로 주도하였다는 등의 특별한 사정이 없는 한, 국가가 해당 공무원에게 구상권을 행사하는 것은 신의칙상 허용되지 않는다고 봄이 상당하다(대판 2016. 6. 9, 2015다200258).

아니요

30 ☐☐☐   기본서 p. 655
국가배상청구소송을 제기하기 전에 반드시 국가배상심의회의 결정을 거쳐야 됩니까?

국가배상법 제9조는 배상심의회에 배상신청을 하지 않고도 손해배상청구소송을 제기할 수 있다고 하여 임의적 결정전치주의를 채택하고 있다.

아니요

31 ☐☐☐   기본서 p. 655
배상결정에 동의하거나 배상금을 수령한 경우에도 손해배상청구소송을 제기할 수 있습니까?

현행 국가배상법하에서는 신청인은 배상결정에 동의하거나 배상금을 수령한 경우에도 법원에 손해배상청구소송을 제기할 수 있다.

예

32 ☐☐☐   기본서 p. 655
배상심의회의 결정은 대외적인 법적 구속력을 가지므로 배상신청인과 상대방은 그 결정에 항상 구속됩니까?

배상심의회의 배상결정은 대외적인 구속력이 없으므로 배상결정에 대하여 신청인은 동의를 거부할 수 있으며, 배상결정에 동의하거나 배상금을 수령한 경우에도 법원에 손해배상청구소송을 제기할 수 있다.

아니요

33 ☐☐☐   기본서 p. 655
국가배상책임을 공법적 책임으로 보는 견해는 국가배상청구소송은 당사자소송으로 제기되어야 한다고 보나, 재판실무에서는 민사소송으로 다루고 있습니까?

국가배상법을 공법으로 보고 행정상 손해배상청구권을 공권으로 보는 다수설에 따르면, 손해배상청구소송은 행정소송인 공법상의 당사자소송에 의하여야 한다. 그러나 국가배상법을 사법으로 보고 행정상 손해배상청구권을 사권으로 보는 판례에 따르면, 국가배상청구소송은 민사소송에 의한다.

예

01 ☐☐☐　　　　　　　　　기본서 p. 659
공공의 필요성이 인정되면 민간기업도 수용의 주체가 됩니까?

특정 사기업도 공공필요건을 충족하면 그 사기업도 법률 또는 법률에 근거한 처분으로 수용의 주체가 된다.

예

02 ☐☐☐　　　　　　　　　기본서 p. 699
공익사업의 시행자가 해당 공익사업을 수행할 의사와 능력을 상실하였음에도 사업인정에 기하여 수용권을 행사하는 것은 수용권의 남용에 해당합니까?

사업시행자가 해당 공익사업을 수행할 의사나 능력을 상실하였음에도 여전히 그 사업인정에 기하여 수용권을 행사하는 것은 수용권의 공익목적에 반하는 수용권의 남용에 해당하여 허용되지 않는다(대판 2011. 1. 27, 2009두1051).

예

03 ☐☐☐　　　　　　　　　기본서 p. 660
위법한 건축물은 손실보상의 대상이 됩니까?

위법한 건축물도 원칙적으로 손실보상의 대상이 된다.

예

04 ☐☐☐　　　　　　　　　기본서 p. 661
손실보상의 대상이 되는 재산권에는 기대이익이나 자연적·문화적 학술가치도 포함된다고 봅니까?

재산권은 현존하는 구체적인 재산가치일 것이 요구되므로, 지가상승의 기대와 같은 기대이익은 손실보상의 대상이 아니다. 또한 자연적·문화적 학술가치도 원칙적으로 손실보상의 대상이 아니다.

아니요

05 ☐☐☐　　　　　　　　　기본서 p. 661
생명·신체 등 비재산권에 대한 적법한 침해의 경우에도 헌법 제23조 제3항의 손실보상청구권이 성립됩니까?

생명·신체 등 비재산권에 대한 침해의 경우에는 손실보상청구권이 성립하는 것이 아니라 희생보상청구권의 문제가 될 수 있을 뿐이다.

아니요

06 ☐☐☐　　　　　　　　　기본서 p. 661
손실보상이 인정되기 위하여서는 재산권에 대한 실질적이고 현실적인 피해가 발생하여야 합니까?

손실보상이 인정되기 위하여서는 재산권에 대한 침해가 현실적으로 발생하여야 하며, 공익사업과 손실 사이에 상당인과관계가 있어야 한다.

예

07 ☐☐☐　　　　　　　　　기본서 p. 662
공유수면매립면허의 고시가 있는 경우 그 사업이 시행되고 그로 인하여 직접 손실이 발생한다고 할 수 있으므로, 관행어업권자는 공유수면매립면허의 고시를 이유로 손실보상을 청구할 수 있습니까?

공유수면매립면허의 고시가 있다고 하여 반드시 그 사업이 시행되고 그로 인하여 손실이 발생한다고 할 수 없으므로, 매립면허 고시 이후 매립공사가 실행되어 관행어업권자에게 실질적이고 현실적인 피해가 발생한 경우에만 공유수면매립법에서 정하는 손실보상청구권이 발생하였다고 할 것이다(대판 2010. 12. 9, 2007두6571).

아니요

08 ☐☐☐　　　　　　　　　기본서 p. 662
공익사업의 시행으로 토석채취허가를 연장받지 못한 경우, 그로 인한 손실은 적법한 공권력의 행사로 가하여진 재산상의 특별한 희생으로서 손실보상의 대상이 됩니까?

공익사업의 시행으로 토석채취허가를 연장받지 못한 경우 그로 인한 손실과 공익사업 사이에 상당인과관계는 인정되지 않으며 그 손실이 적법한 공권력의 행사로 가하여진 재산상의 특별한 희생으로서 손실보상의 대상이 되는 것도 아니다(대판 2009. 6. 23, 2009두2672).

아니요

09 ☐☐☐ 기본서 p. 662

손실보상청구에 관한 헌법 제23조는 보상청구권의 근거에 관하여서만 법률규정에 유보하고 있습니까?

헌법 제23조 제3항의 규정은 보상청구권의 근거에 관하여서뿐만 아니라 보상의 기준과 방법에 관하여서도 법률의 규정에 유보하고 있는 것으로 보아야 한다(대판 1993. 7. 13, 93누2131).

아니요

10 ☐☐☐ 기본서 p. 663

정당한 보상이란 완전보상을 의미합니까?

정당한 보상이란 상당한 보상이 아니라 완전보상을 의미한다.

예

11 ☐☐☐ 기본서 p. 663

개발이익은 완전보상의 내용에 포함됩니까?

개발이익은 성질상 완전보상의 범위에 포함되지 아니한다(헌재 1995. 4. 20, 93헌바20 등).

아니요

12 ☐☐☐ 기본서 p. 664

당해 공공사업과는 상관없는 다른 사업으로 인한 개발이익도 배제하여야 합니까?

손실보상액 산정에 있어 '당해 공공사업'과는 상관없는 '다른 사업'의 시행으로 인한 개발이익을 배제하여서는 안 된다(대판 1992. 2. 11, 91누7774).

아니요

13 ☐☐☐ 미기출 기본서 p. 665

국토교통부가 2008. 8. 26. 언론을 통해 전국 5곳에 국가산업단지를 새로 조성한다는 내용을 발표한 것은 「공익사업을 위한 토지 등의 취득 및 보상에 관한 법률」 제70조 제5항에서 정한 '공익사업의 계획 또는 시행의 공고·고시'에 해당하지 않습니까?

국토교통부의 2008. 8. 26.자 언론발표는 「공익사업을 위한 토지 등의 취득 및 보상에 관한 법률」 제70조 제5항에서 정한 '공익사업의 계획 또는 공고·고시'에 해당하지 않는다(대판 2022. 5. 26, 2021두45848).

예

14 ☐☐☐ 기본서 p. 665

「공익사업을 위한 토지 등의 취득 및 보상에 관한 법률」상 보상액의 산정에 있어 재결에 의한 경우에는 수용 또는 사용의 재결 당시의 가격을 기준으로 하고, 해당 공익사업으로 인하여 토지 등의 가격이 변동되었을 때에는 이를 고려하지 않습니까?

보상액의 산정은 협의에 의한 경우에는 협의 성립 당시의 가격을, 재결에 의한 경우에는 수용 또는 사용의 재결 당시의 가격을 기준으로 하고(「공익사업을 위한 토지 등의 취득 및 보상에 관한 법률」 제67조 제1항), 보상액을 산정할 경우에 해당 공익사업으로 인하여 토지 등의 가격이 변동되었을 때에는 이를 고려하지 아니한다(동법 제67조 제2항).

예

15 ☐☐☐ 기본서 p. 666

공공용물에 대한 일반사용이 적법한 개발행위로 인해 제한됨으로써 얻는 불이익은 특별한 희생입니까?

공공용물에 대한 일반사용(예 해안가 백사장에 대한 어선정박 등)이 적법한 개발행위로 인해 제한됨으로써 입는 불이익은 손실보상의 대상이 되는 특별한 희생이 아니다(대판 2002. 2. 26, 99다35300).

아니요

16 ☐☐☐ 기본서 p. 667

하천법상 하천구역 편입토지 보상에 대한 손실보상청구는 어떤 소송을 제기하여야 합니까?

구 하천법상 하천구역 편입토지 보상에 대한 손실보상청구권의 법적 성질은 공법상 권리로서 이에 따른 손실보상금의 지급을 구하거나 손실보상청구권의 확인을 구하는 소송은 당사자소송이다(대판 2006. 5. 18, 2004다6207 전합).

당사자소송

17 ☐☐☐ 기본서 p. 668

「공익사업을 위한 토지 등의 취득 및 보상에 관한 법률」에 의한 농업손실에 대한 보상청구권은 행정소송법상 당사자소송에 의하여야 합니까?

농업손실에 대한 보상청구권은 당사자소송에 의한다.
「공익사업을 위한 토지 등의 취득 및 보상에 관한 법률」 제77조 제2항에 의한 농업손실에 대한 보상청구권은 행정쟁송절차에 의하여야 한다(대판 2011. 10. 13, 2009다43461).

예

18 ☐☐☐ 기본서 p. 668

헌법 제23조 제3항을 국민에 대한 직접적인 효력이 있는 규정으로 보는 견해는 동 조항의 재산권의 수용·사용·제한규정과 보상규정을 불가분조항으로 봅니까?

직접효력설은 손실보상에 관한 헌법상의 규정이 국민에 대해 직접적 효력이 있다고 보며, 따라서 만일 법률에 당연히 있어야 할 보상규정이 없는 경우에는 직접 헌법상의 보상규정에 근거하여 보상을 청구할 수 있다는 견해이다. 헌법 제23조 제3항에 대해, 입법자에 대한 직접효력설(위헌무효설)은 불가분조항으로 이해하는 데 반해, 직접효력설은 불가분조항으로 보지 않는다.

아니요

19 ☐☐☐ 기본서 p. 669

대법원의 판례이론에 의할 경우, 법률에 손실보상에 관한 규정이 없는 때에도 관련 법률의 유추해석 등을 통하여 손실보상이 주어질 수 있습니까?

공유수면매립사업의 시행자로서는 위 구 「공공용지의 취득 및 손실보상에 관한 특례법 시행규칙」 제25조의2의 규정을 유추적용하여 위와 같은 어민들에게 손실보상을 하여 줄 의무가 있다(대판 1999. 11. 23, 98다11529).

예

20 ☐☐☐ 기본서 p. 669

헌법 제23조 제3항을 불가분조항으로 볼 경우, 보상규정을 두지 아니한 수용법률은 헌법 위반이 됩니까?

헌법 제23조 제3항(공공필요에 의한 재산권의 수용·사용 또는 제한 및 그에 대한 보상은 법률로써 하되, 정당한 보상을 지급하여야 한다)을 불가분조항이라고 본다면 보상규정을 두지 아니한 수용법률은 헌법 위반이 된다.

예

21-1 ☐☐☐ 기본서 p. 670

헌법재판소에 따르면 헌법 제23조 제3항의 공공필요는 '국민의 재산권을 그 의사에 반하여 강제적으로라도 취득하여야 할 공익적 필요성'을 의미합니까?

헌법재판소는 헌법 제23조 제3항에서 규정하고 있는 '공공필요'의 의미를 '국민의 재산권을 그 의사에 반하여 강제적으로라도 취득해야 할 공익적 필요성'으로 해석하여 왔다(헌재 2014. 10. 30, 2011헌바172).

예

21-2 ☐☐☐ 기본서 p. 670

헌법재판소에 따르면 공공필요의 요건 중 공익성은 기본권 일반의 제한사유인 공공복리보다 넓습니까?

'공공필요'의 요건에 관하여, 공익성은 추상적인 공익 일반 또는 국가의 이익 이상의 중대한 공익을 요구하므로 기본권 일반의 제한사유인 '공공복리'보다 좁게 보는 것이 타당하다(헌재 2014. 10. 30, 2011헌바172).

아니요

22 ☐☐☐ 기본서 p. 673

헌법재판소는 구 도시계획법상 개발제한구역의 지정으로 일부 토지소유자에게 사회적 제약의 범위를 넘는 가혹한 부담이 발생하는 경우에 보상규정을 두지 않은 것은 위헌성이 있는 것이고, 보상의 구체적 기준과 방법은 입법자가 입법정책적으로 정할 사항이라고 하였습니까?

(사회적 제약의 범위를 넘는 침해가 있음에도 보상규정을 두지 않은 위헌성이 있는 경우) 입법자는 되도록 빠른 시일 내에 보상입법을 하여 위헌적 상태를 제거할 의무가 있고, 행정청은 보상입법이 마련되기 전에는 새로 개발제한구역을 지정하여서는 아니 되며, 토지소유자는 보상입법을 기다려 그에 따른 권리행사를 할 수 있을 뿐 개발제한구역의 지정이나 그에 따른 토지재산권의 제한 그 자체의 효력을 다투거나 위 조항에 위반하여 행한 자신들의 행위의 정당성을 주장할 수는 없다(헌재 1998. 12. 24, 89헌마214 등).

예

23 ☐☐☐   기본서 p. 674

헌법재판소에 따르면 개발제한구역 지정으로 인한 지가하락이나 지가상승률의 상대적 감소는 사회적 제약의 범위 내의 것입니까?

개발제한구역의 지정 후 토지를 종래 목적으로 사용할 수 있는 경우, 그리고 지가하락이나 지가상승률의 상대적 감소의 경우에는 사회적 제약의 범주 내의 것(합헌적인 것)으로 보았다.

예

24 ☐☐☐   기본서 p. 674

헌법재판소는 개발제한구역 지정으로 토지를 종래 용법에 따라 사용할 수 없거나 실질적으로 사용을 할 수 없는 경우에도 보상이 없는 것은 위헌이라고 봅니까?

개발제한구역 지정으로 토지를 종래 용법에 따라 사용할 수 없거나 실질적으로 사용·수익을 전혀 할 수 없는 예외적인 경우에도 보상 없이 이를 감수하도록 하고 있는 것은 헌법에 위반된다(헌재 1998. 12. 24, 89헌마214).

예

25 ☐☐☐   기본서 p. 675

헌법재판소는 「개발제한구역의 지정 및 관리에 관한 특별조치법」 제11조 제1항 등에 대한 위헌소원사건에서 토지의 효용이 감소한 토지소유자에게 토지매수청구권을 인정하는 등 보상규정을 두었지만 적절한 손실보상에 해당하지 않는다고 위헌결정을 하였습니까?

「개발제한구역의 지정 및 관리에 관한 특별조치법」이 개발제한구역의 지정으로 인하여 토지의 효용이 현저히 감소하거나 그 사용·수익이 사실상 불가능한 토지소유자에게 토지매수청구권을 인정하는 등 보상규정을 두고 있는 점에 비추어, 이 사건 특조법 조항(편저자 주 : 「개발제한구역의 지정 및 관리에 관한 특별조치법」 제11조 제1항)이 토지재산권의 제한을 통하여 실현하고자 하는 공익의 비중과 이 사건 특조법 조항에 의하여 발생하는 토지재산권의 침해의 정도를 비교·형량할 때 양자 사이에 적정한 비례관계가 성립한다고 보이므로 법익균형성도 충족된다. 따라서 개발제한구역 내에서 건축물의 건축 및 용도변경 등의 행위를 제한하는 이 사건 특조법 조항이 비례의 원칙을 위반하여 청구인들의 재산권을 과도하게 침해한 것으로 보기 어렵다고 보아 합헌결정을 하였다(헌재 2004. 2. 26, 2001헌바80 등).

아니요

01 ☐☐☐   기본서 p. 680

「공익사업을 위한 토지 등의 취득 및 보상에 관한 법률」상 보상대상이 되는 '기타 토지에 정착한 물건에 대한 소유권 그 밖의 권리를 가진 관계인'에는 수거 · 철거권 등 실질적 처분권을 가진 자도 포함됩니까?

「공익사업을 위한 토지 등의 취득 및 보상에 관한 법률」상 보상대상이 되는 '기타 토지에 정착한 물건에 대한 소유권 그 밖의 권리를 가진 관계인'에는 수거 · 철거권 등 실질적 처분권을 가진 자도 포함된다(대판 2019. 4. 11, 2018다277419).

예

02 ☐☐☐   기본서 p. 680

일시적인 이용상황과 토지소유자가 가지는 주관적 가치도 보상대상이 됩니까?

일시적인 이용상황과 토지소유자 또는 관계인이 갖는 주관적 가치 및 특별한 용도에 사용할 것을 전제로 한 경우 등은 손실보상대상이 아니다.

아니요

03 ☐☐☐   기본서 p. 680

토지수용보상액 산정시 당해 공공사업 시행을 직접 목적으로 하는 계획의 승인 · 고시로 인한 가격변동도 고려하여야 합니까?

「공익사업을 위한 토지 등의 취득 및 보상에 관한 법률」 제67조 제2항은 "보상액을 산정할 경우에 해당 공익사업으로 인하여 토지 등의 가격이 변동되었을 때에는 이를 고려하지 아니한다."라고 규정하고 있다.

토지수용보상액 산정시 당해 공공사업의 시행을 직접 목적으로 하는 계획의 승인 · 고시로 인한 가격변동은 고려해서는 안 된다(대판 1999. 3. 23, 98두13850).

아니요

04 ☐☐☐   기본서 p. 681~682

원칙적으로 공공사업 실시계획의 승인 · 고시 이후 영업허가를 받은 자는 그 이후의 공공사업 시행으로 특별한 손실을 입었다고 볼 수 있습니까?

공공사업의 시행으로 인한 손실보상청구권의 유무 여부는 해당 공공사업의 시행 당시를 기준으로 판단하여야 하고, 그와 같은 공공사업의 시행에 관한 실시계획 승인과 그에 따른 고시가 된 이상 그 이후에 영업을 위하여 이루어진 각종 허가나 신고는 위와 같은 공공사업의 시행에 따른 제한이 이미 확정되어 있는 상태에서 이루어진 것이므로 그 이후의 공공사업 시행으로 그 허가나 신고권자가 특별한 손실을 입게 되었다고는 볼 수 없다(대판 2006. 11. 23, 2004다65978).

아니요

05 ☐☐☐   기본서 p. 684

동일한 토지소유자에 속하는 일단의 토지의 일부가 취득됨으로써 잔여지의 가격이 감소한 때에는 잔여지를 종래의 목적으로 사용하는 것이 가능한 경우라도 그 잔여지는 손실보상의 대상이 됩니까?

사업시행자가 동일한 토지소유자에 속하는 일단의 토지 일부를 취득함으로 인하여 잔여지의 가격이 감소하거나 그 밖의 손실이 있을 때 등에는 잔여지를 종래의 목적으로 사용하는 것이 가능한 경우라도 잔여지 손실보상의 대상이 되며, 잔여지를 종래의 목적에 사용하는 것이 불가능하거나 현저히 곤란한 경우이어야만 잔여지 손실보상청구를 할 수 있는 것이 아니다(대판 2018. 7. 20, 2015두4044).

예

06 ☐☐☐   기본서 p. 685

영업손실에 관한 보상의 경우, 폐업과 휴업의 구별기준은 무엇입니까?

영업손실에 관한 보상에서 영업의 폐지(편저자 주 : 폐업)와 휴업의 구별기준은 실제로 이전하였는지가 아니라 영업을 다른 장소로 이전하는 것이 가능한지에 달려 있다. 또한 이전 가능 여부는 법령상 이전장애사유 유무와 사실상의 이전장애사유 유무 등을 종합하여 판단함이 상당하다(대판 2001. 11. 13, 2000두1003).

영업의 이전 가능 여부

07-1 ☐☐☐   기본서 p. 685

구 토지수용법 제51조가 규정하고 있는 '영업상의 손실'이란 수용의 대상이 된 토지 · 건물 등을 이용하여 영업을 하다가 그 토지 · 건물 등이 수용됨으로 인하여 영업을 할 수 없거나 제한을 받게 됨으로 인하여 생기는 직접적인 손실을 말합니까?

구 토지수용법 제51조가 규정하고 있는 '영업상의 손실'이란 수용의 대상이 된 토지 · 건물 등을 이용하여 영업을 하다가 그 토지 · 건물 등이 수용됨으로 인하여 영업을 할 수 없거나 제한을 받게 됨으로 인하여 생기는 직접적인 손실을 말하는 것이다(대판 2005. 7. 29, 2003두2311).

예

07-2 ☐☐☐　　　　　　　　　기본서 p. 685

영업하기 위하여 투자한 비용이나 기대이익도 손실보상의 대상이 됩니까?

영업을 하기 위하여 투자한 비용이나 그 영업을 통하여 얻을 것으로 기대되는 이익에 대한 손실보상의 근거규정이나 그 보상의 기준과 방법 등에 관한 규정이 없으므로, 이러한 손실은 그 보상의 대상이 된다고 할 수 없다(대판 2006. 1. 27, 2003두13106).

아니요

08 ☐☐☐　　　　　　　　　기본서 p. 685

사업인정고시는 수용재결절차로 나아가 강제적인 방식으로 토지소유자나 관계인의 권리를 취득·보상하기 위한 요건으로서 영업손실보상청구를 위해서는 반드시 사업인정이나 수용이 전제되어야 합니까?

사업인정고시는 수용재결절차로 나아가 강제적인 방식으로 토지소유자나 관계인의 권리를 취득·보상하기 위한 절차적 요건에 지나지 않고 영업손실보상의 요건이 아니다(대판 2021. 11. 11, 2018다204022).

아니요

09 ☐☐☐　　　　　　　　　　　　　　　　　기본서 p. 687~688

사업시행자의 이주대책 수립·실시의무를 정하고 있는 구「공익사업을 위한 토지 등의 취득 및 보상에 관한 법률」제78조 제1항과 이주대책의 내용을 정하고 있는 같은 조 제4항 본문은 강행법규입니까?

구「공익사업을 위한 토지 등의 취득 및 보상에 관한 법률」에 의한 이주대책은 공익사업의 시행에 필요한 토지 등을 제공함으로 인하여 생활의 근거를 상실하게 되는 이주대책대상자들에게 종전 생활상태를 원상으로 회복시키면서 동시에 인간다운 생활을 보장하여 주기 위하여 마련된 제도이므로, 사업시행자의 이주대책 수립·실시의무를 정하고 있는 구「공익사업을 위한 토지 등의 취득 및 보상에 관한 법률」제78조 제1항은 물론 이주대책의 내용에 관하여 규정하고 있는 같은 조 제4항 본문 역시 당사자의 합의 또는 사업시행자의 재량에 의하여 적용을 배제할 수 없는 강행법규이다(대판 2011. 6. 23, 2007다63089·63096 전합).

예

10-1 ☐☐☐　　　　　　　기본서 p. 688

이주대책은 헌법 제23조 제3항의 정당한 보상에 포함됩니까?

이주대책은 헌법 제23조 제3항에 규정된 정당한 보상에 포함되는 것이라기보다는 이에 부가하여 이주자들에게 종전의 생활상태를 회복시키기 위한 생활보상의 일환으로서 국가의 정책적인 배려에 의하여 마련된 제도라고 볼 것이다(헌재 2006. 2. 23, 2004헌마19).

아니요

10-2 ☐☐☐　　　　　　　기본서 p. 688

이주대책의 실시 여부는 입법자의 입법정책적 재량입니까?

이주대책의 실시 여부는 '입법자'의 입법정책적 재량의 영역에 속한다(헌재 2006. 2. 23, 2004헌마19).

예

10-3 ☐☐☐　　　　　　　기본서 p. 688

세입자를 이주대책의 대상에서 제외하는 것은 세입자의 재산권을 침해하는 것입니까?

「공익사업을 위한 토지 등의 취득 및 보상에 관한 법률 시행령」제40조 제3항 제3호가 이주대책의 대상자에서 세입자를 제외하고 있는 것은 세입자의 재산권을 침해하는 것이라 볼 수 없다(헌재 2006. 2. 23, 2004헌마19).

아니요

11 ☐☐☐　　　　　　　기본서 p. 689

이주대책은 법에 정해진 것을 제외하고는 사업시행자가 내용결정에 있어 재량을 가집니까?

사업시행자는 법령에서 정한 일정한 경우 이주대책을 수립할 의무를 지지만, 이주대책의 내용결정에 있어서는 법령에 의해 정해진 것을 제외하고는 재량권을 가지므로 사업시행자는 이주대책기준을 설정할 재량이 있다는 것이 판례의 입장이다(대판 2009. 3. 12, 2008두12610).

예

12 ☐☐☐   기본서 p. 690

「공익사업을 위한 토지 등의 취득 및 보상에 관한 법률」상의 공익사업시행자가 하는 이주대책대상자 확인·결정의 법적 성질은 행정처분입니까?

「공익사업을 위한 토지 등의 취득 및 보상에 관한 법률」상의 공익사업시행자가 하는 이주대책대상자 확인·결정의 법적 성질은 행정처분으로서 이에 대한 쟁송방법은 항고소송이다(대판 2014. 2. 27, 2013두10885).

예

13 ☐☐☐   기본서 p. 690

세입자에 대한 주거이전비보상청구권은 공법상의 권리로 볼 수 있습니까?

세입자에 대한 주거이전비보상청구권은 공법상의 권리로 보아 그 보상과 관련한 소송은 행정소송이라는 것이 판례의 입장이다(대판 2008. 5. 29, 2007다8129).

예

14-1 ☐☐☐   기본서 p. 691

대법원은 생활대책이 헌법 제23조 제3항의 정당한 보상에 포함된다고 봅니까?

사업시행자가 스스로 생활대책을 수립하는 경우 생활대책 역시 헌법 제23조 제3항의 정당한 보상에 포함되는 것으로 보아야 한다(대판 2011. 10. 13, 2008두17905).

예

14-2 ☐☐☐   기본서 p. 691

헌법재판소는 생활대책이 헌법 제23조 제3항의 정당한 보상에 포함된다고 봅니까?

생활대책은 헌법 제23조 제3항에 규정된 정당한 보상에 포함되는 것이라기보다는 생활보상의 일환으로서 국가의 정책적인 배려에 의하여 마련된 제도이다(헌재 2013. 7. 25, 2012헌바71).

아니요

15 ☐☐☐   기본서 p. 692

간접적인 영업손실도 일정한 요건을 갖춘 경우, 특별한 희생에 해당하여 헌법 제23조 제3항에 규정한 손실보상의 대상이 됩니까?

간접적인 영업손실이라고 하더라도 피침해자인 수산업협동조합이 공공의 이익을 위하여 당연히 수인하여야 할 재산권에 대한 제한의 범위를 넘어 수산업협동조합의 위탁판매사업으로 얻고 있는 영업상의 재산이익을 본질적으로 침해하는 특별한 희생에 해당하고, 사업시행자는 공유수면매립면허고시 당시 그 매립사업으로 인하여 위와 같은 영업손실이 발생한다는 것을 상당히 확실하게 예측할 수 있었고 그 손실의 범위도 구체적으로 확정할 수 있으므로, 헌법 제23조 제3항에 규정한 손실보상의 대상이 된다(대판 1999. 10. 8, 99다27231).

예

16 ☐☐☐   기본서 p. 693

공공사업의 시행 결과 사업지구 밖에서 수산제조업에 대한 간접손실이 발생할 것을 쉽게 예견할 수 있고 그 손실의 범위도 구체적으로 특정할 수 있는 경우라면, 그 손실의 보상에 관하여 구 「공공용지의 취득 및 손실보상에 관한 특례법 시행규칙」의 간접보상 규정을 유추적용할 수 있습니까?

공공사업의 시행 결과 공공사업의 기업지 밖에서 발생한 간접손실에 대하여 사업시행자와 협의가 이루어지지 아니하고, 그 보상에 관한 명문의 법령이 없는 경우, 피해자는 「공공용지의 취득 및 손실보상에 관한 특례법 시행규칙」상의 손실보상에 관한 규정을 유추적용하여 사업시행자에게 보상을 청구할 수 있다(대판 1999. 10. 8, 99다27231).

예

17 ☐☐☐   기본서 p. 693

공익사업시행지구 밖 영업손실보상의 요건인 '공익사업의 시행으로 인한 그 밖의 부득이한 사유로 일정 기간 동안 휴업이 불가피한 경우'에 공익사업의 시행 결과로 휴업이 불가피한 경우가 포함됩니까?

공익사업시행지구 밖 영업손실보상의 요건인 '공익사업의 시행으로 인한 그 밖의 부득이한 사유로 일정 기간 동안 휴업이 불가피한 경우'란 공익사업의 시행 또는 시행 당시 발생한 사유로 휴업이 불가피한 경우만을 의미하는 것이 아니라 공익사업의 시행 결과, 즉 그 공익사업의 시행으로 설치되는 시설의 형태·구조·사용 등에 기인하여 휴업이 불가피한 경우도 포함된다(대판 2019. 11. 28, 2018두227).

예

18 ☐☐☐   기본서 p. 694

「공익사업을 위한 토지 등의 취득 및 보상에 관한 법률」에 따라 사업인정고시가 된 후 토지의 사용으로 인하여 토지의 형질이 변경되는 경우에 토지소유자는 중앙토지수용위원회에 그 토지의 매수청구권을 행사할 수 있습니까?

사업인정고시가 된 후 ① 토지를 사용하는 기간이 3년 이상인 경우, ② 토지의 사용으로 인하여 토지의 형질이 변경되는 경우, 또는 ③ 사용하려는 토지에 그 토지소유자의 건축물이 있는 경우에는 해당 토지소유자는 '사업시행자'에게 해당 토지의 '매수를 청구'하거나 관할 '토지수용위원회'에 그 토지의 '수용을 청구'할 수 있다(「공익사업을 위한 토지 등의 취득 및 보상에 관한 법률」 제72조).

아니요

19-1 ☐☐☐   기본서 p. 694

사업인정고시가 된 후 사업시행자가 토지를 사용하는 기간이 3년 이상인 경우, 토지소유자의 토지수용위원회에 대한 토지수용청구권은 형성권의 성질을 가집니까?

「공익사업을 위한 토지 등의 취득 및 보상에 관한 법률」(이하 '토지보상법'이라 한다) 제72조의 문언, 연혁 및 취지 등에 비추어 보면, 위 규정이 정한 수용청구권은 토지보상법 제74조 제1항이 정한 잔여지수용청구권과 같이 손실보상의 일환으로 토지소유자에게 부여되는 권리로서 그 청구에 의하여 수용효과가 생기는 형성권의 성질을 지닌다(대판 2015. 4. 9, 2014두46669).

예

19-2 ☐☐☐   기본서 p. 694

토지수용위원회가 토지소유자의 청구를 받아들이지 않는 재결을 한 경우, 사업시행자를 피고로 하여 「공익사업을 위한 토지 등의 취득 및 보상에 관한 법률」상 보상금의 증감에 관한 소송을 제기할 수 있습니까?

토지소유자의 토지수용청구를 받아들이지 아니한 토지수용위원회의 재결에 대하여 토지소유자가 불복하여 제기하는 소송은 토지보상법 제85조 제2항에 규정되어 있는 '보상금의 증감에 관한 소송'에 해당하고, 피고는 토지수용위원회가 아니라 사업시행자로 하여야 한다(대판 2015. 4. 9, 2014두46669).

예

20 ☐☐☐   기본서 p. 695

구 「공익사업을 위한 토지 등의 취득 및 보상에 관한 법률」 제74조 제1항의 잔여지수용청구 의사표시는 관할 토지수용위원회에 하여야 합니까?

잔여지수용청구의 의사표시는 관할 토지수용위원회에 하여야 하는 것으로서, 관할 토지수용위원회가 사업시행자에게 잔여지수용청구의 의사표시를 수령할 권한을 부여하였다고 인정할 만한 사정이 없는 한, 사업시행자에 한 잔여지매수청구의 의사표시를 관할 토지수용위원회에 한 잔여지수용청구의 의사표시로 볼 수는 없다(대판 2010. 8. 19, 2008두822).

예

21 ☐☐☐   기본서 p. 695

잔여지수용청구권의 성질은 무엇입니까?

잔여지수용청구권이 그 요건을 구비한 때에는 토지수용위원회의 특별한 조치를 기다릴 것 없이 청구에 의하여 수용의 효과가 발생하므로 이는 형성권(편저자 주 : 권리자의 일방적 의사표시로 법률관계의 변동(권리의 발생·변경·소멸 등)을 가져오는 권리)적 성질을 가진다는 것이 판례의 입장이다(대판 2001. 9. 4, 99두11080).

형성권

22 ☐☐☐   기본서 p. 695

구 「공익사업을 위한 토지 등의 취득 및 보상에 관한 법률」 제74조에 의한 토지소유자의 잔여지수용청구를 받아들이지 않은 토지수용위원회의 재결에 대하여 토지소유자는 당해 토지수용위원회를 피고로 하여 항고소송을 제기할 수 있습니까?

구 「공익사업을 위한 토지 등의 취득 및 보상에 관한 법률」 제74조에 의한 토지소유자의 잔여지수용청구를 받아들이지 않은 토지수용위원회의 재결에 대하여, 토지소유자가 불복하여 제기하는 소송의 성질은 보상금의 증감에 관한 소송에 해당하므로 그 상대방은 사업시행자가 된다(대판 2010. 8. 19, 2008두822).

아니요

23 ☐☐☐   기본서 p. 696

손실보상은 오로지 금전보상만 가능합니까?

손실보상은 현금으로 지급하는 것이 원칙이나, 일정한 경우 현물보상, 채권보상, 매수보상, 대토보상과 같이 다른 보상으로 하는 것도 가능하다.

아니요

24-1 ☐☐☐   기본서 p. 697

공익사업의 시행자는 해당 공익사업을 위한 공사에 착수하기 이전에 토지소유자에게 보상액 전액을 지급하여야 합니까?

공익사업의 시행자는 해당 공익사업을 위한 공사에 착수하기 이전에 토지소유자와 관계인에게 보상액 전액을 지급하여야 한다(「공익사업을 위한 토지 등의 취득 및 보상에 관한 법률」 제62조 본문).

예

24-2 ☐☐☐   기본서 p. 697

사업시행자가 보상액을 지급하지 않고 승낙도 받지 않은 채 공사에 착수하였다 하더라도 토지소유자에 대하여 불법행위로 인한 손해배상책임이 발생하는 것은 아닙니까?

공익사업의 시행자가 토지소유자와 관계인에게 보상액을 지급하지 않고 그 승낙도 받지 않은 채 공사에 착수함으로써 토지소유자와 관계인이 손해를 입은 경우, 토지소유자와 관계인에 대하여 불법행위가 성립할 수 있고, 사업시행자는 그로 인한 손해를 배상할 책임을 진다(대판 2021. 11. 11, 2018다204022).

아니요

25 ☐☐☐   기본서 p. 697

개인별 보상이 원칙입니까?

손실보상의 지급에서는 물건별 보상이 아니라 개인별 보상의 원칙이 적용된다. 손실보상은 개인별로 보상액을 산정할 수 없는 때를 제외하고는 토지소유자 또는 관계인에게 개인별로 하여야 한다(「공익사업을 위한 토지 등의 취득 및 보상에 관한 법률」 제64조).

예

26 ☐☐☐   기본서 p. 697

공익사업에 필요한 토지 등의 취득 또는 사용으로 인하여 토지소유자나 관계인이 입은 손실은 사업시행자가 보상하여야 합니까?

「공익사업을 위한 토지 등의 취득 및 보상에 관한 법률」 제61조는 사업시행자보상의 원칙을 규정하고 있다. 따라서 국가 등이 아니라도 사업시행자라면 그 자가 보상을 하는 것이 원칙이다.

예

27 ☐☐☐   기본서 p. 698

보상시기를 달리하는 동일인 소유의 토지 등이 여러 개 있는 경우, 한꺼번에 보상금을 지급하여야 할 때도 있습니까?

사업시행자는 동일한 사업지역에 보상시기를 달리하는 동일인 소유의 토지 등이 여러 개 있는 경우 <u>토지소유자나 관계인이 요구할 때에는 한꺼번에 보상금을 지급하도록 하여야 한다</u>(「공익사업을 위한 토지 등의 취득 및 보상에 관한 법률」 제65조).

예

28 ☐☐☐   기본서 p. 698

사업시행으로 인한 이익과 손실의 상계가 가능합니까?

사업시행자는 동일한 소유자에게 속하는 일단의 토지의 일부를 취득하거나 사용하는 경우 해당 공익사업의 시행으로 인하여 잔여지의 가격이 증가하거나 그 밖의 이익이 발생한 경우에도 그 이익을 그 취득 또는 사용으로 인한 손실과 상계할 수 없다(「공익사업을 위한 토지 등의 취득 및 보상에 관한 법률」 제66조).

아니요

29 ☐☐☐   기본서 p. 700

「공익사업을 위한 토지 등의 취득 및 보상에 관한 법률」에 의한 보상을 하면서 손실보상금에 관한 당사자 간의 합의가 성립한 경우, 그 합의 내용이 같은 법에서 정하는 손실보상기준에 맞지 않는다고 하더라도 특별한 사정이 없는 한 그 기준에 따른 손실보상금 청구를 추가로 할 수는 없습니까?

「공익사업을 위한 토지 등의 취득 및 보상에 관한 법률」에 의한 보상을 하면서 <u>손실보상금에 관한 당사자 간의 합의가 성립한 경우, 그 합의 내용이 같은 법에서 정하는 손실보상기준에 맞지 않는다고 하더라도 특별한 사정이 없는 한 그 기준에 따른 손실보상금 청구를 추가로 할 수는 없다.</u> 「공익사업을 위한 토지 등의 취득 및 보상에 관한 법률」에 의한 보상합의는 공공기관이 사경제주체로서 행하는 사법상 계약의 실질을 가지는 것이다(대판 2013. 8. 22, 2012다3517).

예

30 ☐☐☐　　　　　　　　　　기본서 p. 700
토지수용위원회에 재결을 신청할 수 있는 자는 누구입니까?

당사자 간에 협의가 성립되지 아니하거나 협의를 할 수 없을 때에는 <u>사업시행자</u>는 사업인정고시가 된 날부터 1년 이내에 대통령령이 정하는 바에 따라 <u>관할 토지수용위원회에 재결을 신청할 수 있다</u>(「공익사업을 위한 토지 등의 취득 및 보상에 관한 법률」 제28조 제1항).

사업시행자

31 ☐☐☐　　　　　　　　　　기본서 p. 701
토지수용위원회는 손실보상의 신청범위와 관계없이 손실보상의 증액재결을 할 수 없습니까?

토지수용위원회는 사업시행자 · 토지소유자 또는 관계인이 신청한 범위 안에서 재결하여야 한다. 다만, 손실보상의 경우에는 증액재결을 할 수 있다(「공익사업을 위한 토지 등의 취득 및 보상에 관한 법률」 제50조 제2항).

아니요

32-1 ☐☐☐　　　　　　　　　기본서 p. 701
토지수용위원회의 재결에 대한 이의신청은 행정심판의 성질을 가집니까?

이의신청은 행정심판으로서의 성질을 가지며, 「공익사업을 위한 토지 등의 취득 및 보상에 관한 법률」상 이의신청에 관한 규정은 행정심판법에 대한 특별법 규정이다.

예

32-2 ☐☐☐　　　　　　　　　기본서 p. 701
토지수용위원회의 재결에 대한 이의신청은 필요적 절차입니까?

토지수용위원회의 재결에 대한 이의신청은 임의적 절차에 불과하다.

아니요

33 ☐☐☐　　　　　　　　　　기본서 p. 703
수용재결에 불복하여 이의신청을 거쳐 취소소송을 제기하는 경우 원칙적으로 피고는 누구이며, 소송대상은 무엇입니까?

토지소유자 등이 수용재결에 불복하여 이의신청을 거친 후 취소소송을 제기하는 경우 피고적격을 가지는 자는 원칙적으로 수용재결을 한 토지수용위원회이며, 소송대상은 수용재결이 된다(대판 2010. 1. 28, 2008두1504).

피고: 수용재결을 한 토지수용위원회, 대상: 수용재결

34 ☐☐☐　　　　　　　　　　기본서 p. 703
수용재결에서 결정된 손실보상금의 증액을 위해 제기하는 보상금증감청구소송은 항고소송의 일종입니까?

「공익사업을 위한 토지 등의 취득 및 보상에 관한 법률」은 보상금증감소송의 경우 처분청인 토지수용위원회를 피고로 하지 않고 대등한 당사자인 토지소유자 또는 관계인과 사업시행자를 원고 또는 피고로 하고 있는데, 이러한 점에서 <u>보상금증감소송은 형식적으로는 당사자소송에 속한다</u>.

아니요

35 ☐☐☐　　　　　　　　　　기본서 p. 704
어떤 보상항목이 손실보상대상에 해당함에도 관할 토지수용위원회가 사실을 오인하거나 법리를 오해함으로써 손실보상대상에 해당하지 않는다고 잘못된 내용의 재결을 한 경우에는, 피보상자는 관할 토지수용위원회를 상대로 재결취소소송을 제기하여야 합니까?

어떤 보상항목이 공익사업을 위한 토지 등의 취득 및 보상에 관한 법령상 손실보상대상에 해당함에도 관할 <u>토지수용위원회가 사실을 오인하거나 법리를 오해함으로써 손실보상대상에 해당하지 않는다고 잘못된 내용의 재결을 한 경우</u>에는, 피보상자는 관할 토지수용위원회를 상대로 그 재결에 대한 취소소송을 제기할 것이 아니라, <u>사업시행자를 상대로 구 「공익사업을 위한 토지 등의 취득 및 보상에 관한 법률」 제85조 제2항에 따른 보상금증감소송을 제기하여야</u> 한다(대판 2018. 7. 20, 2015두4044).

아니요

36-1 ☐☐☐   기본서 p. 704

「공익사업을 위한 토지 등의 취득 및 보상에 관한 법률」상 피보상자 또는 사업시행자가 여러 보상항목들 중 일부에 대해서만 개별적으로 불복의 사유를 주장하여 행정소송을 제기할 수 있습니까?

하나의 재결에서 피보상자별로 여러 가지의 토지, 물건, 권리 또는 영업(이처럼 손실보상 대상에 해당하는지, 나아가 그 보상금액이 얼마인지를 심리 · 판단하는 기초 단위를 이하 '보상항목'이라고 한다)의 손실에 관하여 심리 · 판단이 이루어졌을 때, 피보상자 또는 사업시행자가 반드시 재결 전부에 관하여 불복하여야 하는 것은 아니며, 여러 보상항목들 중 일부에 관해서만 불복하는 경우에는 그 부분에 관해서만 개별적으로 불복의 사유를 주장하여 행정소송을 제기할 수 있다(대판 2018. 5. 15, 2017두41221).

예

36-2 ☐☐☐ **미기출**   기본서 p. 704

법원이 구체적인 불복신청이 있는 보상항목들에 관해서 심리한 결과, 재결에서 정한 보상금액이 일부 보상항목의 경우 과소하고 다른 보상항목의 경우 과다한 것으로 판명되었더라도 보상항목 상호 간의 유용은 허용되지 않습니까?

이러한 보상금증감소송에서 법원의 심판범위는 하나의 재결 내에서 소송당사자가 구체적으로 불복신청을 한 보상항목들로 제한된다. 법원이 구체적인 불복신청이 있는 보상항목들에 관해서 감정을 실시하는 등 심리한 결과, 재결에서 정한 보상금액이 일부 보상항목의 경우 과소하고 다른 보상항목의 경우 과다한 것으로 판명되었다면, 법원은 보상항목 상호 간의 유용을 허용하여 항목별로 과다 부분과 과소 부분을 합산하여 보상금의 합계액을 정당한 보상금으로 결정할 수 있다(대판 2018. 5. 15, 2017두41221).

아니요

37 ☐☐☐   기본서 p. 704

토지소유자가 보상금증액소송을 제기하는 경우, 피고는 토지수용위원회가 됩니까?

「공익사업을 위한 토지 등의 취득 및 보상에 관한 법률」 제85조 제2항은 보상금증액청구소송에서의 피고를 사업시행자로 하고 있으므로 보상의무를 지는 국가 또는 공공단체 등이 피고가 되는 것이지 행정청인 토지수용위원회가 피고가 되는 것은 아니다.

아니요

01 ☐☐☐   기본서 p. 709

수용유사침해이론은 분리이론과 가깝습니까?

수용유사침해이론은 보상을 직접 목적으로 하는 것으로서 경계이론에서 나오는바, 위헌성의 제거를 직접 목적으로 하는 분리이론과는 기초를 달리한다.

아니요

02 ☐☐☐   기본서 p. 711

우리 대법원은 명시적으로 수용유사침해이론을 받아들이고 있습니까?

우리 대법원은 수용유사침해이론의 개념은 언급하면서도 그 도입 여부에 대해 유보적 입장을 보인 바 있을 뿐 명시적으로 인정한 경우는 없다.

아니요

03 ☐☐☐   기본서 p. 712

수용적 침해와 수용유사침해의 차이점은 무엇입니까?

수용적 침해는 적법한 침해이나, 수용유사침해는 위법한 침해라는 점에서 구별된다.

위법 · 적법 여부

04 ☐☐☐   기본서 p. 712

적법한 공행정작용으로 인해 생명 · 신체 등의 비재산적 법익이 침해된 것과 관련하여 논의되는 것은 무엇입니까?

희생보상청구권이란 적법한 공권력 행사로 인해 생명 · 신체 등의 비재산적 법익이 침해된 경우 그 손실에 대한 보상을 청구할 수 있는 권리를 말한다.

희생보상청구권

05 ☐☐☐   기본서 p. 714

결과제거청구권이 성립하기 위하여서는 공무원의 고의 · 과실이 필요합니까?

결과제거청구는 가해행위의 위법이 아닌 결과의 위법성이 문제되며 가해자의 고의 · 과실을 요건으로 하지 않는다.

아니요

06 ☐☐☐   기본서 p. 715

결과제거청구권은 권력작용뿐만 아니라 관리작용에 의한 침해의 경우에도 인정됩니까?

결과제거청구권을 행사하기 위해서는 행정주체의 공행정작용으로 인한 침해가 존재하여야 한다. 공행정작용에는 법적 행위뿐 아니라 사실행위도 포함되고 권력작용뿐 아니라 관리작용 등 비권력적 작용도 포함된다.

예

07 ☐☐☐   기본서 p. 716

공행정작용으로 인한 간접적인 결과도 결과제거청구권의 대상이 됩니까?

결과제거청구권은 위법한 공행정작용으로 인한 직접적인 결과의 제거만을 대상으로 하고, 간접적인 결과의 제거는 그 대상으로 하지 않는다.

아니요

01 ☐☐☐   기본서 p. 722

징계, 기타 불이익처분을 받은 지방공무원의 불복절차에 관해 지방공무원법에서 규정하지 않은 사항에 행정심판법 규정이 적용될 수 있습니까?

행정심판법은 행정심판에 관한 일반법이므로 개별법에 특별한 규정이 있는 사항을 제외하고는 행정심판법의 규정이 적용될 수 있다. 징계, 기타 불이익처분을 받은 지방공무원의 불복절차에 관하여 지방공무원법에서 규정하지 아니한 사항에 대해서는 행정심판법 규정이 적용될 수 있다(대판 1989. 9. 12, 89누909).

예

02 ☐☐☐   기본서 p. 722

이의신청을 제기해야 할 사람이 처분청에 표제를 '행정심판청구서'로 한 서류를 제출한 경우라면 이를 이의신청으로 볼 여지는 없습니까?

이의신청을 제기해야 할 사람이 처분청에 표제를 '행정심판청구서'로 한 서류를 제출한 경우라 할지라도 서류의 내용에 이의신청 요건에 맞는 불복취지와 사유가 충분히 기재되어 있다면 표제에도 불구하고 이를 처분에 대한 이의신청으로 볼 수 있다는 것이 판례의 입장이다(대판 2012. 3. 29, 2011두26886).

아니요

03 ☐☐☐   기본서 p. 722

과세처분에 관한 이의신청절차에서 과세관청이 이의신청사유가 옳다고 인정하여 과세처분을 직권으로 취소한 후, 특별한 사유 없이 이를 번복하여 종전과 동일한 내용의 처분을 할 수 있습니까?

과세처분에 관한 이의신청절차에서 과세관청이 이의신청사유가 옳다고 인정하여 과세처분을 직권으로 취소한 후, 특별한 사유 없이 이를 번복하여 종전 처분과 동일한 내용의 처분을 할 수는 없다(대판 2017. 3. 9, 2016두56790).

아니요

04-1 ☐☐☐   기본서 p. 724

행정기본법에 따르면 행정청의 처분에 이의가 있는 당사자는 처분을 받은 날부터 며칠 이내에 해당 행정청에 이의신청을 할 수 있습니까?

행정청의 처분에 이의가 있는 당사자는 처분을 받은 날부터 <u>30일 이내에 해당 행정청에 이의신청</u>을 할 수 있다(행정기본법 제36조 제1항).

30일

04-2 ☐☐☐   기본서 p. 724

행정기본법에 따르면 행정청은 이의신청을 받으면 그 신청을 받은 날부터 며칠 이내에 그 이의신청에 대한 결과를 신청인에게 통지하여야 합니까?

행정청은 이의신청을 받으면 그 신청을 받은 날부터 <u>14일 이내에 그 이의신청에 대한 결과를 신청인에게 통지하여야 한다.</u> 다만, 부득이한 사유로 14일 이내에 통지할 수 없는 경우에는 그 기간을 만료일 다음 날부터 기산하여 10일의 범위에서 한 차례 연장할 수 있으며, 연장사유를 신청인에게 통지하여야 한다(행정기본법 제36조 제2항).

14일

05 ☐☐☐   기본서 p. 725

행정기본법에 따르면 이의신청에 대한 결과를 통지받은 후 행정심판 또는 행정소송을 제기하려는 자는 그 결과를 통지받은 날부터 며칠 이내에 행정심판 또는 행정소송을 제기할 수 있습니까?

<u>이의신청에 대한 결과를 통지받은 후 행정심판 또는 행정소송을 제기하려는 자는 그 결과를 통지받은 날</u>(통지기간 내에 결과를 통지받지 못한 경우에는 통지기간이 만료되는 날의 다음 날)<u>부터 90일 이내에 처분</u>(이의신청 결과 처분이 변경된 경우에는 변경된 처분)에 대하여 행정심판 또는 행정소송을 제기할 수 있다(행정기본법 제36조 제4항).

90일

06 ☐☐☐   기본서 p. 726

행정기본법에 따르면 처분의 재심사 신청은 당사자가 재심사 신청사유를 안 날부터 60일 이내에 하여야 하고, 처분이 있은 날부터 5년이 지나면 신청할 수 없습니까?

처분의 재심사 신청은 당사자가 재심사 신청사유를 안 날부터 <u>60일 이내에 하여야 한다.</u> 다만, 처분이 있은 날부터 <u>5년이 지나면 신청할 수 없다</u>(행정기본법 제37조 제3항).

예

07 ☐☐☐   기본서 p. 726

행정심판법상 행정심판의 종류에는 어떤 것들이 있습니까?

행정심판법은 행정심판의 종류로서 <u>취소심판, 무효등확인심판, 의무이행심판</u>을 규정하고 있는데, 이들은 모두 항고심판의 성질을 갖는다.

취소심판, 무효등확인심판, 의무이행심판

08 ☐☐☐   기본서 p. 727

거부처분에 대해서는 취소심판만 허용됩니까?

거부처분에 대해서는 취소심판 외에도 의무이행심판이 허용된다.

아니요

09 ☐☐☐   기본서 p. 727

취소심판의 경우 취소명령재결도 가능합니까?

행정심판위원회는 직접 원처분을 취소·변경할 수도 있으며(처분 취소·변경재결), 원처분청에 대하여 처분을 다른 처분으로 변경할 것을 명할 수도 있다(처분변경명령재결). 개정 전 행정심판법에서는 '취소명령재결'이 있었으나 개정 행정심판법에서는 '취소명령재결'을 삭제하였다.

아니요

10 ☐☐☐   기본서 p. 728

무효등확인심판에도 청구기간의 제한이 있습니까?

무효등확인심판은 심판청구기간의 제한을 받지 아니하여 기간에 관계없이 언제든지 행정심판을 제기할 수 있다.

아니요

11 ☐☐☐   기본서 p. 728

당사자의 신청에 대한 행정청의 위법 또는 부당한 거부처분이나 부작위에 대하여 일정한 처분을 하도록 하는 행정심판의 청구는 현행법상 허용됩니까?

행정심판법 제5조 제3호에서 의무이행심판을 '당사자의 신청에 대한 행정청의 위법 또는 부당한 거부처분이나 부작위에 대하여 일정한 처분을 하도록 하는 행정심판'으로 규정하고 있다.

예

12 ☐☐☐   기본서 p. 728

당사자의 신청에 대한 행정청의 위법한 부작위에 대하여 행정청의 부작위가 위법하다는 것을 확인하는 행정심판은 현행법상 허용되지 않습니까?

행정심판의 경우 행정소송에서 의무이행소송이 인정되지 않는 것과는 달리 부작위에 대한 강력한 구제수단인 의무이행심판이 마련되어 있으므로, 행정심판법에서 의무이행심판과 별도로 부작위법확인심판을 규정하고 있지 않다.

예

13 ☐☐☐   기본서 p. 729

대통령의 처분 또는 부작위에 대해서도 원칙적으로 행정심판을 청구할 수 있습니까?

행정심판법 제3조 제2항에서 "대통령의 처분 또는 부작위에 대하여는 다른 법률에서 행정심판을 청구할 수 있도록 정한 경우 외에는(예 공무원에 대한 징계의 경우는 소청심사위원회의 심사 가능) 행정심판을 청구할 수 없다."라고 규정하여 대통령의 처분 등에 대해서는 원칙적으로 행정심판을 청구할 수 없도록 하고 있다.

아니요

14-1 ☐☐☐   기본서 p. 729

처분에 대해 행정심판청구를 하여 이에 대한 재결이 있더라도 심판청구기간 내라면 그 처분에 대해 다시 행정심판청구를 할 수 있습니까?

심판청구에 대한 재결이 있으면 그 재결 및 같은 처분 또는 부작위에 대하여 다시 행정심판을 청구할 수 없다(행정심판법 제51조).

아니요

14-2 ☐☐☐   기본서 p. 729

재결 자체에 고유한 위법이 있음을 이유로 하는 경우라면 그 재결에 대해 다시 행정심판을 청구할 수 있습니까?

행정심판법 제51조에 따르면 행정심판을 거친 사건에 대해서는 재결 자체의 고유한 위법을 이유로 해서도 행정심판청구가 반복되는 것을 금지하고 있다.

아니요

15 ☐☐☐   기본서 p. 730

법인이 아닌 사단이나 재단도 행정심판의 청구인이 될 수 있습니까?

법인이 아닌 사단 또는 재단으로서 대표자 또는 관리인이 정하여져 있는 경우에는 그 '사단'이나 '재단'의 이름으로 심판청구를 할 수 있다(행정심판법 제14조).

예

16 ☐☐☐   기본서 p. 730

청구인들이 당사자가 아닌 자를 선정대표자로 선정하였다면 그 선정행위의 효력은 취소됩니까?

행정심판절차에서 청구인들이 당사자가 아닌 자를 선정대표자로 선정하였다면 행정심판법 제11조(현 제15조)에 위반되어 그 선정행위는 <u>무효</u>이다(대판 1991. 1. 25, 90누7791).

아니요

17 ☐☐☐ 🈁   기본서 p. 731

자연인인 청구인이 사망한 때에 상속인이 청구인의 지위를 승계하기 위해서는 행정심판위원회의 허가를 받아야 합니까?

<u>당연승계</u>이다. 행정심판을 제기한 뒤에 자연인인 청구인이 사망한 경우에는 상속인이나 그 밖에 법령에 따라 심판청구의 대상에 관계되는 권리나 이익을 승계한 자가 청구인의 지위를 승계한다(행정심판법 제16조 제1항).

아니요

18 ☐☐☐   기본서 p. 731

심판청구의 대상과 관계되는 권한이 다른 행정청에 승계된 경우에는 누가 피청구인이 됩니까?

행정처분이나 부작위가 있은 후에 그에 관한 권한이 다른 행정청에 승계된 경우에는 권한을 승계한 행정청을 피청구인으로 하여야 한다(행정심판법 제17조 제1항).

권한을 승계한 행정청

19 ☐☐☐   기본서 p. 731

피청구인의 경정은 직권으로도 가능합니까?

청구인이 피청구인을 잘못 지정한 경우 또는 행정심판이 청구된 후에 당해 처분이나 부작위에 대한 권한이 다른 행정청에 승계된 경우에는 행정심판위원회는 당사자의 신청 또는 직권에 의하여 결정으로써 피청구인을 바꿀 수 있다(행정심판법 제17조 제2 · 5항).

예

20 ☐☐☐   기본서 p. 731

행정심판위원회는 피청구인을 경정하는 결정을 하면 무엇을 누구에게 송달하여야 합니까?

행정심판위원회는 피청구인을 경정하는 결정을 하면 <u>결정서 정본을 당사자</u>(종전의 피청구인과 새로운 피청구인을 포함한다)에게 송달하여야 한다(행정심판법 제17조 제3항).

결정서 정본을 당사자에게

21 ☐☐☐   기본서 p. 734

행정심판위원회에서는 심리 · 의결만 하고 재결은 다른 기관에서 합니까?

개정 전 행정심판법은 심리 · 의결기능과 재결기능을 분리시켜 심리 · 의결기능은 행정심판위원회에, 재결기능은 재결청에 부여함으로써 행정심판기관을 이원화하였다. 그런데 이러한 이원화가 행정심판사건의 신속한 해결을 방해한다는 점때문에 행정심판법을 개정하여 행정심판기관을 행정심판위원회로 일원화하였다. 따라서 <u>현재는 행정심판위원회가 행정심판의 심리 · 재결기능을 모두 담당한다.</u>

아니요

22 ☐☐☐   기본서 p. 735

서울특별시장, 서울특별시 교육감, 서울특별시의회의 처분에 대한 행정심판기관은 어디입니까?

<u>특별시장 · 광역시장 · 특별자치시장 · 도지사 · 특별자치도지사(특별시 · 광역시 · 특별자치시 · 도 또는 특별자치도의 교육감을 포함한다) 또는 특별시 · 광역시 · 특별자치시 · 도 · 특별자치도의 의회</u>(의장, 위원회의 위원장, 사무처장 등 의회 소속 모든 행정청 포함)의 처분에 대한 행정심판기관은 중앙행정심판위원회이다.

중앙행정심판위원회

23 ☐☐☐   기본서 p. 734
감사원, 국가정보원장, 국회사무총장 등의 처분 또는 부작위에 대한 행정심판은 각각 어디에서 심리 · 재결합니까?

① <u>감사원, 국가정보원장, 그 밖에 대통령령으로 정하는 대통령 소속 기관의 장, ② 국회사무총장 · 법원행정처장 · 헌법재판소사무처장 및 중앙선거관리위원회사무총장, ③ 국가인권위원회, 그 밖에 지위 · 성격의 독립성과 특수성 등이 인정되어 대통령령으로 정하는 행정청 또는 그 소속 행정청(행정기관의 계층구조와 관계없이 그 감독을 받거나 위탁을 받은 모든 행정청을 말하되, 위탁을 받은 행정청은 그 위탁받은 사무에 관하여는 위탁한 행정청의 소속 행정청으로 본다)의 처분 또는 부작위에 대한 행정심판의 청구에 대하여는 해당 행정청에 두는 행정심판위원회에서 심리 · 재결한다</u>(행정심판법 제6조 제1항).

해당 행정청에 두는 행정심판위원회

24 ☐☐☐   기본서 p. 735
국가공무원법상 소청심사, 국세기본법상 조세심판, 「공익사업을 위한 토지 등의 취득 및 보상에 관한 법률」상 토지수용재결에 대한 이의신청은 행정심판법에 따른 행정심판기관이 아닌 특별행정심판기관에 의하여 처리되는 특별행정심판에 해당합니까?

국가공무원법상 소청심사, 국세기본법상 조세심판, 「공익사업을 위한 토지 등의 취득 및 보상에 관한 법률」상 토지수용재결에 대한 이의신청은 행정심판법에 따른 행정심판기관이 아닌 특별행정심판기관에 의하여 처리되는 특별행정심판에 해당한다.

예

25 ☐☐☐   기본서 p. 736
중앙행정심판위원회가 아닌 일반행정심판위원회의 구성은 어떻게 됩니까?

중앙행정심판위원회를 제외한 행정심판위원회는 위원장 1명을 포함하여 50명 이내의 위원으로 구성한다(행정심판법 제7조 제1항).

위원장 1명을 포함한 50명 이내의 위원

26 ☐☐☐   기본서 p. 736
시 · 도지사 소속으로 두는 행정심판위원회의 경우, 공무원이 아닌 위원을 위원장으로 정할 수 있습니까?

시 · 도지사 소속으로 두는 행정심판위원회의 경우에는 해당 지방자치단체의 조례로 정하는 바에 따라 공무원이 아닌 위원을 위원장(비상임)으로 정할 수 있다(행정심판법 제7조 제3항).

예

27 ☐☐☐   기본서 p. 736
중앙행정심판위원회의 구성은 위원장 1명을 포함하여 몇 명 이내의 위원으로 구성하며, 위원 중 상임위원은 몇 명 이내로 합니까?

중앙행정심판위원회는 위원장 1명을 포함하여 <u>70명</u> 이내의 위원으로 구성하되, 위원 중 상임위원은 <u>4명</u> 이내로 한다(행정심판법 제8조 제1항).

70명, 4명

28 ☐☐☐   기본서 p. 736
중앙행정심판위원회의 위원장은 누가 됩니까?

<u>중앙행정심판위원회의 위원장은 국민권익위원회의 부위원장 중 1명</u>이 되며, 위원장이 없거나 부득이한 사유로 직무를 수행할 수 없거나 위원장이 필요하다고 인정하는 경우에는 상임위원(상임으로 재직한 기간이 긴 위원 순서로, 재직기간이 같은 경우에는 연장자 순으로 한다)이 위원장의 직무를 대행한다(행정심판법 제8조 제2항).

국민권익위원회의 부위원장 중 1명

29 ☐☐☐   기본서 p. 737
도로교통법에 따른 자동차운전면허 행정처분사건은 소위원회에서 심리 · 의결할 수 있습니까?

중앙행정심판위원회는 심판청구사건 중 도로교통법에 따른 자동차운전면허 행정처분에 관한 사건(소위원회가 중앙행정심판위원회에서 심리 · 의결하도록 결정한 사건은 제외한다)을 심리 · 의결하게 하기 위하여 4명의 위원으로 구성하는 소위원회를 둘 수 있다(행정심판법 제8조 제6항).

예

01 ☐☐☐　　　　　　　　　기본서 p. 742

행정심판의 청구는 서면 또는 말로 함이 원칙입니까?

행정심판의 청구는 일정한 사항을 기재하여 <u>서면으로</u> 하여야 한다
(행정심판법 제28조 제1항). 서면으로 하도록 한 취지는 청구내용
을 명확히 하고 구술로 하는 경우의 번잡함을 피하기 위한 것이다.

　　　　　　　　　　　　　　　　　　　　　　　　　아니요

02 ☐☐☐　　　　　　　　　기본서 p. 743

행정심판청구서가 피청구인에게 접수된 경우, 피청구인은 심판청
구가 이유 있다고 인정하면 직권으로 처분을 취소할 수 있습니까?

행정심판이 제기되는 경우에 심판청구서를 받은 피청구인은 그 심
판청구가 이유 있다고 인정하면 심판청구의 취지에 따라 직권으로
처분을 취소·변경하거나 확인을 하거나 신청에 따른 처분을 할 수
있고, 이 경우 서면으로 청구인에게 알려야 한다(행정심판법 제25조
제1항).

　　　　　　　　　　　　　　　　　　　　　　　　　　　예

03 ☐☐☐　　　　　　　　　기본서 p. 742

처분의 취소를 구하는 서면이 '진정서'라는 제목으로 제출되었다 해도 행정심판으로 볼 수 있습니까?

처분에 대한 취소를 구하는 서면이 제출된 경우 비록 '진정서'라는 표제하에 제출되었다 하더라도 행정심판청구로 볼 수 있다.
<u>비록 제목이 '진정서'로 되어 있고, 재결청의 표시, 심판청구의 취지 및 이유, 처분을 한 행정청의 고지의 유무 및 그 내용 등 행정심판법 제19조</u>
제2항 소정의 사항들을 구분하여 기재하고 있지 아니하여 행정심판청구서로서 형식을 다 갖추고 있다고 볼 수는 없으나, 피청구인인 처분청과
청구인의 이름과 주소가 기재되어 있고, 청구인의 기명이 되어 있으며, 문서의 기재내용에 의하여 심판청구의 대상이 되는 행정처분의 내용과 심
판청구의 취지 및 이유, 처분이 있은 것을 안 날을 알 수 있는 경우, 위 문서에 기재되어 있지 않은 재결청, 처분을 한 행정청의 고지의 유무 등의
내용과 날인 등의 <u>불비한 점은 보정이 가능하므로</u> 위 문서를 행정처분에 대한 행정심판청구로 보는 것이 옳다(대판 2000. 6. 9, 98두2621).

　　　　　　　　　　　　　　　　　　　　　　　　　　　예

04 ☐☐☐　　　　　　　　　기본서 p. 744

취소심판의 경우와 달리 무효등확인심판과 의무이행심판의 경우
에는 심판청구의 기간에 제한이 없습니까?

행정심판 가운데 <u>무효등확인심판과 부작위에 대한 의무이행심판은</u>
<u>청구기간의 제한이 없으므로</u>, 청구기간과 관련한 논의는 취소심판
과 거부처분(소극적 처분)에 대한 의무이행심판에만 해당된다.

　　　　　　　　　　　　　　　　　　　　　　　　　아니요

05 ☐☐☐　　　　　　　　　기본서 p. 744

행정심판은 처분이 있음을 알게 된 날로부터 90일 이내, 처분이 있
었던 날로부터 1년 이내에 청구하여야 합니까?

행정심판은 원칙적으로 처분이 있음을 알게 된 날부터 <u>90일</u> 이내,
처분이 있었던 날로부터 <u>180일</u> 이내에 청구하여야 한다(행정심판
법 제27조 제1·3항).

　　　　　　　　　　　　　　　　　　　　　　　　　아니요

06 ☐☐☐　　　　　　　　　기본서 p. 744

처분이 있음을 알게 된 날은 처분이 있었음을 현실적으로 알게 된
날을 의미합니까?

'처분이 있음을 알게 된 날'이란 통지·공고, 기타의 방법으로 처분
이 있었음을 현실적으로 알게 된 날을 의미한다는 것이 판례의 입
장이다.

　　　　　　　　　　　　　　　　　　　　　　　　　　　예

07 ☐☐☐　　　　　　　　　기본서 p. 745

불특정 다수인에게 고시 또는 공고에 의하여 행정처분을 하는 경
우, 상대방이 행정처분이 있었음을 안 날이란 고시 또는 공고가 있
었다는 사실을 현실적으로 안 날이 됩니까?

불특정 다수인에게 고시 또는 공고하는 경우 상대방이 고시 또는
<u>공고사실을 현실적으로 알았는지와 무관하게 고시가 효력이 발생</u>
<u>하는 날에 처분이 있음을 알았다고 보아야 한다</u>(대판 2007. 6. 14,
2004두619).

　　　　　　　　　　　　　　　　　　　　　　　　　아니요

08 ☐☐☐　　　　　　　　　　　기본서 p. 746

행정처분의 직접 상대방이 아닌 제3자의 경우 처분이 있은 날로부터 180일이 지나면 특별한 사정이 없는 한 심판청구는 불가능합니까?

행정처분의 직접 상대방이 아닌 제3자는 일반적으로 처분이 있는 것을 바로 알 수 없는 처지에 있으므로 처분이 있은 날부터 180일 이내에 심판청구를 제기하지 아니하였다 하더라도 특별한 사정이 없는 한 정당한 사유가 있는 경우에 해당하여 180일이 경과한 뒤에도 심판을 청구할 수 있다(대판 2002. 5. 24, 2000두3641).

아니요

09 ☐☐☐　　　　　　　　　　　기본서 p. 746

제3자의 경우, 어떤 경위로든 처분이 있음을 알았다면 청구기간은 어떻게 됩니까?

제3자가 어떤 경위로든 행정처분이 있음을 알았거나 쉽게 알 수 있는 등 심판청구가 가능하였다는 사정이 있는 경우에는 그때로부터 90일 이내에 행정심판을 청구하여야 한다는 것이 판례의 입장이다 (대판 1996. 9. 6, 95누16233).

90일 이내

10 ☐☐☐　　　　　　　　　　　기본서 p. 746

행정청이 착오로 행정심판기간을 길게 고지한 경우, 그 잘못 고지된 기간 내에 청구를 하면 청구기간을 준수한 것으로 볼 수 있습니까?

행정청이 행정심판기간을 착오로 90일보다 긴 기간으로 잘못 알린 경우 그 잘못 알린 기간에 심판청구가 있으면 그 행정심판은 규정된 기간에 청구된 것으로 본다(행정심판법 제27조 제5항).

예

11 ☐☐☐　　　　　　　　　　　기본서 p. 746

행정심판법상 행정청이 심판청구기간을 알리지 아니한 경우에는 청구인은 언제든지 심판청구를 할 수 있습니까?

행정청이 심판청구기간을 알리지 않은 경우에는 당사자가 처분이 있음을 알았다고 하더라도 처분이 있었던 날부터 180일 이내에 취소심판이나 의무이행심판을 청구할 수 있다(행정심판법 제27조 제6항).

아니요

12 ☐☐☐　　　　　　　　　　　기본서 p. 748

집행정지결정의 요건과 관련하여, 행정소송법과 동일하게 행정심판법에서는 회복하기 어려운 손해의 예방을 요건으로 하고 있습니까?

행정심판법 제30조【집행정지】 ② 위원회는 처분, 처분의 집행 또는 절차의 속행 때문에 중대한 손해가 생기는 것을 예방할 필요성이 긴급하다고 인정할 때에는 직권으로 또는 당사자의 신청에 의하여 처분의 효력, 처분의 집행 또는 절차의 속행의 전부 또는 일부의 정지를 결정할 수 있다. 다만, 처분의 효력정지는 처분의 집행 또는 절차의 속행을 정지함으로써 그 목적을 달성할 수 있을 때에는 허용되지 아니한다.

아니요

13-1 ☐☐☐　　　　　　　　　　　기본서 p. 748

행정심판법상 임시처분이란 무엇입니까?

임시처분이란 처분 또는 부작위 때문에 당사자가 받을 우려가 있는 중대한 불이익이나 당사자에게 생길 급박한 위험을 막기 위하여 임시지위를 정하여야 할 필요가 있는 경우 행정심판위원회가 발하는 가구제수단이다.

해설 참조

13-2 ☐☐☐　　　　　　　　　　　기본서 p. 749

행정심판법상 임시처분의 요건은 어떻게 됩니까?

① 심판청구의 계속, ② 처분 또는 부작위가 위법·부당하다고 상당히 의심되는 경우일 것, ③ 당사자에게 중대한 불이익이나 급박한 위험이 생길 우려가 있을 것, ④ 공공복리에 중대한 영향을 미칠 우려가 없을 것 등이다.

해설 참조

14 ☐☐☐   기본서 p. 749

집행정지로 목적을 달성할 수 있는 경우에도 임시처분(가처분)은 가능합니까?

임시처분은 집행정지로 목적을 달성할 수 있는 경우에는 허용되지 않는다(행정심판법 제31조 제3항).

아니요

15 ☐☐☐   기본서 p. 750

행정심판위원회는 심판청구서에 타인을 비방하거나 모욕하는 내용 등이 기재되어 청구내용을 특정할 수 없고 그 흠을 보정할 수 없다고 인정되는 경우에는 보정요구 없이 그 심판청구를 각하할 수 있습니까?

행정심판위원회는 심판청구서에 타인을 비방하거나 모욕하는 내용 등이 기재되어 청구내용을 특정할 수 없고 그 흠을 보정할 수 없다고 인정되는 경우에는 보정요구 없이 그 심판청구를 각하할 수 있다(행정심판법 제32조의2).

예

16 ☐☐☐   기본서 p. 750

행정심판위원회는 심판청구의 대상이 되는 처분 또는 부작위 외의 사항에 대해서도 재결할 수 있습니까?

행정심판법 제47조 제1항에 따르면 행정심판위원회는 심판청구의 대상이 되는 처분 또는 부작위 외의 사항에 대하여는 재결하지 못한다(불고불리의 원칙).

아니요

17 ☐☐☐   기본서 p. 750

행정심판위원회는 심판청구의 대상이 되는 처분보다 청구인에게 불리한 재결을 할 수 있습니까?

행정심판법 제47조 제2항에 따르면 행정심판위원회는 심판청구의 대상이 되는 처분보다 청구인에게 불리한 재결을 하지 못한다(불이익변경금지의 원칙).

아니요

18 ☐☐☐   기본서 p. 750

행정심판에서는 재량 행사의 당·부당의 문제도 심리할 수 있습니까?

행정심판은 재량 행사의 당·부당의 문제도 심리할 수 있는바, 이 점에서 재량의 당·부당에 대하여는 판단할 수 없는 행정소송과는 구별된다.

예

19 ☐☐☐   기본서 p. 751

행정심판위원회는 당사자가 주장하지 않은 사실에 대해서도 심리할 수 있습니까?

행정심판법은 당사자주의, 처분권주의를 원칙으로 하면서도, 심판청구의 심리를 위하여 필요하다고 인정되는 경우에는 행정심판위원회로 하여금 필요하면 당사자가 주장하지 아니한 사실에 대하여도 심리할 수 있도록 한다(행정심판법 제39조).

예

20 ☐☐☐   기본서 p. 751

당사자가 구술심리를 신청한 경우에는 어떻게 하여야 합니까?

행정심판의 심리는 구술심리 또는 서면심리로 한다고 규정하여 어느 방식을 취하는지는 행정심판위원회의 선택에 맡기고 있다. 다만, <u>당사자가 구술심리를 신청한 경우에는 서면심리만으로 결정할 수 있다고 인정되는 경우 외에는 구술심리를 하여야 한다</u>(행정심판법 제40조 제1항).

원칙적으로 구술심리를 하여야 한다.

21 ☐☐☐   기본서 p. 751~752

항고소송에서의 처분사유의 추가·변경의 법리는 행정심판단계에서도 적용됩니까?

항고소송에서 처분사유의 추가·변경의 법리는 행정심판단계에서도 적용된다는 것이 판례의 입장이다.

항고소송에서 행정청이 처분의 근거·사유를 추가하거나 변경하기 위한 요건인 '기본적 사실관계의 동일성'은 행정심판단계에서도 적용된다(대판 2014. 5. 16, 2013두26118).

예

22 ☐☐☐   기본서 p. 753

재결은 원칙적으로 언제부터 며칠 이내에 하여야 합니까?

재결은 행정심판위원회 또는 피청구인인 행정청이 <u>심판청구서를 받은 날부터 60일 이내에 하여야 한다.</u> 다만, 부득이한 사정이 있는 경우에는 위원장이 직권으로 30일(편저자 주 : 30일의 범위 내에서로 해석한다)을 연장할 수 있다(행정심판법 제45조 제1항).

원칙적으로 심판청구서를 받은 날부터 60일 이내

23 ☐☐☐   기본서 p. 754

사정재결의 경우, 행정심판위원회는 구제방법과 관련하여 어떠한 조치를 취할 수 있습니까?

행정심판위원회는 사정재결을 할 때에는 청구인에 대하여 상당한 구제방법을 취하거나(직접구제) 상당한 구제방법을 취할 것을 피청구인에게 명할(구제명령) 수 있다(행정심판법 제44조 제2항).

직접구제, 구제명령

24 ☐☐☐   기본서 p. 755

사정재결이 인정되는 심판은 취소심판뿐입니까?

사정재결은 취소심판과 의무이행심판에만 인정되고, 무효등확인심판에는 인정되지 않는다.

아니요

25 ☐☐☐   기본서 p. 755

행정심판에서는 적극적 변경도 가능합니까?

행정심판법이 취소와 함께 변경을 따로 인정한 점과 의무이행재결을 인정한 점에 비추어 변경재결에서의 변경은 소극적 변경뿐만 아니라 적극적 변경, 즉 원처분을 갈음하는 다른 처분으로 변경하는 것까지 포함한다(**예** 운전면허취소처분을 6개월의 운전면허정지처분으로 변경하는 것).

예

26 ☐☐☐   기본서 p. 756

행정심판재결의 내용이 처분청의 처분을 스스로 취소하는 것일 때에는 그 재결의 형성력이 발생하여 당해 행정처분은 별도의 행정처분을 기다릴 것 없이 당연히 취소되어 소멸됩니까?

행정심판법 제32조(현 제43조) 제3항에 의하면 재결청은 취소심판의 청구가 이유 있다고 인정할 때에는 처분을 취소 · 변경하거나 처분청에 취소 · 변경할 것을 명한다고 규정하고 있으므로, 행정심판재결의 내용이 처분청에 처분의 취소를 명하는 것이 아니라 재결청이 스스로 처분을 취소하는 것일 때에는 그 <u>재결의 형성력에 의하여 당해 처분은 별도의 행정처분을 기다릴 것 없이 당연히 취소되어 소멸되는 것</u>이다(대판 1998. 4. 24, 97누17131).

예

27-1 ☐☐☐   기본서 p. 756

재결의 기속력은 인용재결의 경우에만 인정되고, 기각재결에서는 인정되지 않습니까?

재결의 기속력은 피청구인인 행정청이나 관계 행정청으로 하여금 재결의 취지에 따라 행동할 의무를 발생시키는 효력을 말하며, 인용재결의 경우에만 발생하고 각하재결, 기각재결에는 발생하지 않는다.

예

27-2 ☐☐☐   기본서 p. 756

처분청은 기각재결이 있은 후에도 처분을 직권으로 취소할 수 있습니까?

기각재결은 처분청을 구속하는 기속력이 없으므로 처분청은 기각재결이 있은 뒤에도 정당한 사유가 있으면 직권으로 원처분을 취소 · 변경 또는 철회할 수 있다.

예

28 ☐☐☐   기본서 p. 757

행정심판의 청구에 대하여 인용재결이 내려지는 경우, 피청구인은 행정소송을 통하여 그에 불복할 수 있습니까?

<u>인용재결이 있는 경우 처분청은</u> 그러한 재결에 기속되므로 이에 불복하여 <u>취소소송을 제기할 수 없다</u>(대판 1998. 5. 8, 97누15432).

아니요

29 ☐☐☐   기본서 p. 757

당사자의 신청을 거부하거나 부작위로 방치한 처분의 이행을 명하는 재결이 있으면 행정청은 지체 없이 이전의 신청에 대하여 재결의 취지에 따라 처분을 하여야 합니까?

당사자의 신청을 거부하거나 부작위로 방치한 처분의 이행을 명하는 재결이 있으면 행정청은 지체 없이 이전의 신청에 대하여 재결의 취지에 따라 처분을 하여야 한다(행정심판법 제49조 제3항).

예

30 ☐☐☐   기본서 p. 758

재결에 의하여 취소되거나 무효 또는 부존재로 확인되는 처분이 당사자의 신청을 거부하는 것을 내용으로 하는 경우에는 그 처분을 한 행정청은 재결의 취지에 따라 다시 이전의 신청에 대한 처분을 하여야 합니까?

재결에 의하여 취소되거나 무효 또는 부존재로 확인되는 처분이 당사자의 신청을 거부하는 것을 내용으로 하는 경우에는 그 처분을 한 행정청은 재결의 취지에 따라 다시 이전의 신청에 대한 처분을 하여야 한다(행정심판법 제49조 제2항).

예

31 ☐☐☐   기본서 p. 758

재결의 기속력은 재결주문에만 미칩니까?

기속력이 미치는 객관적 범위는 재결의 주문 및 그 전제가 된 요건사실의 인정과 판단, 즉 처분 등의 구체적 위법사유에 관한 판단에만 미친다(대판 2005. 12. 9, 2003두7705).

아니요

32 ☐☐☐   기본서 p. 758

당사자의 신청을 받아들이지 않은 거부처분이 재결에서 취소된 경우에 행정청은 종전 거부처분 또는 재결 후에 발생한 새로운 사유를 내세워 다시 거부처분을 할 수 없습니까?

당사자의 신청을 받아들이지 않은 거부처분이 재결에서 취소된 경우에 행정청은 종전 거부처분 또는 재결 후에 발생한 새로운 사유를 내세워 다시 거부처분을 할 수 있다. 그 재결의 취지에 따라 이전의 신청에 대하여 다시 어떠한 처분을 하여야 할지는 처분을 할 때의 법령과 사실을 기준으로 판단하여야 하기 때문이다(대판 2017. 10. 31, 2015두45045).

아니요

33 ☐☐☐   기본서 p. 758

처분 취소재결이 있는 경우 당해 처분청은 재결의 취지에 반하지 아니하는 한 그 재결에 적시된 위법사유를 시정·보완하여 새로운 처분을 할 수 있는 것이고, 이러한 새로운 부과처분은 재결의 기속력에 저촉되지 않습니까?

부과처분을 취소하는 재결이 있는 경우 당해 처분청은 재결의 취지에 반하지 아니하는 한, 그 재결에 적시된 위법사유를 시정·보완하여 정당한 조세를 산출한 다음 새로이 이를 부과할 수 있는 것이고, 이러한 새로운 부과처분은 재결의 기속력에 저촉되지 아니한다(대판 2001. 9. 14, 99두3324).

예

34 ☐☐☐   기본서 p. 759

피청구인이 거부처분을 취소하는 재결의 취지에 따라 다시 이전의 신청에 대한 처분을 하지 아니하는 경우에 행정심판위원회는 직접 처분을 할 수 있습니까?

행정심판위원회의 직접처분권은 의무이행재결(처분명령재결)에만 인정되고, 취소재결 또는 무효등확인재결에는 인정되지 않는다.

아니요

35 ☐☐☐   기본서 p. 759

처분청이 처분이행명령재결에 따른 처분을 하지 아니한 경우, 행정심판위원회는 당사자의 신청이 없더라도 직권으로 직접처분을 할 수 있습니까?

행정심판위원회는 당해 행정청이 처분의 이행을 명하는 재결에도 불구하고 처분을 하지 않는 경우에는 당사자가 신청하면 기간을 정하여 서면으로 시정을 명하고 그 기간에 이행하지 아니하면 직접처분을 할 수 있다(행정심판법 제50조 제1항 본문).

아니요

36 ☐☐☐   기본서 p. 760

행정심판 인용재결에 따른 행정청의 재처분의무에도 불구하고 행정청이 인용재결에 따른 처분을 하지 아니하는 경우에, 행정심판위원회는 청구인의 신청이 없어도 결정으로 일정한 배상을 하도록 명할 수 있습니까?

행정심판위원회는 피청구인이 행정심판법 제49조 제2항(제49조 제4항에서 준용하는 경우를 포함한다) 또는 제3항에 따른 처분을 하지 아니하면 청구인의 신청에 의하여 결정으로 상당한 기간을 정하고 피청구인이 그 기간 내에 이행하지 아니하는 경우에는 그 지연기간에 따라 일정한 배상을 하도록 명하거나 즉시 배상을 할 것을 명할 수 있다(행정심판법 제50조의2 제1항).

아니요

37 ☐☐☐　　　　　　기본서 p. 760

청구인은 행정심판위원회의 간접강제결정에 불복하는 경우, 그 결정에 대하여 행정소송을 제기할 수 있습니까?

청구인은 간접강제결정에 불복하는 경우 그 결정에 대하여 행정소송을 제기할 수 있다(행정심판법 제50조의2 제4항).

예

38 ☐☐☐　　　　　　기본서 p. 760

인용재결의 기속력은 피청구인과 그 밖의 관계 행정청에 미치고, 행정심판위원회의 간접강제결정의 효력은 피청구인인 행정청이 소속된 국가 · 지방자치단체 또는 공공단체에 미칩니까?

심판청구를 인용하는 재결은 피청구인과 그 밖의 관계 행정청을 기속하고(행정심판법 제49조 제1항), 행정심판위원회의 간접강제결정의 효력은 피청구인인 행정청이 소속된 국가 · 지방자치단체 또는 공공단체에 미친다(동법 제50조의2 제5항).

예

39 ☐☐☐　　　　　　기본서 p. 760

행정심판위원회는 당사자의 권리 및 권한의 범위에서 직권으로 심판청구의 신속하고 공정한 해결을 위하여 조정을 할 수 있지만, 그 조정이 공공복리에 적합하지 아니하거나 해당 처분의 성질에 반하는 경우에는 그러하지 않습니까?

행정심판위원회는 당사자의 권리 및 권한의 범위에서 당사자의 동의를 받아 심판청구의 신속하고 공정한 해결을 위하여 조정을 할 수 있다. 다만, 그 조정이 공공복리에 적합하지 아니하거나 해당 처분의 성질에 반하는 경우에는 그러하지 아니하다(행정심판법 제43조의2 제1항).

아니요

40 ☐☐☐　　　　　　기본서 p. 761

행정심판의 재결이 확정되면 그 처분의 기초가 된 사실관계나 법률적 판단이 확정되므로 이후 당사자 및 법원은 이에 모순되는 주장이나 판단을 할 수 없습니까?

재결에 판결에서와 같은 기판력이 인정되는 것은 아니어서 재결이 확정된 경우에도 처분의 기초가 된 사실관계나 법률적 판단이 확정되고 당사자들이나 법원이 이에 기속되어 모순되는 주장이나 판단을 할 수 없게 되는 것은 아니다(대판 2015. 11. 27, 2013다6759).

아니요

41 ☐☐☐　　　　　　기본서 p. 762

행정절차법과 행정심판법상 고지규정의 차이는 무엇입니까?

행정절차법의 고지규정에는 고지의무를 이행하지 않은 경우에 대한 제재(효과)를 규정하고 있지 않다는 점에서 행정심판법의 고지규정과는 구별된다.

제재규정 여부

42 ☐☐☐　　　　　　기본서 p. 763

고지의무를 불이행한 경우, 처분 자체가 위법하게 됩니까?

고지의무를 불이행한 경우 처분 자체가 위법하게 되는 것은 아니다(대판 1987. 11. 24, 87누529).

아니요

01 ☐☐☐　　　　　　　　　　기본서 p. 769
검사에게 처분의 이행을 명하는 의무이행소송은 인정됩니까?

현행 행정소송법상 행정청의 부작위에 대하여 일정한 처분을 하도록 하는 의무이행소송은 허용되지 아니한다(대판 1995. 3. 10, 94누14018).

아니요

02 ☐☐☐　　　　　　　　　　기본서 p. 769
신축건물의 준공처분을 하지 말라는 내용의 부작위를 구하는 청구는 허용될 수 있습니까?

신축건물의 준공처분을 하여서는 아니 된다는 내용의 부작위를 구하는 청구는 허용되지 않는다(대판 1987. 3. 24, 86누182).

아니요

03 ☐☐☐　　　　　　　　　　기본서 p. 771
공법상의 법률관계에 관한 소송으로서 대등 당사자 간에 그 법률관계의 한쪽 당사자를 피고로 하는 소송을 무엇이라고 합니까?

행정소송법은 당사자소송을 행정청의 처분 등을 원인으로 하는 법률관계에 관한 소송 그 밖에 공법상의 법률관계에 관한 소송으로서 그 법률관계의 한쪽 당사자를 피고로 하는 소송으로 규정하고 있다 (행정소송법 제3조 제2호).

당사자소송

04 ☐☐☐　　　　　　　　　　기본서 p. 771
국가 등 과세주체가 당해 확정된 조세채권의 소멸시효중단을 위하여 납세의무자를 상대로 제기한 조세채권존재확인의 소의 법적 성질은 무엇입니까?

국가 등 과세주체가 당해 확정된 조세채권의 소멸시효중단을 위하여 납세의무자를 상대로 제기한 조세채권존재확인의 소의 법적 성질은 공법상 당사자소송이다(대판 2020. 3. 2, 2017두41771).

당사자소송

05 ☐☐☐　　　　　　　　　　기본서 p. 772
지방전문직 공무원채용계약의 해지에 대해서는 어떤 소송을 제기해야 합니까?

지방전문직 공무원(공중보건의사)채용계약의 해지에 대해서는 당사자소송을 제기하여야 한다(대판 1993. 9. 14, 92누4611).

당사자소송

06 ☐☐☐　　　　　　　　　　기본서 p. 772
읍·면장에 의한 이장의 임명 및 면직은 행정처분입니까?

읍·면장에 의한 이장의 임명 및 면직은 행정처분이 아니라 공법상 계약 및 그 계약을 해지하는 의사표시이다(대판 2012. 10. 25, 2010두18963).

아니요

07 ☐☐☐　　　　　　　　　　기본서 p. 772
광주민주화운동 관련 보상금 지급에 관한 소송은 어떤 소송으로 제기하여야 합니까?

광주민주화운동 관련 보상금 지급에 관한 권리는 보상심의위원회의 결정에 의해 비로소 성립하는 것이 아니라 법에 의해 구체적 권리가 발생한 것이므로 당사자소송을 제기하여야 한다(대판 1992. 12. 24, 92누3335).

당사자소송

08 ☐☐☐　　　　　　　　　　기본서 p. 772~773
민주화운동 관련자 명예회복 및 보상심의위원회의 보상금지급결정은 처분입니까?

'민주화운동 관련자 명예회복 및 보상심의위원회'의 보상금 등의 지급대상자에 관한 결정은 행정처분이며, 「민주화운동 관련자 명예회복 및 보상 등에 관한 법률」에 따른 보상금지급신청을 기각하는 결정에 대한 불복을 구하는 소송은 취소소송이다(대판 2008. 4. 17, 2005두16185 전합).

예

09 ☐☐☐　　　　　　　기본서 p. 773

행정청이 공무원에게 국가공무원법령상 연가보상비를 지급하지 아니한 행위는 공무원의 연가보상비청구권을 제한하는 행위로서 항고소송의 대상이 되는 처분입니까?

공무원의 연가보상비청구권은 공무원이 연가를 실시하지 아니하는 등 법령상 정해진 요건이 충족되면 그 자체만으로 지급기준일 또는 보수지급기관의 장이 정한 지급일에 구체적으로 발생하고 행정청의 지급결정에 의하여 비로소 발생하는 것은 아니라고 할 것이므로, …… 행정청의 연가보상비 부지급행위는 항고소송의 대상이 되는 처분이라고 볼 수 없다(대판 1999. 7. 23, 97누10857).

아니요

11 ☐☐☐　　　　　　　기본서 p. 773

공무원연금법령상 급여를 받으려고 하는 자는 구체적 권리가 발생하지 않은 상태에서 곧바로 공무원연금공단을 상대로 한 당사자소송을 제기할 수 있습니까?

공무원연금법령상 급여를 받으려고 하는 자는 우선 관계 법령에 따라 공무원연금공단에 급여지급을 신청하여 공무원연금공단이 이를 거부하거나 일부 금액만 인정하는 급여지급결정을 하는 경우 그 결정을 대상으로 항고소송을 제기하는 등으로 구체적 권리를 인정받아야 하고, 구체적인 권리가 발생하지 않은 상태에서 곧바로 공무원연금공단을 상대로 한 당사자소송으로 권리의 확인이나 급여의 지급을 소구하는 것은 허용되지 아니한다(대판 2017. 2. 9, 2014두43264).

아니요

10 ☐☐☐　　　　　　　기본서 p. 773

공무원연금관리공단이 연금지급결정 후 관련 법령의 개정에 따라 일부 금액의 지급거부의 의사표시를 한 경우, 미지급퇴직연금의 지급을 구하는 소송은 어떤 소송입니까?

공무원연금관리공단이 퇴직연금 중 일부 금액에 대하여 지급거부의 의사표시를 한 경우, 그 의사표시가 항고소송의 대상이 되는 행정처분이 아니며, 이 경우 미지급퇴직연금의 지급을 구하는 소송은 공법상 당사자소송이다(대판 2004. 7. 8, 2004두244).

당사자소송

12 ☐☐☐　　　　　　　기본서 p. 774

군인연금법령상 급여를 받으려고 하는 사람이 국방부장관에게 급여지급을 청구하였으나 거부된 경우, 곧바로 국가를 상대로 한 당사자소송으로 급여의 지급을 청구할 수 있습니까?

퇴직연금결정 후의 퇴직연금청구소송은 당사자소송이나 구 군인연금법에 의한 퇴역연금 등의 급여를 받을 권리는 국방부장관의 인정으로 인해 비로소 구체적 권리가 발생하는 것이므로 국방부장관이 인정청구를 거부한 경우 항고소송을 제기하여야 한다(대판 2003. 9. 5, 2002두3522).

아니요

13 ☐☐☐　　　　　　　기본서 p. 774

명예퇴직한 법관이 미지급 명예퇴직수당액에 대하여 가지는 권리는 공법상 법률관계에 관한 권리이므로 그 지급을 구하는 소송은 당사자소송에 해당합니까?

❶ 법관이 이미 수령한 명예퇴직수당액이 구 「법관 및 법원공무원 명예퇴직수당 등 지급규칙」 제4조 [별표 1]에서 정한 정당한 수당액에 미치지 못한다고 주장하며 차액의 지급을 신청한 것에 대하여 법원행정처장이 거부하는 의사를 표시한 경우, 위 의사표시를 행정처분으로 볼 수 없다.
❷ 명예퇴직한 법관이 명예퇴직수당액의 지급을 구하는 경우, 당사자소송이다(대판 2016. 5. 24, 2013두14863).

예

14 ☐☐☐　　　　　　　기본서 p. 775

납세의무자의 부가가치세 환급세액 지급청구는 당사자소송입니까?

납세의무자의 부가가치세 환급세액 지급청구는 당사자소송의 절차에 따라야 한다(대판 2013. 3. 21, 2011다95564 전합).

예

15 ☐☐☐　　　　　　　기본서 p. 776

부당이득반환청구소송은 당사자소송입니까?

부당이득반환청구소송은 민사소송으로 제기하여야 한다.
조세부과처분이 당연무효임을 전제로 하여 이미 납부한 세금의 반환을 청구하는 것은 민사상의 부당이득반환청구로서 민사소송절차에 따라야 한다(대판 1995. 4. 28, 94다55019).

아니요

16 ☐☐☐   기본서 p. 776

사업주가 당연가입자가 되는 고용보험 및 산재보험에서 보험료 납부의무 부존재확인의 소는 당사자소송에 해당합니까?

고용산재보험료징수법 제4조, 제16조의2, 제17조, 제19조, 제23조의 각 규정에 의하면, 사업주가 당연가입자가 되는 고용보험 및 산재보험에서 보험료 납부의무 부존재확인의 소는 공법상의 법률관계 그 자체를 다투는 소송으로서 공법상 당사자소송이라 할 것이다(대판 2016. 10. 13, 2016다221658).

예

17 ☐☐☐   기본서 p. 777

재개발조합을 상대로 조합원자격 유무의 확인을 구하는 소송은 민사소송입니까?

재개발조합을 상대로 조합원자격 유무에 관한 확인을 구하는 소송은 공법상 당사자소송이다(대판 1996. 2. 15, 94다31235 전합).

아니요

18 ☐☐☐   기본서 p. 777

재개발조합과 조합장의 선임·해임을 둘러싼 법률관계는 공법관계입니까?

구 「도시 및 주거환경정비법」상 재개발조합과 조합장 또는 조합임원 사이의 선임·해임 등을 둘러싼 법률관계의 성질은 사법(私法)상의 법률관계이다(대결 2009. 9. 24, 2009마168·169).

아니요

19 ☐☐☐   기본서 p. 777

지방자치단체가 보조금 지급결정을 하면서 일정 기한 내에 보조금을 반환하도록 하는 교부조건을 부가한 경우, 보조사업자에 대한 지방자치단체의 보조금반환청구의 소는 당사자소송의 대상이 됩니까?

지방자치단체가 보조금 지급결정을 하면서 일정 기한 내에 보조금을 반환하도록 하는 교부조건을 부가한 경우, 보조금을 교부받은 사업자에 대한 지방자치단체의 보조금반환청구는 행정소송법 제3조 제2호에 규정한 당사자소송의 대상이다(대판 2011. 6. 9, 2011다2951).

예

20 ☐☐☐   기본서 p. 778

민간투자사업 실시협약을 체결한 당사자가 공법상 당사자소송에 의하여 그 실시협약에 따른 재정지원금의 지급을 구하는 경우에, 수소법원은 실시협약에 따른 적정한 재정지원금액이 얼마인지도 구체적으로 심리·판단할 수 없습니까?

민간투자사업 실시협약을 체결한 당사자가 공법상 당사자소송에 의하여 그 실시협약에 따른 재정지원금의 지급을 구하는 경우에, 수소법원은 단순히 주무관청이 재정지원금액을 산정한 절차 등에 위법이 있는지 여부를 심사하는 데 그쳐서는 아니 되고, 실시협약에 따른 적정한 재정지원금액이 얼마인지를 구체적으로 심리·판단하여야 한다(대판 2019. 1. 31, 2017두46455).

아니요

21-1 ☐☐☐   기본서 p. 778

주택재건축정비사업조합을 상대로 관리처분계획안에 대한 조합총회결의의 효력을 다투는 소송은 당사자소송입니까?

「도시 및 주거환경정비법」상의 주택재건축정비사업조합을 상대로 관리처분계획안에 대한 조합총회결의의 효력을 다투는 소송의 법적 성질은 행정소송법상 당사자소송이다(대판 2009. 9. 17, 2007다2428).

예

21-2 ☐☐☐   기본서 p. 778

주택재건축정비사업조합이 수립한 관리처분계획안에 대해 행정청의 인가·고시가 있은 후에도 관리처분계획안에 대한 총회결의의 무효확인을 구할 수 있습니까?

「도시 및 주거환경정비법」상의 주택재건축정비사업조합이 같은 법 제48조에 따라 수립한 관리처분계획에 대하여 관할 행정청의 인가·고시가 있은 후에는 행정처분의 효력을 다투는 항고소송의 방법으로 관리처분계획의 취소 또는 무효확인을 구하여야 하고, 그 관리처분계획안에 대한 총회결의의 무효확인을 구할 수는 없다(대판 2009. 9. 17, 2007다2428).

아니요

22 ☐☐☐   기본서 p. 781

당사자소송의 경우 피고적격이 인정되는 권리주체는 행정주체로 한정되므로, 사인(私人)을 피고로 하는 당사자소송을 제기할 수 없습니까?

행정소송법 제39조는, "당사자소송은 국가·공공단체 그 밖의 권리주체를 피고로 한다."라고 규정하고 있다. 이것은 당사자소송의 경우 항고소송과 달리 '권리주체'에게 피고적격이 있음을 규정하는 것일 뿐, 피고적격이 인정되는 권리주체를 행정주체로 한정한다는 취지가 아니므로, 이 규정으로 사인(私人)을 피고로 하는 당사자소송을 제기할 수 없다고 볼 것은 아니다(대판 2019. 9. 9, 2016다262550).

아니요

23 ☐☐☐ 기본서 p. 779~780

공법상 계약의 무효확인을 구하는 당사자소송의 청구는 당해 소송에서 추구하는 권리구제를 위한 다른 직접적인 구제방법이 있는 이상 소송요건을 구비하지 못한 위법한 청구입니까?

지방자치단체와 채용계약에 의하여 채용된 계약직 공무원이 그 계약기간 만료 이전에 채용계약해지 등의 불이익을 받은 후 그 계약기간이 만료된 때에는 그 채용계약해지의 의사표시가 무효라고 하더라도 …… 이 사건과 같이 이미 채용기간이 만료되어 소송결과에 의해 법률상 그 직위가 회복되지 않는 이상 채용계약해지의 의사표시의 무효확인만으로는 당해 소송에서 추구하는 권리구제의 기능이 있다고 할 수 없고, 침해된 급료지급청구권이나 사실상의 명예를 회복하는 수단은 바로 급료의 지급을 구하거나 명예훼손을 전제로 한 손해배상을 구하는 등의 이행청구소송으로 직접적인 권리구제방법이 있는 이상 무효확인소송은 적절한 권리구제수단이라 할 수 없어 확인소송의 또 다른 소송요건을 구비하지 못하고 있다 할 것이며, 위와 같이 직접적인 권리구제의 방법이 있는 이상 무효확인소송을 허용하지 않는다고 해서 당사자의 권리구제를 봉쇄하는 것도 아니다(대판 2008. 6. 12, 2006두16328).

예

24 ☐☐☐ 미기출 기본서 p. 780

원고가 위탁운영기간 만료일까지 공립어린이집의 원장 지위에 있음의 확인을 구하고 있는 사안에서, 공립어린이집 위탁운영기간이 만료된 경우라면 이 사건 소의 이익은 없습니까?

관할 지방자치단체로부터 위탁을 받아 공립어린이집을 운영하는 공립어린이집 원장이, 구 영유아보육법 제24조 제2항에 근거하여 그 정년을 만 60세로 정한 조례 규정에 따라 원장의 지위를 더 이상 유지할 수 없게 되자, 관할 지방자치단체를 상대로 하여 위탁운영기간이 만료하는 때까지 각 해당 공립어린이집 원장 지위에 있다는 확인을 구하는 행정소송을 제기한 후 소송 계속 중 그 공립어린이집의 위탁운영기간까지 만료된 경우에는, 설령 원장 지위에 관한 원고들의 주장이 받아들여진다고 하여도 공립어린이집 원장으로서의 지위를 회복하는 것은 불가능하고, 특별한 사정이 없는 한 그에 관한 행정소송은 소의 이익이 없어 부적법하다(대판 2019. 2. 14, 2016두49501).

예

25 ☐☐☐ 기본서 p. 781

국가를 당사자로 하는 소송에서는 법무부장관이 국가를 대표하고, 지방자치단체를 당사자로 하는 소송에서는 지방자치단체의 장이 해당 지방자치단체를 대표합니까?

국가를 당사자로 하는 소송의 경우에는 「국가를 당사자로 하는 소송에 관한 법률」에 의거하여 법무부장관이 국가를 대표하고, 지방자치단체를 당사자로 하는 소송의 경우에는 지방자치단체장이 당해 지방자치단체를 대표한다.

예

26 ☐☐☐ 기본서 p. 781

토지관할과 관련하여 국가나 공공단체가 피고인 때에는 피고 소재지가 어떻게 됩니까?

행정소송법 제40조는 국가나 공공단체가 피고인 때에는 당해 소송과 구체적인 관계가 있는 '관계 행정청의 소재지'를 피고의 소재지로 보아 그 행정청의 소재지를 관할하는 행정법원을 관할 법원으로 보는 특칙을 두고 있다.

관계 행정청의 소재지

27 ☐☐☐ 기본서 p. 781

개별법령에서 당사자소송의 제소기간이 정해져 있는 경우, 그 기간은 불변기간입니까?

당사자소송에 관하여 법령(개별법을 의미한다)에 제소기간이 정하여져 있는 때에는 그 기간은 불변기간으로 한다(행정소송법 제41조).

예

28 ☐☐☐ 기본서 p. 782

법원은 당사자소송을 취소소송으로 변경하는 것이 상당하다고 인정할 때에는 청구의 기초에 변경이 없는 한 사실심변론종결시까지 원고의 신청에 의하여 결정으로써 소의 변경을 허가할 수 있습니까?

소의 변경에 관한 행정소송법 제21조는 당사자소송을 항고소송으로 변경하는 경우에도 준용된다. 따라서 법원은 당사자소송을 취소소송으로 변경하는 것이 상당하다고 인정할 때에는, 청구의 기초에 변경이 없는 한 사실심변론종결시까지 원고의 신청에 의하여 결정으로써 소의 변경을 허가할 수 있다.

예

29 ☐☐☐　　　　　　　　　　　기본서 p. 782

본래의 당사자소송이 부적법하여 각하되는 경우, 병합된 관련청구소송은 어떻게 됩니까?

본래의 당사자소송이 부적법하여 각하되는 경우, 행정소송법 제44·10조에 따라 병합된 관련청구소송도 소송요건 흠결로 부적합하여 각하되어야 한다(대판 2011. 9. 29, 2009두10963).

각하

30 ☐☐☐　　　　　　　　　　　기본서 p. 782

당사자소송의 경우 법원은 필요하다고 인정할 때에는 직권으로 증거조사를 할 수 있으나, 당사자가 주장하지 아니한 사실에 대하여는 판단하여서는 안 됩니까?

심리절차에 관한 행정심판기록제출명령, 변론주의, 처분권주의, 직권증거조사규정, 구술심리주의, 쌍방심문주의 등도 당사자소송에 적용된다고 보아야 할 것이다. 따라서 당사자소송의 경우 법원은 필요하다고 인정할 때 직권으로 증거조사를 할 수 있고 당사자가 주장하지 아니한 사실에 대하여도 판단할 수 있다.

아니요

31 ☐☐☐　　　　　　　　　　　기본서 p. 782

당사자소송에서도 사정판결이 가능합니까?

당사자소송에는 사정판결의 제도가 없다.

아니요

32 ☐☐☐　　　　　　　　　　　기본서 p. 783

공법상 당사자소송에서 재산권의 청구를 인용하는 판결을 한 경우에 가집행선고를 할 수 있습니까?

대법원은 공법상 당사자소송에서 재산권의 청구를 인용하는 판결을 한 경우, 가집행선고를 할 수 있다고 판시(대판 2000. 11. 28, 99두3416)한 바 있고, 헌법재판소도 국가를 상대로 하는 당사자소송에서 가집행선고를 할 수 없다고 규정한 행정소송법 제43조가 평등원칙에 위배된다고 보아 위헌결정(헌재 2022. 2. 24, 2020헌가12)하였으므로 이제는 여지 없이 가집행선고가 가능하다고 본다.

예

33 ☐☐☐　　　　　　　　　　　기본서 p. 783

당사자소송의 경우, 민사집행법상 가처분에 관한 규정이 준용됩니까?

당사자소송에 대하여는 행정소송법 제23조 제2항의 집행정지에 관한 규정이 준용되지 아니하므로, 이를 본안으로 하는 가처분에 대하여는 행정소송법 제8조 제2항에 따라 민사집행법상 가처분에 관한 규정이 준용되어야 한다(대결 2015. 8. 21, 2015무26).

예

34 ☐☐☐　　　　　　　　　　　기본서 p. 784

민사소송인 소가 서울행정법원에 제기되었는데도 피고가 제1심법원에서 관할 위반이라고 항변하지 않고 본안에서 변론을 한 경우에는 제1심법원에 변론관할이 생깁니까?

민사소송으로 제기할 사안을 당사자소송으로 제기한 경우, 판례는 민사소송으로 제기할 것을 당사자소송으로 서울행정법원에 제기하여 관할 위반이 되었더라도 피고가 관할 위반이라고 항변하지 아니하고 본안에 대하여 변론을 한 경우에는 법원에 변론관할이 생겼다고 본다(대판 2013. 2. 28, 2010두22368).

예

35 ☐☐☐　　　　　　　　　　　기본서 p. 785

객관적 소송은 개별법률에서 규정하지 않아도 일반적으로 제기가 가능합니까?

주관적 소송은 개인이 소송을 제기할 소의 이익이 있으면 소송을 제기할 수 있는 데 반해, 객관적 소송은 특별히 법이 정하는 경우에 한하여 소의 제기가 가능하며, 그 법률에 정한 자만이 제기할 수 있다.

아니요

36 ☐☐☐　　　　　　　　　　　기본서 p. 785

국가 또는 공공단체의 기관이 법률에 위반되는 행위를 한 때에 직접 자기의 법률상 이익과 관계없이 그 시정을 구하기 위하여 제기하는 소송은 무엇입니까?

민중소송이란 국가 또는 공공단체의 기관이 법률에 위반되는 행위를 한 때에 직접 자기의 법률상 이익과 관계없이 그 시정을 구하기 위하여 제기하는 소송을 의미한다(행정소송법 제3조 제3호).

민중소송

37 ☐☐☐   기본서 p. 786
국가 또는 공공단체의 기관 상호 간에 있어서 권한의 존부 또는 그 행사에 대한 다툼이 있을 때 제기하는 소송은 무엇입니까?

기관소송이란 국가 또는 공공단체의 기관 상호 간에 있어서 권한의 존부 또는 그 행사에 대한 다툼이 있을 때 제기하는 소송을 의미한 다(행정소송법 제3조 제4호).

기관소송

38 ☐☐☐   기본서 p. 787
국가기관 상호 간, 국가기관과 지방자치단체 간 권한쟁의심판도 기관소송에 포함됩니까?

헌법재판소법 제2조의 규정에 따라 헌법재판소에서 관장하는 권한 쟁의심판은 행정소송의 기관소송에서 제외되고 있다(행정소송법 제3조 제4호 단서). 따라서 국가기관 상호 간, 국가기관과 지방자치단체 간 및 지방자치단체 상호 간의 권한쟁의심판은 헌법재판소의 관장사항으로서 행정소송으로서의 기관소송에서 제외된다.

아니요

39 ☐☐☐   기본서 p. 787
지방자치단체의 장이 지방의회의 재의결에 대하여 제기하는 무효확인소송은 민중소송입니까?

지방자치단체의 장이 지방의회의 재의결에 대하여 제기하는 무효확인소송은 기관소송이다.

아니요

40 ☐☐☐   기본서 p. 787
기관소송의 예로 어떤 것이 있습니까?

기관소송은 객관적 소송의 일종이므로 개별법에서 특별히 인정하는 경우에 한하여 허용되며, 지방자치법상의 기관소송, 「지방교육자치에 관한 법률」상의 기관소송 등이 있다.

지방자치법상의 기관소송,
「지방교육자치에 관한 법률」상의 기관소송 등

41 ☐☐☐   기본서 p. 787
민중소송 또는 기관소송에 대해 개별법에 특별한 규정이 없는 경우에 항고소송에 관한 규정은 준용될 수 없습니까?

민중소송 또는 기관소송에 적용될 법규는 민중소송 · 기관소송을 규정하는 각 개별법률이 정하는 것이 일반적이다. 그러나 개별법에 특별한 규정이 없는 경우 ① 처분 등의 취소를 구하는 소송에는 그 성질에 반하지 않는 한 취소소송에 관한 규정을 준용하고, ② 처분 등의 효력 유무 또는 존재 여부나 부작위의 위법확인을 구하는 소송에는 그 성질에 반하지 않는 한 각각 무효등확인소송 또는 부작위위법확인소송에 관한 규정을 준용하며, 위의 ①과 ②에 해당하지 않는 소송에는 그 성질에 반하지 않는 한 당사자소송에 관한 규정을 준용한다.

아니요

01 ☐☐☐   기본서 p. 791

판례는 처분 개개의 위법사유를 취소소송의 소송물로 봅니까?

판례는 "과세처분 취소소송의 소송물은 그 취소원인이 되는 위법성 일반이다."라고 판시하여 처분의 위법성 일반(처분의 위법성 그 자체)을 소송물로 본다(대판 1990. 3. 23, 89누5386).

아니요

02 ☐☐☐   기본서 p. 791

취소소송의 제1심 관할 법원은 누구의 소재지를 관할하는 행정법원입니까?

취소소송의 제1심 관할 법원은 피고의 소재지를 관할하는 행정법원으로 한다(행정소송법 제9조 제1항).

피고

03 ☐☐☐   기본서 p. 792

중앙행정기관의 장이 피고라면 토지관할은 대법원 소재지만 됩니까?

취소소송의 관할 법원은 피고인 행정청의 소재지를 관할하는 행정법원으로 함에도 불구하고 중앙행정기관, 중앙행정기관의 부속기관과 합의제 행정기관 또는 그 장이 피고인 경우에는 대법원 소재지를 관할하는 행정법원에 제기할 수도 있다(행정소송법 제9조 제2항 제1호).

아니요

04 ☐☐☐   기본서 p. 792

국가의 사무를 위임 또는 위탁받은 공공단체 또는 그 장에 대하여 취소소송을 제기하는 경우에는 대법원 소재지를 관할하는 행정법원에 소송을 제기할 수 있습니까?

국가의 사무를 위임 또는 위탁받은 공공단체 또는 그 장이 피고인 경우에는 대법원 소재지를 관할하는 행정법원에 제기할 수도 있다(행정소송법 제9조 제2항 제2호).

예

05 ☐☐☐   기본서 p. 792

토지의 수용 기타 부동산 또는 특정의 장소에 관계되는 처분 등에 대한 취소소송은 어디에 제기할 수도 있습니까?

토지의 수용 기타 부동산 또는 특정의 장소에 관계되는 처분 등에 대한 취소소송은 그 부동산 또는 장소의 소재지를 관할하는 행정법원에 이를 제기할 수 있다(행정소송법 제9조 제3항).

부동산 또는 장소의 소재지를 관할하는 행정법원

06-1 ☐☐☐   기본서 p. 792

원고가 고의 또는 중대한 과실 없이 행정소송으로 제기하여야 할 사건을 민사소송으로 잘못 제기한 경우, 수소법원이 만약 그 행정소송에 대한 관할도 동시에 가지고 있다면 이를 행정소송으로 심리 · 판단하여야 합니까?

원고의 고의 또는 중대한 과실 없이 행정소송으로 제기하여야 할 사건을 민사소송으로 잘못 제기한 경우, 수소법원으로서는 만약 그 행정소송에 대한 관할도 동시에 가지고 있다면 이를 행정소송으로 심리 · 판단하여야 한다(대판 1997. 5. 30, 95다28960 ; 대판 2017. 11. 9, 2015다215526).

예

06-2 ☐☐☐   기본서 p. 792

원고가 고의 또는 중대한 과실 없이 행정소송으로 제기하여야 할 사건을 민사소송으로 잘못 제기한 경우, 수소법원이 그 행정소송에 대한 관할을 가지고 있지 아니하다면 소를 각하하여야 합니까?

수소법원이 행정소송에 대한 관할을 가지고 있지 아니하다면 각하할 것이 아니라 관할 법원으로 이송하여야 한다(대판 1997. 5. 30, 95다28960 ; 대판 2017. 11. 9, 2015다215526).

아니요

07 ☐☐☐   기본서 p. 793

당사자소송으로 서울행정법원에 제기할 것을 민사소송으로 지방법원에 제기하여 판결이 내려진 경우, 그 판결은 관할 위반에 해당합니까?

행정소송법상 당사자소송에 해당하는 소송을 민사소송으로 제기한 경우 그러한 소송은 행정법원의 전속관할에 속하므로 관할 법원에 이송하여야 한다(대판 2009. 9. 17, 2007다2428 전합).

예

08 ☐☐☐   기본서 p. 795
하나의 행정처분에 대한 무효확인과 취소청구의 병합은 단순병합입니까?

하나의 행정처분에 대한 무효확인과 취소청구는 서로 양립할 수 없는 청구로서 주위적 · 예비적 청구로서만 병합이 가능하고 선택적 청구의 병합이나 단순병합은 허용되지 아니한다(대판 1999. 8. 20, 97누6889).

아니요

09 ☐☐☐   기본서 p. 796
취소소송에서 당해 처분의 취소를 선결문제로 하는 부당이득반환청구가 병합된 경우, 병합된 부당이득반환청구의 인용을 위하여는 그 소송절차에서 처분이 취소되면 충분합니까?

행정처분의 취소를 구하는 취소소송에 당해 처분의 취소를 선결문제로 하는 부당이득반환청구가 병합된 경우, 그 청구의 인용을 위하여는 그 소송절차에서 판결에 의해 당해 처분이 취소되면 충분하고 그 처분의 취소가 확정되어야 할 필요는 없다(대판 2009. 4. 9, 2008두23153).

예

10 ☐☐☐   기본서 p. 797
지방자치단체를 피고로 한 취소소송에서 충북대학교 총장은 원고가 될 수 있는 당사자능력이 있습니까?

충북대학교 총장의 소는, 원고 충북대학교 총장이 원고 대한민국이 설치한 충북대학교의 대표자일 뿐 항고소송의 원고가 될 수 있는 당사자능력이 없어 부적법하다(대판 2007. 9. 20, 2005두6935).

아니요

11 ☐☐☐   기본서 p. 798
취소소송의 원고적격은 상고심에서도 존속하여야 합니까?

원고적격은 소송요건의 하나로서 사실심변론종결시는 물론 상고심에서도 존속하여야 하고 이를 흠결하면 부적법한 소가 된다(대판 2007. 4. 12, 2004두7924).

예

12 ☐☐☐   기본서 p. 798
국가기관인 시 · 도선거관리위원회 위원장은 국민권익위원회가 그에게 소속 직원에 대한 중징계요구를 취소하라는 등의 조치요구를 한 것에 대해서 취소소송을 제기할 원고적격이 있습니까?

국가기관인 시 · 도선거관리위원회 위원장은 국민권익위원회가 그에게 소속 직원에 대한 중징계요구를 취소하라는 등의 조치요구를 한 것에 대해서 취소소송을 제기할 원고적격을 가진다(대판 2013. 7. 25, 2011두1214).

예

13 ☐☐☐   기본서 p. 799
지방자치단체가 건축물을 건축하기 위하여 구 건축법에 따라 미리 건축물의 소재지를 관할하는 허가권자인 다른 지방자치단체의 장과 건축협의를 한 경우, 허가권자인 지방자치단체의 장이 건축협의를 취소하는 행위는 항고소송의 대상이 되는 처분에 해당합니까?

❶ 구 건축법 제29조 제1항에서 정한 건축협의의 취소는 처분에 해당한다.
❷ 지방자치단체 등이 건축물 소재지 관할 허가권자인 지방자치단체의 장을 상대로 건축협의 취소의 취소를 구할 수 있다(대판 2014. 2. 27, 2012두22980).

예

14-1 ☐☐☐   기본서 p. 798~799
법령이 특정한 행정기관으로 하여금 다른 행정기관을 상대로 제재적 조치를 취할 수 있도록 하면서, 그에 따르지 않으면 그 행정기관에 대하여 과태료를 부과하거나 형사처벌을 할 수 있도록 정하는 경우, 제재적 조치의 상대방인 행정기관 등에게 항고소송 원고로서의 당사자능력과 원고적격을 인정할 수 없습니까?

법령이 특정한 행정기관 등으로 하여금 다른 행정기관을 상대로 제재적 조치를 취할 수 있도록 하면서, 그에 따르지 않으면 그 행정기관에 대하여 과태료를 부과하거나 형사처벌을 할 수 있도록 정하는 경우가 있다. 이러한 경우에는 단순히 국가기관이나 행정기관의 내부적 문제라거나 권한분장에 관한 분쟁으로만 볼 수 없다. …… 이 경우 항고소송을 통한 구제의 길을 열어주는 것이 법치국가원리에도 부합한다. 따라서 이러한 권리구제나 권리보호의 필요성이 인정된다면 예외적으로 그 제재적 조치의 상대방인 행정기관 등에게 항고소송 원고로서의 당사자능력과 원고적격을 인정할 수 있다(대판 2018. 8. 1, 2014두35379).

아니요

14-2 ☐☐☐   기본서 p. 799
국민권익위원회가 소방청장에게 인사와 관련하여 부당한 지시를 한 사실이 인정된다며 이를 취소할 것을 요구하기로 의결하고 내용을 통지
하자 그 국민권익위원회 조치요구의 취소를 구하는 사안에서, 소방청장은 행정소송의 원고적격을 가집니까?

(국민권익위원회가 소방청장에게 인사와 관련하여 부당한 지시를 한 사실이 인정된다며 이를 취소할 것을 요구하기로 의결하고 그 내용을 통지
하자 소방청장이 국민권익위원회 조치요구의 취소를 구하는 소송을 제기한 사안에서) 처분성이 인정되는 국민권익위원회의 조치요구에 불복하
고자 하는 소방청장으로서는 조치요구의 취소를 구하는 항고소송을 제기하는 것이 유효·적절한 수단으로 볼 수 있으므로 소방청장이 예외적으
로 당사자능력과 원고적격을 가진다(대판 2018. 8. 1, 2014두35379).

예

15 ☐☐☐   기본서 p. 800
판례에 따르면 행정소송법 제12조의 법률상 이익은 직접적이고 구
체적·개인적 이익을 말하고, 간접적이거나 사실적·경제적 이해
관계를 가지는 데 불과한 경우 및 공익은 포함되지 않습니까?

공익보호의 결과로 국민 일반이 공통적으로 가지는 일반적·간접
적·추상적 이익과 같이 사실적·경제적 이해관계를 갖는 데 불과
한 경우는 법률상 이익에 포함되지 아니한다(대판 2013. 9. 12,
2011두33044).

예

16 ☐☐☐   기본서 p. 801
환경부장관이 생태·자연도 1등급으로 지정되었던 지역을 2등급
으로 변경하는 내용의 생태·자연도 수정·보완을 고시하는 경우,
1등급지역에 거주하던 인근주민은 생태·자연도 등급변경처분의
무효확인을 구할 원고적격이 없습니까?

환경부장관이 생태·자연도 1등급으로 지정되었던 지역을 2등급
또는 3등급으로 변경하는 내용의 생태·자연도 수정·보완을 고시
하자, 인근주민 甲이 생태·자연도 등급변경처분의 무효확인을 청
구한 사안에서, 甲은 무효확인을 구할 원고적격이 없다(대판 2014.
2. 21, 2011두29052).

예

17 ☐☐☐   기본서 p. 801
건축물에 대한 사용검사처분이 취소되면 사용검사 전의 상태로 돌
아가 건축물을 사용할 수 없게 되므로 구 주택법상 입주자나 입주
예정자가 사용검사처분의 무효확인 또는 취소를 구할 법률상 이익
이 있습니까?

구 주택법상 입주자나 입주예정자가 사용검사처분의 취소를 구할
법률상 이익은 없다(대판 2014. 7. 24, 2011두30465).

아니요

18 ☐☐☐   기본서 p. 801
수익적 처분의 상대방은 원칙적으로 원고적격이 있습니까?

수익적 처분의 경우, 상대방은 그러한 처분으로부터 법률상 이익이
침해되었다고 볼 수 없으므로 특별한 사정이 없는 한 원고적격이
없다.

아니요

19 ☐☐☐   기본서 p. 802
제약회사는 보건복지부 고시인 「약제급여·비급여목록 및 급여상한금액표」의 취소를 구할 원고적격이 있습니까?

어떠한 <u>고시</u>가 일반적·추상적 성격을 가질 때에는 법규명령 또는 행정규칙에 해당할 것이지만, …… <u>보건복지부 고시인 「약제급여·비급여목록
및 급여상한금액표」</u>는 다른 집행행위의 매개 없이 그 자체로서 국민건강보험가입자, 국민건강보험공단, 요양기관 등의 법률관계를 직접 규율하
는 성격을 가지므로 항고소송의 대상이 되는 행정처분에 해당한다. …… 위 고시로 인하여 자신이 제조·공급하는 약제의 상한금액이 인하됨에
따라 위와 같이 보호되는 법률상 이익이 침해당할 경우, 제약회사는 위 고시의 취소를 구할 원고적격이 있다(대판 2006. 9. 22, 2005두2506).

예

20 ☐☐☐   기본서 p. 802

채석허가를 받은 자에 대한 관할 행정청의 채석허가취소처분에 대하여 수허가자의 지위를 양수한 양수인에게 그 취소처분의 취소를 구할 법률상 이익이 있습니까?

> 채석허가를 받은 자에 대한 관할 행정청의 채석허가취소처분에 대하여 수허가자의 지위를 양수한 양수인에게 그 취소처분의 취소를 구할 법률상 이익이 있다(대판 2003. 7. 11, 2001두6289).
>
> 예

21 ☐☐☐   기본서 p. 803

공매 등의 절차로 영업시설의 전부를 인수함으로써 영업자의 지위를 승계한 자가 관계 행정청에 이를 신고하여 관계 행정청이 그 신고를 수리하는 처분에 대해 종전 영업자는 제3자로서 그 처분의 취소를 구할 법률상 이익이 인정됩니까?

> 공매 등의 절차로 영업시설의 전부를 인수함으로써 영업자의 지위를 승계한 자가 관계 행정청에 이를 신고하여 관계 행정청이 그 신고를 수리하는 처분에 대해 종전 영업자는 그 처분의 취소를 구할 법률상 이익이 인정된다(대판 2012. 12. 13, 2011두29144).
>
> 예

22 ☐☐☐   기본서 p. 803

「도시 및 주거환경정비법」상 조합설립추진위원회의 구성에 동의하지 아니한 정비구역 내의 토지 등 소유자는 조합설립추진위원회 설립승인처분의 취소를 구할 원고적격이 인정됩니까?

> 「도시 및 주거환경정비법」상 조합설립추진위원회의 구성에 동의하지 아니한 정비구역 내의 토지 등 소유자에게 조합설립추진위원회 설립승인처분의 취소를 구할 원고적격이 인정된다(대판 2007. 1. 25, 2006두12289).
>
> 예

23 ☐☐☐   기본서 p. 805

한의사들이 가지는 한약조제권을 한약조제시험을 통하여 약사에게도 인정함으로써 감소하게 되는 한의사들의 영업상 이익은 법률에 의하여 보호되는 이익이라 볼 수 없습니까?

> 한의사면허는 경찰금지를 해제하는 강학상 허가로서 한약조제시험을 통하여 약사에게 한약조제권을 인정함으로써 한의사들의 영업상 이익이 감소되었더라도 이러한 이익은 사실상의 이익에 불과하므로, 한의사에게 한약조제시험을 통해 한약조제권을 인정받은 약사에 대한 합격처분의 효력을 다툴 원고적격이 없다(대판 1998. 3. 10, 97누4289).
>
> 예

24 ☐☐☐   기본서 p. 803

이른바 예탁금회원제 골프장에 있어서, 체육시설업자가 회원모집계획서를 제출하면서 사업계획의 승인을 받을 때 정한 예정인원을 초과하여 회원을 모집하는 내용의 회원모집계획서를 제출하여 그에 대한 시·도지사 등의 검토결과통보를 받은 경우, 기존회원이 회원모집계획서에 대한 시·도지사의 검토결과통보에 대한 취소소송에서 원고에게 법률상 이익이 인정됩니까?

> 예탁금회원제 골프장의 기존회원은 골프장운영자가 사업계획의 승인을 받을 때 정한 예정인원을 초과하여 회원을 모집하는 내용의 회원모집계획서에 대한 시·도지사의 검토결과통보의 취소를 구할 법률상의 이익이 있다고 보아야 한다(대판 2009. 2. 26, 2006두16243).
>
> 예

25 ☐☐☐   기본서 p. 803

법인의 주주가 그 처분으로 인하여 궁극적으로 주식이 소각되거나 주주의 법인에 대한 권리가 소멸하는 등 주주의 지위에 중대한 영향을 초래하게 되는데도 그 처분의 성질상 당해 법인이 이를 다툴 것을 기대할 수 없고 달리 주주의 지위를 보전할 구제방법이 없는 경우에는 주주도 그 처분에 관하여 직접적이고 구체적인 법률상 이해관계를 가진다고 보이므로 그 취소를 구할 원고적격이 있습니까?

> 법인 또는 단체에 대한 침익적 처분의 경우 법인 또는 단체 스스로 소송을 제기하면 되는 것이고, 이 경우 법인 및 단체의 구성원은 직접적·구체적 이해관계를 인정할 수 없어 원고적격이 부정됨이 원칙이다. 그러나 법인에 대한 처분이 당해 법인의 존속 자체를 직접 좌우하거나, 그 처분으로 인하여 궁극적으로 주식이 소각되거나 주주의 법인에 대한 권리가 소멸하는 등 주주의 지위에 중대한 영향을 초래하게 되는데도 그 처분의 성질상 당해 법인이 이를 다툴 것을 기대할 수 없고 달리 주주의 지위를 보전할 구제방법이 없는 경우에는 주주도 그 처분에 관하여 직접적이고 구체적인 법률상 이해관계를 가진다고 보이므로 그 취소를 구할 원고적격이 있다(대판 2014. 12. 23, 2000두2648).
>
> 예

26 ☐☐☐
기본서 p. 804~805
일반면허를 받은 시외버스운송사업자에 대한 사업계획변경인가처분으로 인하여 노선 및 운행계통의 일부 중복으로 기존에 한정면허를 받은 시외버스운송사업자의 수익감소가 예상된다면, 기존의 한정면허를 받은 시외버스운송사업자는 일반면허 시외버스운송사업자에 대한 사업계획변경인가처분의 취소를 구할 법률상의 이익이 있습니까?

일반면허를 받은 시외버스운송사업자에 대한 사업계획변경인가처분으로 인하여 기존에 한정면허를 받은 시외버스운송사업자의 노선 및 운행계통과 일반면허를 받은 시외버스운송사업자의 그것이 일부 중복되게 되고 기존업자의 수익감소가 예상된다면, 기존의 한정면허를 받은 시외버스운송사업자와 일반면허를 받은 시외버스운송사업자는 경업관계에 있는 것으로 보는 것이 타당하고, 따라서 기존의 한정면허를 받은 시외버스운송사업자는 일반면허 시외버스운송사업자에 대한 사업계획변경인가처분의 취소를 구할 법률상의 이익이 있다(대판 2018. 4. 26, 2015두53824).

예

27 ☐☐☐
기본서 p. 806
경업자에 대한 행정처분이 경업자에게 불리한 내용이라도 기존의 업자가 그 행정처분의 무효확인 또는 취소를 구할 이익이 있습니까?

경업자에 대한 행정처분이 경업자에게 불리한 내용이라면 그와 경쟁관계에 있는 기존의 업자에게는 특별한 사정이 없는 한 유리할 것이므로 기존의 업자가 그 행정처분의 무효확인 또는 취소를 구할 이익은 없다고 보아야 한다(대판 2020. 4. 9, 2019두49953).

아니요

28 ☐☐☐
기본서 p. 806
경원관계에서 경원자에 대한 수익적 처분의 취소를 구하지 않고 자신에 대한 거부처분만의 취소를 구하는 것은 허용됩니까?

경원관계에서 경원자에 대한 수익적 처분의 취소를 구하지 않고 자신에 대한 거부처분만의 취소를 구하는 것도 허용된다는 것이 판례의 입장이다.

예

29 ☐☐☐
기본서 p. 809
행정처분으로써 이루어지는 사업으로 환경상 침해를 받으리라고 예상되는 영향권 내의 주민이 아니라도 영향권 내에서 건물을 소유하면 원고적격이 있습니까?

환경영향평가구역 안의 주민이 아니더라도 그 영향권 내에서 농작물을 경작하는 등 현실적으로 환경상 이익을 향유하는 사람도 환경상 이익에 대한 침해 또는 침해우려가 있는 것으로 사실상 추정되어 원고적격이 인정된다. 그러나 단지 그 영향권 내의 건물·토지를 소유하거나 환경상 이익을 일시적으로 향유하는 데 그치는 사람은 원고적격이 인정되지 않는다(대판 2009. 9. 24, 2009두2825).

아니요

30 ☐☐☐
기본서 p. 809
행정처분으로써 이루어지는 사업으로 환경상 침해를 받으리라고 예상되는 영향권이 정해진 경우, 영향권 밖의 주민은 항상 원고적격이 없습니까?

영향권 밖의 주민들은 당해 처분으로 인하여 그 처분 전과 비교하여 수인한도를 넘는 환경피해를 받거나 받을 우려가 있다는 자신의 환경상 이익에 대한 침해 또는 침해 우려가 있음을 입증하여야만 법률상 보호되는 이익으로 인정되어 원고적격이 인정된다(대판 2009. 9. 24, 2009두2825).

아니요

31 ☐☐☐
기본서 p. 810
사단법인 대한의사협회는 보건복지부 고시인 「건강보험요양급여행위 및 그 상대가치점수」 개정으로 인해 자신의 법률상 이익을 침해당하였다는 이유로, 고시의 취소를 구할 원고적격이 있습니까?

사단법인 대한의사협회는 의료법에 의하여 의사들을 회원으로 하여 설립된 사단법인으로서, 국민건강보험법상 요양급여행위, 요양급여비용의 청구 및 지급과 관련하여 직접적인 법률관계를 갖지 않고 있으므로, …… 사단법인 대한의사협회는 보건복지부 고시인 「건강보험요양급여행위 및 그 상대가치점수」 개정의 취소를 구할 원고적격이 없다(대판 2006. 5. 25, 2003두11988).

아니요

32 ☐☐☐
기본서 p. 811
학교법인에 의하여 임원으로 선임된 자는 자신에 대한 관할청의 임원취임승인신청 반려처분 취소소송을 제기할 원고적격이 있습니까?

관할청이 학교법인의 임원취임승인신청에 대하여 이를 반려하거나 거부하는 경우 학교법인에 의하여 임원으로 선임된 사람은 관할청의 임원취임승인신청 반려처분을 다툴 수 있는 원고적격이 있다(대판 2007. 12. 27, 2005두9651).

예

33 ☐☐☐   기본서 p. 811

지방법무사회가 법무사의 사무원 채용승인신청을 거부하거나 채용승인을 얻어 채용 중인 사람에 대한 채용승인을 취소한 경우, 처분상대방인 법무사뿐만 아니라 그 때문에 사무원이 될 수 없게 된 사람에게 항고소송을 제기할 원고적격이 인정됩니까?

> 지방법무사회가 법무사의 사무원 채용승인신청을 거부하거나 채용승인을 얻어 채용 중인 사람에 대한 채용승인을 취소한 경우, 처분상대방인 법무사뿐만 아니라 그 때문에 사무원이 될 수 없게 된 사람에게 항고소송을 제기할 원고적격이 인정된다(대판 2020. 4. 9, 2015다34444).
>
> 예

34 ☐☐☐   기본서 p. 811

조합원 지위를 상실한 토지 등 소유자는 주택재개발사업에 대한 사업시행계획에 당연무효의 하자가 있는 경우, 관리처분계획의 무효확인 또는 취소를 구할 법률상 이익이 있습니까?

> 도시환경정비사업에 대한 사업시행계획이 당연무효인 경우, 분양신청기간 내에 분양신청을 하지 않거나 분양신청을 철회하여 「도시 및 주거환경정비법」 제47조 등에 의하여 조합원의 지위를 상실한 토지 등 소유자에게도 관리처분계획의 무효확인 또는 취소를 구할 법률상 이익이 있다(대판 2011. 12. 8, 2008두18342).
>
> 예

35 ☐☐☐   기본서 p. 812

공장설립승인처분이 위법하다는 이유로 쟁송취소되었다고 하더라도 그 승인처분에 기초한 공장건축허가처분이 잔존하는 이상, 인근주민들은 여전히 공장건축허가처분의 취소를 구할 법률상 이익이 있습니까?

> 개발제한구역 안에서의 공장설립을 승인한 처분이 위법하다는 이유로 쟁송취소되었다고 하더라도 그 승인처분에 기초한 공장건축허가처분이 잔존하는 이상, 공장설립승인처분이 취소되었다는 사정만으로 인근주민들의 환경상 이익이 침해되는 상태나 침해될 위험이 종료되었다거나 이를 시정할 수 있는 단계가 지나버렸다고 단정할 수는 없고, 인근주민들은 여전히 공장건축허가처분의 취소를 구할 법률상 이익이 있다고 보아야 한다(대판 2018. 7. 12, 2015두3485).
>
> 예

36 ☐☐☐   기본서 p. 812

외국 국적의 甲이 위명(僞名)인 乙 명의의 여권으로 대한민국에 입국한 뒤 乙 명의로 난민신청을 하였고 법무부장관이 乙 명의를 사용한 甲을 면담하여 조사한 후 甲에 대해 난민불인정처분을 한 경우, 甲은 난민불인정처분 취소를 구할 법률상 이익이 없습니까?

> (미얀마 국적의 甲이 위명(僞名)인 '乙' 명의의 여권으로 대한민국에 입국한 뒤 乙 명의로 난민신청을 하였으나 법무부장관이 乙 명의를 사용한 甲을 직접 면담하여 조사한 후 甲에 대하여 난민불인정처분을 한 사안에서) 처분의 상대방은 허무인이 아니라 '乙'이라는 위명을 사용한 甲이라는 이유로, 甲이 처분의 취소를 구할 법률상 이익이 있다(대판 2017. 3. 9, 2013두16852).
>
> 아니요

37 ☐☐☐   기본서 p. 813

개발제한구역 중 일부취락을 개발제한구역에서 해제하는 내용의 도시관리계획변경결정에 대하여 개발제한구역 해제대상에서 누락된 토지의 소유자는 그 결정의 취소를 구할 법률상 이익이 있습니까?

> 개발제한구역 중 일부취락을 개발제한구역에서 해제하는 내용의 도시관리계획변경결정에 대해, 개발제한구역 해제대상에서 누락된 토지의 소유자는 위 결정의 취소를 구할 법률상 이익이 없다(대판 2008. 7. 10, 2007두10242).
>
> 아니요

38 ☐☐☐   기본서 p. 813

헌법재판소에 따르면 도시계획사업의 시행으로 토지를 수용당한 사람은 도시계획결정과 토지수용이 당연무효가 아닌 한 도시계획결정 자체의 취소를 청구할 법률상의 이익이 없습니까?

> 도시계획사업의 시행으로 인한 토지수용에 의하여 토지에 대한 소유권을 상실한 자는 도시계획결정이 당연무효라고 볼 만한 특별한 사정이 없는 한 도시계획결정의 취소를 청구할 법률상 이익이 없다(헌재 2002. 5. 30, 2000헌바58).
>
> 예

39 ☐☐☐   기본서 p. 813

원천징수의무자에 대한 소득금액변동통지는 원천납세의무의 존부나 범위와 같은 원천납세의무자의 권리나 법률상 지위에 어떠한 영향을 준다고 할 수 없으므로 소득처분에 따른 소득의 귀속자는 법인에 대한 소득금액변동통지의 취소를 구할 법률상 이익이 없습니까?

> 원천징수의무자에 대한 소득금액변동통지는 원천납세의무의 존부나 범위와 같은 원천납세의무자의 권리나 법률상 지위에 어떠한 영향을 준다고 할 수 없으므로 소득처분에 따른 소득의 귀속자는 법인에 대한 소득금액변동통지의 취소를 구할 법률상 이익이 없다(대판 2015. 3. 26, 2013두9267).
>
> 예

40 ☐☐☐   기본서 p. 814

재단법인인 甲수녀원은 소속된 수녀 등이 쾌적한 환경에서 생활할 수 있는 환경상 이익을 침해받는다면, 매립목적을 택지조성에서 조선시설용지로 변경하는 내용의 공유수면매립목적 변경승인처분의 무효확인을 구할 원고적격이 있습니까?

자연인이 아닌 재단법인인 甲수녀원은 쾌적한 환경에서 생활할 수 있는 이익을 향수할 수 있는 주체가 아니므로 매립목적을 택지조성에서 조선시설용지로 변경하는 내용의 공유수면매립목적 변경승인처분의 무효확인을 구할 원고적격이 없다(대판 2012. 6. 28, 2010두2005).

아니요

41 ☐☐☐   기본서 p. 814

교육부장관이 사학분쟁조정위원회의 심의를 거쳐 학교법인의 이사와 임시이사를 선임한 데 대하여 그 대학교의 교수협의회와 총학생회는 이사선임처분을 다툴 법률상 이익을 가지지만, 직원으로 구성된 노동조합은 법률상 이익을 가지지 않습니까?

甲대학교 교수협의회와 총학생회는 이사선임처분을 다툴 법률상 이익을 가지지만, 전국대학노동조합 甲대학교지부는 법률상 이익이 없다(대판 2015. 7. 23, 2012두19496).

예

42-1 ☐☐☐   기본서 p. 814

출입국관리법상의 체류자격변경불허가처분, 강제퇴거명령 등을 다투는 외국인에게는 해당 처분의 취소를 구할 법률상 이익이 인정되지 않습니까?

국적법상 귀화불허가처분이나 출입국관리법상 체류자격변경불허가처분, 강제퇴거명령 등을 다투는 외국인은 대한민국에 적법하게 입국하여 상당한 기간을 체류한 사람이므로, 이미 대한민국과의 실질적 관련성 내지 대한민국에서 법적으로 보호가치 있는 이해관계를 형성한 경우이어서, 해당 처분의 취소를 구할 법률상 이익이 인정된다고 보아야 한다(대판 2018. 5. 15, 2014두42506).

아니요

42-2 ☐☐☐   기본서 p. 814

우리 출입국관리법의 해석상 외국인에게는 원칙적으로 사증발급 거부처분의 취소를 구할 법률상 이익이 인정됩니까?

사증발급의 법적 성질, 출입국관리법의 입법목적, 사증발급 신청인의 대한민국과의 실질적 관련성, 상호주의원칙 등을 고려하면, 우리 출입국관리법의 해석상 외국인에게는 사증발급 거부처분의 취소를 구할 법률상 이익이 인정되지 않는다(대판 2018. 5. 15, 2014두42506).

아니요

43 ☐☐☐   기본서 p. 814~815

대한민국에서 출생하여 오랜 기간 대한민국 국적을 보유하면서 거주한 재외동포는 사증발급 거부처분의 취소를 구할 법률상 이익이 있습니까?

원고(편저자 주 : 가수 유○○)는 대한민국에서 출생하여 오랜 기간 대한민국 국적을 보유하면서 거주한 사람이므로 이미 대한민국과 실질적 관련성이 있거나 대한민국에서 법적으로 보호가치 있는 이해관계를 형성하였다고 볼 수 있다. …… 따라서 원고는 이 사건 사증발급 거부처분의 취소를 구할 법률상 이익이 인정되므로, 원고적격 또는 소의 이익이 없어 이 사건 소가 부적법하다는 피고의 주장은 이유 없다(대판 2019. 7. 11, 2017두38874).

예

44-1 ☐☐☐   기본서 p. 816

제재적 처분이 장래 처분의 가중요건인 경우라도 제재처분이 소멸한 후라면 소의 이익은 없습니까?

비록 처분의 기간이 경과하여 처분이 소멸하였다 하더라도 그 처분이 후행처분의 가중요건으로 규정된 경우에는 가중처분을 받을 불이익이 있으므로 제재처분의 취소를 구할 소의 이익이 있다.

아니요

44-2 ☐☐☐   기본서 p. 817

제재적 처분이 장래 처분의 가중요건인 경우, 가중요건이 법률이 아니라 부령인 시행규칙의 형식으로 규정되어 있든 행정규칙의 형식으로 규정되어 있든 소의 이익이 인정됩니까?

부령형식의 제재적 처분기준에서 가중사유로 규정한 경우, 그 기준의 성격이 법규명령인지와 상관없이 소의 이익을 긍정하는 것으로 판시한 바 있다. 한편, 판례는 가중사유가 행정규칙에 규정된 경우에도 소의 이익을 긍정하고 있다.

예

45 ☐☐☐   기본서 p. 817

건축사 업무정지처분을 받은 후 새로운 업무정지처분을 받음이 없이 1년이 경과하여 실제로 가중된 제재처분을 받을 우려가 없어졌다면, 업무정지처분에서 정한 정지기간이 경과한 이상 특별한 사정이 없는 한 그 처분의 취소를 구할 법률상 이익이 없습니까?

건축사 업무정지처분을 받은 후 새로운 업무정지처분을 받음이 없이 1년이 경과하여 실제로 가중된 제재처분을 받을 우려가 없게 된 경우(건축사법에는 업무정지처분을 연 2회 이상 받는 경우 가중처분하도록 되어 있다), 업무정지처분에서 정한 정지기간이 경과한 후에 업무정지처분의 취소를 구할 법률상 이익은 없다(대판 2000. 4. 21, 98두10080).

예

46 ☐☐☐   기본서 p. 819

제명의결의 취소로 지방의회의원의 지위를 회복할 수는 없다 하더라도 제명의결시부터 임기만료일까지의 기간에 대한 월정수당의 지급을 구할 수 있는 등 여전히 그 제명의결의 취소를 구할 법률상 이익이 있습니까?

지방의회의원에게 지급되는 비용 중 적어도 월정수당(제3호)은 지방의회의원의 직무활동에 대한 대가로 지급되는 보수의 일종으로 봄이 상당하다. 따라서 원고가 이 사건 제명의결 취소소송 계속 중 임기가 만료되어 제명의결의 취소로 지방의회의원으로서의 지위를 회복할 수는 없다 할지라도, 그 취소로 인하여 최소한 제명의결시부터 임기만료일까지의 기간에 대해 월정수당의 지급을 구할 수 있는 등 여전히 그 제명의결의 취소를 구할 법률상 이익이 있다(대판 2009. 1. 30, 2007두13487).

예

47 ☐☐☐   기본서 p. 819

건축허가가 위법하다면 이미 건축공사가 완료되었더라도 건축허가처분의 취소를 구할 소의 이익이 있습니까?

건축허가가 건축법 소정의 이격거리(건물 외벽부터 대지 경계까지 거리)를 두지 아니하고 건축물을 건축하도록 되어 있어 위법하다 하더라도 이미 건축공사가 완료되었다면 인접한 대지의 소유자가 건축허가처분의 취소를 구할 소의 이익은 없다(대판 1992. 4. 24, 91누11131).

아니요

48 ☐☐☐   기본서 p. 821

공익근무요원 소집해제신청을 거부한 후에 원고가 계속하여 공익근무요원으로 복무함에 따라 복무기간만료를 이유로 소집해제처분을 한 경우, 원고는 거부처분의 취소를 구할 소의 이익이 있습니까?

공익근무요원 소집해제신청을 거부한 후에 원고가 계속하여 공익근무요원으로 복무함에 따라 복무기간만료를 이유로 소집해제처분을 한 경우, 원고가 입게 되는 권리와 이익의 침해는 소집해제처분으로 해소되었으므로 위 거부처분의 취소를 구할 소의 이익이 없다(대판 2005. 5. 13, 2004두4369).

아니요

49 ☐☐☐   기본서 p. 821

현역병입영대상자로 병역처분을 받은 자가 그 취소소송 중 모병에 응하여 현역병으로 자진입대한 경우, 소의 이익이 있습니까?

현역병입영대상자로 병역처분을 받은 자가 그 취소소송 중 모병에 응하여 현역병으로 자진입대한 경우, 그 처분의 위법을 다툴 실제적 효용 내지 이익이 없다는 이유로 소의 이익이 없다(대판 1998. 9. 8, 98두9165).

아니요

50 ☐☐☐   기본서 p. 822

고등학교에서 퇴학처분을 받은 자가 고등학교 졸업학력 검정고시에 합격한 경우, 퇴학처분의 취소를 구할 소의 이익이 있습니까?

퇴학처분을 받은 후 고등학교 졸업학력 검정고시에 합격한 경우, 고등학교 졸업학력 검정고시에 합격하였다 하여 고등학교 학생의 신분과 명예가 회복될 수 없는 것이므로 퇴학처분을 받은 자는 퇴학처분의 위법을 주장하여 퇴학처분의 취소를 구할 소송상의 이익이 있다(대판 1992. 7. 14, 91누4737).

예

51 ☐☐☐   기본서 p. 823

소송 계속 중 해당 처분이 기간의 경과로 그 효과가 소멸하더라도 예외적으로 그 처분의 취소를 구할 소의 이익을 인정할 수 있는 '행정처분과 동일한 사유로 위법한 처분이 반복될 위험성이 있는 경우'란, 해당 사건의 동일한 소송당사자 사이에서 반복될 위험이 있는 경우만을 의미합니까?

행정처분의 무효확인 또는 취소를 구하는 소가 제소 당시에는 소의 이익이 있어 적법하였는데, 소송계속 중 해당 행정처분이 기간의 경과 등으로 그 효과가 소멸한 때에 처분이 취소되어도 원상회복이 불가능하다고 보이는 경우라도, 무효확인 또는 취소로써 회복할 수 있는 다른 권리나 이익이 남아 있거나 또는 그 행정처분과 동일한 사유로 위법한 처분이 반복될 위험성이 있어 행정처분의 위법성 확인 내지 불분명한 법률문제에 대한 해명이 필요한 경우에는 행정의 적법성 확보와 그에 대한 사법통제, 국민의 권리구제 확대 등의 측면에서 예외적으로 그 처분의 취소를 구할 소의 이익을 인정할 수 있다. 여기에서 '그 행정처분과 동일한 사유로 위법한 처분이 반복될 위험성이 있는 경우'란 불분명한 법률문제에 대한 해명이 필요한 상황에 대한 대표적인 예시일 뿐이며, 반드시 '해당 사건의 동일한 소송당사자 사이에서' 반복될 위험이 있는 경우만을 의미하는 것은 아니다(대판 2020. 12. 24, 2020두30450).

아니요

52 □□□ 　　　　　　　　　　　　　　　　　　　기본서 p. 824

「도시 및 주거환경정비법」상 이전고시가 효력을 발생하게 된 이후에는 조합원 등이 관리처분계획의 취소 또는 무효확인을 구할 법률상 이익이 없습니까?

이전고시의 효력발생으로 이미 대다수 조합원 등에 대하여 획일적·일률적으로 처리된 권리귀속관계를 모두 무효화하고 다시 처음부터 관리처분계획을 수립하여 이전고시절차를 거치도록 하는 것은 정비사업의 공익적·단체법적 성격에 배치되므로, 이전고시가 효력을 발생한 후에는 조합원 등이 관리처분계획의 취소 또는 무효확인을 구할 법률상 이익이 없다고 보는 것이 타당하다(대판 2012. 5. 24, 2009두22140).

예

53 □□□ 　　　　　　　　　기본서 p. 824

소음·진동배출시설에 대한 설치허가가 취소된 후 그 배출시설이 철거되어 다시 가동할 수 없는 상태라도 그 취소처분이 위법하다는 판결을 받아 손해배상청구소송에서 이를 원용할 수 있다면 배출시설의 소유자는 당해 처분의 취소를 구할 법률상 이익이 있습니까?

(소음·진동배출시설에 대한 설치허가가 취소된 후 그 배출시설이 철거된 경우, 허가취소처분의 취소를 구하는 소송에서 소의 이익을 부정하면서) 원고가 처분이 위법하다는 점에 대한 판결을 받아 피고에 대한 손해배상청구소송에서 이를 원용할 수 있는 이익은 사실적·경제적 이익에 불과하여 소의 이익에 해당하지 않는다(대판 2002. 1. 11, 2000두2457).

아니요

54 □□□ 　　　　　　　　　기본서 p. 825

당사자의 신청을 받아들이지 않은 거부처분이 재결에서 취소된 경우, 재결의 취소를 구할 법률상 이익은 있습니까?

거부처분이 재결에서 취소된 경우 재결에 따른 후속처분이 아니라 그 재결의 취소를 구하는 것은 실효적이고 직접적인 권리구제수단이 될 수 없어 분쟁해결의 유효적절한 수단이라고 할 수 없으므로 법률상 이익이 없다(대판 2017. 10. 31, 2015두45045).

아니요

55 □□□ 　　　　　　　　　　　　　　　　　　　기본서 p. 825

건축허가취소처분을 받은 건축물소유자는 그 건축물이 완공된 후에도 여전히 취소처분의 취소를 구할 법률상 이익을 가집니까?

건축허가를 받아 건축물을 완공하였더라도 건축허가가 취소되면 그 건축물은 철거 등 시정명령의 대상이 되고 이를 이행하지 않은 건축주 등은 건축법 제80조에 따른 이행강제금 부과처분이나 행정대집행법 제2조에 따른 행정대집행을 받게 되며, 나아가 건축법 제79조 제2항에 의하여 다른 법령상의 인·허가 등을 받지 못하게 되는 등의 불이익을 입게 된다. 따라서 건축허가취소처분을 받은 건축물소유자는 그 건축물이 완공된 후에도 여전히 위 취소처분의 취소를 구할 법률상 이익을 가진다(대판 2015. 11. 12, 2015두47195).

예

56 □□□ 　　　　　　　　　기본서 p. 827

취소소송에서 피고적격을 가지는 자는 원칙적으로 누구입니까?

피고적격을 가지는 자는 처분 등을 행한 행정청, 즉 처분청이 됨이 원칙이다(행정소송법 제13조 제1항 참조).

처분청

57 □□□ 　　　　　　　　　기본서 p. 827

항고소송은 원칙적으로 소송의 대상인 처분 등을 외부적으로 그의 명의로 행한 행정청을 피고로 하여야 하는 것입니까?

행정처분의 취소 또는 무효확인을 구하는 행정소송은 다른 법률에 특별한 규정이 없는 한 소송의 대상인 행정처분 등을 외부적으로 그의 명의로 행한 행정청을 피고로 하여야 하는 것으로서 그 행정처분을 하게 된 연유가 상급행정청이나 타행정청의 지시나 통보에 의한 것이라 하여 다르지 않다고 할 것이다(대판 1995. 12. 22, 95누14688).

예

58 ☐☐☐   기본서 p. 827

공무원에 대한 징계처분의 처분청이 대통령인 경우에는 누가 피고가 됩니까?

공무원 등에 대한 징계, 기타 불이익처분의 처분청이 대통령인 경우에는 소속 장관이 피고가 된다. 예컨대, 대통령의 검사임용거부와 관련된 취소소송의 피고적격을 가지는 자는 소속 장관인 법무부장관이다(대결 1990. 3. 14, 90두4).

소속 장관

59 ☐☐☐   기본서 p. 828

공정거래위원회의 처분에 대한 소는 누구를 피고로 제기하여야 합니까?

합의제 행정청의 처분에 대해서는 합의제 행정청이 피고가 된다. 예컨대 공정거래위원회, 토지수용위원회의 처분에 대해서는 각각 공정거래위원회, 토지수용위원회가 취소소송의 피고가 된다.

공정거래위원회

60 ☐☐☐   기본서 p. 828

합의제 행정청의 처분에 대해서는 그 기관 자체가 피고가 되므로, 중앙노동위원회의 처분에 대한 소는 중앙노동위원회가 피고가 됩니까?

중앙노동위원회의 경우 법률규정에 따라 중앙노동위원회가 아닌 중앙노동위원회의 위원장이 취소소송의 피고가 된다.

아니요

61 ☐☐☐   기본서 p. 828

권한의 위임이 있는 경우, 피고는 위임청입니까?

권한이 위임·위탁된 때에는 위임을 받은 수임청, 위탁을 받은 수탁청이 자신의 명의로 처분을 하게 되므로 취소소송의 피고도 수임청·수탁청이 된다.

아니요

62 ☐☐☐   기본서 p. 829

내부위임을 받은 자가 자신의 명의로 처분을 한 경우라면 피고는 누구입니까?

상급행정청으로부터 내부위임을 받은 데 불과한 하급행정청이 권한 없이 한 행정처분에 대한 행정소송의 피고적격이 있는 자는 처분을 행할 적법한 권한 있는 상급행정청이 아닌 실제로 처분을 행한 하급행정청이다(대판 1991. 2. 22, 90누5641).

실제로 처분을 한 하급행정청

63 ☐☐☐   기본서 p. 829

대리를 받은 자가 자신의 명의로 처분을 한 경우라면 피고는 누구입니까?

대리권을 수여받은 행정청이 대리관계를 밝히지 않고 자신의 명의로 행정처분을 한 경우, 원칙적으로 처분명의자인 당해 행정청이 항고소송의 피고가 된다(대결 2006. 2. 23, 2005부4).

처분명의자인 당해 행정청

64 ☐☐☐   기본서 p. 829

처분청과 통지한 자가 다른 경우, 누가 피고적격을 갖습니까?

처분을 행한 행정청(처분청)과 처분을 통보한 자(통지한 자)가 다른 경우, 처분청이 피고적격을 가진다는 것이 판례의 입장이다.

처분청

65 ☐☐☐   기본서 p. 829

건국훈장 독립장이 수여된 망인에 대한 서훈취소를 국무회의에서 의결하고 대통령이 결재함으로써 서훈취소가 결정된 후에 국가보훈처장이 망인의 유족에게 독립유공자서훈취소결정통보를 하였다면 서훈취소처분 취소소송의 피고적격은 국가보훈처장에 있습니까?

독립유공자서훈취소결정을 한 대통령을 피고로 하지 않고 그 처분을 통보한 자에 불과한 국가보훈처장(현 국가보훈부장관)을 피고로 한 소송은 피고를 잘못 지정한 경우에 해당한다(대판 2014. 9. 26, 2013두2518).

아니요

66 ☐☐☐   기본서 p. 829~830

처분적 조례가 교육이나 학예에 관한 것이라면 피고적격은 교육감에게 있습니까?

조례는 원칙적으로 소송대상이 아니나 조례가 직접 국민의 권리 · 의무에 영향을 미치는 경우에는 소송대상이 될 수 있으며, 이때 지방의회가 아니라 공포권자인 지방자치단체의 장이 피고가 된다는 것이 판례의 입장이다. 또한 조례가 교육 · 학예에 관한 조례인 경우 공포권자인 교육감이 피고가 된다는 것이 판례의 입장이다.

예

67 ☐☐☐   기본서 p. 832

원고가 피고를 잘못 지정하면 법원은 직권으로 피고를 경정할 수 있습니까?

원고가 피고를 잘못 지정한 때에는 법원은 원고의 신청에 의하여 결정으로써 피고의 경정을 허가할 수 있다(행정소송법 제14조 제1항).

아니요

68 ☐☐☐   기본서 p. 832

원고가 피고를 잘못 지정한 경우, 법원은 석명권의 행사 없이 소송을 바로 각하할 수 있습니까?

원고가 피고를 잘못 지정하였다면 법원으로서는 당연히 석명권을 행사하여 원고로 하여금 피고를 경정하게 하여 소송을 진행하게 하였어야 할 것임에도 불구하고 이러한 조치를 취하지 아니한 채 피고의 지정이 잘못되었다는 이유로 소를 각하한 것은 위법하다(대판 2004. 7. 8, 2002두7852).

아니요

69 ☐☐☐   기본서 p. 834

취소소송의 소송참가에 관한 규정은 다른 소송에도 준용됩니까?

행정소송법은 제3자의 소송참가와 행정청의 소송참가를 규정하고 있다. 소송참가제도는 취소소송 이외의 항고소송, 당사자소송, 민중소송 및 기관소송에도 준용된다.

예

01 ☐☐☐　　　　　　　　기본서 p. 838

소송요건의 구비 여부는 항변사항입니까?

소송요건의 구비 여부는 법원에 의한 직권조사사항이다. 직권조사사항이란 법원이 스스로 직권으로 조사하는 사항을 말하며, 항변사항이란 당사자의 이의제기를 기다려 비로소 조사하는 사항을 말한다.

아니요

02 ☐☐☐　　　　　　　　기본서 p. 838

소송요건을 갖추지 못한 경우, 법원은 기각판결을 합니까?

소송요건이 결여되면 법원은 <u>소각하판결</u>을 한다.

아니요

03 ☐☐☐　　　　　　　　기본서 p. 838

취소소송에서 처분의 위법성은 소송요건입니까?

'처분의 위법성' 여부는 '처분성' 여부와 달리 소송요건이 아니며, 처분의 위법성 여부를 심리하는 것을 본안심리라고 한다. 소송요건은 ① 소를 제기할 원고적격이 있는 자가 ② 소송을 제기할 현실적 필요가 있는 경우(협의의 소익) ③ 행정청의 처분 등을 대상으로 ④ 피고적격이 있는 행정청을 상대로 ⑤ 관할 법원에 ⑥ 소장이라는 형식을 갖추어 ⑦ 일정한 제소기간 내에 ⑧ 행정심판이 필요한 경우 행정심판을 거쳐 제기할 것 등이다.

아니요

04 ☐☐☐　　　　　　　　기본서 p. 839

행정청의 행위가 '처분'에 해당하는지가 불분명한 경우에는 그에 대한 불복방법 선택에 중대한 이해관계를 가지는 상대방의 인식가능성과 예측가능성을 중요하게 고려하여 규범적으로 판단하여야 합니까?

행정청의 행위가 '처분'에 해당하는지가 불분명한 경우에는 그에 대한 불복방법 선택에 중대한 이해관계를 가지는 상대방의 인식가능성과 예측가능성을 중요하게 고려하여 규범적으로 판단하여야 한다. 그러한 고려에 따라 그 불복(쟁송)의 기회를 부여할 필요성이 있다고 보이면 처분성을 인정하여야 한다는 것이 판례의 입장이다(대판 2022. 9. 7, 2022두42365 ; 대판 2020. 4. 9, 2019두61137).

예

05 ☐☐☐　　　　　　　　기본서 p. 840

행정청 또는 그 소속 기관이나 권한을 위임받은 공공기관의 행위가 아니더라도 상대방의 권리를 제한하는 행위라면 이를 행정처분이라고 할 수 있습니까?

상대방의 권리를 제한하는 행위라도 행정청 또는 소속 기관이나 권한을 위임받은 공공단체 등의 행위가 아닌 한 이를 행정처분이라고 할 수 없다(대판 2008. 1. 31, 2005두8269).

아니요

06 ☐☐☐　　　　　　　　기본서 p. 840

행정청 내부에서의 행위나 알선, 권유, 사실상의 통지 등과 같은 행위는 항고소송의 대상이 될 수 있습니까?

<u>행정청 내부에서의 행위나 알선, 권유, 사실상의 통지 등</u>과 같이 상대방 또는 기타 관계자들의 법률상 지위에 직접적인 법률적 변동을 일으키지 아니하는 행위는 <u>항고소송의 대상이 될 수 없다</u>(대판 2019. 2. 14, 2016두41729).

아니요

07 ☐☐☐　　　　　　　　기본서 p. 840

지방의회의장에 대한 불신임의결은 행정처분으로 볼 수 없으므로 항고소송의 대상이 되지 않습니까?

지방의회의장에 대한 불신임의결은 의장의 권한을 박탈하는 행정처분의 일종으로서 행정소송의 대상이 된다(대결 1994. 10. 11, 94두23).

아니요

08 ☐☐☐　　　　　　　　기본서 p. 841

「국가를 당사자로 하는 계약에 관한 법률」에 따라 각 중앙관서의 장이 행하는 입찰참가자격제한조치는 처분입니까?

「국가를 당사자로 하는 계약에 관한 법률」에 따라 각 중앙관서의 장이 행하는 입찰참가자격제한조치는 처분성이 인정된다. 대법원도 국가나 지방자치단체 등의 행정청이 행하는 입찰참가자격제한조치에 처분성을 긍정하고 있다(대판 1983. 7. 12, 83누127).

예

09 ☐☐☐ 기본서 p. 841

공기업 · 준정부기관이 입찰을 거쳐 계약을 체결한 상대방에 대해 「공공기관의 운영에 관한 법률」 등에 따라 계약조건 위반을 이유로 입찰참가자격제한처분을 하기 위하여서는, 입찰공고와 계약서에 미리 계약조건과 그 계약조건을 위반할 경우 입찰참가자격제한을 받을 수 있다는 사실을 모두 명시하여야 합니까?

공기업 · 준정부기관이 입찰을 거쳐 계약을 체결한 상대방에 대해 「공공기관의 운영에 관한 법률」 제39조 제2항 등에 따라 계약조건 위반을 이유로 입찰참가자격제한처분을 하기 위해서는 입찰공고와 계약서에 미리 계약조건과 그 계약조건을 위반할 경우 입찰참가자격제한을 받을 수 있다는 사실을 모두 명시해야 한다(대판 2021. 11. 11, 2021두43491).

예

10 ☐☐☐ 기본서 p. 842

공기업 · 준정부기관이 법령 또는 계약에 근거하여 선택적으로 입찰참가자격제한조치를 할 수 있는 경우, 계약상대방에 대한 입찰참가자격제한조치가 법령에 근거한 행정처분인지 아니면 계약에 근거한 권리 행사인지는 원칙적으로 의사표시의 해석 문제입니까?

공기업 · 준정부기관이 법령 또는 계약에 근거하여 선택적으로 입찰참가자격제한조치를 할 수 있는 경우, 계약상대방에 대한 입찰참가자격제한조치가 법령에 근거한 행정처분인지 아니면 계약에 근거한 권리 행사인지는 원칙적으로 의사표시의 해석 문제이다(대판 2018. 10. 25, 2016두33537).

예

11 ☐☐☐ 기본서 p. 842

행정규칙인 고시가 집행행위의 개입 없이도 그 자체로서 국민의 구체적인 권리 · 의무에 직접적인 변동을 초래하는 경우에는 항고소송의 대상이 됩니까?

고시가 집행행위의 매개 없이 직접 국민의 권리 · 의무를 규율하는 경우 처분이 된다(대판 2006. 9. 22, 2005두2506).

예

12 ☐☐☐ 기본서 p. 842

항정신병 치료제의 요양급여 인정기준에 관한 보건복지부 고시가 다른 집행행위의 매개 없이 그 자체로서 직접 국민의 구체적인 권리 · 의무와 법률관계를 규율하는 성격을 가질 때에는 항고소송의 대상이 되는 행정처분에 해당합니까?

항정신병 치료제의 요양급여 인정기준에 관한 보건복지부 고시는 다른 집행행위의 매개 없이 그 자체로서 제약회사, 요양기관, 환자 및 국민건강보험공단 사이의 법률관계를 직접 규율하므로 항고소송의 대상이 되는 행정처분에 해당한다(대결 2003. 10. 9, 2003무23).

예

13 ☐☐☐ 기본서 p. 843

교육인적자원부장관(현 교육부장관)이 시 · 도교육감에 통보한 대학입시기본계획 내의 내신성적산정지침은 행정처분입니까?

교육부장관이 시 · 도교육감에 통보한 대학입시기본계획 내의 내신성적산정지침은 항고소송의 대상인 행정처분이 아니다(대판 1994. 9. 10, 94두33).

아니요

14 ☐☐☐ 기본서 p. 845

거부가 처분이 되기 위한 요건으로서의 신청권의 존부는 신청의 인용이라는 만족적 결과를 얻을 권리에 따라 결정됩니까?

거부가 처분이 되기 위한 신청권은 신청의 인용이라는 만족적 결과를 얻을 권리를 의미하는 것이 아니라 관계 법규의 해석상 일반국민에게 그러한 신청권을 인정하고 있는가를 살펴 추상적으로 판단해야 한다는 것이 판례의 입장이다(대판 1996. 6. 11, 95누12460).

아니요

15 ☐☐☐ 기본서 p. 846

대학 교원의 임용권자가 임용기간이 만료된 조교수에 대하여 재임용을 거부하는 취지로 한 임용기간만료의 통지는 행정처분입니까?

기간제로 임용되어 임용기간이 만료된 국 · 공립대학의 조교수는 …… 재임용 여부에 관하여 합리적인 기준에 의한 공정한 심사를 요구할 법규상 또는 조리상 신청권을 가진다고 할 것이니, 대학 교원의 임용권자가 임용기간이 만료된 조교수에 대하여 재임용을 거부하는 취지로 한 임용기간만료의 통지는 대학 교원의 법률관계에 영향을 주는 것으로서 처분이다(대판 2004. 4. 22, 2000두7735 전합).

예

16 ☐☐☐   기본서 p. 846

건축계획심의신청에 대한 반려처분은 행정처분입니까?

건축계획심의신청에 대한 반려처분은 항고소송의 대상이 되는 행정
처분에 해당한다(대판 2007. 10. 11, 2007두1316).

예

17 ☐☐☐   기본서 p. 846

피해자의 의사와 무관하게 주민등록번호가 유출된 경우라고 하더
라도 주민등록번호의 변경을 요구할 신청권은 인정되지 않으므로,
구청장의 주민등록번호 변경신청 거부행위는 항고소송의 대상이
되는 행정처분에 해당하지 않습니까?

피해자의 의사와 무관하게 주민등록번호가 유출된 경우에는 조리
상 주민등록번호의 변경을 요구할 신청권을 인정함이 타당하고, 구
청장의 주민등록번호 변경신청 거부행위는 항고소송의 대상이 되
는 행정처분에 해당한다(대판 2017. 6. 15, 2013두2945).

아니요

18 ☐☐☐   기본서 p. 847

방위사업법령 및 국방전력발전업무훈령에 따른 연구개발확인서발급은 사업관리기관이 개발업체에게 해당 품목의 양산과 관련하여 수의계
약의 방식으로 국방조달계약을 체결할 수 있는 지위가 있음을 인정해 주는 확인적 행정행위로서 처분에 해당합니까?

국방전력발전업무훈령 제113조의5 제1항에 의한 연구개발확인서발급은 개발업체가 '업체투자연구개발' 방식 또는 '정부·업체공동투자연구개
발' 방식으로 전력지원체계 연구개발사업을 성공적으로 수행하여 군사용 적합판정을 받고 국방규격이 제·개정된 경우에 사업관리기관이 개발
업체에게 해당 품목의 양산과 관련하여 경쟁입찰에 부치지 않고 수의계약의 방식으로 국방조달계약을 체결할 수 있는 지위(경쟁입찰의 예외사
유)가 있음을 인정해 주는 '확인적 행정행위'로서 공권력의 행사인 '처분'에 해당한다(대판 2020. 1. 16, 2019다264700).

예

19 ☐☐☐   기본서 p. 847

공사중지명령의 원인사유가 해소되었다면 중지명령의 상대방은
공사중지명령의 해제를 신청할 수 있고, 이에 대한 거부는 처분성
이 인정됩니까?

공사중지명령에 있어서는 그 명령의 내용 자체로 또는 그 성질상으
로 명령 이후에 그 원인사유가 해소되는 경우에는 잠정적으로 내린
당해 공사중지명령의 해제를 요구할 수 있는 권리를 위 명령의 상
대방에게 인정하고 있다고 할 것이므로, 회사에게는 조리상으로 그
해제를 요구할 수 있는 권리가 인정된다(편저자 주 : 해제신청 거부
의 처분성 인정)(대판 1997. 12. 26, 96누17745).

예

20 ☐☐☐   기본서 p. 847

법률에 의하여 당연퇴직된 공무원의 복직 또는 재임용신청에 대한
행정청의 거부행위는 항고소송의 대상이 되는 행정처분에 해당합
니까?

과거에 법률에 의하여 당연퇴직된 공무원의 복직 또는 재임용신청
에 대한 행정청의 거부행위는 항고소송의 대상이 되는 행정처분에
해당하지 아니한다(대판 2005. 11. 25, 2004두12421).

아니요

21 ☐☐☐   기본서 p. 848

업무상 재해를 당한 甲의 요양급여신청에 대하여 근로복지공단이
사업주를 乙회사로 보아 요양승인사실을 통지하자, 乙회사가 甲이
자신의 근로자가 아니라고 주장하면서 사업주변경신청을 하였으나
근로복지공단이 거부통지를 한 경우, 이 통지는 행정처분입니까?

업무상 재해를 당한 甲의 요양급여신청에 대하여 근로복지공단이
요양승인처분을 하면서 사업주를 乙 회사로 보아 요양승인사실을
통지하자, 乙회사가 甲이 자신의 근로자가 아니라고 주장하면서 사
업주변경신청을 하였으나 근로복지공단이 거부통지를 한 사안에
서, 위 통지는 항고소송의 대상이 되는 행정처분이 되지 않는다(대판
2016. 7. 14, 2014두47426).

아니요

22 ☐☐☐   기본서 p. 848

수익적 행정행위 신청에 대한 거부처분이 있은 후 당사자가 다시
신청하고 행정청이 이를 다시 거절한 것은 원칙적으로 새로운 거부
처분으로 봅니까?

수익적 행정행위 신청에 대한 거부처분은 당사자의 신청에 대하여
관할 행정청이 거절하는 의사를 대외적으로 명백히 표시함으로써
성립되고, 거부처분이 있은 후 당사자가 다시 신청을 한 경우에는
신청의 제목 여하에 불구하고 그 내용이 새로운 신청을 하는 취지
라면 관할 행정청이 이를 다시 거절하는 것은 새로운 거부처분으로
봄이 원칙이다(대판 2019. 4. 3, 2017두52764).

예

23 ☐☐☐ 기본서 p. 849

구 「청소년 보호법」에 따른 청소년유해매체물 결정 및 고시처분은 일반 불특정 다수인을 상대방으로 하는 행정처분입니까?

구 「청소년 보호법」에 따른 청소년유해매체물 결정·고시처분은 행정처분이다(대판 2007. 6. 14, 2004두619).

예

24 ☐☐☐ 기본서 p. 849

개발부담금 산정을 위한 개별공시지가결정은 행정소송법상 '처분'에 해당합니까?

표준공시지가결정(대판 1994. 3. 8, 93누10828)과 개별공시지가 결정(대판 1994. 2. 8, 93누111)에 대해 처분성을 긍정함이 판례의 입장이다.

예

25 ☐☐☐ 기본서 p. 850~851

감액경정처분과 증액경정처분의 경우, 취소소송의 대상은 모두 경정처분입니까?

감액경정처분의 경우에는 감액되고 남은 당초 처분이 취소소송의 대상이 되며 제소기간의 준수 여부도 당초 처분을 기준으로 판단하여야 하고, 증액경정처분의 경우에는 당초 처분은 증액경정처분에 흡수되므로 증액경정처분만이 취소소송의 대상이 된다는 것이 판례의 입장이다.

아니요

26 ☐☐☐ 기본서 p. 850

감액경정처분이 있는 경우, 항고소송의 대상은 당초의 부과처분 중 경정처분에 의하여 아직 취소되지 않고 남은 부분이고, 적법한 전심절차를 거쳤는지 여부도 당초 처분을 기준으로 판단하여야 합니까?

과세표준과 세액을 감액하는 경정처분으로도 아직 취소되지 아니하고 남아 있는 부분이 위법하다 하여 다투는 경우, 항고소송의 대상은 당초의 부과처분 중 경정처분에 의하여 아직 취소되지 않고 남은 부분이고, 그 경정처분이 항고소송의 대상이 되는 것은 아니며, 이 경우 적법한 전심절차를 거쳤는지 여부도 당초 처분을 기준으로 판단하여야 한다(대판 2009. 5. 28, 2006두16403).

예

27 ☐☐☐ 기본서 p. 851

검사의 불기소결정에 대해서는 항고소송을 제기할 수 있습니까?

검사의 불기소결정에 대해서는 검찰청법에 의한 항고와 재항고, 형사소송법에 의한 재정신청에 의해서만 불복할 수 있는 것이므로, 이에 대해서는 행정소송법상 항고소송을 제기할 수 없다(대판 2018. 9. 28, 2017두47465).

아니요

28 ☐☐☐ 기본서 p. 852

공무원징계양정규칙(행정규칙)에 의한 불문경고조치는 행정처분입니까?

공무원징계양정규칙(행정규칙)에 의한 불문경고조치는 항고소송의 대상이 되는 행정처분에 해당한다(대판 2002. 7. 26, 2001두3532).

예

29-1 ☐☐☐ 기본서 p. 853

어떠한 처분의 근거가 행정규칙에 규정되어 있다면 그 처분이 상대방의 권리·의무에 직접 영향을 미치는 행위라도 항고소송의 대상이 되는 처분이 아닙니까?

어떠한 처분의 근거가 행정규칙에 규정되어 있다고 하더라도, 그 처분이 상대방에게 권리의 설정 또는 의무의 부담을 명하거나 기타 법적인 효과를 발생하게 하는 등으로 그 상대방의 권리·의무에 직접 영향을 미치는 행위라면, 이 경우에도 항고소송의 대상이 되는 행정처분에 해당한다(대판 2004. 11. 26, 2003두10251·10268).

아니요

29-2 ☐☐☐ 기본서 p. 853

항공노선에 대한 운수권배분은 항고소송의 대상이 되는 행정처분에 해당합니까?

정부 간 항공노선의 개설에 관한 잠정협정 및 비밀양해각서와 건설교통부(현 국토교통부) 내부지침에 의한 항공노선에 대한 운수권배분처분은 항고소송의 대상이 되는 행정처분에 해당한다(대판 2004. 11. 26, 2003두10251·10268).

예

30 ☐☐☐   기본서 p. 853

과세관청의 원천징수의무자인 법인에 대한 소득금액변동통지는 행정처분입니까?

과세관청의 원천징수의무자인 법인에 대한 소득금액변동통지는 항고소송의 대상이 되는 행정처분이다(대판 2006. 4. 20, 2002두 1878 전합).

예

31 ☐☐☐   기본서 p. 853

구 「남녀차별금지 및 구제에 관한 법률」상 국가인권위원회의 성희롱결정 및 시정조치권고는 행정처분입니까?

구 「남녀차별금지 및 구제에 관한 법률」상 국가인권위원회의 성희롱결정 및 시정조치권고는 행정소송의 대상이 되는 행정처분에 해당한다(대판 2005. 7. 8, 2005두487).

예

32 ☐☐☐   기본서 p. 854

공정거래위원회의 '표준약관 사용권장행위'는 행정처분입니까?

공정거래위원회의 '표준약관 사용권장행위'는 항고소송의 대상이 되는 처분이다(대판 2010. 10. 14, 2008두23184).

예

33 ☐☐☐   기본서 p. 855

지적공부 소관청이 토지대장을 직권으로 말소하는 행위는 항고소송의 대상이 되는 행정처분에 해당합니까?

지적공부 소관청이 토지대장을 직권으로 말소한 행위는 항고소송의 대상이 되는 행정처분에 해당한다(대판 2013. 10. 24, 2011두 13286).

예

34 ☐☐☐   기본서 p. 855

세무조사결정은 납세의무자의 권리·의무에 직접 영향을 미치는 공권력의 행사에 따른 행정작용으로서 항고소송의 대상이 됩니까?

부과처분을 위한 과세관청의 질문조사권이 행해지는 세무조사결정이 있는 경우 납세의무자는 세무공무원의 과세자료 수집을 위한 질문에 대답하고 검사를 수인하여야 할 법적 의무를 부담하게 되는 점 …… 등을 종합하면, 세무조사결정은 납세의무자의 권리·의무에 직접 영향을 미치는 공권력의 행사에 따른 행정작용으로서 항고소송의 대상이 된다(대판 2011. 3. 10, 2009두23617·23624).

예

35 ☐☐☐   기본서 p. 855

자동차운송사업양도·양수인가신청에 대하여 행정청이 내인가를 한 후 그 본인가신청이 있음에도 내인가를 취소한 경우, 내인가취소는 행정처분입니까?

자동차운송사업양도·양수인가신청에 대하여 행정청이 내인가를 한 후 그 본인가신청이 있음에도 내인가를 취소한 경우 내인가취소는 인가신청을 거부하는 처분이다(대판 1991. 6. 28, 90누4402).

예

36 ☐☐☐   기본서 p. 855

구 「표시·광고의 공정화에 관한 법률」 위반으로 인한 공정거래위원회의 경고의결은 당해 표시·광고의 위법을 확인하되 구체적인 조치까지는 명하지 아니하는 것으로, 사업자의 자유와 권리를 제한하는 행정처분에 해당하지 않습니까?

구 「표시·광고의 공정화에 관한 법률」 위반을 이유로 한 공정거래위원회의 경고의결은 당해 표시·광고의 위법을 확인하되 구체적인 조치까지는 명하지 않는 것으로 사업자가 장래 다시 「표시·광고의 공정화에 관한 법률」 위반행위를 할 경우 과징금 부과 여부나 그 정도에 영향을 주는 고려사항이 되어 사업자의 자유와 권리를 제한하는 행정처분에 해당한다(대판 2013. 12. 26, 2011두4930).

아니요

37 ☐☐☐   기본서 p. 856

「사회기반시설에 대한 민간투자법」상 민간투자시설사업의 사업시행자 지정은 행정처분에 해당합니까?

「사회기반시설에 대한 민간투자법」에 근거한 서울－춘천 간 고속도로 민간투자시설사업의 사업시행자 지정처분은 항고소송의 대상이 되는 행정처분이다(대판 2009. 4. 23, 2007두13159).

예

38 ☐☐☐   기본서 p. 856

교도소장이 특정 수형자를 '접견내용 녹음·녹화 및 접견시 교도관 참여대상자'로 지정한 행위는 행정처분입니까?

교도소장이 수형자 甲을 '접견내용 녹음·녹화 및 접견시 교도관 참여대상자'로 지정한 사안에서, 위 지정행위는 수형자의 구체적 권리·의무에 직접적 변동을 가져오는 행정청의 공법상 행위로서 항고소송의 대상이 되는 '처분'에 해당한다(대판 2014. 2. 13, 2013두20899).

예

39 ☐☐☐   기본서 p. 856

국가인권위원회의 각하 및 기각결정은 항고소송의 대상이 되는 처분입니까?

국가인권위원회의 각하 및 기각결정은 법률상 신청권이 있는 피해자인 진정인의 권리 행사에 중대한 지장을 초래하는 것으로서 항고소송의 대상이 되는 행정처분에 해당한다(헌재 2015. 3. 26, 2013헌마214 등).

예

40 ☐☐☐   기본서 p. 858

구 「산업집적활성화 및 공장설립에 관한 법률」에 따른 산업단지입주계약의 해지통보는 항고소송의 대상이 되는 행정처분에 해당합니까?

산업단지관리공단의 구 「산업집적활성화 및 공장설립에 관한 법률」제38조 제2항에 따른 입주변경계약 취소는 행정청인 관리권자로부터 관리업무를 위탁받은 산업단지관리공단이 우월적 지위에서 입주기업체들에게 일정한 법률상 효과를 발생하게 하는 것으로서 항고소송의 대상이 되는 행정처분에 해당한다(대판 2017. 6. 15, 2014두46843).

예

41 ☐☐☐   기본서 p. 859

교육공무원법에 따라 승진후보자 명부에 포함되어 있던 후보자를 승진심사에 의해 승진임용인사발령에서 제외하는 행위는 행정처분입니까?

교육공무원법상 승진후보자 명부에 의한 승진심사 방식으로 행해지는 승진임용에서 승진후보자 명부에 포함되어 있던 후보자를 승진임용인사발령에서 제외하는 행위는 불이익처분으로서 항고소송의 대상인 처분에 해당한다(대판 2018. 3. 27, 2015두47492).

예

42 ☐☐☐   기본서 p. 859

재단법인 한국연구재단이 대학교 총장에게 연구개발비의 부당집행을 이유로 과학기술기본법령에 따라 '두뇌한국(BK)21 사업'협약의 해지를 통보한 것은 행정처분에 해당합니까?

재단법인 한국연구재단이 甲대학교 총장에게 연구개발비의 부당집행을 이유로 '두뇌한국(BK)21 사업'협약의 해지를 통보한 사안에서, 과학기술기본법령상 사업협약의 해지통보는 단순히 대등당사자의 지위에서 형성된 공법상 계약을 계약당사자의 지위에서 종료시키는 의사표시에 불과한 것이 아니라 행정청이 우월적 지위에서 연구개발비의 회수 및 관련자에 대한 국가연구개발사업 참여제한 등의 법률상 효과를 발생시키는 행정처분에 해당한다(대판 2014. 12. 11, 2012두28704).

예

43 ☐☐☐   기본서 p. 859

조달청이 국가종합전자조달시스템인 나라장터 종합쇼핑몰에 거래정지조치를 하는 것은 행정처분에 해당합니까?

피고가 사법상 계약인 물품구매(제조)계약 추가특수조건에 근거하여 한 나라장터 종합쇼핑몰 거래정지조치는 비록 추가특수조건이라는 사법상 계약에 근거한 것이기는 하지만 행정청인 피고가 행하는 구체적 사실에 관한 법집행으로서의 공권력의 행사로서 그 상대방인 원고의 권리·의무에 직접 영향을 미치므로 항고소송의 대상이 되는 행정처분에 해당한다(대판 2018. 11. 29, 2015두52395).

예

44 ☐☐☐   기본서 p. 860

지방자치단체의 장이 민간투자사업을 추진하는 과정에서 우선협상대상자를 선정하는 행위와 이미 선정된 우선협상대상자를 그 지위에서 배제하는 행위는 항고소송의 대상이 되는 행정처분입니까?

지방자치단체의 장이 「공유재산 및 물품 관리법」에 근거하여 기부채납 및 사용·수익허가 방식으로 민간투자사업을 추진하는 과정에서 사업시행자를 지정하기 위한 전 단계에서 공모제안을 받아 일정한 심사를 거쳐 우선협상대상자를 선정하는 행위와 이미 선정된 우선협상대상자를 그 지위에서 배제하는 행위는 항고소송의 대상이 되는 행정처분이다(대판 2020. 4. 29, 2017두31064).

예

45-1 ☐☐☐   기본서 p. 860

법무사가 사무원을 채용할 때 소속 지방법무사회로부터 승인을 받아야 할 의무는 공법상 의무입니까?

법무사가 사무원 채용에 관하여 법무사법이나 법무사규칙을 위반하는 경우에는 소관 지방법원장으로부터 징계를 받을 수 있으므로, 법무사에 대하여 지방법무사회로부터 채용승인을 얻어 사무원을 채용할 의무는 법무사법에 의하여 강제되는 공법적 의무이다(대판 2020. 4. 9, 2015다34444).

예

45-2 ☐☐☐   기본서 p. 860

법무사의 사무원 채용승인신청에 대하여 소속 지방법무사회가 '채용승인을 거부'하는 조치 또는 '채용승인을 취소'하는 조치는 항고소송의 대상에 해당합니까?

법무사의 사무원 채용승인신청에 대하여 소속 지방법무사회가 '채용승인을 거부'하는 조치 또는 일단 채용승인을 하였으나 법무사규칙 제37조 제6항을 근거로 '채용승인을 취소'하는 조치는 항고소송의 대상인 '처분'에 해당한다(대판 2020. 4. 9, 2015다34444).

예

46 ☐☐☐   기본서 p. 861

「총포 · 도검 · 화약류 등의 안전관리에 관한 법률」에 따른 총포 · 화약안전기술협회가 회비납부의무자에 대하여 한 회비납부통지는 항고소송의 대상이 되는 처분에 해당하지 않습니까?

「총포 · 도검 · 화약류 등의 안전관리에 관한 법률 시행령」 제78조 제1항 제3호, 제79조 및 총포 · 화약안전기술협회(이하 '협회'라 한다) 정관의 관련 규정의 내용을 위 법리에 비추어 보면, 공법인인 협회가 자신의 공행정활동에 필요한 재원을 마련하기 위하여 회비납부의무자에 대하여 한 '회비납부통지'는 납부의무자의 구체적인 부담금액을 산정 · 고지하는 '부담금 부과처분'으로서 항고소송의 대상이 된다고 보아야 한다(대판 2021. 12. 30, 2018다241458).

아니요

47 ☐☐☐   기본서 p. 861

코로나바이러스감염증-19의 예방을 위해 음식점 및 PC방 운영자 등에게 영업시간을 제한하거나 이용자 간 거리를 둘 의무를 부여하는 서울특별시고시는 판례가 그 처분성을 인정합니까?

코로나바이러스감염증-19의 예방을 위하여 음식점 및 PC방 운영자 등에게 영업시간을 제한하거나 이용자 간 거리를 둘 의무를 부여하는 심판대상고시는 관내 음식점 및 PC방의 관리자 · 운영자들에게 일정한 방역수칙을 준수할 의무를 부과하는 것으로서, 항고소송의 대상인 행정처분에 해당한다(대결 2022. 10. 27, 2022두48646 참조).

예

48 ☐☐☐   기본서 p. 862

해양수산부장관의 항만 명칭결정은 항고소송의 대상이 되는 행정처분입니까?

해양수산부장관의 항만 명칭결정은 국민의 권리 · 의무나 법률상 지위에 직접적인 법률적 변동을 일으키는 행위가 아니므로 항고소송의 대상이 되는 행정처분이 아니다(대판 2008. 5. 29, 2007두34873).

아니요

49 ☐☐☐   기본서 p. 862

도지사가 공공기관이 이전할 혁신도시 최종입지를 선정한 행위는 행정처분입니까?

정부의 수도권 소재 공공기관의 지방이전시책을 추진하는 과정에서 도지사가 도 내 특정 시를 공공기관이 이전할 혁신도시 최종입지로 선정한 행위는 항고소송의 대상이 되는 행정처분이 아니다(대판 2007. 11. 15, 2007두10198).

아니요

50 ☐☐☐   기본서 p. 864

행정청이 토지대장상의 소유자명의변경신청을 거부하는 행위는 행정처분입니까?

소유자 명의가 변경된다고 하여도 이로 인하여 당해 토지에 대한 실체상의 권리관계에 변동을 가져올 수 없고 토지소유권이 지적공부의 기재만에 의하여 증명되는 것도 아니다. 따라서 행정청이 토지대장의 소유자명의변경신청을 거부한 행위는 항고소송의 대상이 되는 행정처분이 아니다(대판 2012. 1. 12, 2010두12354).

아니요

51 ☐☐☐　　　　　　　　　　　　　기본서 p. 864~865

주택건설사업이 양도되었으나 그 변경승인을 받기 이전에 행정청이 양수인에 대하여 양도인에 대한 사업계획승인을 취소하였다는 사실을 통지한 경우, 이러한 통지는 행정처분입니까?

<u>취소처분은 피승인자인 양도인에 대하여 행하여져야 할 것이므로 행정청이 주택건설사업의 양수인에 대하여 양도인에 대한 사업계획 승인의 취소사실을 통지한 것만으로는 양수인의 법률상 지위에 어떠한 변동을 일으키는 것은 아니므로 위 통지는 항고소송의 대상이 되는 행정처분이라고 할 수는 없다</u>(대판 2000. 9. 26, 99두646).

아니요

52 ☐☐☐　　　　　　　　　　　　　기본서 p. 865

국가보훈처장(현 국가보훈부장관)이 유족에게 한 '망인에 대한 서훈취소 통보'는 항고소송의 대상이 되는 처분입니까?

국가보훈처장(현 국가보훈부장관)이 유족에게 한 '망인에 대한 서훈취소 통보'는 항고소송의 대상이 되는 처분이 아니다(대판 2015. 4. 23, 2012두26920).

아니요

53 ☐☐☐　　　　　　　　　　　　　기본서 p. 865

재단법인 한국연구재단이 甲대학교 총장에게 연구개발비의 부당집행을 이유로 연구팀장 乙에 대한 대학 자체 징계를 요구한 것은 항고소송의 대상인 행정처분에 해당합니까?

<u>재단법인 한국연구재단이 甲대학교 총장에게 乙에 대한 대학 자체 징계를 요구한 것은</u> 법률상 구속력이 없는 권유 또는 사실상의 통지로서 乙의 권리·의무 등 법률상 지위에 직접적인 법률적 변동을 일으키지 않는 행위에 해당하므로, 항고소송의 대상인 행정처분에 <u>해당하지 않는다</u>(대판 2014. 12. 11, 2012두28704).

아니요

54 ☐☐☐　　　　　　　　　　　　　기본서 p. 866~867

구 「민원사무 처리에 관한 법률」에서 정한 사전심사결과 통보는 항고소송의 대상이 되는 행정처분에 해당하지 않습니까?

구 「민원사무 처리에 관한 법률」 제19조 제1항에서 정한 사전심사 결과 통보는 항고소송의 대상이 되는 행정처분에 해당하지 않는다(대판 2014. 4. 24, 2013두7834).

예

55 ☐☐☐　　　　　　　　　　　　　　　　　　　　　기본서 p. 865~866

감사원의 징계요구와 재심의결정은 항고소송의 대상이 되는 행정처분이라고 할 수 있습니까?

징계요구는 징계요구를 받은 기관의 장이 요구받은 내용대로 처분하지 않더라도 불이익을 받는 규정도 없고, 징계요구 내용대로 효과가 발생하는 것도 아니며, 징계요구에 의하여 행정청이 일정한 행정처분을 하였을 때 비로소 이해관계인의 권리관계에 영향을 미칠 뿐, <u>징계요구 자체만으로는 징계요구 대상 공무원의 권리·의무에 직접적인 변동을 초래하지도 아니하므로,</u> 행정청 사이의 내부적인 의사결정의 경로로서 '징계요구, 징계절차회부, 징계'로 이어지는 과정에서의 중간처분에 불과하여, <u>감사원의 징계요구와 재심의결정이 항고소송의 대상이 되는 행정처분이라고 할 수 없다</u>(대판 2016. 12. 27, 2014두5637).

아니요

56 ☐☐☐　　　　　　　　　　　　　기본서 p. 867

구 국세징수법상 가산금 또는 중가산금의 고지는 항고소송의 대상이 되는 처분입니까?

구 국세징수법상 가산금 또는 중가산금의 고지는 항고소송의 대상이 되는 처분이 아니다(대판 2005. 6. 10, 2005다15482).

아니요

57 ☐☐☐　　　　　　　　　　　　　기본서 p. 867

지방공무원법상의 고충심사결정은 행정상 쟁송의 대상이 되는 행정처분이라고 할 수 없습니까?

지방공무원법 제67조의2에서 규정하고 있는 …… 고충심사결정 자체에 의하여는 어떠한 법률관계의 변동이나 이익의 침해가 직접적으로 생기는 것은 아니므로 <u>고충심사결정은 행정상 쟁송의 대상이 되는 행정처분이라고 할 수 없다</u>(대판 1987. 12. 8, 87누657·87누658).

예

58 ☐☐☐   기본서 p. 867
국세환급금의 충당은 행정처분입니까?

국세환급금의 충당은 납세의무자가 갖는 환급청구권의 존부나 범위 또는 소멸에 구체적이고 직접적인 영향을 미치는 처분이라기보다는 국가의 환급금 채무와 조세채권이 대등액에서 소멸되는 점에서 오히려 민법상의 상계와 비슷하다(대판 2019. 6. 13, 2016다239888).

아니요

59 ☐☐☐ 미기출   기본서 p. 891
교육부장관이 2025학년도 전체 의대정원을 2,000명 증원하여 각 대학별로 배정한 것은 항고소송의 대상이 되는 처분으로 볼 여지가 없습니까?

교육부장관이 2024. 3. 20. 2025학년도 전체 의대정원을 2,000명 증원하여 각 대학별로 배정(증원배정)한 것은 항고소송의 대상이 되는 처분으로 볼 여지가 크다(대결 2024. 6. 19, 2024무689).

아니요

60 ☐☐☐   기본서 p. 867
구 지방세징수법상 지방세의 결손처분은 국세의 결손처분과 마찬가지로 더 이상 납세의무가 소멸하는 사유가 아니라 체납처분을 종료하는 의미만을 가지고, 결손처분의 취소는 국민의 권리와 의무에 영향을 미치는 행정처분이 아닙니까?

구 지방세기본법은 물론 현행 지방세징수법하에서도, 지방세의 결손처분은 국세의 결손처분과 마찬가지로 더 이상 납세의무가 소멸하는 사유가 아니라 체납처분을 종료하는 의미만을 가지게 되었고, 결손처분의 취소 역시 국민의 권리와 의무에 영향을 미치는 행정처분이 아니라 과거에 종료되었던 체납처분절차를 다시 시작한다는 행정절차로서의 의미만을 가지게 되었다(대판 2019. 8. 9, 2018다272407).

예

61 ☐☐☐   기본서 p. 270
「도시 및 주거환경정비법」상 토지 등 소유자들이 조합을 따로 설립하지 않고 직접 시행하는 도시환경정비사업에서 토지 등 소유자들이 사업시행인가를 받기 전에 작성한 사업시행계획은 항고소송의 대상이 되는 독립된 행정처분에 해당합니까?

조합을 따로 설립하지 아니하고 도시환경정비사업을 직접 시행하려는 토지 등 소유자들은 시장·군수로부터 사업시행인가를 받기 전에는 행정주체로서의 지위를 가지지 못한다. 따라서 그가 작성한 사업시행계획은 인가처분의 요건 중 하나에 불과하고 항고소송의 대상이 되는 독립된 행정처분에 해당하지 아니한다(대판 2013. 6. 13, 2011두19994).

아니요

62 ☐☐☐   기본서 p. 868
원처분주의하에서는 재결은 어떤 경우에 소송대상이 됩니까?

재결에 대한 취소소송은 재결 자체에 고유한 위법이 있는 경우에 한해 제기할 수 있다(행정소송법 제19조 단서).

재결 자체에 고유한 위법이 있는 경우

63 ☐☐☐   기본서 p. 869
재결취소소송에 있어서 재결 자체의 고유한 위법은 재결의 주체, 절차 및 형식상의 위법만을 의미하고, 내용상의 위법은 이에 포함되지 않습니까?

재결 자체의 고유한 위법에는 내용상의 위법도 포함된다.

아니요

64 ☐☐☐   기본서 p. 869
행정심판청구가 부적법하지 않음에도 각하한 재결은 심판청구인의 실체심리를 받을 권리를 박탈한 것으로서 원처분에 없는 고유한 하자가 있는 경우에 해당하고, 따라서 위 재결은 취소소송의 대상이 됩니까?

적법한 행정심판청구를 부적법하다고 보아 본안심리를 하지 않고 각하한 재결은 청구인의 본안심리를 받을 권리를 박탈한 재결로서, 이는 원처분에는 없는 재결에 고유한 하자가 있는 것이므로 이러한 경우에는 재결이 행정소송의 대상이 된다(대판 2001. 7. 27, 99두2970).

예

65 ☐☐☐   기본서 p. 869
징계혐의자에 대한 감봉 1월의 징계처분을 견책으로 변경한 소청결정 중 그를 견책에 처한 조치가 재량권의 남용 또는 일탈로서 위법하다는 사유는 소청결정 자체에 고유한 위법을 주장하는 것으로 볼 수 있습니까?

항고소송은 원칙적으로 당해 처분을 대상으로 하나, 당해 처분에 대한 재결 자체에 고유한 주체, 절차, 형식 또는 내용상의 위법이 있는 경우에 한해 재결을 대상으로 할 수 있다고 해석되므로, 징계혐의자에 대한 감봉 1월의 징계처분을 견책으로 변경한 소청결정 중 그를 견책에 처한 조치는 재량권의 남용 또는 일탈로서 위법하다는 사유는 소청결정 자체에 고유한 위법을 주장하는 것으로 볼 수 없어 소청결정의 취소사유가 될 수 없다(대판 1993. 8. 24, 93누5673).

아니요

66 ☐☐☐   기본서 p. 870

제3자효를 수반하는 행정행위에 대한 행정심판청구에 있어서, 그 청구를 인용하는 내용의 재결로 인해 비로소 권리이익을 침해받게 되는 자라도 인용재결에 대해서는 항고소송을 제기하지 못합니까?

이른바 복효적 행정행위, 특히 제3자효를 수반하는 행정행위에 대한 행정심판청구에 있어서 그 청구를 인용하는 내용의 재결로 인하여 비로소 권리이익을 침해받게 되는 자는 재결의 당사자가 아니라고 하더라도 그 인용재결의 취소를 구하는 소를 제기할 수 있으나, 그 인용재결로 인하여 새로이 어떠한 권리이익도 침해받지 아니하는 자인 경우에는 그 재결의 취소를 구할 소의 이익이 없다(대판 1995. 6. 13, 94누15592).

아니요

67 ☐☐☐   기본서 p. 871

행정청이 식품위생법령에 따라 영업자에게 행정제재처분을 한 후 당초 처분을 영업자에게 유리하게 변경하는 처분을 한 경우, 취소소송의 대상 및 제소기간 판단기준이 되는 처분은 변경처분입니까?

행정청이 식품위생법령에 따라 영업자에게 행정제재처분을 한 후 당초 처분을 영업자에게 유리하게 변경하는 처분을 한 경우, 취소소송의 대상 및 제소기간의 판단기준이 되는 처분은 변경된 내용의 당초 처분이다(대판 2007. 4. 27, 2004두9302).

아니요

68 ☐☐☐   기본서 p. 871

재결 자체에 고유한 위법이 없는 경우인데도 재결을 대상으로 소송이 제기되었다면 청구기각판결을 합니까?

재결취소소송에 있어 재결 자체에 고유한 위법이 없는 경우, 법원은 재결취소소송을 기각하여야 한다(대판 1994. 1. 25, 93누16901).

예

69 ☐☐☐   기본서 p. 871~872

재결주의를 취하고 있는 개별법은 어떤 것이 있습니까?

재결주의를 취하고 있는 개별법은 감사원의 재심의 판정(감사원법), 중앙노동위원회의 재심판정(노동위원회법), 특허심판원의 심결(특허법) 등이 있다.

감사원법, 노동위원회법, 특허법 등

70 ☐☐☐   기본서 p. 873

사립학교 교원이 학교법인으로부터 징계를 받은 경우, 구제절차는 어떻게 됩니까?

❶ 사립학교 교원이 학교법인으로부터 해임처분을 받은 경우 사립학교 교원과 학교법인의 관계는 사법관계에 해당하므로 <u>민사소송</u>을 제기할 수 있다.

❷ 「교원지위향상을 위한 특별법」에 의하면 사립학교 교원은 교육부 내에 설치된 교원소청심사위원회(개정 전 교원징계재심위원회)에 소청심사청구를 할 수 있다. 이 경우 소청심사결정은 항고소송의 대상이 되는 처분이 되므로 결정에 불복이 있으면 <u>취소소송</u> 제기가 가능한데, 이때 피고는 교원소청심사위원회가 된다(대판 1993. 2. 12, 92누13707). 한편, 민사소송절차와 특별법에 따른 구제절차는 임의적·선택적이라는 것이 판례의 입장이다(헌재 2003. 12. 18, 2002헌바14 등).

해설 참조

제 38 강 | 항고소송 3(그 밖의 소송요건 및 소변경 등)

01 ☐☐☐   기본서 p. 876~877

처분이 있음을 안 날이란 처분의 위법 여부를 판단한 날을 의미합니까?

'처분이 있음을 안 날'이란 말 그대로 처분이 있음을 안 날이고 구체적으로 그 행정처분의 위법 여부를 판단한 날을 가리키는 것은 아니다(대판 1991. 6. 28, 90누6521).

아니요

02 ☐☐☐   기본서 p. 877

'처분이 있음을 안 날'은 처분이 있었다는 사실을 현실적으로 안 날을 의미하므로, 처분서를 송달받기 전 정보공개청구를 통하여 처분을 하는 내용의 일체의 서류를 교부받았다면 그 서류를 교부받은 날부터 제소기간이 기산됩니까?

처분의 상대방인 甲이 통지서를 송달받기 전에 정보공개를 청구하여 위 처분을 하는 내용의 통지서를 비롯한 일체의 서류를 교부받음으로써 적어도 그 무렵에는 처분이 있음을 알았더라도, 동 처분이 원고에게 고지되어 원고가 이러한 사실을 인식함으로써 처분이 있다는 사실을 현실적으로 알았을 때 행정소송법 제20조 제1항이 정한 제소기간이 진행된다(대판 2014. 9. 25, 2014두8254).

아니요

03 ☐☐☐   기본서 p. 877

통상 고시 또는 공고에 의하여 행정처분을 하는 경우에는 고시가 효력을 발생하는 날에 처분이 있음을 알았다고 봅니까?

통상 고시 또는 공고에 의하여 행정처분을 하는 경우에는 고시가 효력을 발생하는 날에 처분이 있음을 알았다고 보아야 한다(대판 2007. 6. 14, 2004두619).

예

04 ☐☐☐   기본서 p. 878

처분 당시에는 취소소송의 제기가 법제상 허용되지 않아 소송을 제기할 수 없다가 위헌결정으로 인하여 비로소 취소소송을 제기할 수 있게 된 경우, 제소기간의 기산점은 어떻게 됩니까?

처분 당시에는 취소소송의 제기가 법제상 허용되지 않아 소송을 제기할 수 없다가 위헌결정으로 인하여 비로소 취소소송을 제기할 수 있게 된 경우, 객관적으로는 '위헌결정이 있은 날', 주관적으로는 '위헌결정이 있음을 안 날' 비로소 취소소송을 제기할 수 있게 되어 이때를 제소기간의 기산점으로 삼아야 한다(대판 2008. 2. 1, 2007두20997).

객관적으로는 '위헌결정이 있은 날',
주관적으로는 '위헌결정이 있음을 안 날'

05 ☐☐☐   기본서 p. 879

행정심판법상 오고지에 관한 규정은 행정소송에도 적용됩니까?

행정심판법상 오고지에 관한 규정(행정심판법 제27조 제5항)은 행정소송에는 적용되지 아니한다(대판 2001. 5. 8, 2000두6916).

아니요

06 ☐☐☐   기본서 p. 880

취소소송은 처분 등이 있음을 안 날부터 90일 이내에 제기하여야 하는데, 행정심판청구를 할 수 있는 경우에 행정심판청구가 있은 때의 기간은 재결서의 정본을 송달받은 날부터 기산하며, 여기서 말하는 '행정심판'은 행정심판법에 따른 일반행정심판만을 의미합니까?

행정심판을 거쳐 취소소송을 제기하는 경우 취소소송은 재결서의 정본을 송달받은 날로부터 90일 이내에 제기하여야 하고, 이 기간은 불변기간이다. 여기서 말하는 행정심판은 행정심판법에 따른 일반행정심판과 이에 대한 특례로서 다른 법률에서 사안의 전문성과 특수성을 살리기 위하여 특히 필요하여 일반행정심판을 갈음하는 특별한 행정불복절차를 정한 경우의 특별행정심판을 포함한다(대판 2014. 4. 24, 2013두10809).

아니요

07 ☐☐☐   기본서 p. 880

처분의 불가쟁력이 발생하였고 그 이후에 행정청이 당해 처분에 대해 행정심판청구를 할 수 있다고 잘못 알렸다면, 그 처분의 취소소송의 제소기간은 언제부터 기산합니까?

이미 제소기간이 지남으로써 불가쟁력이 발생하여 불복청구를 할 수 없었던 경우라면 그 이후에 행정청이 행정심판청구를 할 수 있다고 잘못 알렸다고 하더라도 그 때문에 처분상대방이 적법한 제소기간 내에 취소소송을 제기할 수 있는 기회를 상실하게 된 것은 아니므로 이러한 경우에 잘못된 안내에 따라 청구된 행정심판재결서 정본을 송달받은 날부터 다시 취소소송의 제소기간이 기산되는 것은 아니다(대판 2012. 9. 27, 2011두27247).

처분이 있음을 안 날, 또는 처분이 있은 날로부터

08-1 ☐☐☐   기본서 p. 881
행정소송법상 소변경의 경우, 제소기간은 언제를 기준으로 합니까?

소 종류변경의 경우, 새로운 소에 대한 제소기간을 준수하였는지는 처음의 소를 제기한 때를 기준으로 판단하여야 한다.

처음의 소를 제기한 때

08-2 ☐☐☐   기본서 p. 881
민사소송법상 소변경의 경우, 제소기간은 언제를 기준으로 합니까?

청구취지를 변경하여 구소가 취하되고 새로운 소가 제기된 것으로 변경되었을 때에 새로운 소에 대한 제소기간을 준수하였는지는 원칙적으로 소의 변경이 있은 때를 기준으로 판단하여야 한다.

소의 변경이 있은 때

09-1 ☐☐☐   기본서 p. 882
처분변경명령재결에 따른 변경처분의 경우, 취소소송의 대상은 무엇입니까?

취소소송의 대상은 변경된 당초 처분이다(대판 2007. 4. 27, 2004두9302).

변경된 당초 처분

09-2 ☐☐☐   기본서 p. 882
처분변경명령재결에 따른 변경처분의 경우, 제소기간은 언제부터 기산합니까?

제소기간은 행정심판재결서 정본을 송달받은 날로부터 90일 이내이다(대판 2007. 4. 27, 2004두9302).

재결서 정본을 송달받은 날로부터

10 ☐☐☐   기본서 p. 883
원고가 행정소송법상 항고소송으로 제기하여야 할 사건을 민사소송으로 잘못 제기한 경우에 수소법원이 그 항고소송에 대한 관할을 가지고 있지 아니하여 관할 법원에 이송하는 결정을 하였고, 그 이송결정이 확정된 후 원고가 항고소송으로 소변경을 하였다면, 그 항고소송에 대한 제소기간의 준수 여부는 원칙적으로 처음에 소를 제기한 때를 기준으로 판단하여야 합니까?

원고가 행정소송법상 항고소송으로 제기해야 할 사건을 민사소송으로 잘못 제기한 경우에 수소법원이 그 항고소송에 대한 관할을 가지고 있지 아니하여 관할 법원에 이송하는 결정을 하였고, 그 이송결정이 확정된 후 원고가 항고소송으로 소변경을 하였다면, 그 항고소송에 대한 제소기간의 준수 여부는 원칙적으로 처음에 소를 제기한 때를 기준으로 판단하여야 한다(대판 2022. 11. 17, 2021두44425).

예

11 ☐☐☐   기본서 p. 882
조세심판에서 '재조사결정'에 따른 심사청구기간이나 심판청구기간 또는 행정소송의 제소기간의 기산점은 언제가 됩니까?

조세심판에서의 재결청의 재조사결정에 따른 심사청구기간이나 심판청구기간 또는 행정소송의 제소기간의 기산점은 후속처분의 통지를 받은 날이다(대판 2010. 6. 25, 2007두12514 전합).

후속처분의 통지를 받은 날

12 ☐☐☐   기본서 p. 883
행정처분의 당연무효를 선언하는 의미에서 그 취소를 구하는 행정소송을 제기하는 경우에는 취소소송의 제소기간을 준수하여야 합니까?

행정처분의 당연무효를 선언하는 의미에서 그 취소를 구하는 행정소송을 제기하는 경우에는 전치절차와 그 제소기간의 준수 등 취소소송의 제소요건을 갖추어야 한다(대판 1987. 6. 9, 87누219).

예

13 ☐☐☐　　　　　　　　　　　기본서 p. 883

부작위위법확인소송은 행정심판을 거친 경우에도 제소기간의 제한을 받지 않습니까?

행정심판 등 전심절차를 거친 경우에는 행정소송법 제20조가 정한 제소기간 내에 부작위법확인의 소를 제기하여야 한다(대판 2009. 7. 23, 2008두10560).

아니요

14 ☐☐☐　　　　　　　　　　　기본서 p. 883

행정심판이 아닌 이의신청의 경우, 이의신청에 대한 결과를 통지받은 날부터 취소소송의 제소기간이 기산됩니까?

「민원 처리에 관한 법률」상의 이의신청은 행정심판과는 성질을 달리하는 것이므로 「민원 처리에 관한 법률」에 따라 이의신청을 한 경우 이의신청에 대한 결과를 통지받은 날부터 취소소송의 제소기간이 기산되는 것은 아니라는 것이 판례의 입장이다.

아니요

15 ☐☐☐　　　　　　　　　　　기본서 p. 884

필요적 전치를 규정하고 있는 개별법에는 어떤 것들이 있습니까?

현재 국가공무원법, 지방공무원법, 교육공무원법, 관세법, 국세기본법, 지방세기본법, 도로교통법, 특허법 등에 필요적 전치주의가 규정되어 있다.

국가공무원법, 지방공무원법, 교육공무원법, 관세법, 국세기본법, 지방세기본법, 도로교통법, 특허법 등

16 ☐☐☐　　　　　　　　　　　기본서 p. 884

제기기간을 도과한 행정심판청구의 부적법을 간과한 채 행정청이 실질적 재결을 한 경우, 행정심판전치요건이 충족된 것으로 볼 수 있습니까?

제기기간을 도과한 행정심판청구의 부적법을 간과한 채 행정청이 실질적 재결을 한 경우, 행정심판의 전치요건은 충족된 것으로 볼 수 없다(대판 1990. 10. 12, 90누2383).

아니요

17 ☐☐☐　　　　　　　　　　　기본서 p. 884

필요적 전치주의를 규정하고 있는 경우 행정심판을 거치지 않고 소송을 제기하였으면 법원은 소송 계속 중 심판을 거쳤더라도 각하하여야 합니까?

행정심판전치주의가 적용되는 경우에 행정심판을 거치지 않고 소제기를 하였더라도 사실심변론종결 전까지 행정심판을 거친 경우 하자는 치유된 것으로 볼 수 있다(대판 1987. 4. 28, 86누29).

아니요

18 ☐☐☐　　　　　　　　　　　기본서 p. 885

행정심판전치주의는 무효확인소송에는 적용되지만, 취소소송과 부작위위법확인소송에는 적용되지 않습니까?

예외적 행정심판전치주의는 취소소송의 경우와 부작위법확인소송을 제기하는 경우에만 적용이 되고 무효확인소송에는 적용되지 않는다.

아니요

19 ☐☐☐　　　　　　　　　　　기본서 p. 885

필요적 전치주의를 규정하고 있더라도 행정심판을 제기함이 없이 소송을 제기할 수 있는 경우는 어떤 경우입니까?

① 동종사건에 관하여 이미 행정심판의 기각재결이 있은 때(**예** 동일한 행정처분에 의하여 여러 사람이 동일한 의무를 부담하는 경우 그중 한 사람이 행정심판을 제기하여 기각판결을 받은 때)
② 서로 내용상 관련되는 처분 또는 같은 목적을 위하여 단계적으로 진행되는 처분 중 어느 하나가 이미 행정심판의 재결을 거친 때(납세고지처분에 대해 행정심판을 거친 이상 가산금 및 중가산금 징수처분에 대한 행정소송을 제기함에 있어서 별도로 전심절차를 거칠 필요가 없다(대판 1986. 7. 22, 85누297)).
③ 행정청이 사실심변론종결 후 소송의 대상인 처분을 변경하여 당해 변경된 처분에 관하여 소를 제기하는 때
④ 처분을 행한 행정청이 행정심판을 거칠 필요가 없다고 잘못 알린 때(처분청이 아닌 행정심판업무 담당공무원이 잘못 알린 경우도 포함)

해설 참조

20 ☐☐☐　　　　　　　　　　기본서 p. 885

원고가 행정심판절차에서 주장하지 아니한 처분의 위법사유를 소송절차에서 새롭게 주장하였다면 다시 그 처분에 대하여 별도의 전심절차를 거쳐야 합니까?

항고소송에 있어서 원고는 전심절차(행정심판)에서 주장하지 아니한 공격·방어방법을 소송절차에서 주장할 수 있고 법원은 이를 심리하여 행정처분의 적법 여부를 판단할 수 있는 것이므로, 원고가 전심절차에서 주장하지 아니한 처분의 위법사유를 소송절차에서 새롭게 주장하였다고 하여 다시 그 처분에 대하여 별도의 전심절차를 거쳐야 하는 것은 아니다(대판 1996. 6. 14, 96누754).

아니요

22 ☐☐☐　　　　　　　　　　기본서 p. 886

행정소송법상 소의 종류의 변경시 요건은 무엇입니까?

① 취소소송이 계속되고 있을 것, ② 사실심변론종결시까지 원고의 신청이 있을 것(따라서 항소심에서는 소변경이 허용되나 상고심에서는 허용되지 않는다), ③ 취소소송을 당해 처분 등에 관계되는 사무가 귀속하는 국가 또는 공공단체에 대한 당사자소송 또는 취소소송 외의 항고소송으로 변경하는 경우일 것, ④ 청구의 기초에 변경이 없을 것, ⑤ 법원이 상당하다고 인정하여 허가결정을 할 것

해설 참조

24 ☐☐☐　　　　　　　　　　기본서 p. 886~887

행정소송법상 소변경은 1심에서만 가능합니까?

소변경은 사실심변론종결시까지 가능하므로, 항소심(2심)에서는 가능하나 상고심에서는 불가능하다.

아니요

26-1 ☐☐☐　　　　　　　　　　기본서 p. 889~892

집행정지의 적극적 요건과 소극적 요건에는 어떤 것들이 있습니까?

① 적극적 요건 : ㉠ 적법한 본안소송의 계속, ㉡ 처분 등의 존재, ㉢ 회복하기 어려운 손해예방의 필요, ㉣ 긴급한 필요 등
② 소극적 요건 : ㉠ 공공복리에 중대한 영향을 줄 우려가 없을 것, ㉡ 본안의 이유 없음이 명백하지 아니할 것 등

해설 참조

21 ☐☐☐　　　　　　　　　　기본서 p. 886

행정소송법상 소변경은 어떤 것이 있습니까?

행정소송법은 소변경에 관하여 소의 종류의 변경(행정소송법 제21조)과 처분변경으로 인한 소의 변경(동법 제22조) 2가지를 규정하고 있다.

해설 참조

23 ☐☐☐　　　　　　　　　　기본서 p. 887

행정소송법상 처분변경으로 인한 소변경시 요건은 무엇입니까?

① 처분의 변경이 있을 것, ② 처분의 변경이 있음을 안 날로부터 60일 이내일 것, ③ 원고의 신청이 있을 것, ④ 법원의 허가결정이 있을 것, ⑤ 취소소송이 계속 중이고 사실심변론종결 전이어야 하며, 변경되는 새로운 소는 적법하여야 한다(행정소송법 제22조). ⑥ 변경 전의 처분에 대하여 행정심판전치절차를 거쳤으면 새로운 처분에 대하여 별도의 행정심판을 거치지 않아도 된다.

해설 참조

25 ☐☐☐　　　　　　　　　　기본서 p. 886~887

행정소송법상 소변경은 법원의 직권으로도 가능합니까?

소변경은 법원의 직권으로는 불가능하며, 원고의 신청이 있어야 한다.

아니요

26-2 ☐☐☐　　　　　　　　　　기본서 p. 892

집행정지의 적극적 요건과 소극적 요건의 주장 및 소명책임은 각각 누구에게 있습니까?

집행정지의 적극적 요건은 신청인에게 주장 및 소명책임이 있고(대결 1999. 12. 20, 99무42), 소극적 요건은 행정청에게 주장 및 소명책임이 있다.

신청인, 행정청

27 ☐☐☐   기본서 p. 890

집행정지결정을 한 후에 본안소송이 취하되면 그 집행정지결정의 효력은 당연히 소멸합니까?

집행정지결정 후에라도 본안소송이 취하되어 소송계속이 인정되지 않으면 집행정지결정은 당연히 그 효력이 소멸한다(대판 1975. 11. 11, 75누97).

예

28 ☐☐☐   기본서 p. 890

집행정지결정은 취소소송, 무효등확인소송, 부작위위법확인소송에서 인정됩니까?

집행정지결정은 본안소송이 취소소송이나 무효등확인소송인 경우에만 허용되고, 부작위위법확인소송의 경우에는 허용되지 않는다.

아니요

29 ☐☐☐   기본서 p. 893

거부처분도 집행정지의 대상이 됩니까?

통설과 판례는 집행정지는 처분이 없었던 것과 같은 상태를 만드는 것을 의미할 뿐 그 이상으로 적극적 상태를 만드는 것은 아니므로 거부처분은 집행정지의 대상이 될 수 없다고 본다.

아니요

30 ☐☐☐   기본서 p. 894

절차의 속행정지만으로 목적을 달성할 수 있는 경우에도 효력정지가 허용됩니까?

행정권의 존중이라는 측면에서 판결이 확정되기 전의 처분의 효력정지는 가급적 억제되어야 하므로 처분의 집행정지, 절차의 속행정지만으로 목적을 달성할 수 있는 경우에는 처분의 효력정지는 허용되지 않는다.

아니요

31 ☐☐☐   기본서 p. 894

일정한 납부기한을 정한 과징금 부과처분에 대해 집행정지결정이 내려지면, 그 집행정지기간 동안 납부기간이 진행합니까?

일정한 납부기한을 정한 과징금 부과처분에 대한 집행정지결정이 내려지면 그 집행정지기간 동안 납부기간은 진행되지 않는다(대판 2003. 7. 11, 2002다48023).

아니요

32 ☐☐☐   기본서 p. 894

집행정지결정에는 기속력이 인정되지 않으므로, 집행정지결정이 있더라도 당사자인 행정청과 그 밖의 관계 행정청에 대하여 법적 구속력을 발생하지는 않습니까?

취소판결의 기속력에 관한 규정은 집행정지결정에도 준용되므로 집행정지결정의 효력은 신청인과 피신청인에게 미치며, 당사자인 행정청뿐만 아니라 그 밖의 관계 행정청도 기속한다.

아니요

33 ☐☐☐   기본서 p. 894~895

보조금 교부결정 취소처분에 대하여 법원이 효력정지결정을 하면서 주문에서 그 법원에 계속 중인 본안소송의 판결선고시까지 처분의 효력을 정지한다고 선언하였을 경우, 본안소송의 판결을 선고하면 정지결정의 효력은 소멸하고 이와 동시에 당초의 보조금 교부결정 취소처분의 효력이 당연히 되살아나므로 효력정지기간 동안 교부된 보조금의 반환을 명하여야 합니까?

행정소송법 제23조에 의한 효력정지결정의 효력은 결정주문에서 정한 시기까지 존속하고 그 시기의 도래와 동시에 효력이 당연히 소멸하므로, 보조금 교부결정의 일부를 취소한 행정청의 처분에 대하여 법원이 효력정지결정을 하면서 주문에서 그 법원에 계속 중인 본안소송의 판결선고시까지 처분의 효력을 정지한다고 선언하였을 경우, 본안소송의 판결선고에 의하여 그 정지결정의 효력은 소멸하고 이와 동시에 당초의 보조금 교부결정 취소처분의 효력이 당연히 되살아난다고 할 것이다. 따라서 효력정지결정의 효력이 소멸하여 보조금 교부결정 취소처분의 효력이 되살아난 경우, 특별한 사정이 없는 한 행정청으로서는 구 「보조금의 예산 및 관리에 관한 법률」 제31조 제1항에 따라 그 취소처분에 의하여 취소된 부분의 보조사업에 대하여 효력정지기간 동안 교부된 보조금의 반환을 명하여야 할 것이다(대판 2017. 7. 11, 2013두25498).

예

34 ☐☐☐   기본서 p. 894

집행정지결정의 효력은 결정주문에서 정한 시기까지 존속하며 그 시기의 도래와 동시에 효력이 당연히 소멸합니까?

집행정지결정의 효력은 결정주문에서 정한 기간까지 존속하다가 그 기간이 만료되면 장래에 향하여 당연히 소멸한다(대판 2020. 9. 3, 2020두34070). 다만, 주문에 특별한 정함이 없는 때에는 본안판결이 확정될 때까지 그 효력이 존속한다.

예

35 ☐☐☐   기본서 p. 895

제재처분에 대한 행정쟁송에서 처분에 대해 집행정지결정이 이루어졌더라도 본안에서 해당 처분이 최종적으로 적법한 것으로 확정되면, 처분청으로서는 당초 집행정지결정이 없었던 것과 동등한 수준으로 해당 제재처분이 집행되도록 필요한 조치를 취하여야 합니까?

제재처분에 대한 행정쟁송절차에서 처분에 대해 집행정지결정이 이루어졌더라도 본안에서 해당 처분이 최종적으로 적법한 것으로 확정되어 집행정지결정이 실효되고 제재처분을 다시 집행할 수 있게 되면, 처분청으로서는 당초 집행정지결정이 없었던 경우와 동등한 수준으로 해당 제재처분이 집행되도록 필요한 조치를 취하여야 한다(대판 2020. 9. 3, 2020두34070).

예

36 ☐☐☐ 미기출   기본서 p. 896

'집행정지가 공공복리에 중대한 영향을 미치는 때'라 함은 집행정지결정과 관련된 구체적 · 개별적인 공익에 중대한 해를 입힐 개연성을 말합니까?

행정소송법 제24조 제1항에서 규정하고 있는 집행정지결정의 취소사유는 특별한 사정이 없는 한 집행정지결정이 확정된 이후에 발생한 것이어야 하고, 그중 '집행정지가 공공복리에 중대한 영향을 미치는 때'라 함은 일반적 · 추상적인 공익에 대한 침해의 가능성이 아니라 당해 집행정지결정과 관련된 구체적 · 개별적인 공익에 중대한 해를 입힐 개연성을 말하는 것이다(대결 2005. 7. 15, 2005무16).

예

37 ☐☐☐   기본서 p. 896

집행정지결정에 대한 즉시항고는 결정의 집행을 정지하는 효력이 있습니까?

집행정지결정에 대한 즉시항고는 그 즉시항고의 대상인 결정의 집행을 정지하는 효력이 없다(행정소송법 제23조 제5항, 제24조 제2항).

아니요

38 ☐☐☐   기본서 p. 897

현행 행정소송법은 적극적인 가구제수단으로서 임시처분을 명문으로 규정하고 있습니까?

현행 행정소송법은 행정심판법과 달리 임시처분에 대한 규정을 두고 있지 않다.

아니요

39 ☐☐☐   기본서 p. 897

항고소송의 대상이 되는 행정처분의 효력이나 집행 혹은 절차속행 등의 정지를 구하는 신청은 행정소송법상 집행정지신청의 방법으로서만 가능할 뿐이고 민사소송법상 가처분의 방법으로는 허용될 수 없습니까?

민사소송법상의 보전처분은 민사판결절차에 의하여 보호받을 수 있는 권리에 관한 것이므로, 민사소송법상의 가처분으로써 행정청의 어떤 행정행위의 금지를 구하는 것은 허용될 수 없다 할 것이다(대결 1992. 7. 6, 92마54).

예

01-1 ☐☐☐   기본서 p. 901

행정소송의 대상이 되는 행정처분의 존부는 소송요건으로서 직권조사사항이고, 자백의 대상이 될 수 없는 것입니까?

> 행정소송에서 쟁송의 대상이 되는 행정처분의 존부는 소송요건으로서 직권조사사항이고, 자백의 대상이 될 수 없는 것이다(대판 2004. 12. 24, 2003두15195).

예

01-2 ☐☐☐   기본서 p. 901

설사 행정처분의 존재를 당사자들이 다투지 아니한다 하더라도 그 존부에 관하여 의심이 있는 경우에는 이를 직권으로 밝혀 보아야 합니까?

> 설사 행정처분의 존재를 당사자들이 다투지 아니한다 하더라도 그 존부에 관하여 의심이 있는 경우에는 이를 직권으로 밝혀 보아야 한다(대판 2004. 12. 24, 2003두15195).

예

01-3 ☐☐☐   기본서 p. 901

사실심에서 변론종결시까지 당사자가 주장하지 않던 직권조사사항에 해당하는 사항을 상고심에서 비로소 주장하는 경우, 그 직권조사사항에 해당하는 사항은 상고심의 심판범위에 해당됩니까?

> 사실심에서 변론종결시까지 당사자가 주장하지 않던 직권조사사항에 해당하는 사항을 상고심에서 비로소 주장하는 경우, 그 직권조사사항에 해당하는 사항은 상고심의 심판범위에 해당한다(대판 2004. 12. 24, 2003두15195).

예

02 ☐☐☐   기본서 p. 901

행정절차법에서 정한 처분절차를 준수하였는지는 소송요건 심사단계에서 고려할 요소입니까?

> 어떠한 처분에 법령상 근거가 있는지, 행정절차법에서 정한 처분절차를 준수하였는지는 본안에서 당해 처분이 적법한가를 판단하는 단계에서 고려할 요소이지, 소송요건 심사단계에서 고려할 요소가 아니다(대판 2016. 8. 30, 2015두60617 ; 대판 2020. 1. 16, 2019다264700).

아니요

03 ☐☐☐   기본서 p. 901

당사자가 확정판결의 존재를 사실심변론종결시까지 주장하지 아니하였다면 상고심에서 새로이 이를 주장 · 입증할 수 없습니까?

> 소송에서 다투어지고 있는 권리 또는 법률관계의 존부가 동일한 당사자 사이의 전소에서 이미 다루어져 이에 관한 확정판결이 있는 경우에 당사자는 이에 저촉되는 주장을 할 수 없고, 법원도 이에 저촉되는 판단을 할 수 없음은 물론, 위와 같은 확정판결의 존부는 당사자의 주장이 없더라도 법원이 이를 직권으로 조사하여 판단하지 않으면 안 되고, 더 나아가 당사자가 확정판결의 존재를 사실심변론종결시까지 주장하지 아니하였더라도 상고심에서 새로이 이를 주장 · 입증할 수 있는 것이다(대판 1989. 10. 10, 89누1308).

아니요

04 ☐☐☐   기본서 p. 901

행정소송에서 처분청의 처분권한 유무는 직권조사사항입니까?

> 처분청의 처분권한 유무는 '처분의 위법성'과 관련된 것으로 소송요건이 아니므로 법원의 직권조사사항이 아니며, 변론주의에 따라 당사자가 주장 · 입증하여야 한다.
> 행정소송에 있어서 처분청의 처분권한 유무는 직권조사사항이 아니다(대판 1997. 6. 19, 95누8669 전합).

아니요

05 ☐☐☐   기본서 p. 903

법원은 필요하다고 인정할 때에는 직권으로 증거조사를 할 수 있고, 당사자가 주장하지 아니한 사실에 대하여도 판단할 수 있습니까?

> 법원은 필요하다고 인정할 때에는 직권으로 증거조사를 할 수 있고, 당사자가 주장하지 아니한 사실에 대하여도 판단할 수 있다(행정소송법 제26조).

예

06 ☐☐☐　　　　　　　　기본서 p. 902
행정소송에서는 직권심리주의로 인해 원고의 청구취지, 즉 청구범위 · 액수 등에 있어서 모두 원고가 청구하는 한도를 넘어서도 판결할 수 있습니까?

행정소송에 있어서도 행정소송법 제14조에 의하여 민사소송법 제188조가 준용되어 법원은 당사자가 신청하지 아니한 사항에 대하여는 판결할 수 없는 것이고, 행정소송법 제26조에서 직권심리주의를 채용하고 있으나 이는 …… <u>원고의 청구범위를 유지하면서 그 범위 내에서 필요에 따라 주장 외의 사실에 관하여도 판단할 수 있다는 뜻이다</u>(대판 1987. 11. 10, 86누491).

아니요

07 ☐☐☐　　　　　　　　기본서 p. 904
행정소송에서 기록상 자료가 나타나 있다면 당사자가 주장하지 않더라도 판단할 수 있습니까?

행정소송에서 기록상 자료가 나타나 있다면 당사자가 주장하지 않더라도 판단할 수 있다(대판 2010. 2. 11, 2009두18035).

예

08 ☐☐☐　　　　　　　　기본서 p. 905
행정소송법은 법원이 직권으로 관계 행정청에 행정심판에 관한 자료제출을 요구할 수 있음을 규정하고 있습니까?

법원은 <u>당사자의 신청이 있는 때에</u> 결정으로써 재결을 행한 행정청에 대하여 행정심판에 관한 기록의 제출을 명할 수 있고, 이러한 제출명령을 받은 행정청은 지체 없이 당해 행정심판에 관한 기록을 법원에 제출하여야 한다(행정소송법 제25조 제1 · 2항).

아니요

09 ☐☐☐　　　　　　　　기본서 p. 906
결혼이민(F-6 (다)목) 체류자격거부처분 취소소송에서 그 처분사유에 관한 증명책임은 피고 행정청에 있습니까?

수소법원이 "혼인파탄의 주된 귀책사유가 국민인 배우자에게 있다."고 판단하게 되는 경우에는, 해당 결혼이민(F-6 (다)목) 체류자격거부처분은 위법하여 취소되어야 할 것이므로, 이러한 의미에서 <u>결혼이민(F-6 (다)목) 체류자격거부처분 취소소송에서도 그 처분사유에 관한 증명책임은 피고 행정청에게 있다</u>고 보아야 한다(대판 2019. 7. 4, 2018두66869).

예

10-1 ☐☐☐　　　　　　　기본서 p. 906
소송요건에 대한 입증책임은 누구에게 있습니까?

소송요건의 존부가 불분명한 경우에는 소송요건을 흠결한 부적법한 소로 취급되어 소송을 청구한 원고에게 불이익하게 판단될 것이므로 입증책임은 <u>원고</u>에게 있다는 것이 통설의 입장이다.

원고

10-2 ☐☐☐　　　　　　　기본서 p. 907
처분이 재량권을 일탈하였다는 것에 대한 입증책임은 누구에게 있습니까?

행정처분이 재량권을 일탈하였다는 것에 대한 입증책임은 처분의 효력을 다투는 <u>원고</u>에게 있다(대판 1987. 12. 8, 87누861).

원고

11 ☐☐☐　　　　　　　　　　　　　　　　　기본서 p. 908
행정심판절차에서 주장하지 아니한 사항에 대해서도 원고는 취소소송에서 주장할 수 있습니까?

❶ 당사자는 사실심의 변론종결시까지 주장과 증거를 제출할 수 있다(대판 1989. 6. 27, 87누448).
❷ 항고소송에 있어서 원고는 전심절차(행정심판절차)에서 주장하지 아니한 공격 · 방어방법을 소송절차에서 주장할 수 있는 것이므로 법원은 이를 심리하여 행정처분의 적법 여부를 판단할 수 있다. 따라서 원고가 전심절차에서 주장하지 아니한 처분의 위법사유를 소송절차에서 새롭게 주장하였다고 하여 다시 그 처분에 대하여 별도의 전심절차를 거쳐야 하는 것은 아니다(대판 1996. 6. 14, 96누754 ; 대판 1999. 11. 26, 99두9407).

예

12 ☐☐☐   기본서 p. 909

처분청이 처분 당시 적시한 구체적 사실을 변경하지 아니하는 범위 내에서 처분의 근거법령만을 추가 · 변경하는 것은 원칙적으로 허용됩니까?

행정처분의 취소를 구하는 항고소송에서 처분청이 처분 당시에 적시한 구체적 사실을 변경하지 아니하는 범위 내에서 단지 그 처분의 근거법령만을 추가 · 변경하거나 당초의 처분사유를 구체적으로 표시하는 것에 불과한 경우, 새로운 처분사유의 추가 · 변경이 아니다(허용된다는 의미이다)(대판 2007. 2. 8, 2006두4899).

예

13 ☐☐☐   기본서 p. 910

처분사유의 추가 · 변경이 법원에 의해 받아들여진 경우, 당사자는 처분변경으로 인한 소변경을 신청하여야만 합니까?

처분사유의 추가 · 변경은 처분 자체는 그대로 두고 처분의 이유만을 추가 또는 변경하는 것이므로 하자 있는 행정행위를 새로운 행정행위로 대체하는 무효행위의 전환과는 규별되는 개념이다. 따라서 처분사유의 추가 · 변경이 있더라도 처분이 변경되는 것은 아니므로 처분변경으로 인한 소변경을 신청할 필요는 없다.

아니요

14 ☐☐☐   기본서 p. 910

처분사유 자체가 아니라 처분사유의 근거가 되는 기초사실 내지 평가요소에 지나지 않는 사정을 추가로 주장할 수 있습니까?

외국인 甲이 법무부장관에게 귀화신청을 하였으나 법무부장관이 심사를 거쳐 '품행 미단정'을 불허사유로 국적법상의 요건을 갖추지 못하였다며 신청을 받아들이지 않는 처분을 하였는데, 법무부장관이 甲을 '품행 미단정'이라고 판단한 이유에 대하여 제1심 변론절차에서 자동차관리법 위반죄로 기소유예를 받은 전력 등을 고려하였다고 주장하였다가 원심 변론절차에서 불법체류한 전력이 있다는 추가적인 사정까지 고려하였고 주장한 사안에서, 법무부장관이 원심에서 추가로 제시한 불법체류 전력 등의 제반 사정은 처분사유의 근거가 되는 기초사실 내지 평가요소에 지나지 않으므로, 추가로 주장할 수 있다(대판 2018. 12. 13, 2016두31616).

예

15 ☐☐☐   기본서 p. 910

처분사유의 추가 · 변경은 어떤 한계 내에서 허용됩니까?

당초의 처분사유와 기본적 사실관계에서 동일성이 인정되는 한도 내에서만 새로운 처분사유의 추가나 변경을 허용하는 것이 다수설과 대법원 판례의 입장이다.

기본적 사실관계의 동일성이 인정되는 한계 내

16 ☐☐☐   기본서 p. 911

추가 또는 변경된 사유가 당초의 처분시 이미 존재하고 있었고 당사자도 그 사실을 알고 있었다면 당연히 동일성이 인정됩니까?

추가 또는 변경된 사유가 당초의 처분시 그 사유를 명기하지 않았을 뿐 처분시에 이미 존재하고 있었고 당사자도 그 사실을 알고 있었다 하여 당초의 처분사유와 동일성이 있는 것으로 볼 수는 없다(대판 2003. 12. 11, 2001두8827).

아니요

17 ☐☐☐   기본서 p. 915

처분청은 원고의 권리방어가 침해되지 않는 한도 내에서 당해 취소소송의 대법원 확정판결이 있기 전까지 처분사유의 추가 · 변경을 할 수 있습니까?

취소소송에서 행정청의 처분사유의 추가 · 변경은 사실심변론종결시까지 허용된다(대판 1999. 8. 20, 98두17043).

아니요

18 ☐☐☐   기본서 p. 916

처분의 위법성 판단기준시는 언제입니까?

행정처분의 위법 여부 판단의 기준시점은 '처분시'이다(대판 2007. 5. 11, 2007두1811).

처분시

19 ☐☐☐   기본서 p. 916

행정처분의 위법 여부를 판단하는 기준시점이 처분시라는 의미는 처분 후 법령의 개폐나 사실상태의 변동에 영향을 받지 않는다는 뜻입니까?

행정처분의 위법 여부를 판단하는 기준시점이 처분시라는 의미는 행정처분이 있을 때의 법령과 사실상태를 기준으로 하여 위법 여부를 판단할 것이며 처분 후 법령의 개폐나 사실상태의 변동에 영향을 받지 않는다는 뜻이다(대판 1993. 5. 27, 92누19033).

예

20 ☐☐☐   기본서 p. 916

법원은 행정처분 당시 행정청이 알고 있었던 자료뿐만 아니라 사실심변론종결 당시까지 제출된 모든 자료를 종합하여 처분 당시 존재하였던 객관적 사실을 확정하고 그 사실에 기초하여 처분의 위법 여부를 판단할 수 있습니까?

처분 당시의 사실상태 등에 관한 입증은 사실심변론종결 당시까지 할 수 있고 따라서 법원은 행정처분 당시 행정청이 알고 있었던 자료뿐만 아니라 사실심변론종결 당시까지 제출된 모든 자료를 종합하여 처분 당시 존재하였던 객관적 사실을 확정하고 그 사실에 기초하여 처분의 위법 여부를 판단할 수 있다(대판 2014. 10. 30, 2012두25125).

예

21 ☐☐☐   기본서 p. 921

사정판결은 본안심리 결과 원고의 청구가 이유 있다고 인정됨에도 불구하고 처분을 취소하는 것이 현저히 공공복리에 적합하지 아니하다고 인정하는 때 원고의 청구를 각하하는 판결입니까?

원고의 청구가 이유 있다고 인정하는 경우에도 처분 등을 취소하는 것이 현저히 공공복리에 적합하지 아니하다고 인정하는 때에는 법원은 원고의 청구를 기각할 수 있는바, 이를 사정판결이라고 한다(행정소송법 제28조 제1항 전단).

아니요

22-1 ☐☐☐   기본서 p. 922

사정판결의 위법성의 판단기준시는 언제입니까?

취소소송에서 위법성은 처분시를 기준으로 판단한다고 함이 통설과 판례의 입장이므로, 사정판결에서도 처분의 위법성 판단기준시는 처분시가 된다.

처분시

22-2 ☐☐☐   기본서 p. 922

사정판결의 필요성의 판단기준시는 언제입니까?

사정판결의 필요성 판단은 사정판결제도의 취지에 비추어 처분의 위법성 판단과는 달리 판결시(변론종결시)를 기준으로 하여야 한다.

판결시(변론종결시)

23-1 ☐☐☐   기본서 p. 922

사정판결을 하는 경우, 위법성은 어디에 명시합니까?

사정판결을 하는 경우 법원은 판결의 주문에서 그 처분 등이 위법함을 명시하여야 하며(행정소송법 제28조 제1항 후단), 그 처분 등의 위법성에 대하여는 기판력이 발생한다.

판결의 주문

23-2 ☐☐☐   기본서 p. 923

사정판결을 하는 경우, 소송비용은 누가 부담하게 됩니까?

사정판결에 의하여 취소청구가 기각되거나 행정청이 처분 등을 취소 또는 변경함으로 인하여 청구가 각하 또는 기각된 경우에는 소송비용은 일반적인 소송비용부담의 예와는 달리 패소자인 원고가 아니라 피고가 부담한다(행정소송법 제32조).

피고

24-1 ☐☐☐   기본서 p. 923

법원이 사정판결을 함에 있어서는 미리 원고가 그로 인하여 입게 될 손해의 정도와 배상방법 그 밖의 사정을 조사하여야 합니까?

법원이 사정판결을 함에 있어서는 미리 원고가 그로 인하여 입게 될 손해의 정도와 배상방법 그 밖의 사정을 조사하여야 한다(행정소송법 제28조 제2항).

예

24-2 ☐☐☐   기본서 p. 923
원고는 피고인 행정청이 속하는 국가 또는 공공단체를 상대로 손해배상, 제해시설의 설치 그 밖에 적당한 구제방법의 청구를 당해 취소소송 등이 계속된 법원에 병합하여 제기할 수 있습니까?

원고는 피고인 행정청이 속하는 국가 또는 공공단체를 상대로 손해배상, 제해시설의 설치 그 밖에 적당한 구제방법의 청구를 당해 취소소송 등이 계속된 법원에 병합하여 제기할 수 있다(행정소송법 제28조 제3항).

예

25 ☐☐☐   기본서 p. 923
사정판결은 직권으로 가능합니까?

법원은 직권으로 사정판결을 할 수 있다(대판 1995. 7. 28, 95누4629).

예

26 ☐☐☐   기본서 p. 923
사정판결이 가능한 소송은 무엇입니까?

사정판결은 취소소송에서만 허용된다. 무효확인소송과 부작위위법확인소송에는 사정판결이 허용되지 않는다. 또한 당사자소송에도 사정판결이 허용되지 않는다.

취소소송

27 ☐☐☐   기본서 p. 924
조세부과처분과 같은 금전부과처분이 기속행위인 경우, 법원이 정당한 부과금액을 산정할 수 있다면 정당한 부과금액을 초과하는 부분만 일부취소하여야 합니까?

과세처분 취소소송의 처분의 적법 여부는 과세액이 정당한 세액을 초과하느냐의 여부에 따라 판단되는 것으로서 당사자는 사실심변론종결시까지 객관적인 조세채무액을 뒷받침하는 주장과 자료를 제출할 수 있고 이러한 자료에 의하여 적법하게 부과될 정당한 세액이 산출되는 때에는 그 <u>정당한 세액을 초과하는 부분만 취소하여야 할 것</u>이고, 전부를 취소할 것이 아니다(대판 2000. 6. 13, 98두5811).

예

28 ☐☐☐   기본서 p. 924
공개를 거부한 정보에 비공개대상정보에 해당하는 부분과 공개가 가능한 부분이 혼합되어 있는 경우라면 법원은 정보공개거부처분 전부를 취소하여야 합니까?

행정청의 정보공개거부결정에 대해 <u>비공개대상정보에 해당하는 부분과 공개가 가능한 부분이 구별되고 이를 분리할 수 있는 경우 일부취소</u>한다(대판 2003. 3. 11, 2001두6425).

아니요

29 ☐☐☐   기본서 p. 924
행정청이 여러 개의 위반행위에 대하여 하나의 제재처분을 하였으나, 위반행위별로 제재처분의 내용을 구분하는 것이 가능하고 여러 개의 위반행위 중 일부의 위반행위에 대한 제재처분 부분만이 위법한 경우, 법원은 제재처분 전부를 취소할 수 있습니까?

행정청이 여러 개의 위반행위에 대하여 하나의 제재처분을 하였으나, 위반행위별로 제재처분의 내용을 구분하는 것이 가능하고 여러 개의 위반행위 중 일부의 위반행위에 대한 제재처분 부분만이 위법하다면, 법원은 그 <u>제재처분 중 위법성이 인정되는 부분만 취소하여야 하고 그 제재처분 전부를 취소하여서는 아니 된다</u>(대판 2020. 5. 14, 2019두63515).

아니요

30 ☐☐☐   기본서 p. 924
수개의 위반행위에 대해 공정거래위원회가 하나의 과징금 부과처분을 하였으나 수개의 위반행위 중 일부의 위반행위에 대한 과징금 부과만이 위법하고, 일부의 위반행위를 기초로 한 과징금액을 산정할 수 있는 자료가 있는 경우, 법원은 과징금 부과처분 전부를 취소하여야 합니까?

공정거래위원회가 위반행위에 대한 과징금을 부과하면서 수개의 위반행위에 대하여 외형상 하나의 과징금 납부명령을 하였으나 수개의 위반행위 중 일부의 위반행위에 대한 과징금 부과만이 위법하고 소송상 일부의 위반행위를 기초로 한 과징금액을 산정할 수 있는 자료가 있는 경우에는, 하나의 과징금 납부명령일지라도 그 <u>일부의 위반행위에 대한 과징금액에 해당하는 부분만을 취소하여야 한다</u>(대판 2019. 1. 31, 2013두14726).

아니요

31 ☐☐☐   기본서 p. 925

행정청의 재량권이 부여되어 있는 과징금 부과처분이 법이 정한 한도액을 초과하여 위법할 경우, 법원으로서는 그 한도액을 초과한 부분이나 법원이 적정하다고 인정되는 부분을 초과한 부분만을 취소할 수 있습니까?

자동차운수사업면허조건 등을 위반한 사업자에 대해 행정청이 행정제재수단으로 사업정지를 명할 것인지, 과징금을 부과할 것인지, 과징금을 부과하기로 한다면 금액은 얼마로 할 것인지에 관해 재량권이 부여되었다 할 것이므로 과징금 부과처분이 법정한도액을 초과하여 위법할 경우 법원으로서는 그 전부를 취소할 수밖에 없고, 그 한도액을 초과한 부분이나 법원이 적정하다고 인정되는 부분을 초과한 부분만을 취소할 수 없다 (대판 1998. 4. 10, 98두2270).

아니요

32 ☐☐☐   기본서 p. 928

기판력은 청구인용판결에만 인정됩니까?

기판력은 청구인용판결뿐만 아니라 청구기각판결에도 인정된다.

아니요

33 ☐☐☐   기본서 p. 929

공사중지명령의 상대방이 제기한 공사중지명령 취소소송에서 기각판결이 확정된 경우 특별한 사정변경이 없더라도 그 후 상대방이 제기한 공사중지명령해제신청 거부처분취소소송에서는 그 공사중지명령의 적법성을 다시 다툴 수 있습니까?

행정청이 관련 법령에 근거하여 행한 공사중지명령의 상대방이 명령의 취소를 구한 소송에서 패소함으로써 그 명령이 적법한 것으로 이미 확정되었다면, 이후 이러한 공사중지명령의 상대방은 그 명령의 해제신청을 거부한 처분의 취소를 구하는 소송에서 그 명령의 적법성을 다툴 수 없다(대판 2014. 11. 27, 2014두37665).

아니요

34-1 ☐☐☐   기본서 p. 929

기판력은 제3자에게도 인정됩니까?

기판력은 당해 소송의 당사자(원고와 피고) 및 당사자와 동일시할 수 있는 승계인에게만 미치고, 제3자에게는 미치지 않는다.

아니요

34-2 ☐☐☐   기본서 p. 929

기판력은 판결의 주문에 나타난 판단뿐만 아니라 위법사유에 대한 판단에도 인정됩니까?

기판력은 판결의 주문에 나타난 판단에만 미치며, 판결이유에서 제시된 그 전제가 되는 법률관계, 즉 판결이유 중에 적시된 구체적인 위법사유에 관한 판단에는 미치지 않는다.

아니요

34-3 ☐☐☐   기본서 p. 930

기판력은 사실심변론종결시를 기준으로 발생합니까?

종국판결은 변론종결시까지 소송에 나타난 자료를 기초로 하여 행하여지며, 당사자도 변론종결시까지 소송자료를 제출할 수 있으므로 기판력은 사실심변론종결시를 기준으로 하여 발생한다.

예

35 ☐☐☐   기본서 p. 929

세무서장을 피고로 하는 과세처분 취소소송에서 패소하여 그 판결이 확정된 자가 국가를 피고로 하여 과세처분의 무효를 주장하여 과오납금반환청구소송을 제기하더라도 취소소송의 기판력에 반하는 것은 아닙니까?

과세처분 취소소송의 피고는 처분청이므로 행정청을 피고로 하는 취소소송의 기판력은 당해 처분이 귀속하는 국가 또는 공공단체에 미친다(대판 1998. 7. 24, 98다10854).

아니요

36 ☐☐☐ 기본서 p. 931

취소판결이 확정된 과세처분을 과세관청이 경정하는 처분을 하였다면 당연무효의 처분이라고 할 수 없고 단순위법인 취소사유를 가진 처분이 될 뿐입니까?

과세처분을 취소하는 판결이 확정되면 그 과세처분은 처분시에 소급하여 소멸하므로 그 뒤에 과세관청에서 그 과세처분을 경정하는 경정처분을 하였다면 이는 존재하지 않는 과세처분을 경정한 것으로서 그 하자가 중대하고 명백한 당연무효의 처분이다(대판 1989. 5. 9, 88다카16096).

아니요

37-1 ☐☐☐ 기본서 p. 932

기속력은 청구기각판결에도 인정됩니까?

기속력은 형성력과 동일하게 청구인용판결의 경우에만 인정되며, 청구기각판결에는 인정되지 않는다.

아니요

37-2 ☐☐☐ 기본서 p. 932

원고의 청구가 기각되어도 처분청은 처분을 직권취소할 수 있습니까?

기각판결은 처분청을 기속하는 힘이 없으므로 처분청은 청구기각판결이 확정된 이후에도 처분을 직권으로 취소할 수 있다.

예

38 ☐☐☐ 기본서 p. 933

기속력의 내용인 반복금지의무는 무엇을 의미합니까?

취소판결이 확정되면 행정청은 확정판결에서 저촉되는 행위를 하여서는 안 될 의무를 진다. 즉. 행정청은 동일한 사실관계 아래에서 동일한 당사자에 대하여 동일한 내용의 처분 등을 반복하여서는 안 된다.

해설 참조

39 ☐☐☐ 기본서 p. 933

반복금지의무의 위반, 즉 기속력에 위반하여 한 행정행위는 무효가 됩니까?

기속력에 위반하여 한 행정청의 행위는 당연무효가 된다.

예

40 ☐☐☐ 기본서 p. 934

법규 위반을 이유로 내린 영업허가취소처분이 비례의 원칙 위반으로 취소된 경우에 동일한 법규 위반을 이유로 영업정지처분을 내리는 것은 기속력에 반하지 않습니까?

판결에 적시된 위법사유를 보완하여 행한 처분은 기속력에 반하지 않는다.

예

41 ☐☐☐ 기본서 p. 934

기속력의 내용인 재처분의무는 무엇을 의미합니까?

재처분의무는 행정청이 판결의 취지에 따른 처분을 하여야 한다는 것을 의미한다.

해설 참조

42-1 ☐☐☐ 기본서 p. 934

거부처분 취소판결이 확정되면 그 처분을 행한 행정청은 판결의 취지에 따라 다시 이전의 신청에 대한 처분을 하여야 합니까?

판결에 의하여 취소되는 처분이 당사자의 신청을 거부하는 것을 내용으로 하는 경우에는 그 처분을 행한 행정청은 판결의 취지에 따라 다시 이전의 신청에 대한 처분을 하여야 한다. 이러한 재처분의무는 당사자의 새로운 신청이 없더라도 당연히 하여야 하는 의무이다.

예

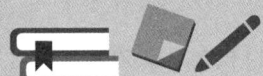

42-2 ☐☐☐　　　　　　　　　기본서 p. 935

거부처분 취소판결이 확정된 경우, 확정판결의 취지에 따른다면 다시 거부처분을 하는 것도 가능합니까?

거부처분 취소의 확정판결을 받은 행정청이 사실심변론종결 이후 발생한 새로운 사유를 내세워 다시 이전의 신청에 대하여 거부처분을 한 경우 이러한 처분은 행정소송법 제30조 제2항에 규정된 재처분에 해당한다(기속력에 반하는 처분이 아니다)(대판 1999. 12. 28, 98두1895).

예

43 ☐☐☐　　　　　　　　　기본서 p. 935

(취소소송에서) 위법성 판단 기준시점인 처분시 이후에 생긴 새로운 사실관계나 개정된 법령과 같이 새로운 처분사유를 들어 동일한 내용의 처분을 하는 것은 가능합니까?

기속력은 위법성 판단 기준시점에 관한 통설과 판례의 견해인 처분시설에 따라 처분시까지의 위법사유에 대해서만 미친다. 따라서 처분 이후에 발생한 새로운 법령 및 사실상태의 변동을 이유로 동일한 내용의 처분을 하는 것은 기속력에 반하지 않는다.

예

44 ☐☐☐　　　　　　　　　기본서 p. 936

간접강제 행사요건과 관련하여 행정청이 재처분을 하였으나 그 처분이 무효라면 이때도 간접강제를 할 수 있습니까? 즉, 행정청이 판결확정 이후 상대방에 대해 재처분을 하였으나 그 처분이 기속력에 위반되는 경우라면 간접강제의 대상이 됩니까?

거부처분에 대한 취소의 확정판결이 있음에도 행정청이 아무런 재처분을 하지 아니하거나, 재처분을 하였다 하더라도 그것이 종전 거부처분에 대한 취소의 확정판결의 기속력에 반하는 등 당연무효라면 이는 아무런 재처분을 하지 아니한 때와 마찬가지이므로, 이러한 경우에는 행정소송법 제30조 제2항, 제34조 제1항 등에 의한 간접강제신청에 필요한 요건을 갖춘 것으로 보아야 한다(대결 2002. 12. 11, 2002무22).

예

45 ☐☐☐　　　　　　　　　기본서 p. 936

거부처분 후에 법령이 개정·시행된 경우에 다시 거부처분을 하는 것은 기속력에 반하는 처분입니까?

거부처분 취소의 확정판결을 받은 행정청이 거부처분 후에 법령이 개정·시행된 경우 이를 새로운 사유로 내세워 다시 거부처분을 한 것은 기속력에 반하는 처분이 아니다(대결 1998. 1. 7, 97두22).

아니요

46 ☐☐☐　　　　　　　　　기본서 p. 937

기속력의 내용인 결과제거의무는 무엇을 의미합니까?

압류처분이 취소되면 행정청은 압류재산을 반환하여야 하는 경우와 같이, 처분의 취소판결이 확정되면 행정청은 결과적으로 위법한 처분에 의해 초래된 상태를 제거할 의무를 진다(행정소송법 제30조 제1항).

해설 참조

47-1 ☐☐☐　　　　　　　　　기본서 p. 939

간접강제의 성질은 재처분의 지연에 따른 손해배상입니까?

행정소송법 제34조 소정의 간접강제결정에 기한 배상금의 성질은 확정판결의 취지에 따른 재처분의 지연에 대한 제재나 손해배상이 아니고 재처분의 이행에 관한 심리적 강제수단에 불과한 것으로 보아야 한다(대판 2004. 1. 15, 2002두2444).

아니요

47-2 ☐☐☐　　　　　　　　　기본서 p. 939

법원에서 정한 재처분의무이행기한이 경과한 후에라도 행정청이 재처분의무를 이행한 경우, 배상금 추심은 가능합니까?

확정판결의 취지에 따른 재처분이 간접강제결정에서 정한 의무이행기한이 경과한 후에 이루어진 경우 간접강제결정에 기한 배상금의 추심은 허용되지 않는다(대판 2004. 1. 15, 2002두2444).

아니요

48-1 ☐☐☐   기본서 p. 941

행정소송법상 제3자의 재심청구사유는 어떻게 됩니까?

자기에게 책임 없는 사유로 소송에 참가하지 못하였어야 하며, 소송에 참가하지 못함으로써 판결의 결과에 영향을 미칠 공격 또는 방어방법을 제출하지 못하였어야 한다. 행정소송법 제31조의 해석상 소송참가를 한 제3자는 판결확정 후 행정소송법 제31조에 의한 재심의 소를 제기할 수 없다.

해설 참조

48-2 ☐☐☐   기본서 p. 941

처분 등을 취소하는 판결에 의하여 권리 또는 이익을 침해받은 제3자가 자신의 귀책사유로 인해 소송에 참가하지 못한 경우에도 확정된 종국판결에 대하여 재심청구를 할 수 있습니까?

제3자가 확정된 종국판결에 대하여 재심청구를 하기 위하여서는 자기에게 책임 없는 사유로 소송에 참가하지 못함으로써 판결의 결과에 영향을 미칠 공격 또는 방어방법을 제출하지 못하였어야 한다.

아니요

48-3 ☐☐☐   기본서 p. 941

행정소송법상 제3자의 재심청구기간은 어떻게 됩니까?

제3자에 의한 재심의 청구는 확정판결이 있음을 안 날로부터 30일 이내, 판결이 확정된 날로부터 1년 이내에 제기하여야 하는데, 이 기간은 불변기간이다(행정소송법 제31조 제2·3항).

판결이 있음을 안 날로부터 30일 이내,
판결이 확정된 날로부터 1년 이내

49 ☐☐☐   기본서 p. 941

취소소송이 제기된 경우, 행정청이 처분 등을 취소 또는 변경함으로 인하여 청구가 각하 또는 기각된 경우에는 소송비용은 누가 부담합니까?

취소청구가 사정판결에 의하여 기각되거나 행정청이 처분 등을 취소 또는 변경함으로 인하여 청구가 각하 또는 기각된 경우에는 소송비용은 피고의 부담으로 한다(행정소송법 제32조).

피고

01-1 ☐☐☐ 기본서 p. 946

항고소송으로 무효등확인소송을 제기하는 경우, 무효등확인소송의 보충성이 요구됩니까?

항고소송으로 무효확인소송을 제기하는 경우 무효확인소송의 '보충성'이 요구되는 것은 아니다. 행정소송법 제35조에 규정된 '무효확인을 구할 법률상 이익'이 있는지를 판단할 때 행정처분의 무효를 전제로 한 이행소송 등과 같은 직접적인 구제수단이 있는지를 따져볼 필요가 없다(대판 2008. 3. 20, 2007두6342 전합).

아니요

01-2 ☐☐☐ 기본서 p. 946

무효인 조세부과처분에 대해 세금을 납부한 자가 부당이득반환청구소송 등을 제기하지 않고 조세부과처분의 무효확인소송을 독립된 소로서 제기할 수 있습니까?

무효인 조세부과처분에 대하여 세금을 납부한 자가 부당이득반환청구소송 등 실질적으로 권익을 구제받고자 하는 다른 소송을 제기하여 그 소송에서 처분의 무효를 주장하여 구제받을 수 있다 하더라도 조세부과처분의 무효확인소송을 독립된 소로서 제기할 수 있다.

예

02 ☐☐☐ 기본서 p. 946

사업의 양도행위가 무효라고 주장하는 양도자가 양도·양수행위의 무효를 구함이 없이 바로 지위승계신고 수리처분의 무효확인을 구할 법률상 이익이 있습니까?

사업의 양도행위가 무효라고 주장하는 양도자가 양도·양수행위의 무효를 구함이 없이 사업의 양도·양수에 따른 허가관청의 지위승계신고 수리처분의 무효확인을 구할 법률상 이익이 있다(대판 2005. 12. 23, 2005두3554).

예

03 ☐☐☐ 기본서 p. 948

행정처분의 당연무효를 주장하여 그 무효확인을 구하는 행정소송에 있어서는 피고 행정청이 그 행정처분에 중대·명백한 하자가 없음을 주장·입증할 책임이 있습니까?

무효확인소송에서는 원고가 처분이 무효라는 것을 입증해야 한다(대판 1984. 2. 28, 82누154).

아니요

04 ☐☐☐ 기본서 p. 949

무효등확인소송에는 취소소송의 재처분의무에 관한 규정과 간접강제에 관한 규정 중 어떤 규정이 적용되지 않습니까?

간접강제에 관한 행정소송법 제34조는 무효등확인판결에 준용되는 규정이 아니다. 따라서 거부처분에 대해 무효확인판결이 내려진 경우 처분청에 판결의 취지에 따른 재처분의무는 인정되나 간접강제는 허용되지 않는다는 것이 판례의 입장이다.

간접강제에 관한 규정

05 ☐☐☐ 기본서 p. 950

무효사유에 해당하는 처분에 대해 취소소송을 제기하는 경우, 제소기간의 준수, 예외적 행정심판전치 등 취소소송의 제소요건을 갖추어야 합니까?

무효사유에 해당하는 처분에 대해 취소소송을 제기하는 경우에도 제소기간의 준수 등 취소소송의 제소요건을 갖추어야 한다(대판 1984. 5. 29, 84누175).

예

06 ☐☐☐ 기본서 p. 951

행정처분의 무효확인을 구하는 소에는 원고가 그 처분의 취소를 구하지 아니한다고 밝히지 아니한 이상 그 처분이 만약 당연무효가 아니라면 그 취소를 구하는 취지도 포함되어 있는 것으로 보아야 합니까?

행정처분의 무효확인을 구하는 소에는 원고가 그 처분의 취소를 구하지 아니한다고 밝히지 아니한 이상 그 처분이 만약 당연무효가 아니라면 그 취소를 구하는 취지도 포함되어 있는 것으로 보아야 한다(대판 1994. 12. 23, 94누477).

예

07 ☐☐☐ 기본서 p. 951

동일한 행정처분에 대하여 무효확인소송을 제기하였다가 그 후 그 처분에 대한 취소소송을 추가적으로 병합한 경우, 무효확인소송이 취소소송의 제소기간 내에 제기되었다면 제소기간 도과 후 병합된 취소소송도 적법하게 제기된 것으로 볼 수 있습니까?

동일한 행정처분에 대하여 무효확인의 소를 제기하였다가 그 후 그 처분의 취소를 구하는 소를 추가적으로 병합한 경우, 주된 청구인 무효확인의 소가 적법한 제소기간 내에 제기되었다면 추가로 병합된 취소청구의 소도 적법하게 제기된 것으로 볼 수 있다(편저자주 : 한편, 이러한 병합은 예비적 병합으로만 가능하다)(대판 2005. 12. 23, 2005두3554).

예

08 ☐☐☐   기본서 p. 951

취소사유 있는 처분에 대해 무효등확인소송을 제기한 경우, 취소소송의 제기요건, 특히 제소기간을 준수하지 못하였다면 각하판결을 하면 됩니까?

취소소송의 제소기간이 경과한 후에 취소사유에 해당하는 처분에 대해 무효확인소송을 제기한 경우 이를 어떻게 처리할 것인지가 문제되는데, 이에 대해 통설과 판례는 청구기각판결을 하여야 한다고 본다.

아니요

09 ☐☐☐   기본서 p. 952

취소소송 규정 중 처분변경으로 인한 소변경, 집행정지결정, 사정판결에 관한 규정은 모두 부작위위법확인소송에 준용되지 않습니까?

부작위위법확인소송은 항고소송의 일종으로 취소소송과 기본적인 성격이 동일하므로 취소소송에 관한 대부분의 규정이 부작위위법확인소송에도 준용된다. 다만, ① 처분변경으로 인한 소변경, ② 집행정지결정, ③ 사정판결에 관한 규정 등은 그 성질상 부작위위법확인소송에 준용되지 않는다.

예

10-1 ☐☐☐   기본서 p. 953

행정청이 행한 공사중지명령의 상대방은 그 명령 이후 원인사유가 소멸하였음을 들어 행정청에 대하여 공사중지명령의 철회를 요구할 수 있는 조리상의 신청권이 있습니까?

행정청이 행한 공사중지명령의 상대방은 그 명령 이후에 그 원인사유가 소멸하였음을 들어 행정청에 대하여 공사중지명령의 철회를 요구할 수 있는 조리상의 신청권이 있다(대판 2005. 4. 14, 2003두7590).

예

10-2 ☐☐☐   기본서 p. 953

행정청이 행한 공사중지명령의 상대방이 그 명령 이후에 그 원인사유가 소멸하였음을 들어 행정청에 대하여 공사중지명령의 철회를 신청하였으나 행정청이 이에 대하여 아무런 응답을 하지 않고 있는 경우, 그러한 행정청의 부작위는 그 자체로 위법합니까?

행정청이 행한 공사중지명령의 상대방은 그 명령 이후에 그 원인사유가 소멸하였음을 들어 행정청에 대하여 공사중지명령의 철회를 요구할 수 있는 조리상의 신청권이 있으므로, 그 상대방이 행정청에 대해 공사중지명령의 철회를 신청하였으나 행정청이 이에 대하여 아무런 응답을 하지 않고 있는 경우, 그러한 행정청의 부작위는 그 자체로 위법하다(대판 2005. 4. 14, 2003두7590).

예

11 ☐☐☐   기본서 p. 953~954

4급 공무원이 당해 지방자치단체 인사위원회의 심의를 거쳐 3급 승진대상자로 결정되고 임용권자가 그 사실을 대내외에 공표한 경우, 그 공무원에게 승진임용신청권이 있습니까?

4급 공무원이 당해 지방자치단체 인사위원회의 심의를 거쳐 3급 승진대상자로 결정되고 임용권자가 그 사실을 대내외에 공표까지 하였다면, 그 공무원은 승진임용에 관한 법률상 이익을 가진 자로서 임용권자에 대하여 3급 승진임용신청을 할 조리상의 권리가 있다(대판 2008. 4. 10, 2007두18611).

예

12 ☐☐☐   기본서 p. 954

거부처분이 있는 경우에도 부작위위법확인소송을 제기할 수 있습니까?

행정청이 당사자의 신청에 대하여 거부처분을 한 경우에는 항고소송의 대상인 위법한 부작위가 있다고 볼 수 없어 부작위위법확인의 소는 부적법하다(대판 1998. 1. 23, 96누12641).

아니요

13 ☐☐☐   기본서 p. 954

행정입법에 관한 부작위도 부작위위법확인소송의 대상이 됩니까?

부작위위법확인소송의 대상은 처분, 즉 구체적 권리·의무에 관한 부작위이어야 하므로 추상적인 행정입법에 관한 부작위는 부작위위법확인소송의 대상이 되지 않는다는 것이 판례의 입장이다(대판 1992. 5. 8, 91누11261).

아니요

14 ☐☐☐   기본서 p. 955

부작위위법확인소송의 진행 중 처분이 있으면 법원은 어떤 판결을 합니까?

부작위위법확인소송의 계속 중 행정청이 신청에 대해서 적극 또는 소극의 처분을 하게 되어 부작위상태가 해소되면 소의 이익을 상실하게 되어 법원은 각하판결을 한다.

각하판결

15 ☐☐☐   기본서 p. 956

행정심판 등 전심절차를 거친 경우에는 행정소송법 제20조가 정한 제소기간 내에 부작위법확인의 소를 제기하여야 합니까?

부작위법확인의 소는 부작위상태가 계속되는 한 그 위법의 확인을 구할 이익이 있다고 보아야 하므로 원칙적으로 제소기간의 제한을 받지 않는다. 그러나 행정소송법 제38조 제2항이 제소기간을 규정한 같은 법 제20조를 부작위법확인소송에 준용하고 있는 점에 비추어 보면, 행정심판 등 전심절차를 거친 경우에는 행정소송법 제20조가 정한 제소기간 내에 부작위법확인의 소를 제기하여야 한다(대판 2009. 7. 23, 2008두10560).

예

16 ☐☐☐   기본서 p. 956

부작위법확인소송에 대해서도 행정심판과 취소소송의 관계를 준용하여 임의적 전치가 원칙이며, 다른 법률이 정한 경우에만 예외적으로 행정심판전치주의가 적용됩니까?

부작위법확인소송에 대해서도 행정심판과 취소소송의 관계를 준용하여 임의적 전치가 원칙이며, 다른 법률이 정한 경우에만 예외적으로 행정심판전치주의가 적용된다. 이때의 행정심판은 행정심판법상 부작위법확인심판을 규정하지 않고 있으므로 의무이행심판을 거쳐야 할 것이다.

예

17 ☐☐☐   기본서 p. 957

부작위법확인소송은 부작위의 위법을 확인함으로써 행정청의 응답을 신속하게 하여 부작위 내지 무응답이라고 하는 소극적인 위법상태를 제거하는 것을 목적으로 합니까?

부작위법확인소송은 부작위의 위법을 확인함으로써 행정청의 응답을 신속하게 하여 부작위 내지 무응답이라고 하는 소극적인 위법상태를 제거하는 것을 목적으로 하는 것이고, 나아가 그 인용판결의 기속력에 의하여 행정청으로 하여금 적극적이든 소극적이든 어떤 처분을 하도록 강제한 다음, 그에 대하여 불복이 있을 경우 그 처분을 다투게 함으로써 최종적으로는 당사자의 권리와 이익을 보호하려는 제도이다(대판 2002. 6. 28, 2000두4750).

예

18 ☐☐☐   기본서 p. 958

부작위법확인소송에서 위법판단의 기준시는 언제입니까?

취소소송에서 위법판단의 기준시에 대해서는 처분시설이 통설이나, 부작위법확인소송에서는 처분이라는 것이 존재하지 않으므로 위법판단의 기준시에 대해서 판결시(사실심의 변론종결시)설이 통설이다.

판결시(사실심의 변론종결시)

19 ☐☐☐   기본서 p. 958

판례에 따르면 부작위법확인소송의 인용판결이 있은 후에도 행정청은 거부처분을 할 수 있습니까?

행정청은 판결의 취지에 따른 처분을 하면 충분하고, 반드시 원고의 신청내용대로 처분할 필요는 없으므로 거부처분을 할 수도 있다.

예

Always be, sunny!

2026 써니 행정법총론 시리즈와 함께 학습하는

필수 기출 지문 OX 애플리케이션 써니행정법

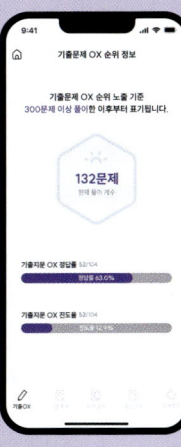

써니행정법 APP 특징

1. 강별, 전범위 OX 문제 풀기 지원
2. OX 문제 풀기는 강별 연속 풀기 및 랜덤 풀기, 전강 랜덤 풀기 중 선택 가능
3. 문제별 즐겨찾기 저장 및 삭제 가능
4. 나의 순위, 정답률과 진도율 확인 가능
5. 최신 기출문제 제공
6. 주요 관련 법조문 바로가기 제공
7. 나의 응시시험 D-DAY 설정 기능 지원
8. 점수 초기화, PUSH 알림 등 설정 기능 지원

 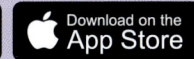 구글 플레이, 앱스토어에서 다운로드 가능합니다.

2026 써니행정법 APP 이용쿠폰

<이용방법>

1. 구글 플레이 또는 앱스토어에서 [써니행정법]을 검색해 주세요.
2. '써니행정법 APP'을 다운로드해 주세요.
3. 쿠폰 입력창이 나오면 아래의 쿠폰번호를 입력해 주세요.

APP 출시 안내
바로가기

<유의사항>

1개의 쿠폰번호는 총 1대의 기기에만 등록하여 사용할 수 있습니다.
기기변경 또는 앱 삭제 시, 기존에 입력한 쿠폰번호는 재사용할 수 없습니다.

N820-GMSP-BMN9-8F4S

최적의 학습 커뮤니티 **써니 행정법 카페**

소통하는 학습 유튜브 채널 **써니로TV**